本書で紹介した山

礼文島
稚内市
利尻島
道北
ピヤシリ山
朱鞠内湖
名寄市
留萌市
暑寒別岳
浜益岳
浜益御殿
雄冬山
幌天狗
増毛山地
旭川市
察来山
当別町丸山
別狩岳
濃昼岳
樺戸山地
夕張山地
三段山
富良野市
布部岳
小樽市
岩見沢市
積丹半島
幌向岳
松籟山
御茶々岳
槙柏山
社満射
イワオヌプリ
チセヌプリ
シャクナゲ岳
ニトヌプリ
目国内岳
雷電山
西昆布岳
ニセコ連峰
裏側の見返し
地図参照
札幌市
夕張市
寿都町
羊蹄山
オコタンペ山
日高町
蘭越幌内山
本倶登山
支笏湖
洞爺湖
徳舜瞥山
ホロホロ山
オロフレ山
苫小牧市
長万部岳
長万部町
カスベ岳
メップ岳
せたな町
稀府岳
室蘭岳
室蘭市
道南
八雲町
新ひだか町
砂蘭部岳
奥尻島
大沼
二股岳
横津岳
七飯岳
函館市

最新版

北海道 雪山ガイド

北海道の山メーリングリスト編

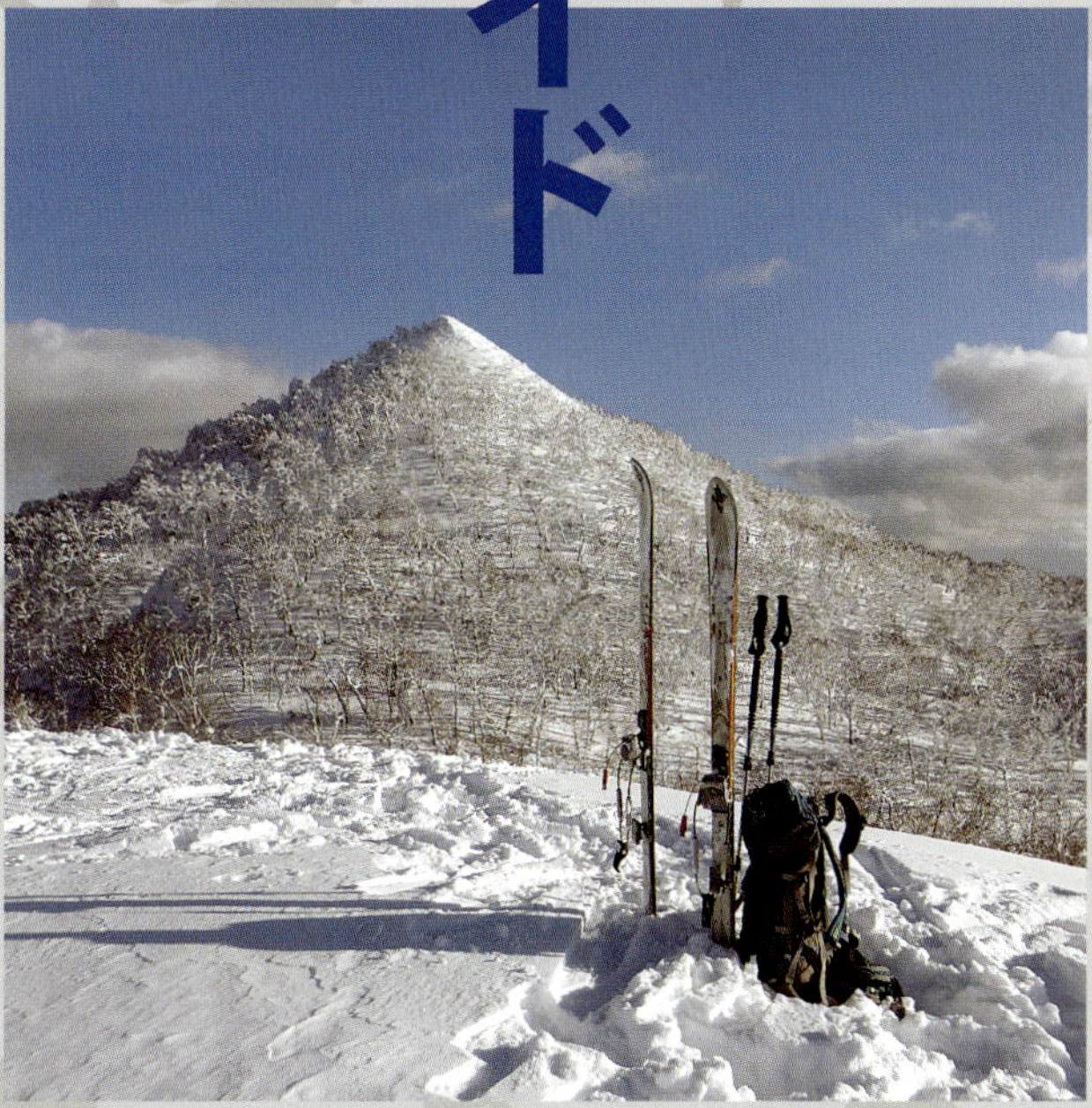

霧氷に彩られた白老岳　撮影：泉田健一

●目次●

漁岳稜線から恵庭岳など支笏湖周辺の山を望む　撮影：泉田健一

チセヌプリを見ながらニトヌプリの山頂を目指す　撮影：工藤治樹

みが待っている

撮影：井後日高・泉田健一・児玉博貴・鈴木三樹・仲俣善雄

帰りには滑る楽し

本書の利用にあたって

地形図を読める人が対象

本書は「北海道スノーハイキング」と姉妹編の関係にある。道をなぞるだけの夏山と違い、冬山登山は進路決定力・体力・寒さなど、夏山とは比べ物にならないほど厳しい。基礎技術・知識をもたない初心者が一気に冬山に向かうのは無謀に等しいので、まずは冬のハイキングで基礎を学び、次に冬山に移行できるよう二段階にした。

ベテランを自認する人でも、地形図の見方を知らない人は多い。そういう人はここでは読者の対象外として扱う。地形図で地形を判断できない人は冬山では一歩も進めないからである。夏山で地形図の見方をじっくり習得してから挑戦してほしい。

本格冬山は除外

冬山といっても、アイゼン・ピッケルを必要とする本格的な冬山は除外した。氷化した急斜面では転倒した瞬間に滑落を止めないと急加速して落下する。トレーニングを十分に積んでさえ難しい技術であり、本を読むだけでは習得できないので、含めるべきではないと判断した。

羊蹄山や十勝連峰の高峰については、山頂まで上がらず、スキーやスノーシューで上がれる範囲、または途中でスキーなどを置き、

阿部山から迷沢山へ向かう途中から見た定山渓天狗岳　　撮影・矢野圭子

ツボ足で登れる範囲にとどめている。

登山グレード

登山の厳しさの度合いが分かるように、各コースに上級・中級・初級のグレード表を付けた。配点は体力五〇％、読図・危険回避能力五〇％である。コースによっては厳冬期を除外して残雪期を対象としており、グレードもその季節のものである。当然ながら、スノーハイキングのグレードとはレベルが違うので、混同しないようにしてほしい。

コースタイムの登りは新雪が足首程度のラッセルを前提としている。登山時の雪の深さや雪質によって条件は大きく変わるので、現地で加味する必要がある。下りの時間はスキー技術でかなりの差が出る。本書は初級の上から中級あたりの滑降技術をもつ人のタイムと考えてほしい。

歩行用具はスキーが中心

ガイド編で紹介しているコースはスキーが主体である。スキーは雪に埋まりにくく、下りでは滑降できるために体力的に有利であるし、滑り降りる楽しみもある。

スキー前提のコースでも、スノーシューで問題なく歩ける。登りのコースタイムは大差ないが、下りは滑降できない分、時間がかかるのは当然だ。

本書ではスノーシュー・ツボ足を対象としたコースも紹介しているが少ない。スノーシューは冬山登山用具としては新顔であり、特性を生かしたコースが広く紹介されるには至っていない。今後取材して増やしていきたいと思う。

菅原靖彦@夏山ガイド

登山グレードについて

各コースに登山グレードを付けた。冬山としての評価なので夏山とは比較にならないほどレベルが高い。地形図が読め、冬山の知識、技術、体力がひととおり備わった人が登る場合を想定している。

山スキー使用が前提なので、スノーシューなどでは下りに時間がかかる分を加算して評価するとよい。

評価対象時期：「登山適期」で示した期間の評価。

標高差：必要な体力の目安として評価。幾つものピークを登る場合は獲得標高差とする。

長時間登山加算：登山時間が長いと疲労が増すので、登りの所要時間の長さに応じて加算する。

高山度：高山ほど風や寒さが厳しくなる。森林限界を超えると標高にかかわらずレベルの高い行動を求められる。

除しさ・危険度：雪崩、滑落、水没などの判断・対応力。

ルート判断：視界不良時、不明瞭地形通過時に求められる進路判断能力。

初級の例

体力（標高差）	B 35
登山時間加算	C 3
高山度（標高）	B 6
険しさ・危険度	D 0
ルート判断	C 6
総合点50点（初級）	

中級の例

体力（標高差）	B 35
登山時間加算	B 6
高山度（標高）	A 10
険しさ・危険度	C 6
ルート判断	C 6
総合点65点（中級）	

上級の例

体力（標高差）	A 40
登山時間加算	A 10
高山度（標高）	A 10
険しさ・危険度	B 12
ルート判断	B 12
総合点85点（上級）	

体力	標高差	D 25点 300m以下	C 30点 ～600m	B 35点 ～900m	A 40点 900m超
体力	長時間登山加算	D 0点 2時間未満	C 3点 ～3.5時間	B 6点 ～5時間	A 10点 5時間超
判断・技能力	高山度	D 0点 700m未満	C 3点 ～900m	B 6点 900mを超える森林限界までの山	A 10点 森林限界を超える登行を求められる山
判断・技能力	険しさ・危険度	D 0点	C 6点	B 12点	A 20点
判断・技能力	ルート判断	D 0点	C 6点	B 12点	A 20点
総合点		2捨3入で5点単位にし、下記の3段階にあてはめる			

初級（25点～50点）	中級（55点～70点）	上級（75点～100点）

技術編

シャクナゲ岳を背に新見峠から前目国内岳へ　撮影：泉田健一

冬山装備

冬山での故障は命にかかわるものもある
目的に応じて最適なものを選ぼう

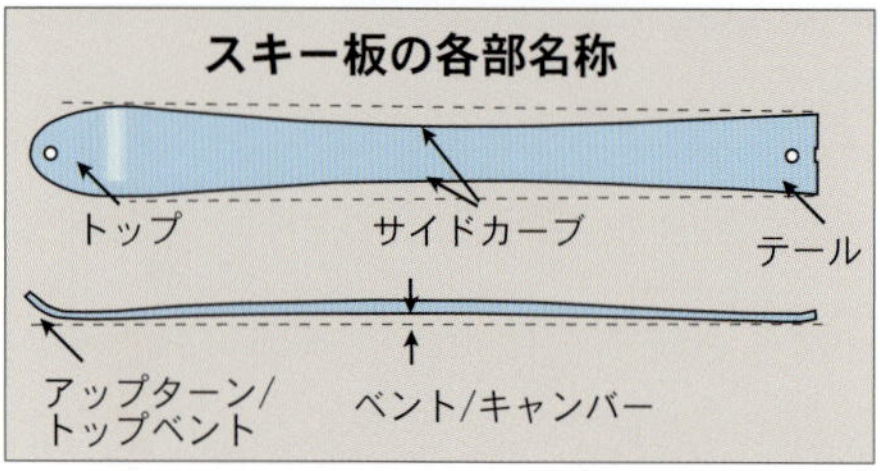

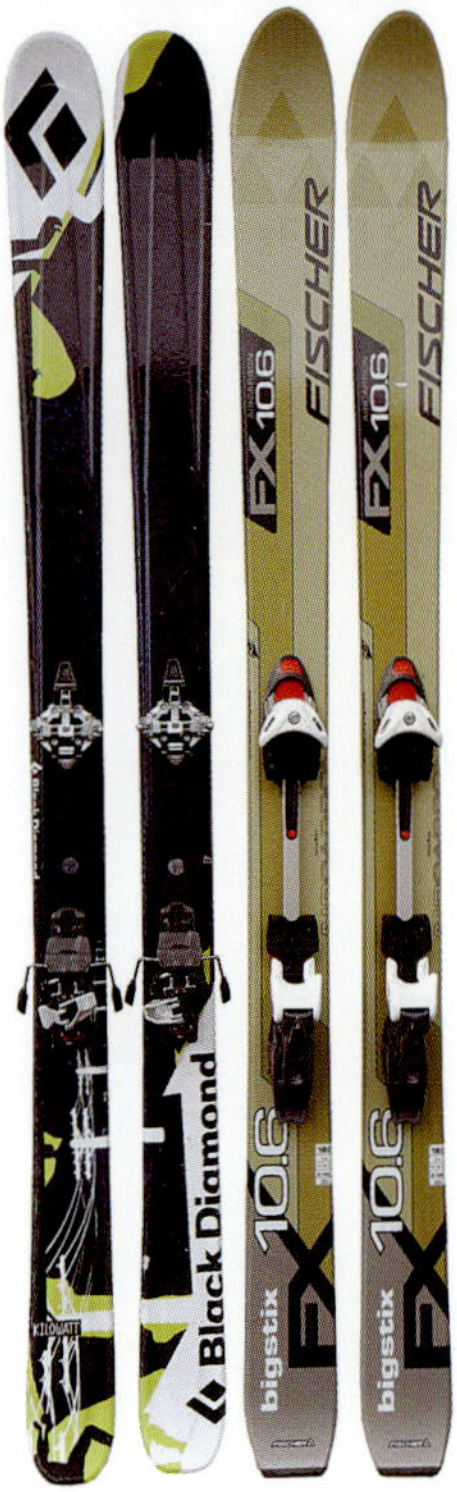

アルペンタイプ山スキー板　ツアー用モデルはほとんどがファットスキーだ（ベントがなく両端が反ったものはロッカータイプという）

TLTタイプのビンディングとブーツ　TLTタイプのビンディングは軽量が魅力だが、対応した靴が必要だ。つま先のレバーは、登行時は手前に引いて固定するが、滑降時はそのままでないと解放しないので注意

スキー関係の装備

スキーツアーに使われるスキーには、アルペンタイプの山スキーと、ノルディックタイプのテレマークスキーがある。

アルペンタイプの山スキー

スキー板

ツアー用のほかゲレンデ用の板も使えるが、軽量でトップベントが大きく先端が柔らかめの板が向いている。サイドカーブが強すぎる板は、急斜面のトラバースや横滑りが難しいので避けたい。長さは身長程度が標準だが、幅広スキーの場合や体重の軽い人はマイナス一〇㌢、体重の重い人やスピードに乗りた

クライミングサポート　傾斜が急になるとき、クライミングサポートを立ち上げると登りやすくなる

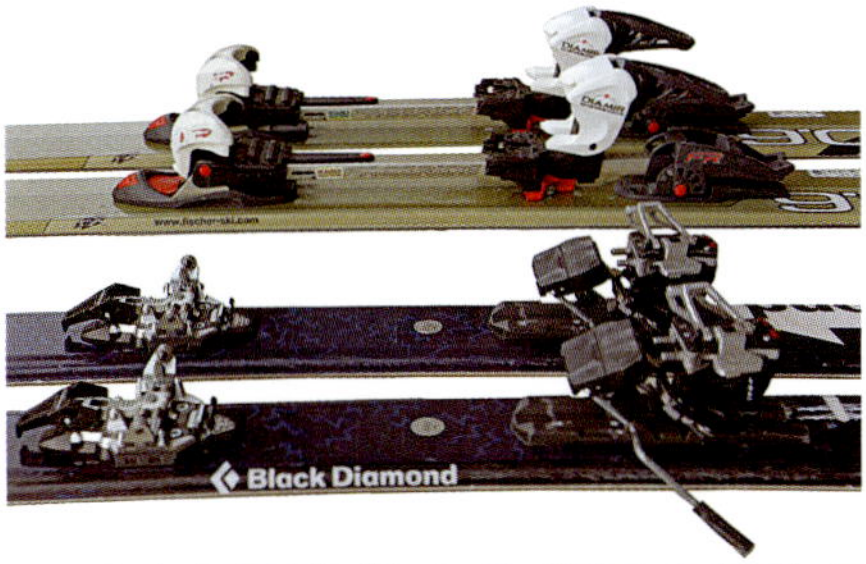

アルペンタイプのビンディング　従来タイプのディアミール（上）と、TLTタイプのディナフィット（下）。どちらもステップインで装着可能だ。バンド式流れ止めを装着したい

い場合はプラス一〇センチ程度の範囲で選ぶ。

最近はファットと呼ばれるトップ幅が一二〇ミリを超える幅広板が人気で、特にトップベントが緩く長いロッカータイプでは深雪で浮力を発揮できる。しかし、極端に広いとエッジが効かず堅雪の滑りには向かないので、春山スキー用に細めのスキーがもう一セット必要になるので留意したい。

先端に穴の開いているツアー用スキー板は、けが人搬送のソリ作りに役立つ。自分で穴をあける場合は、スキー板の腐食を防ぐために塗料あるいはエポキシ系接着剤を穴の内壁に塗っておくとよい。

ブーツ

スキーツアーにはスキー兼用靴が向いている。以前は登山靴を使うビンディングがあったが現在はない。スキー兼用靴は、堅いプラスチックシェルとインナーブーツの組み合わせでできている。歩きやすいように足首が前後に動き、滑降時にはワンタッチで前傾が固定できる。靴底はビブラムソールで、アイゼンも着けられるが、長距離の岩場歩行には向かない。

足に合わせるため、熱成形で足型にフィットできるサーモインナータイプもある。なお、使うビンディングのタイプに対応するブーツを選ぶ必要がある。従来タイプとTLTタイプの両方に対応するブーツもある。

ビンディング

歩行時はかかとが上がり、滑降時は固定できる専用のビンデ

テレマークスキー板　テレマークもファットが主流。トップベントが緩く長いロッカータイプ（右）は深雪での浮力が強い。滑走面が一部ウロコになっているタイプ（左）もある

NTNタイプのビンディングとブーツ
　従来と異なるテレマークビンディングも登場したが、専用の靴が必要だ

ィングを使う。ブーツを前後で固定し、爪先を軸にかかとが上がるビンディングも軽量化と操作性向上が進み、ブーツはステップインで装着できる。また、超軽量なＴＬＴタイプビンディングの普及も進んできたが、対応したブーツが必要で、装着には多少の慣れが必要だ。

　転倒時の危険防止に、ビンディングにはねじれ解放機構が備わっている。解放後の復帰や解放値調整などは自分でできるようにしておこう。また、雪崩危険箇所を除き、ひもあるいはワイヤー製の流れ止めを装備しておかないと、深雪ではスキー板を紛失する可能性がある。

テレマークスキー

スキー板

　テレマーク用モデルは、ビンディング取付部分が補強されている点がアルペン用と異なる。最近はファット（超幅広）板が人気だが、アルペン用と同様深雪では快適なものの、堅雪に向かない欠点がある。

ブーツ

　目的に応じて多彩なタイプがある。重量や硬さにも大きな差があるから、使用目的を定めてから選びたい。バックカントリー用以外のほとんどの靴は前傾固定可能なプラスチック製だ。

　歩行も滑降もあるスキーツア

テレマークブーツ　左からバックカントリー用、オールラウンド用、レース用。プラスチック製のものは前傾固定レバーがかかとにある

スプリットボード　歩行時は分割してスキーとして使い、滑降時は一体化させてスノーボードとなる。ビンディングは付け替えが必要

ーには、バックルが二〜三個のオールラウンドモデルが向く。靴底はビブラムソールだが、装着できるアイゼンの種類が限られているので、必ず靴持参で合わせて購入したい。アルペンのTLTタイプとテレマークのNTNタイプの両方のビンディングで使用できるブーツもある。

ビンディング

テレマークのビンディングは、靴の爪先（幅七五ミリ）を差し込み、かかとにケーブルを回すだけの単純軽量なものが多い。歩行時につま先を軸に可動できるものもあるが、重量は増える。レース用など硬い靴には有効だ。ねじれ解放機構が備わったタイプも少数ある。ケーブル長の調整やケーブル切断時の交換などは、自分でできるようにしておきたい。またケーブルなどの予備部品は必ず持とう。

別の規格でNTNタイプのビンディングも販売されている。硬い靴との組み合わせでハードバーンの滑降に向くが、専用靴が必要だ。

山岳スノーボード

ゲレンデ用よりも長く先端の尖った山岳スノーボードを使った山岳滑降も人気である。

登りではスノーボードを背負って別途スノーシューを履く必

シールの応急固定　粘着剤の不具合でシールが外れた場合に備えて、布テープやスキーバンドを用意したい

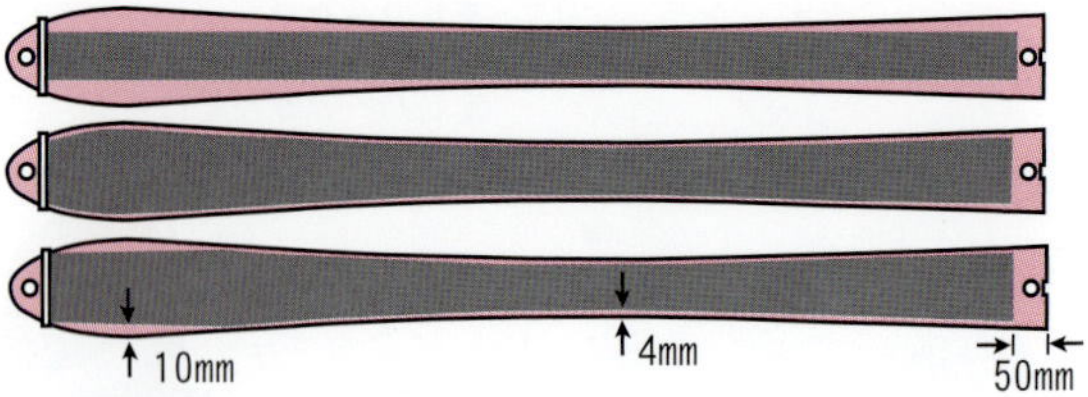

カービングスキーのシールカット（貼り流しタイプ）
カービングスキーの場合、従来のストレートタイプではトップ・テールとも滑走面を覆うことができずスリップしやすい（上）。両サイド4mm以外の滑走面をすべて覆えるようカットするのが理想的だが（中）、トップの左右10mm程度は滑走面が出たままでも特に問題はない（下）。スキー最大幅より8～20mm狭いシールを買い、カットすればよい

要があり、下りではスノーシューを背負っての滑降となる。なお、登りでは分割してスキーとなり、下りでは合体させてボードとなるスプリットボードもあるが、非常に高価であり、ビンディングの付け替えも必要だ。

なおスノーボードは水平移動ができないので、スキーとボードの混成チームの滑降時には、メンバーが逸れないよう注意が必要だ。

その他スキー用品

シール

ヤギの毛を織り込んだモヘヤ製と、人工素材のナイロン製がある。前方への滑走性能ではモヘヤが、耐久性ではナイロンが優れている。

粘着剤による貼り付け式が一般的だ。先端を金具で引っかけるだけの貼り流しタイプと、先端と末端の両方を金具や伸縮ゴムなどで引っかけて止めるコンビタイプがある。コンビタイプにも多くの種類があるが、スキーの先端と末端の形状によって装着の可・不可が決まるので、使うスキーに合わせて選ぶ。

粘着剤は低温で粘着力が弱まるため、下降時に登り返しがあるときはザックにしまわず、ジャケットの内ポケットなどで保温する。定期的に粘着剤の塗り重ねや塗り直しなどのメンテナンスにも気をつけよう。また万一、粘着剤の不具合でシールが外れた場合に備えて、布テープやゴム製スキーバンドを用意し、固定できるようにしておく。

昔から使われていた、布製のバンドなどで固定する取り付け

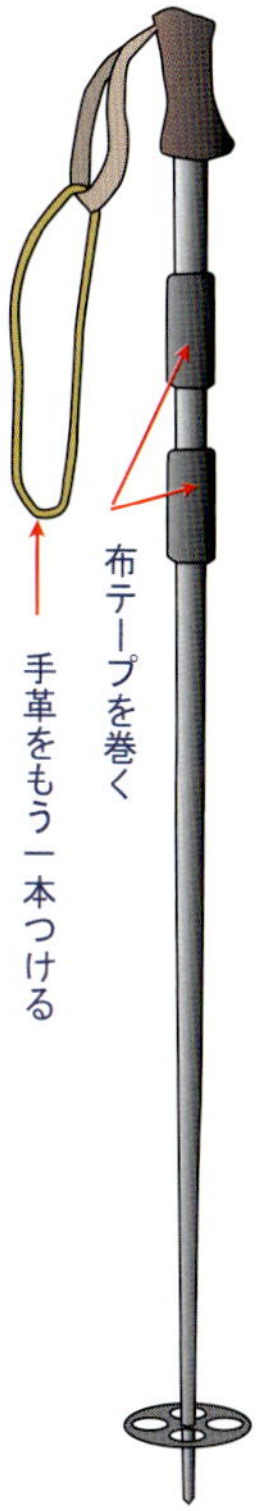

式のシールもある。スキーとシールの間に雪が入りやすく、ストレートタイプ（ワイドタイプは幅八〇ミリ）であるため登坂力が弱いなどの欠点もあるが、粘着剤を使わないため低温による問題がなく、スキーをはいたまま着脱できる長所もある。

ストック

ゲレンデ用のストックはリングを大型のものに変えたほうが深雪で使いよい。伸縮可能なモデルもあるが、伸縮機構が凍りついて動かなくなったり、滑降中に木に引っかかって抜ける欠点もある。斜登行の際、左右の長さを変えて握りやすいように、グリップの下に布テープを巻き、手革も二重にすると便利だ。

スキーアイゼン

氷結した急斜面でシールでもツボ足でも歩けない場合、ビンディングに装着するスキーアイゼン（別名クトー）を使う。アルペンタイプのビンディングには各モデル専用のスキーアイゼンが用意されているが、テレマーク用は少なく、スキー板に直接取り付けるものを使うしかない。

これらの装備は、出発前に十分、点検・整備しておく必要がある。行動中の不具合は、パーティー全体の行動計画を狂わせ、時には遭難につながることもあるので注意したい。

島田　亙＠テレマーカー

スノーシュー

アルミワカン

スノーシュー・ワカン

スノーシューの選び方

衣類・ザックを含めた体重によって、沈下しない適正サイズを選ぶ。もちろん平地用よりも、ある程度の急斜面に対応した山岳用が適している。

締め具はメーカーごとに異なる。基本的にどんな靴でも合うが、登山靴のような硬い靴に不向きな締め具もあるので、履く予定の靴を持参し、専門店で相談するとよい。

硬い雪の上を歩く機会のある登山ではシューの底に付いているアイゼン（クランポン）の性能も重要だ。これも各社のノウハウがあり、年々進化しているので、専門店の助言を受けるとよい。

行動範囲に限度がある

急な登りでは雪に足をとられて足元が安定しないため、雪面にシューの先端を突き刺すような登り方がよい。氷結した斜面では付属のアイゼンでもスリップする。

急な下りでシューが滑って不安定な場合は、ツボ足で降りたほうが確実だ。また、シューは横方向の制動力が低いので斜面のトラバースには注意を要する。バランスをとって歩くためのストックは必携である。

シューとスキーでは登り下りの最適なラインどりが違うし、下りはスキーが圧倒的に速いので、同時行動は限界がある。

ワカンは輪が小さく、積雪期は埋まるが、残雪期は快適だ。

阿部雅樹＠スノーシュー

発熱繊維に注意

吸湿発熱により温かくなるので日常生活衣類として人気があるが、レーヨン繊維を含むものは乾きが遅いので、低温下の冬山で使うのは危険だ。繊維の構成を変えて登山に適した製品もあるので、情報を確認したい。

下着　肌着はウール製か速乾性ポリエステル繊維製。ズボン下はポリエステル製
中間着　上下ともウール製ブラウス・セーター、フリース製など
上着　薄手のフード付き防風衣。ズボンはウールかポリエステル製（裏はフリース）
防風衣　極寒、強風時など状況に応じて着用

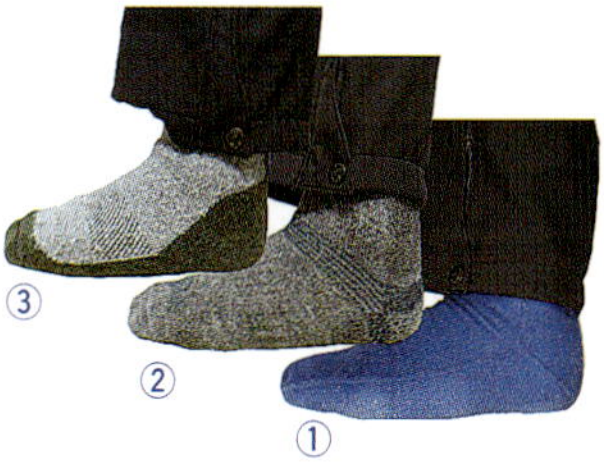

靴下の重ね履き
保温性はウールがベストだが、保温性能を高めた化繊製も増えた。
写真の例は①薄手　②中厚　③厚手だが、靴下の組み合わせによって靴の足入れがきつくなると寒気が伝わりやすく、凍傷の心配もある

メリノウール素材の下着

登山ウエア

季節への配慮

初冬、厳冬、残雪期では気温が異なり、衣類の組み合わせの配慮が必要だ。登りに着込みすぎると暑くなり発汗も増える。汗で体温や衣類が濡れることは冬山では禁物である。

下着

綿や混紡の下着は、汗を繊維が吸い、速乾性がないため体温を奪い、低体温症、さらには凍死の原因になる。ウールか、吸水性がなく汗を外部に放出する性質をもったポリエステルなどを選ぼう。最近チクチクしないメリノウール素材の下着もある。

中間着と上着

体温調整は中間着の重ね着（レイヤード）で行う。最良はウー

毛糸帽子

目出し帽

目出し帽＋ゴーグル

ルのセーターだが、二種類のフリースやメリノウールの中間着で調整する人が多い。下半身もほぼ同様で、下着の上に化繊のズボン下をはき、ズボンは表面が撥水加工されたポリエステル製のものを着用。その上に防風のためにオーバーパンツをはく。

汗をかかないゆっくりとした歩き方と重ね着の工夫で体温の上昇と外気温とのバランスをとり、発汗をできるだけ抑える。その結果、疲労を抑えて長い行程をこなすことができる。それがベテランの歩き方だ。

ただ、気温の低い一、二月は耐寒性がより高く、透湿性も備えた上下のゴアテックス製ウエアを使うのが近年の主流でもある。

レイヤードのポイント

準備までは体が冷えないように上着を羽織り、スタートの際、強風や雪降りでなければ上着を脱いでスタートする。休憩時はすぐに上着を羽織り、体温を保持する。面倒でも、この繰り返しを行うことで、発汗を抑えることができる。

帽子

通常はニット帽子など、深くかぶることができて、耳も覆えるものであれば何でもよい。稜線にあがり、風が強くなると、顔面が凍傷になる危険がある。鼻の頭、頬の出っ張り、あごなどが凍傷にかかりやすい。顔面が凍傷になりそうに感じたら、目出し帽やフェイスマスクをニット帽子と併用するとかなり守られる。呼吸が苦しく、口の周りが息で濡れる不快さはあるが、顔面保護が優先だ。さら

ゴアテックスを使った手袋各種

下からインナー手袋、ウールの毛糸手袋、オーバー手袋。この順で重ねて使う

に、防寒着のフードをかぶり、ゴーグルをすれば完璧だ。

手袋

最近はゴアテックスが手袋にも使われ、シングルで十分保温できるものになってきている。ただ、高額でかさばるのが欠点だ。シングルで保温が十分でも、化繊の薄手手袋をインナーとして併用したい。低温時、スキーの金具の金属部に素手で触れると凍傷になる可能性があるから、素手では作業を行わないように習慣づけたい。一般には毛糸の手袋のインナーとして化繊の薄手手袋をはめる。吹雪時はさらにオーバー手袋を重ねる。

靴下

ウールの靴下は保温性が高くてよいが、近年は化繊の靴下の品質もよく厚さの種類も多い。凍傷にならないためにも二枚程度の重ね履きにしよう。ベースに薄手の化繊靴下を履き、後は靴サイズに合う厚手のウールか化繊の靴下で調整しよう。

泉田健一@風不死の番人

その他の装備

冬山登山用として重要なものだけ紹介する。その他の装備は姉妹編の「北海道スノーハイキング」を参考にしてほしい。

泉田健一＠風不死の番人

ザック　スノーハイキングに比べて装備が増える分、日帰りでも35～45リットルのザックが望ましい。雪が吹き込まない雨ぶた付きで、ザックの内口を絞って閉じるタイプ、さらに二重に絞れるものがより望ましい。チャックのものは雪が張り付いて開閉しづらくなり、無理に開閉してチャックが壊れた場合、現場で対応しづらい。山スキー用ザックにはスキー、スコップ、ゾンデ棒、コース旗（標識）などを外に取り付けるため、ザック自体の強度も必要。さらに左右に調整して取り付けられるベルトが付いていることも大事だ。山スキーでは滑走時のために、しっかりしたウエストベルトが付いているものを選択してほしい

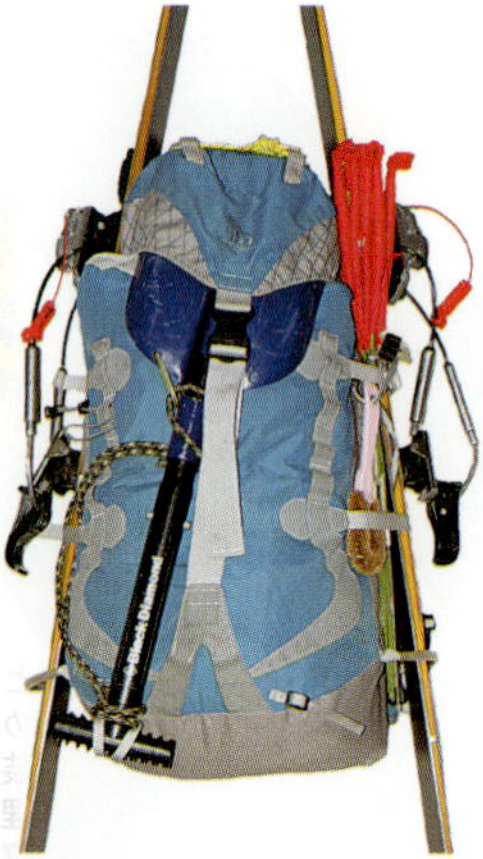

ヘルメット　すでに山スキーでは、ヘルメットをかぶることが常識となってきた。木からの落雪や滑走時、立ち木との接触は致命傷になる可能性がある。安全を考え装着することを義務づけたい

インナースパッツ

ロングスパッツ

山スキー用にはプラブーツと兼用靴があるが、プラブーツ用と兼用靴用のスパッツはサイズが違い併用できないので注意が必要（兼用靴の方が大きい）。最近のオーバーパンツ（オーバーズボン）にはインナースパッツが付いているものが多く、特にスパッツは必要がない。インナースパッツがない場合もブーツにかぶせたパンツの裾にマジックテープを巻いて固定するとよい

たわし　スキー・ザック・靴などについた雪・氷をはらうのに便利

ヘッドランプ　日没までに下山できなかったり、万一ビバークの必要が生じたりしたときや、非常用信号としても役に立つので日帰りでも必ず持参する。最近は継続して10時間以上使用できる省エネタイプのLEDのヘッドランプがお勧め

充電池　スマホ、携帯電話の電池が切れると緊急連絡ができない。ぜひ予備電池、モバイルバッテリーを用意したい

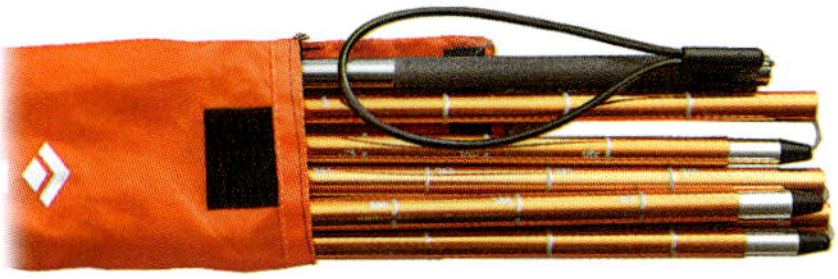

ゾンデ棒(プローブ)　雪に突き刺して雪崩埋没者を捜索する道具。雪の深さも分かるので、雪洞場所を探すときにも有効

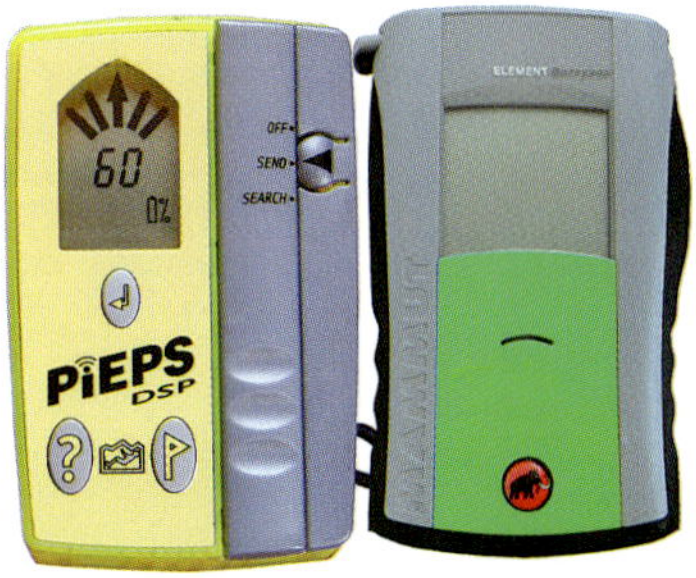

ビーコン(雪崩トランシーバー)
雪崩に埋められたときと埋まった人を捜索するために電波を発信し続ける装置。最近は初心者でも埋没者の位置をより早く確定できるデジタル製品が出てきている

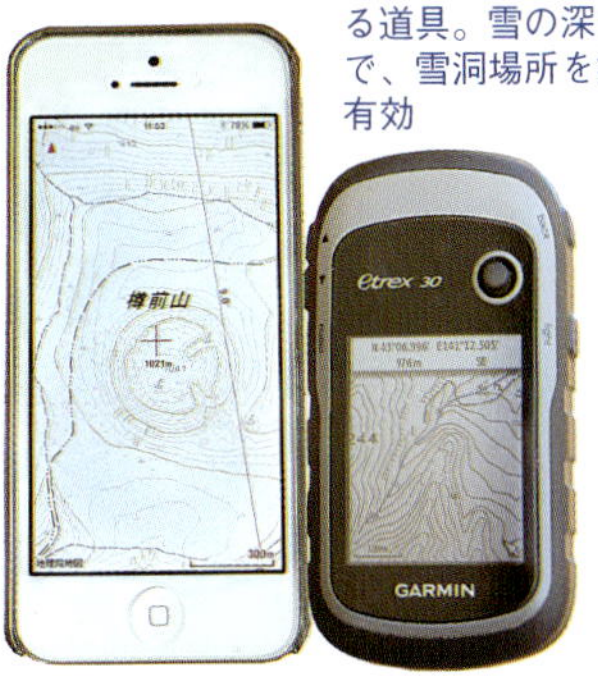

スマートフォン　　**GPS**
GPSは2.5万図入りの製品が多い。また、スマートフォンに専用地図アプリを入れると大きな画面で表示され手軽だが、電池の消耗も激しいので、予備の充電池は必携だ。使用法は別記事参照

スコップ　雪崩埋没者の救出時に硬い雪を掘るため金属製が多い。ブロック作り・ビバーク時の雪洞掘りなどにも大きな力を発揮する（背負いひもを付けておく方がよい）

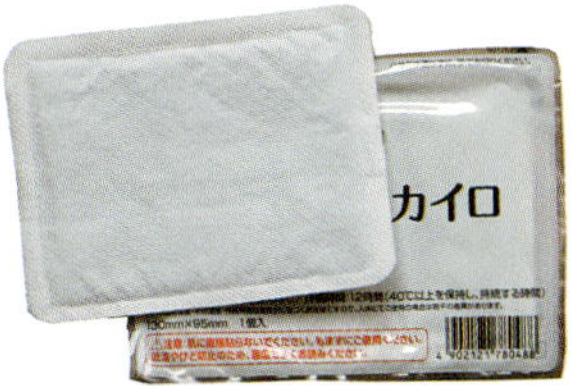

貼り付けカイロ
長時間一定温度が持続するので、体以外にもおにぎり、カメラ、予備電池の袋に貼るなどの活用ができる

コース旗・標識テープ　視界が悪いときや戻りのルートが不安なときに使用する標識。木がない雪原では旗を立てる。木があるときは前後見やすい枝に紙かビニールの見やすいテープを使う。使用後は必ず回収する

ツェルト　軽量な簡易テントで、普通底が開く。そのままかぶったり、スキーストックなどを支柱にしたり、木と木の間（写真）に綱を張ったりして使う。風を避けるのに最適

魔法瓶（テルモス） 柑橘系のゆず茶などをお湯に溶かして持っていくとよいが、すべてに応用が利くお湯だけを持参し、用途に応じ各自の嗜好で飲み分けるのもよい

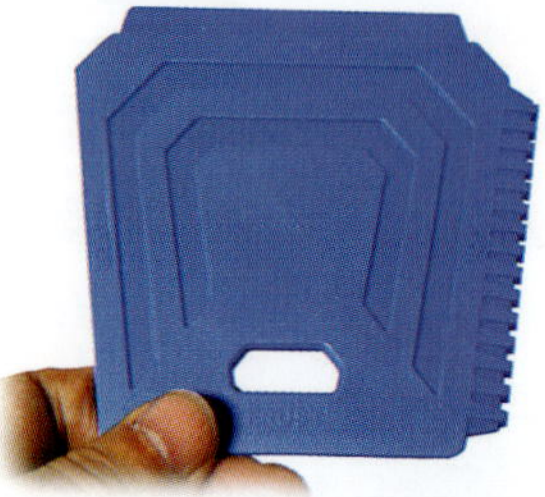

スクレッパー　スキーの滑走面に付着した雪やシールに付着した雪・水分をそぎ取る道具。車用小型窓霜取りで代用可

ネックウオーマー　稜線上は季節風が強く、体感温度が下がるが、そのとき首を覆うネックウオーマーが効果的。首は体温を調節する場所なので、ハイネックのシャツと併用するとより暖かい

サングラスとゴーグル　一般の山スキーでは歩行時は額に汗をかくのでサングラス、滑走時は目に雪や風が直接入り込まないようにゴーグルがよい。色はオレンジ系が晴天から吹雪まで使用範囲が広い。電動ファン付きゴーグル（写真）は曇らなくてよいが多少高価だ

ペットボトル保温袋
　気温の低い日は飲み口が凍りやすいので、ケースに逆さまに入れて保温する。またこの入れ物は、おにぎりを入れておくのにも便利。上から貼り付けカイロを巻いておくと快適だ

靴ずれの手当て

　プラブーツや兼用靴がなかなか足になじまない人がいる。特に山スキーにシールを貼って歩くことは、大きな抵抗を靴の中に生み、踏み出すたびに中でズレを起こすため靴ずれをおこしやすい。歩行に致命的な障害なので、早めの治療が大切だ。

①　いつも靴ずれをおこす場所は普段から皮膚も変色しているので、出発前にまずその部位にテーピングテープを貼っておく。

②　靴ずれの感触が少しでもあったらすぐに靴を脱ぎ、靴ずれをおこしている場所にまず傷の大きさにあったガーゼ付きばんそうこうを貼り付け、その上からテーピングテープを二重にしっかりと貼り、部位を動かないように固定すると楽に歩くことができる。

ロウソク　非常時の熱源、照明、スキーワックスの代用

装 備 表

装備名	備考
ザック	夏より大きめの35～45リットル。雨ぶた付き
靴	兼用靴・プラブーツなど。車で行くときは忘れやすい
ストック	伸縮式のもの。非常時：添え木・簡易そりに使用できる
スキーケース	公共交通機関の場合必須。車載時に塩カリ腐食から守る
ワックス	スキー用３色ワックス。シールワックスは春先に必要
スクレッパー	スキーワックス落とし。シールについた雪や水分取りにも使用
防風着	乾燥している厳冬期は、薄い防風着とインナーの重ね着で十分
雨具	防風着と併用。気温が上昇する春先は必需品
セーター	ウール製。軽量で各種厚さのフリースをインナー使用
羽毛服	薄手の羽毛ジャケットかフリースをインナーウエアとして持参
毛糸帽子	目出し帽を折り畳んで兼用もできる
目出し帽	吹雪時、顔を凍傷から守る。フェイスマスクと併用も可
ネックウオーマー	首の体温保護。片方を絞って帽子として利用可
手袋	ゴアテックス製でも必ず薄手のインナー手袋を併用すること
オーバー手袋	厳冬期の低温強風時、指付きグローブの外側に使う
靴下	ウールまたは化繊製の厚手・薄手のものを重ねて履く
ロングスパッツ	プラブーツ・兼用ブーツはスパッツが使えない場合がある
サングラス	曇りの日にも紫外線は強く、雪目にならないための必需品
ゴーグル	降雪・吹雪・滑走時の必需品
水筒	ペットボトルの場合は凍結防止必要
テルモス	お湯を入れ、飲み物を使い分ける。下山までお湯を残しておく
コンロ・コッヘル	必要に応じて持参
コンパス（磁石）	方向をセットできる磁石（シルバコンパスなど）。必需品
地形図	国土地理院25000分の１、磁北線は必ず入れる。必需品
ＧＰＳ	地図と併用して現在位置確認やルートナビに使用（予備電池）
筆記具	手帳・鉛筆。ボールペンは低温下でインクが出にくい
標識	紙・ビニールテープ、コース旗。必需品
雪崩関係装備	ビーコン(雪崩トランシーバー)・ゾンデ棒(プローブ)・スコップ
救急セット	靴ずれ用テープ、筋肉痛用軟膏、テーピングテープ、三角巾
修理セット	針金・ビニールテープ、ペンチなど
マットレス	休憩用。非常時にも役立つ
タワシ	シールの雪払い。ウエア・ザックの雪払い
ビニール袋	吹雪時にザック内に雪が入りやすい。装備・カメラ等の濡れ防止
その他小物	ナイフ、ライター
無線機・携帯電話	無線機は144MHz・430MHzのもの。予備電池、充電状態を確認
ツェルトザック	非常時だけでなく、休憩時の風よけにも利用
ビバークザック	非常時用。シュラフカバーでも可
ヘッドランプ	LEDのヘッドランプが電池の消耗が少ない
貼り付けカイロ	ビバーク時や低体温症の対応。食料・ガスボンベの保温
ロープ	６㎜×10ｍ。非常時の簡易搬送などに利用
その他緊急用	非常食、ロウソク、新聞紙、ホイッスル、ナイフ、ロールペーパー

山スキー技術

山ではゲレンデと違ったテクニックも必要

後傾姿勢では前足に力が入らずスリップしやすい
膝を前にしっかり曲げる
足の裏全体に加重する
シール登行

クライミングサポートを活用

登行

シール登行

スキー裏に滑り止めのシールを貼って登る登行では、雪面にしっかり食い込ませるためにシール全面に均等に体重をかけることが大切だ。前傾・後傾姿勢やエッジングはスリップのもとだ。滑るときは、スキーを雪面に叩きつけるようにする。

傾斜が増したらクライミングサポートを上げる。ストックで操作できるよう練習しておきたい。

貼り付け式シールの粘着剤は低温で接着力が弱まるから、山行中に繰り返し使う場合は内ポケットなどの温かい場所に入れておきたい。春先の濡れ雪では雪が付かないようシールワックスを使う。

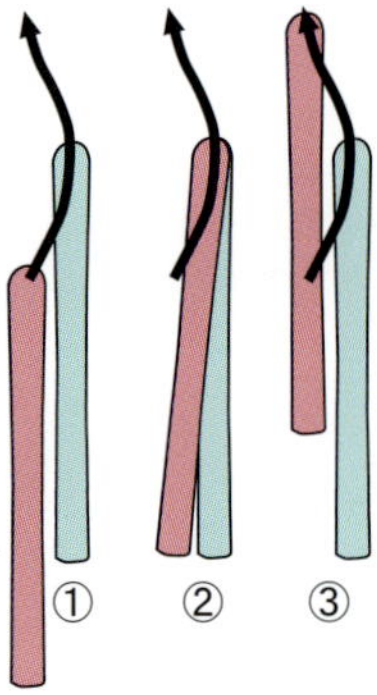
①
②
③
深雪時のラッセル
①左足をまっすぐ前へ出さず、
②雪が載っていない右スキーの上を通し、
③スキー板の先端を上げながら前へ出し、踏みしめる

ラッセル登行

新雪が積もった直後の深いラッセルは体力を消耗する。

ラッセルは通常やや大股気味にスキーを前方に持ち上げて踏み込

山足スキーを前方に振り上げて山回りで左側に倒す
足場をしっかり踏み固め、左ストックを山足スキー回転のじゃまにならない位置に突く
重心を左足に移す。右足のかかとをビンディングに当てるようにすると、トップがしばらく浮くので、その間に右足スキーをいったん後ろへ抜いて、スキーのトップを中心に回転させて前へ進める。
5
4
3
2
1

アルペン山スキーでの片足抜き足キックターン

むが、重く深い雪では抵抗が大きく、スキーの先端を雪面から出すのに苦労することがある。右図のように隣のスキーの上の空間を利用すると楽だ。

無理のない斜度で斜面の端から端まで登り、キックターンを少なくすると消耗の防止になる。

シールは新雪ほどよく効くが、元気な人が先頭になると急斜度で登る傾向がある。急なトレースが踏み固められると、後続者がスリップして登れないので、先頭は配慮が必要だ。

ラッセルの交代は、平地や緩斜面では先頭が横に一歩外れて待避する。急斜面では横に踏み出すのは難しいので、キックターンする場所で水平に少し先に進み、次の人が手前でキックターンして先頭に立つとよい。交代後、先頭は列の最後尾に付く。

キックターン

ゲレンデでよく用いられる谷回りキックターンは、ターンにより一段下がることと、ターン時に体が谷を向くため、急斜面では初心者に恐怖感がある。このためスキー登行では主に山回りキックターンが用いられる。

山回りキックターンは文字通り、山側を向いてターンする方法だが、急斜面や深雪では山足スキーを回せたとしても、谷足スキーが山側斜面にぶつかるため、体力と経験のない人には難しい。そこで〝抜き足〟と呼ばれるスキー操作が役に立つ。

体重を山足に移し、ストックも谷足スキー回転のじゃまにならない位置に変更
山足スキー回転のじゃまにならない位置にストックを突き、山足スキーを前方に振り上げて回転させる
スリップしないよう足場を踏み固める
谷足スキーのかかとをビンディングに当ててトップを浮かし、一気にスキーを後方に抜きながら回転させてトップを山足のかかとに移動させる
※　テレマークの場合はトップを浮かせてもすぐに戻るので、リズムよく後方への抜き足と回転が必要
ストック位置
1
2
3
4
5
6
テレマークスキーでの片足抜き足キックターン

抜き足キックターンには片足抜き足と両足抜き足がある。どちらも慣れないうちは両スキーを水平にそろえてから行うと、後方へのスリップを恐れずにできる。

スキーを水平に置くキックターンは大切な基本技術だ。滑降が難しい斜面では、斜滑降とキックターンの繰り返しで対応するのが原則である。繰り返し練習して身に付けたい。

スキーアイゼン

シールではスリップするような硬い斜面を登る場合、スキーを脱いでツボ足で歩くか、スキーのビンディングにスキーアイゼンを付けて歩くことになる。

硬い斜面が短距離の場合は、取り付けが簡単なスキーアイゼンの方が便利である。この場合、クライミング・サポートを高く上げると、スキーアイゼンが持ち上がり、効かなくなるから注意しよう。ツルツルのアイスバーンに入る前にセットする。

シートラーゲン

シールで登れない急斜面や、残雪期の無雪地などでは、スキーをザックに取り付けてツボ足かアイゼンで通過する。これをシートラーゲンという。

このためにはザックの両サイドにスキーストラップが付いている必要がある。スキーを横にしてザックの雨ぶたに挟む場合はスキーが前後の人に接触する危険があるので注意が必要だ。

山足スキーを後方に
抜きながら回転させ、
前方に出してから谷
足スキーと平行に置
く
足場をしっかり
踏み固め、左ス
トックを山足ス
キー回転のじゃ
まにならない位
置に突く
谷足スキーを
後方に抜いて
回転させる
1
2
3
4
5
6
※　深雪急斜面での方向転換に有効な方法
両足抜き足キックターン

滑降

転び方・起き上がり方

山スキーでの転倒はつきものだが、無理をせず、安全・確実な滑降を心がけ、けがは絶対に避けたい。

上手に転べば、けがもなく、起き上がるのも楽だ。スキーをそろえたまま山側の斜め後ろに尻餅をつくと、谷側にスキーがそろうから起き上がりやすい。荷物が重いときは、ザックを下ろしてから起き上がる。

深雪でスキーが交差して転んだ場合は、ストックを外して体の近くに置き、ザックも下ろす。転んだまま両足を宙に上げてスキーを谷側にそろえる。起き上がりにストックを使うとどこまでも潜って支えにならないので、二本のストックを十字に組み、真ん中を押さえて支えにする。

深雪の転倒は体力を消耗し、時間もかかる。どのような格好で滑ってもよいから、転ばないことが大切だ。

安全・確実な滑り方

悪雪やアイスバーンの急斜面では、横滑り・斜滑降とキックターンの組み合わせが最も安全・確実で、上級者でも多用する。斜滑降と斜め横滑りを連続して行うギルランデの手法は特に応用範囲が広い。

どのような状況でもできるように、山へ入る前にゲレンデで

アルペンスキーでの横滑り

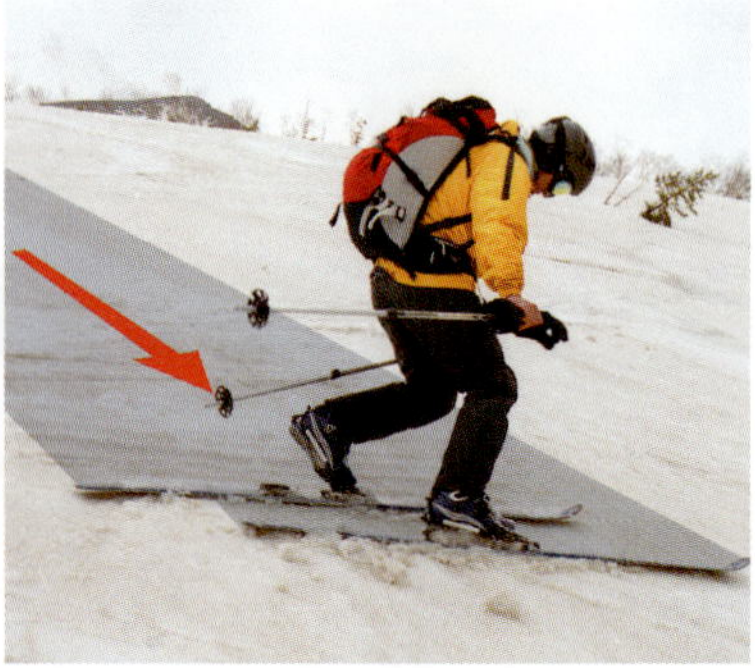

テレマークスキーでの横滑り

十分練習しておきたい。

プルークボーゲンは初級者のスキー技術と思われがちだが、林道ややせ尾根などの狭い斜面を滑るには有効であり、軽視してはならない。プルークボーゲンではスキーの先端を開かず、膝をよく曲げ、下肢を突っ張らないことがポイントだ。回転する方向の反対側のスキーに加重すればスキーは自然と回転する。その際、回転する方向に肩を振り込まないことが大切で、体は常に最大傾斜線に向ける。

深雪の滑り方

ゲレンデでは自在に回転できても、深雪では最初はなかなか「曲がれない」人が多い。その原因は、深雪ではスキー操作に対し応答にタイムラグがあることだ。

最初は緩斜面の深雪を直滑降でゆっくり滑り、両スキーをリズムよく踏んで加重と抜重を繰り返してみよう。すると、スキーはワンテンポ遅れて沈んだり浮いたりする。この感覚に慣れることが大切だ。

リズムがつかめたら、スキーが浮いた瞬間にエッジを切り替え腰を落として加重する。スキーは一旦沈むが、しばらく待つと反動が返ってくるので、これを利用して再びエッジを切り替えて次のターンに移る。

慣れればテンポよくエッジの切り替えを行うことができる。テレマークスキーでは前後の足の入れ替えがあるため加重と抜重を意識しやすいが、アルペンスキーでは積極的に意識したい。

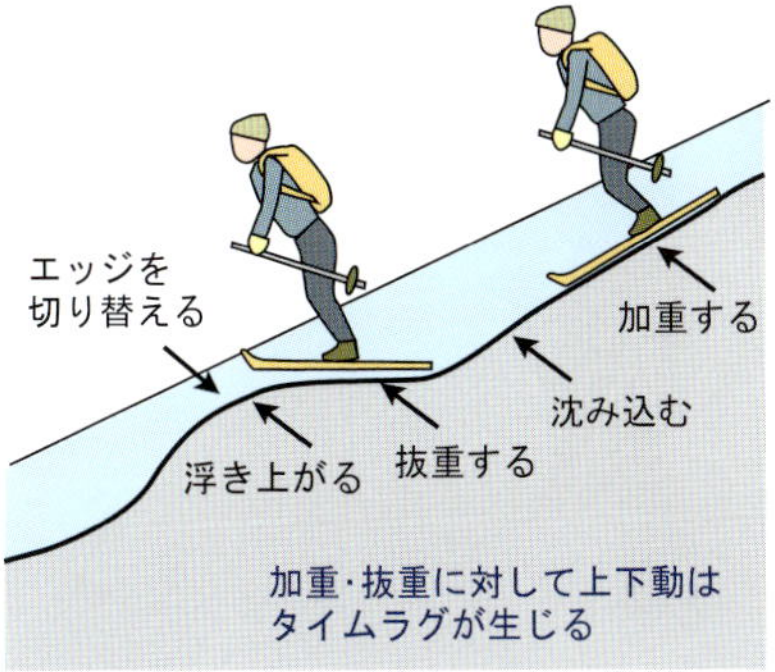

加重・抜重と上下動のずれ

プルーク滑降

もう一つ深雪の回転で重要なことは、両足スキーの同時均等加重である。片足だけに加重するとそのスキーだけが沈むため、もう一方のスキーが引っかかり、転倒することになる。

樹林帯の滑り方

樹林帯の滑降で気をつけたいのは視線の向きだ。樹木に視線が向きがちだが、木と木の間のターンする場所に視線を向けよう。スピードを出しすぎると、木に激突することもある。確実に急停止できる以上のスピードで滑ってはならない。

また、密な樹林帯の中ではストックを引っかけて腕や肩をケガする危険がある。ストックの手革は外して通過するようにしよう。

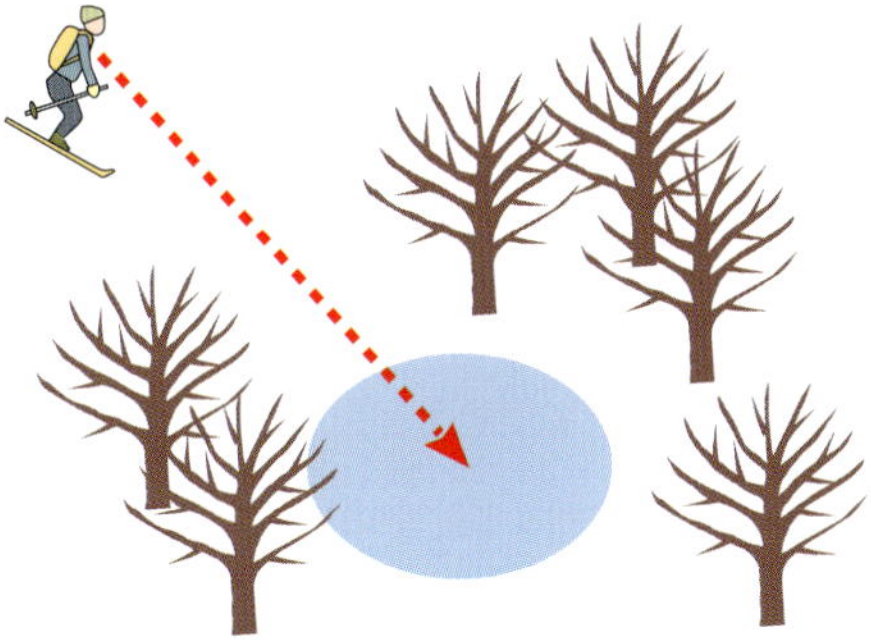
視線は次にターンする場所に向けよう

下降ルートの確認

山スキーでは下山時にルートを間違えないことも技術の一つだ。パーティーで行動する場合、リーダーを先頭にして、これと別行動したり追い抜いたりしてはならない。パーティーの全員がそろっていることを要所要所で確認する。

島田　亙@テレマーカー

スキーの苦手な尾根の狭い山など、スノーシューに適した山は多い

スノーシューでの登山

特性を生かして新たな山を開拓できる

長所・短所

　カンジキは接地面積が小さくて深雪に埋まり、北海道の冬山登山では使われてこなかった。新顔のスノーシュー（以下「シュー」）はある程度の深雪にも硬《かた》雪《ゆき》にも対応し、登山に向くが、まだ本格的に使う人が少なく、特性を生かしたコースが紹介されるまでには至っていない。

　次のようなシューの特徴を理解したうえで活用したい。

長所

①使い方が簡単
②密集した樹林帯などスキーに適さないところでも歩ける
③登り返しにシール脱着などの操作が不要
④用具の運搬が容易

短所

①下りに時間がかかる
②深い雪に埋まりやすい
③横方向のグリップ力が低い

　シュー自体が積雪期登山の強力な道具になり得るが、スキーが苦手な初級者が山に慣れるためにも適した道具といえる。

　実際に使うにあたって、次の点に留意したい。

歩き方

　スキーと同様にストックでバランスをとりながら歩く。急な登りは苦手である。遠回りでも緩斜面を選んだ方が、楽で時間

倒木をまたいだり、狭い樹間をくぐったりするのは得意だ

がかからないことが多い。

コースから外れないようにしながら、臨機応変にシューに適したラインをとりたい。深雪の急斜面は、スキー同様ジグザグを切って登る。シューを外してツボ足で登ったほうが楽なこともある。

急な下りでは歩くというよりずり落ちる感じである。シューが外れないよう締め具を確認し、無理な荷重をかけないように慎重に下る。左右の歩幅を大きく取り、大股で歩くと、両足のシューの衝突を防げて転倒を避けることができる。

行動時間

登り時間はスキーとほぼ同じと考えてよい。下りはスキーの倍、滑降斜面の多いコースではスキーの三倍をみたい。平地歩きの部分はあまり差がない。

登山時期

スキーヤーには楽しいパウダースノーは、シューでは埋まりやすく、快適とはいえない。厳寒期よりも、三月後半から五月前半までの雪が締まった時期が、シューなどには適しているといえる。

雪崩などの対応

シューはスキーに比べて接地面積が小さく雪に潜りやすいし、スキーより短いので、雪面下の亀裂などに埋まりやすい。

雪崩の誘発は横移動の多いスキーやスノーボードに比べて低いとされるが、雪崩が発生した際に素早く逃げられないのが弱点だ。

阿部雅樹@スノーシュー

冬山の食料

歩きながら食べなければならないこともある

冬山では立ち止まって食事をできないこともある

行動食とは

行動食は、ハードな行動を支えるエネルギーを継続的に補給する食事で、日常生活の昼食のとり方とは根本的に違う。

登山はエネルギーの消耗が早いので、短いサイクルで次々に補給しなければならない。食後すぐにエネルギーに変わるわけではないので、空腹になってから食べるのでは遅い。

小休止のときに小刻みに食べたり、立ち止まれない状況では歩きながら食べることも必要。風防衣のポケットから手袋のまま取り出して食べられる食料も考えておくべきだ。

行動食の条件

食料で留意しなければならない点は

①冷たさで硬くならず、食べるのに多くの水分が要らないこと

②行動中すぐに取り出せて、食べられること

③消化がよくて高カロリーなこと

④凍らないこと

主食的な食料としては、おにぎり、いなり寿司、餅類、菓子パン、ビスケット、ブロック型の栄養補給食などがある。各自の好みで決めればよく、各自が食べやすいのが一番だ。

ただし、米飯は長時間の極寒

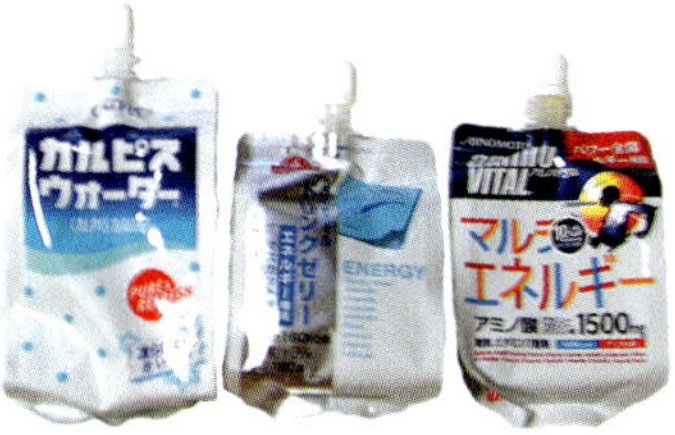

パック型飲料

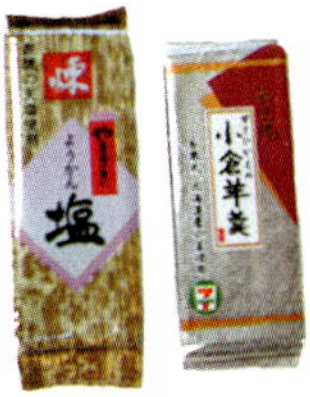

小型のヨウカン

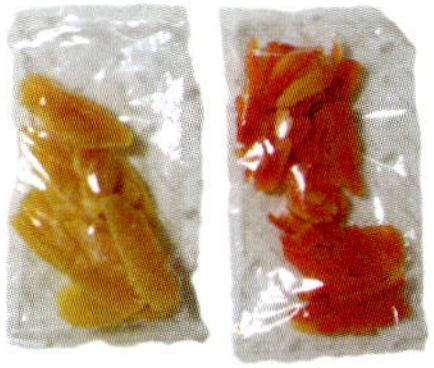

ドライフルーツ

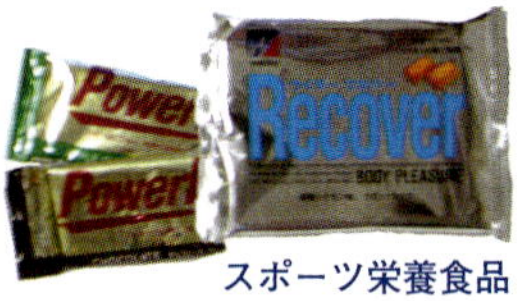

スポーツ栄養食品

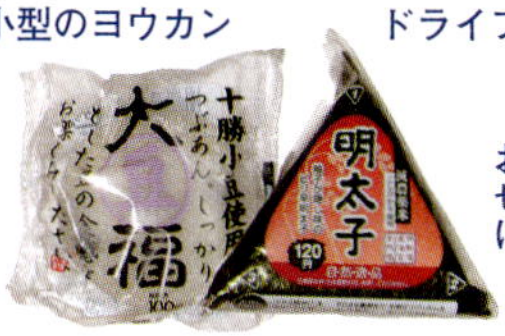

おにぎりは凍らせないよう保温に工夫が必要

の中の行動ではガチガチに凍って食べられなくなることもあるので保温が必要だ。ミカンなどの果物も同様に凍る。

ゼリータイプの栄養食は、カロリーだけでなく栄養素・水分も補給できるので便利である。個装タイプのチーズや魚肉ソーセージを併せて食べるのも手軽である。

補助的な食料として、菓子類、ドライフルーツ、ようかんなどが使われる。菓子類はすぐに取り出せるようポケットに入れておくと便利である。行動食の不足を補う予備食として持つことも多い。

非常食

予定より時間がかかったり、迷ってビバークする場合などに備える。当然、行動中に手をつけてはいけない。疲れきった状態でも食べられる物を選ぶ。

保温の工夫

水分を含んだ食品は凍りやすいので、衣類にくるんだり、ザックの背側に収める。保温水筒の周りに食料を配置すると多少の効果はある。風呂用の保温シートが安く売られているので、これをうまく利用して断熱している人もいる。ペットボトル用の保温カバーも水分の保温には効果がある。

水分

冬山は意外に水分の排出が激しい。のどの渇きを待たず、一定時間ごとに補給しないと脱水状態になりやすい。ただの水よりも、塩分やミネラルを含むスポーツドリンクタイプは、低体温症の予防にも役立つ。保温水筒に入れたホットドリンクは、冷えた体を温めるのに有効だ。

阿部雅樹＠スノーシュー

冬山登山の計画と仲間

夏山と違う厳しさだからこそ用意周到に

天候の急変に備えてコース旗の設置は欠かせない

冬山事故は死に直結

近年、テレマークスキーのブームやボード愛好者のゲレンデ外への進出、あるいは山スキー用具の改良もあって、パウダースノーでの滑降を求めて冬山に登る人が増えてきた。ゲレンデのオフピステ（コース外）を楽しむ感覚で冬山に入る人もいるようである。

しかし冬山では、ちょっとした事故も死に結びつき、計画や準備、山中での行動に慎重さが求められる。実力、体調も含めて山やルートの選択を考えたい。

登る山を決める

本書掲載のコースは、低山から二〇〇〇メートル近い高所まで幅広い。単純往復、ピークを越えての横断、縦走の違いで困難度が大きく違う。最初はやはり人気があり登山者の多いコースの往復から始めたい。さらに、山の高さ、所要時間、入山登山者の多さなどの要素で山を選び、低いレベルから少しずつレベルアップしていきたい。

ガイドブックや山岳雑誌だけでなく、インターネットで山の情報が入手できるようになった。これは個々の登山者のその時点の経験にすぎず、登山者の体力も違えば、天候条件、ラッセル量など、山の条件も異なる。ガイドブックのように不特定多数の登山を配慮して書いてくれるわけではないので、読むにも力が必要だ。自分も同様に行動できると単純に思ってはいけない。

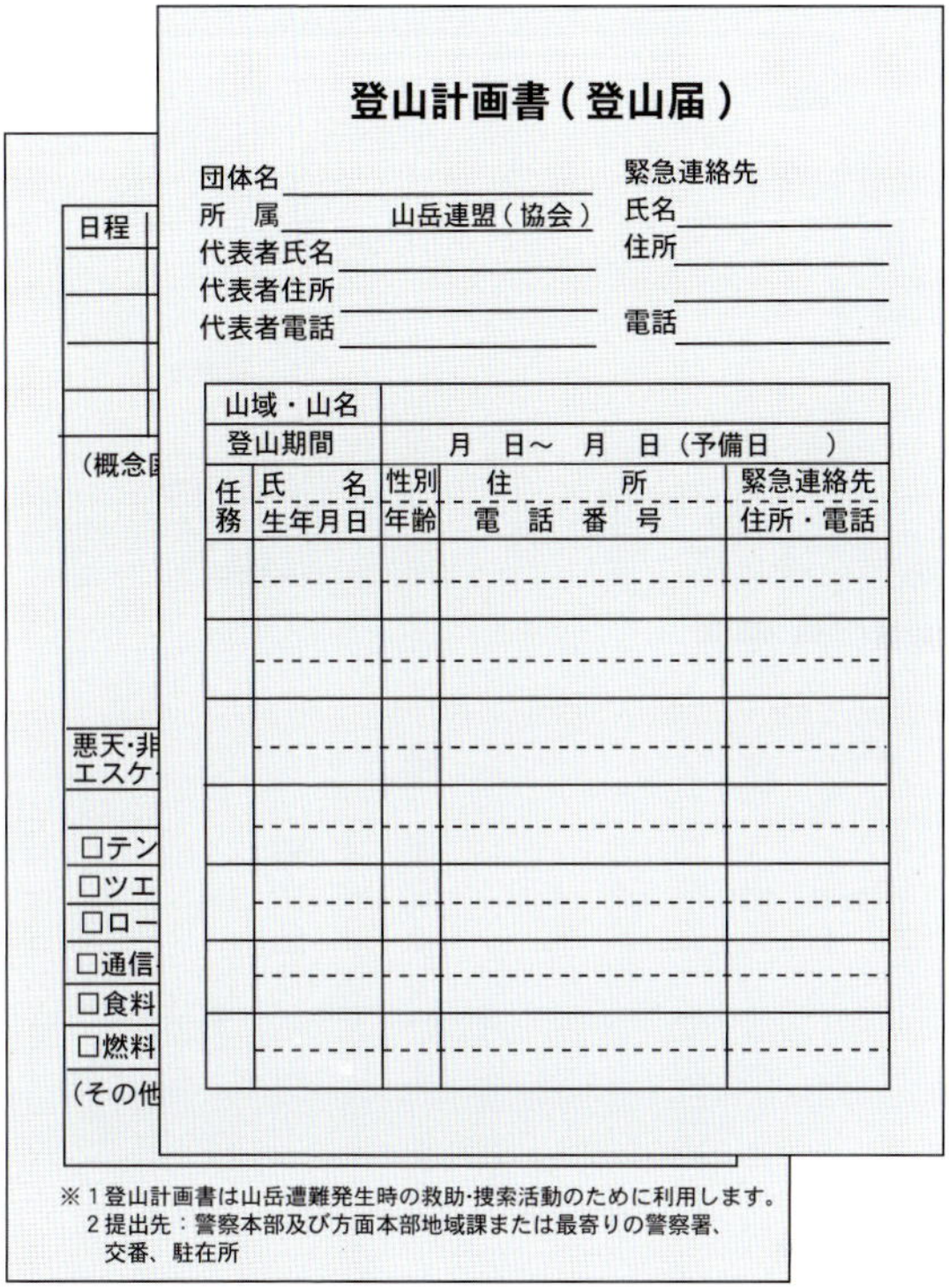

北海道警察の登山計画書様式。これを参考に作るとよいだろう

登山計画を立てる

登る山が決まったら、地形図を入手して登山計画だ。書店などから国土地理院の地形図を買うのが一般的だが、国土地理院のホームページから『地理院地図（電子国土ｗｅｂ）』を開いて最新の二万五千分の一の地形図を印刷することもできる。

地形図を用意したら、コースを考える。既存のツアースキーコースは雪崩や雪庇など、危険を避け、ラッセルの少ない場所を選んで進む合理的なものと思っていい。自分なりのコースを考えるなら、事前に危険要素などを検討しておくことが重要だ。ＧＰＳを使うなら、カシミール３Ｄでルートにウェイポイントを書き込んだ地図を作っておくとよい。

厳冬期は日が短いことを考慮し、早朝に出かけ、午前中に下山するくらいの時間設定が望ましい。本書のコースタイムは、足首程度の軽いラッセルを想定したもので、下りコースタイム

国土地理院のホームページ「地理院地図」から地形図を印刷できる

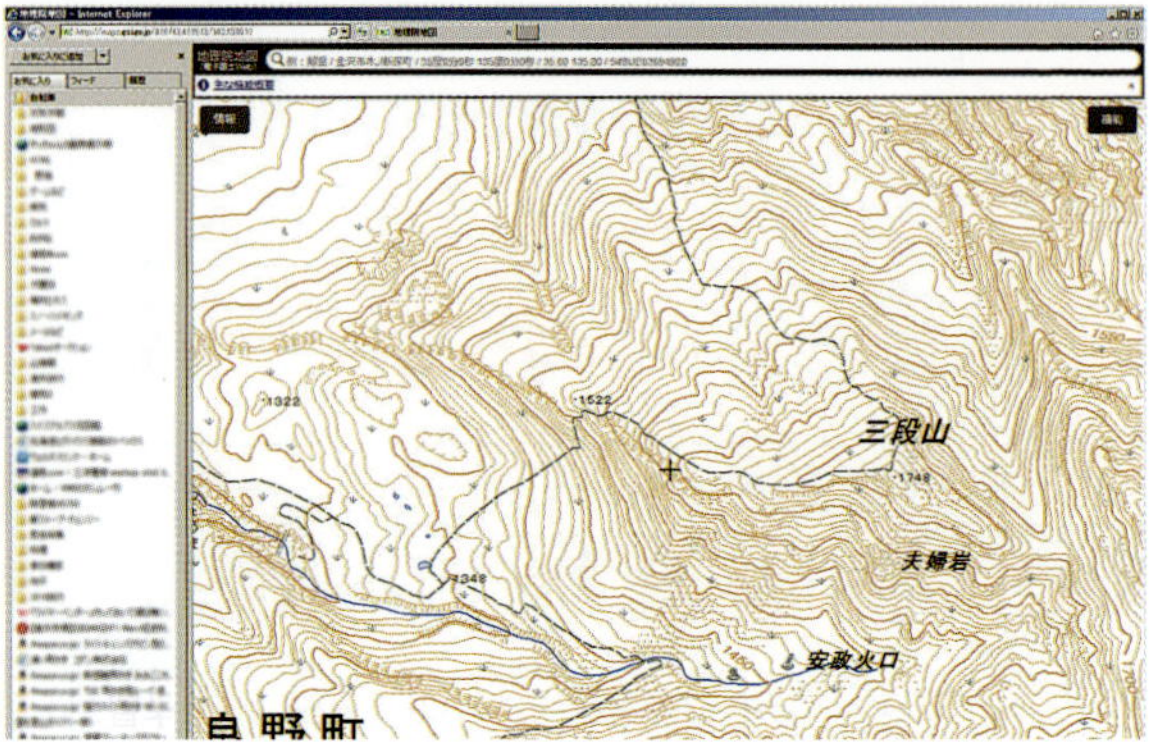

は中級程度の滑降技術をもった人が滑り降りた時間である。深雪や湿雪のラッセルが予想されるときは、標準の二倍はみておく必要がある。

計画は計画書にまとめよう。統一書式はないが、参考のために前ページに北海道警察が公開している様式を紹介した。

北海道警察ホームページの「安全登山情報」「登山計画書の様式及び提出先」を開くと、提出先一覧とともに、一太郎、ワード、PDFのサンプル計画書が入手できる。またメール用登山計画書もあり、入力してそのまま送信すると道警に提出される。

登山計画書を提出する

登山計画書は家人に渡すとともに、警察に提出するのが望ましい。山岳会に入らない登山者の多くは登山届を提出していないのが実態だ。警察への提出は義務ではないが、遭難した際には救出活動が円滑に進む。下山したら、その旨を家人にも、計画書の提出先にも早急に連絡するのは当然だ。

提出は、最寄りの警察署、交番に郵送か直接持ち込みで行う。急ぐ場合はファクスでも受け付ける。道警本部なら地域企画課安全対策係（FAX〇一一・二五一・三五三五）だ。

下山報告は電話かファクスで行う。メールは受け付けていない。警察は登山の安全管理を業務としているわけではなく、計画書の下山予定日を過ぎたから捜索を開始するということはしない。本人や家族などから事故・遭難の届け出があってから初め

自分の判断で進路を決める冬山登山は、経験の積み重ねと学習が大切だ（浜益岳）

て動き始めるということは知っておきたい。

登山記録をつける

今後の登山に生かすために、登山中に記録をつけよう。記録は主要地点の通過時刻と、気がついたこと、特記すべきことなどを書きとめる。最近ではＩＣレコーダーやデジカメの録音機能を利用する人もいる。

記録の整理は帰宅後に地図や写真を見ながら行う。これは楽しさを振り返ると同時に、次の山行の踏み台ともなっていることを忘れてはいけない。

記録がまとまったら、山仲間に見せたり、インターネットのホームページやブログ、山行記録共有サイトの「ヤマレコ」などで公開するのもよい。自分では気づかなかった点の指摘やアドバイスが寄せられるかもしれない。

誰にでも理解できるように、客観的、具体的に記録するのがまとめ方の基本だ。右・左という主観的表現ではなく東西南北の客観的表現に、「天気が悪くなった」という抽象的な表現ではなく「北の風が強くなり、地吹雪で視界が利かない」など、具体的に記述しよう。

仲間と登る

冬山で他の登山者とすれちがうことは少ない。道迷いやけがで動けなくなったら凍死の危険もある。手当てや救助を求める態勢を組める数人以上のパーティーを組んで登るようにしたい。

同行者集めは、日程調整など面倒だが、それを補う利点もある。一人でのラッセルは大変な

リーダーは休憩時間にも各自の体調や現在地の確認など、するべきことは多い

苦労だが、二人、三人なら楽になる。ルートを間違えたときも、別の目が気づくかもしれない。また、ツェルトやコンロ・コッヘルといった装備も、分担すれば軽量になる。

こうしてパーティーが形成されるが、パーティーはあまり多人数になると全体を掌握できなくなるから、せいぜい五〜六人が目安だろう。

メンバーシップ

近年、メンバーシップの欠如から起きる遭難が少なくないという。互いに助け合って行動するのではなく、他人を気づかうよりは自分のペースを優先するという、その行動パターンに問題があるらしい。パーティーを組んだなら、常に一つにまとまって行動することを優先しなければならない。

パーティーから離れそうになったら、必ず他のメンバーに伝えることだ。それは、体調不良の場合でもトイレの場合でも同じだ。そして、常にお互いの調子を気遣いながら行動する。一人のペースが落ちたなら、他の人はそのペースに合わせる。姿が見えなくなれば行動を止めて探す。それが「メンバーシップ」の基本だ。

仲間と一緒に登るようになれば、仲間のけがや不調にも行きあうことになる。テキストや講習会などで救急医療の心得なども習得しておきたい。それは自分自身の健康管理や、不時の事態でも役に立つものだ。救急医療を学んだ人は、ふだんの生活から健康維持やトレーニングま

視界不良時はメンバーが離れないよう指示する

で、より一層細かに気を使うようになる。

リーダーを務める

言うまでもないことだが、冬の山は夏山よりも危険の要素が多く、登山として難しくなるから、リーダーにはより大きな責任がかかってくる。

リーダーとしての適切な判断のためには、経験のほかに余裕のある体力も必要だ。しかし、はじめからそんな能力をもったリーダーは存在しない。どのリーダーも一歩ずつ経験と学習を重ねて、メンバーの安全に責任を負うことができるリーダーとなってきたのだ。

あなたがもしも初めて冬山のリーダーを務めるのなら、次の三点を念頭に置いてほしい。

①まず、そのルートが、自分の読図力を超える難しさではないこと。できれば、そのコースを一度は他人に連れられて登った経験があること。

②登山中に、ルートや悪天で自信がもてなくなったなら、深入りせずに引き返すこと。撤退の経験は、間違いなく次の登山に生きてくる。

③意見でも雑談でもいいから、メンバーの間のコミュニケーションを活発にとること。メンバー同士が互いの様子を気遣い、また、声を出しやすい雰囲気になっていれば、それだけで安全度は高まる。また、遅れる人がいないかを常に注意する。人数が多ければサブリーダーに先頭を歩かせ、リーダーは後尾にいて全体を把握する。

安立尚雅@赤ワイン

写真協力：泉田健一・仲俣善雄

地形図と現地を照合して現在地を確認する

地形図で山を歩く

コース旗を活用して方向間違いを防ぐ

雪山にはコースを示すものがまったくないが、適切な用具さえ使えば、どこでも歩けるのが魅力だ。下りのスキー滑降は楽しい一方で、コースを見失いやすく、雪崩に遭う危険もある。いずれにしても地形図で最適な登山コースを探し出す技術が必要となる。

地形に合わせて登行・滑降

雪山では、地形図と現地を見比べて、最適なコースを決める能力が求められる。この読図力は計画と実践の繰り返しで身につく。

計画の段階で地形図を広げ、目的の山の立体イメージをつくり、その地形に最適なコースを設定する。具体的には、時間と労力が少なく、雪崩などの危険がなく、帰路の滑降で登り返しの少ないルートなどだ。

すでに多くの山に標準的コースが設定されている。初めのうちは、そこから大きく外れないようにしよう。

登山中は、予定ルートと現地の地形や積雪の状態を照らし合わせ、その場に適した変更を加えながら行動する。風向きによってルートを変えることもある。

山から帰ってからは、実際の地形とルートについて考察することが大切だ。想定ルートとのズレを思い返し、地図を開いて再考することで読図力はついて

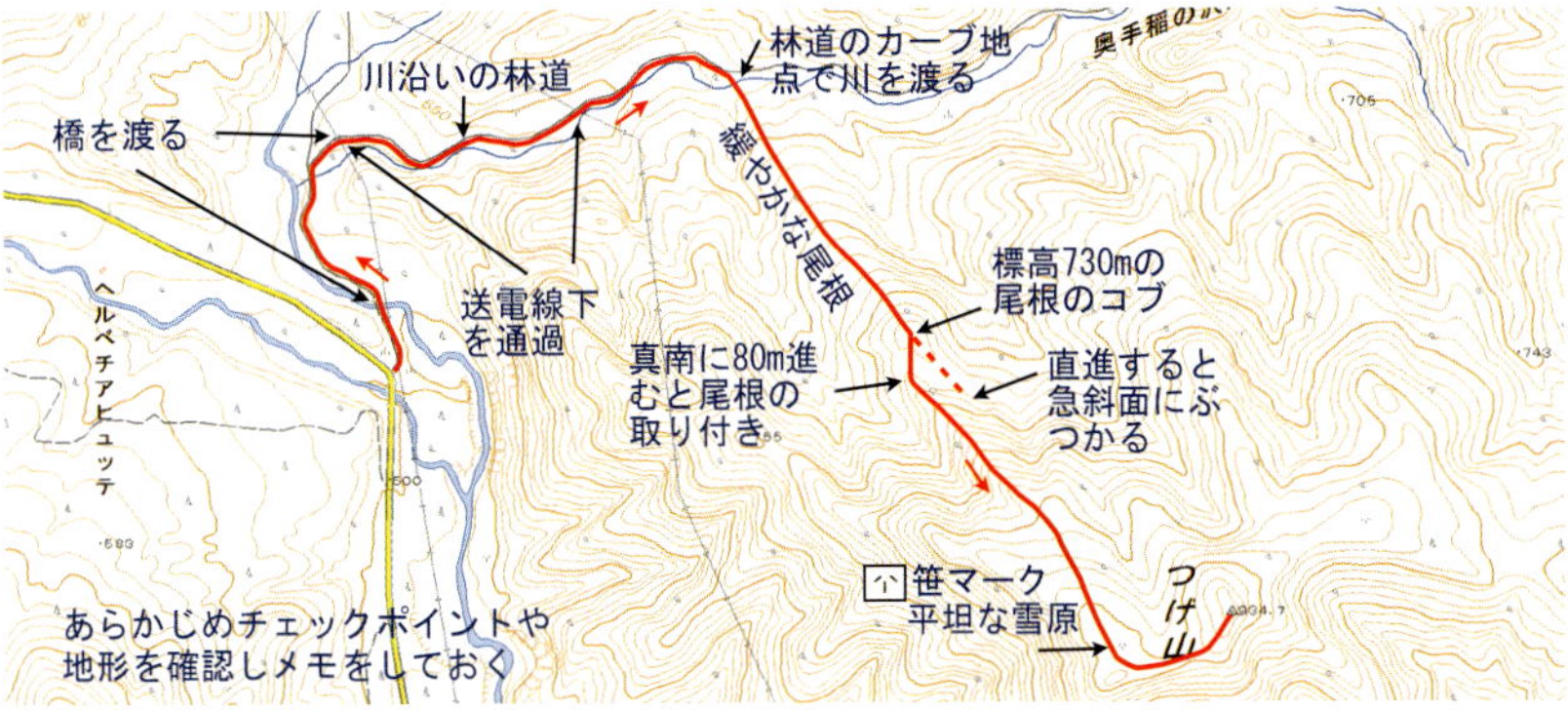

いく。そのためには、行動の記録はしっかりと取っておこう。GPSの記録（トラック・ログ）はこのためにたいへん役に立つ。

現在地を絶えず確認する

地図上で自分がいる地点を知ることを、現在地確認という。そのためには、想定したルート上に、位置を確認できるチェックポイントを事前に決めておく。例えば、送電線鉄塔、林道、尾根や沢の屈曲や分岐、小ピークやコル、露岩、ガケ地などだ。遠くまで見えるとは限らないので、チェックポイントはルートの至近距離にあるものに求める。登山中は、このチェックポイントを順次、確認してゆくことで、その都度の現在地確認となる。

GPSによる現在地確認については「GPSの使い方」参照。

現在地が分からなくなったら

冬山でルートを見失うのは、吹雪か視界不良のときがほとんどだ。遠くの目標はもちろん、近くの地形すらわからないことが多い。そのようなとき、地図とコンパスだけで現在地を求めようとしても百パーセント確実な方法はない。

大切なことは、一つ一つのチェックポイントを確実に押さえながら行動することだ。それができていれば最後に確認したチェックポイントからの経路を振り返って現在地を推定することができる。

それができないときは、たどってきたルートを引き返し、現在地を確実に確認できる地点から読図をやり直す。それを面倒がって、当て推量で行動を継続し、引き返しもままならずに遭

視界が利かないときの下山に備えて、あらかじめ戻る方向を示すコース旗を連続して設置しておくとよい

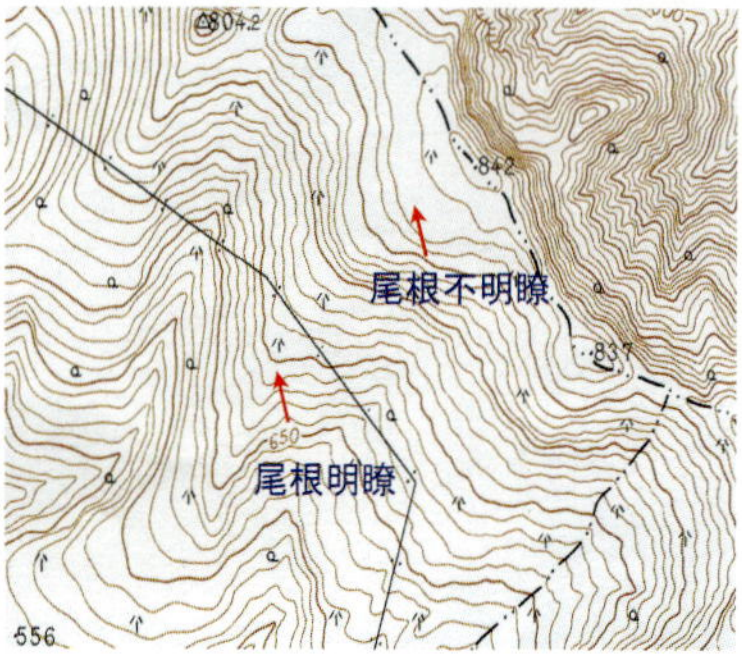

ピークの頭では派生する尾根がはっきりしないことが多い

難する例があまりにも多い。

滑降は滑り出しがポイント

スキー登山では、登りよりも下山時にコースを違えることが多い。夢中になって滑っている間に思わぬ方向に下りてしまうのだ。ミスを防ぐポイントは、滑りだす方向の確認だ。

山頂や途中の小さなピークから、滑りやすそうな斜面にいきなり滑り出すのは極めて危険だ。視界の有無にかかわらず、視界があってもなくても、滑り出しは地形図で方向を確認してから滑り始めよう。

大切なのは「東北東、やや北寄り」など方位で客観的に理解することと、次のチェックポイントを頭に入れておくことだ。そうすればコース間違いも早く気づき、正しいコースに戻すのにも有利となる。

登りのジグザグトレースの方向に滑り込んで、往路のラインから外れてしまうとか、隣の支尾根に入り込んでしまうこともあるから注意したい。

コース旗の利用法

コース旗（以下「標識」）はコースを往復する場合に、帰路の確認を容易にするために使う。目立たせるときは大きめの赤布を使い、通常は赤やピンクの目立つ色のテープを使う。木があれば枝に取り付け、木がない場所ではあらかじめ細竹などの支柱に取り付けたものを使う。ＧＰＳの普及で標識を使う人は減ってきたが、地図もＧＰＳも見ずに、一日で下降コースが確認できる手軽さは捨てがたい。

標識を取り付けるポイント

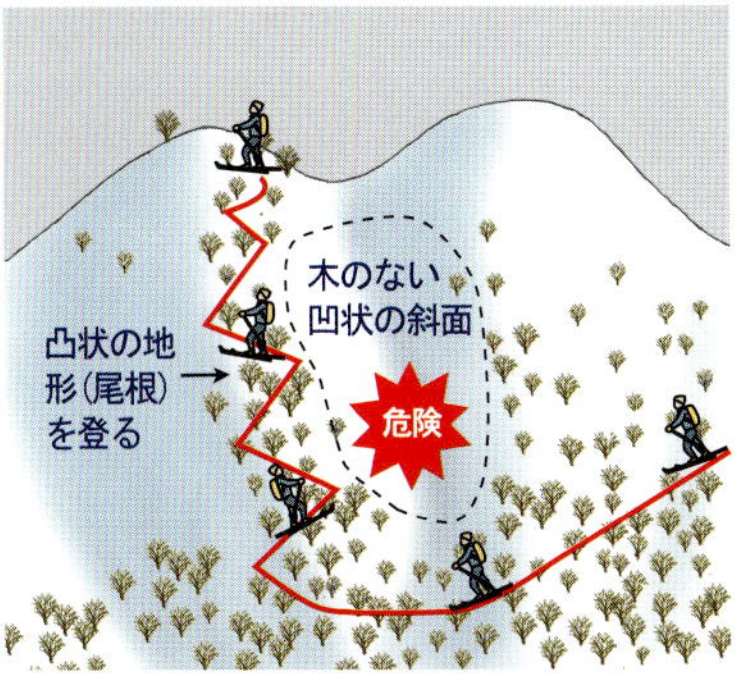

雪崩の危険がある地形を避けて登る

帰りのコースを間違いやすい例

は、帰路の快適な滑降を妨げないようにすることだ。往路にジグザグに登ったからといってジグザグな位置に標識をつけたのでは、せっかくの滑降もジグザグになってしまう。

標識が特に必要なのは、尾根筋が枝尾根に分岐している地点などだ。その標識をどのような意図をもって設置したのか、よく覚えておきたい。また、長い距離を直線的に滑降する区間では、中間に一本の標識があると、コース上にいることが一目で分かるので安心して行動できる。

標識は山にとってはゴミだし、他の登山者を惑わせるから、回収して帰るのが原則。標識を使うときは、最小の数で最大の効果が得られるよう十分に考え、回収には責任をもちたい。

雪崩斜面を回避する

山の上部は、まばらな林や、樹木のない斜面が多くなる。木のない斜面や、木があってもほとんどが幼木であったり、低い枝が折れていたりするのは、雪崩の頻発地帯であることを示している。雪崩の多くは斜面の凹んだ地形に発生するので、凸の尾根状地形を歩くようにする。

稜線などの風下にできる吹き溜まりも、雪崩の発生点になりやすい不安定な場所だ。硬い雪の下にも雪崩の原因になる弱層は潜んでいる。シャベルコンプレッションテストを積極的に実施して、コースとしての安全性を判断するべきだ。尾根上でも吹きだまり周辺でも、危険がある場合はう回するか断念するのが原則である。

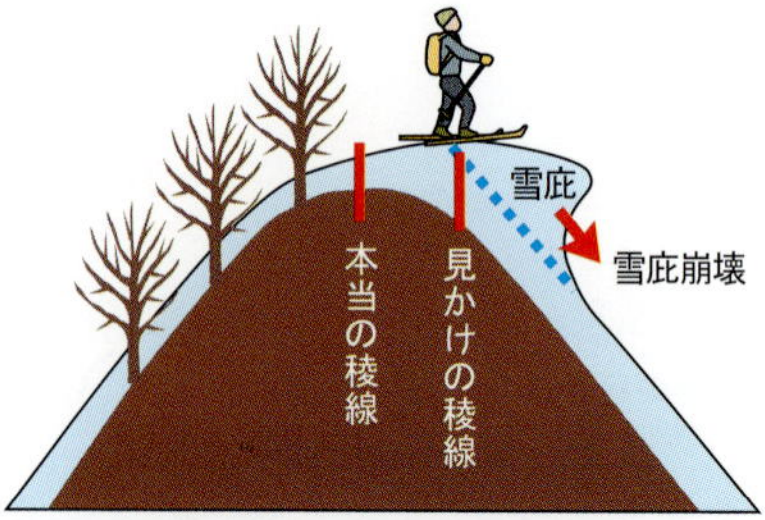

雪庇ができた尾根。見かけの稜線にだまされると、雪庇を壊したり、踏み抜いたりし、転落する恐れがある。右は天塩岳の雪庇。点に見える人と比べると雪庇の大きさが分かる

雪庇の出ている稜線

雪庇が発達した尾根の上には見かけ上の稜線が生まれる。その上を歩いて崩壊させたり、新雪に隠れた亀裂に落ちることがある。雪庇の張り出し幅は場所で変わるから、縁を避ければ大丈夫と考えてはならない。

雪庇の縁から少しでも多く距離をとり、植生と地形から安全そうなラインを選ぼう。また、危険な雪庇は、乗った当人は気づかなくとも、離れた人は判断しやすい。メンバーの間隔をあけ、仲間同士でお互いの位置について気を配ろう。

雪庇のある尾根の風下側斜面は、風成雪（風にもまれて突起を失った、密度が高くて結合しにくい雪）の堆積場所だ。雪崩が発生しやすい場所の一つなので入り込むべきではない。またその下を通り抜けるときにも、慎重に素早く行動したい。

ホワイトアウトでの行動

吹雪や地吹雪、霧などで視界が極度に低下することをホワイトアウトと呼ぶ。ひどい状態では、滑っているつもりでも停止していたり、平衡感覚を失って平らな場所で尻もちをつくことも起きる。樹林帯を抜け出るあたりから上での厄介ものだ。

ホワイトアウトで問題なのはコースや仲間を見失うことだ。特に下りの場合には、仲間の間隔がたちまち開いてしまう。先頭と最後尾、そうして間に入る仲間の順序をみんなで確認しあい、頻繁に集合してお互いに確認しあおう。

雪面と空間の区別がつかなく

あらかじめピークを通る磁北線と進むべき方向の線を入れておく

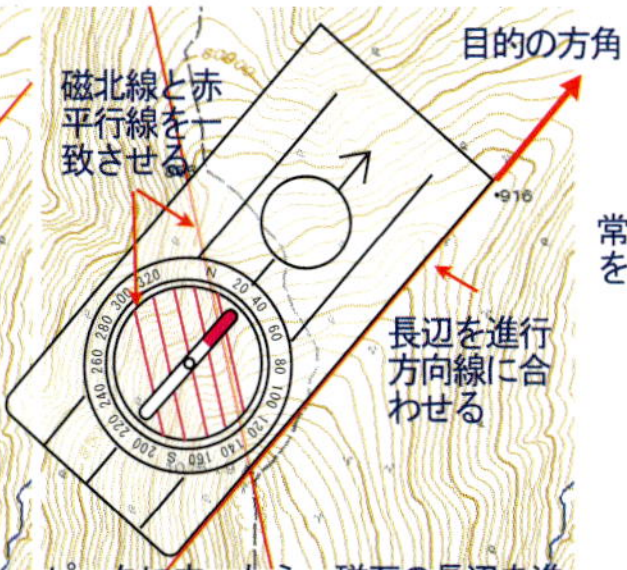

ピークに立ったら、磁石の長辺を進行方向の線に当て、リングを回して赤平行線を磁北線に合わせる。これで磁石のセットが済んだ

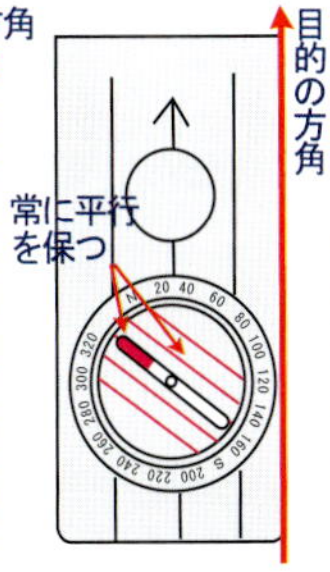

あとは磁北と赤平行線が一致するよう保ちながら、長辺方向へ進む

磁北から東回りの角度をメモしておき、その数値をセットして進む方法もある

なるから、雪庇からの転落や雪崩斜面への入り込みも起こる。視界のない中でコンパスと地形図を頼りに行動するのは上級者でも難しい。風があればトレースも消え、トレースをたどって戻ることもできなくなる。初心者は早めの撤退を心がけたい。

　ホワイトアウトはいきなり訪れるものではない。雲が下りてきて次第に視界がぼやけてきたり、風が強まってきて地吹雪になったりという前兆がある。気象の変化に絶えず気を配って、その前兆を捉え、機敏に撤退しなければいけない。

樹林帯での進み方

　樹林帯の中は風が弱く、立ち木が見えるのでホワイトアウトにもなりにくく、コースの中では安全である。しかし、コンパスで方位を決めて一直線に進もうとしても立ち木に阻まれ、う回することになる。これを何度も繰り返すと、コースから外れやすい。う回する木よりも遠くの木に目標を定め、う回後はその木に接近すれば、大きなずれは生まれにくい。

その他のヒント

　ラッセル時は、風向きに注意を払って進路を決めたい。風下斜面なら吹きだまりでラッセルは激しくなるし、逆に風当たりの強い斜面なら雪が飛ばされて軽いラッセルが期待できる。尾根が急カーブで湾曲している場所で、尾根から外れて最短距離を狙ったところが、思わぬ深雪に音を上げてしまうといったことも珍しくはない。

安立尚雅＠赤ワイン

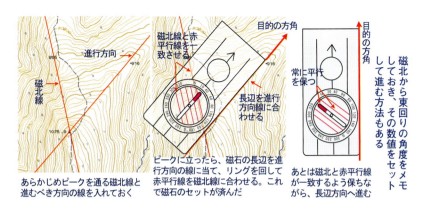

		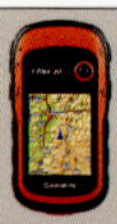		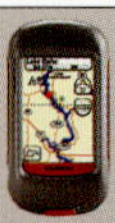			
機種名	eTrex10	eTrex20	Dakota10	Dakota20	Oregon 600	Montana 600	GPSMAP 64
表示画素数	128×160	176×220	240×160	240×160	400×240	480×272	240×160
タッチスクリーン	なし	なし	あり	あり	あり	あり	なし
重量	約142g	約142g	約149g	約149g	約210g	約333g	約230g
電池寿命	約25時間	約25時間	約20時間	約20時間	約16時間	約22時間	約16時間
内蔵メモリー	なし	1.7GB	850MB	850MB	1.7GB	3 GB	4 GB
データカード	なし	MicroSD	なし	MicroSD	MicroSD	MicroSD	MicroSD
電子地図表示	不可	可	可	可	可	可	可
カスタムマップ表示	不可	可	可	可	可	可	可

GPSの使い方

現在地確認の強い味方
スマホのGPSも使える

GPSで現在地確認

冬山での現在地決定は地形図とコンパスによるのが基本だが、視界が悪く目標物がない状況での地図読みはとても難しい。それほどの状況でなくとも、スキーで下降中にルートを見失うことはよくある。そのようなとき、GPSによる位置測定(測位)はたいへん役に立つし、道迷い遭難を防ぐことができる。

登山には片手に収まる携帯型のGPS専用機が使われるほか、最近ではスマートフォン(スマホ)のGPSも信頼性が高くなった。スマホはGPS専用機よりも画面が大きくて見やすいし、電話機として使われていない端末でもGPSは使える。

携帯用GPSの選び方

アウトドア用GPSは米国ガーミン社から多くの機種が発売されている。ほとんどの機種に日本語版があるが、英語版よりかなり割高だ。最新の機種では、内蔵ソフトに手を加えることで英語版でも日本語表示が可能になる。

気圧高度計や電子コンパス機能を備えている機種もあるが、これらは別に用意した方がよい。

GPS画面に詳細な地図を表示するには、地図データを格納できる内蔵メモリーかデータカードを使える機種を選ぶ必要がある。

スマホのGPSの感度、精度は、機種による差が大きいといわれ

メニューの設定画面と設定できる項目

標準サイズのスマホ(4.9インチ)とガーミンGPS(Oregon)の画面比較

ている。国産品やiPhoneは問題ないようだが、山で実際に使ってみて判断するしかない。

GPS用の地形図

GPS専用機は、地図を表示できる機種でも、地図がインストールされないで販売されているのが一般的だ。地図を表示させるには、地図データを購入あるいは自作してインストールする必要がある。ガーミン社のGPSなら国土地理院の二万五千分の一地形図と同等の専用電子地図が販売されている。同様の地形図はサードパーティーから安価なものが販売されている。

最近のほとんどの機種は、カスタムマップを自作して表示することができる。カスタムマップは地図画像を使うので、英語版でも日本語地図を表示できる。地図の容量が大きくなるが、大容量SDカードが安価になったので、高価な電子地図を使わなくてもすむようになった。ガーミンGPSのカスタムマップは、パソコンで地図ソフトを使って作る(後述)。

スマホのGPSは、インターネットに接続して地図データを取得し、現在位置を表示する。しかし、山の中では通信圏外になることもあるので、地形図をスマホ内に読み込む(キャッシュする)ことができるソフトウエア(アプリ)が使われる。使用法については後に述べる。

使用前の設定

▼ガーミンGPS

オレゴンを例に要点だけを説明する。最初に表示されるメニュー画面の「設定」ボタンを押して使用目的に合わせた設定を

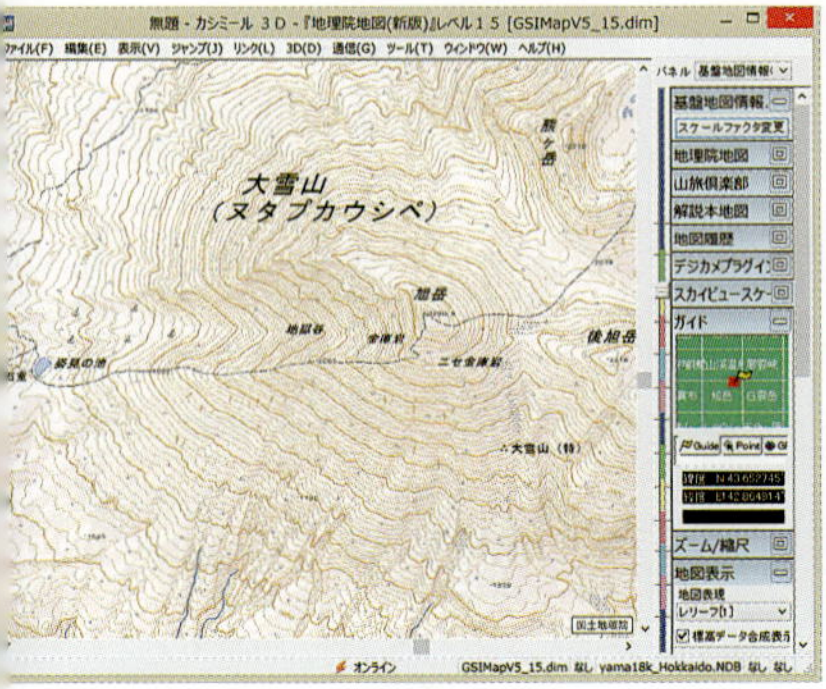

カシミール３Ｄで電子国土Webを表示

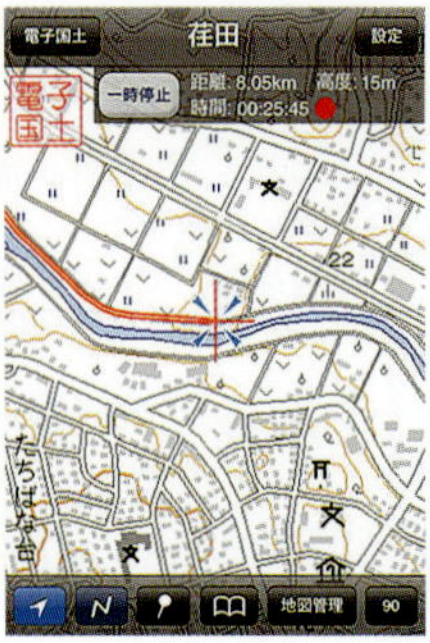

iPhone

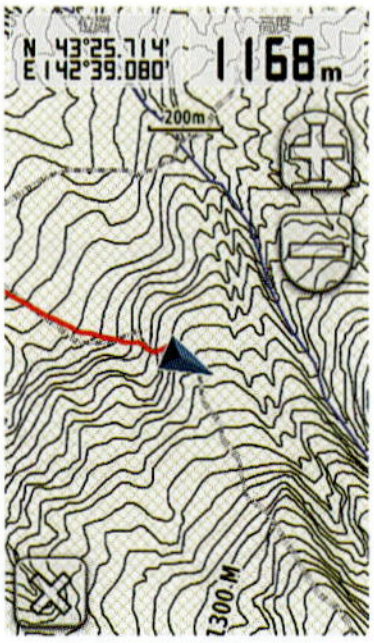

ガーミンGPS

行動中の地図入りGPSの画面

する。システムのMSAS/WAASは静止衛星を使ってＧＰＳの測位誤差を補正するシステムで、有効にしておいた方がよい。

使用電池タイプが合っていないと、電池の残り時間表示が不正確になる。地図画面の上部には高度、位置などの情報を好みのもの四個まで表示できる。複数の地図を入れている場合、地図の選択、切り替えができる。

▼スマホ

地図を表示したり、ＧＰＳのログを記録したりするアプリをあらかじめインストールしておく必要がある。スマホはデータ通信回線やワイファイ（ＷｉＦｉ）経由でインターネットからアプリをインストールする機能があるが、使用説明書などもすべてウェブ上からダウンロードすることになる。ＧＰＳの設定はアプリによって異なる。

使い方の基本

ＧＰＳの小さな画面では、広い範囲を表示すると細かな地形が読みとれず、拡大すると周りの地形との位置関係がわからなくなる。必ず紙の地形図を持ち、併用することを基本にしよう。

行動中、画面の地図には現在位置を示すアイコンと歩いてきた軌跡（トラック）が表示され、地図が読める人なら容易に現在位置を知ることができる。

地図が入っていないＧＰＳでは、無地の画面に現在位置アイコンとトラックしか表示されないので、地形図上のどの地点にいるかはわからない。測位された緯度経度の数値を元に地形図で現在地を照合することになる

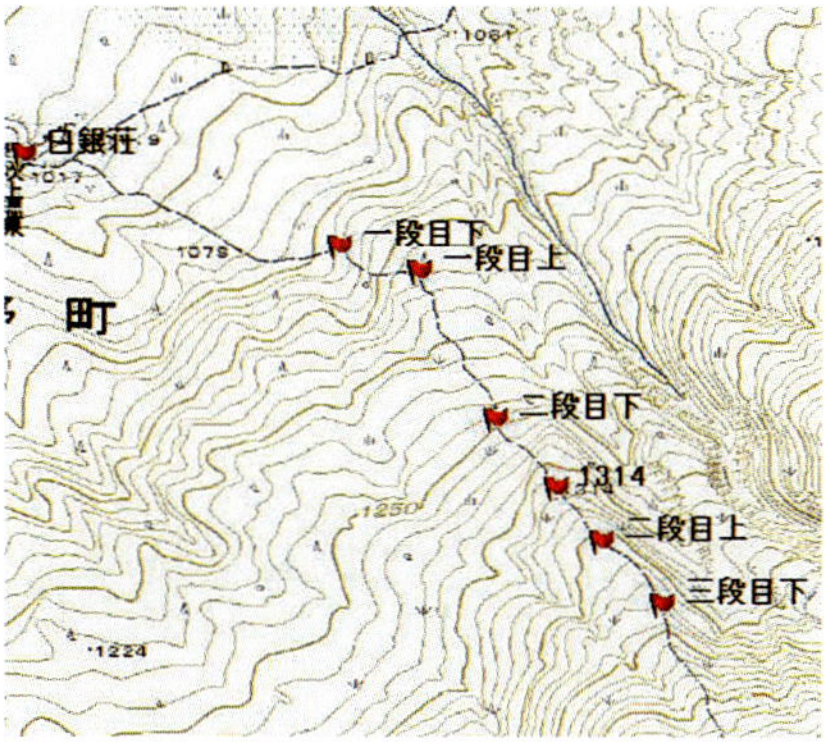

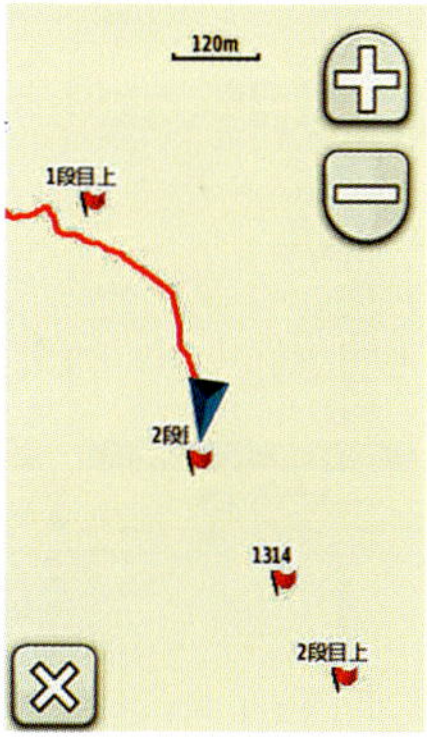

ウェイポイントを設定した地図なしガーミンGPS画面（右）と同じウェイポイントを印刷した地形図（左）

が容易ではない。

地図なしGPSはある程度視覚化できる。上図のように想定ルート上あるいはその周辺の特徴物にウェイポイントを設定したり、ルートを設定したりしてGPSに登録し、地形図にも印刷しておく。そうすればGPS画面と地形図との照合がしやすくなる。

このようなことをしなくても、出発地点から歩いた軌跡を画面に表示するようにしておけば、道に迷ったときに、軌跡をたどって引き返して元の地点に戻ることができるし、同じルートを下山中であれば、どこでルートを外れたか、容易にわかる。

パソコンの地図ソフト

地図の入っていないGPS専用機に地図を入れるには、パソコンの地図ソフトが必要で、フリーウェアの「カシミール3D」（ウィンドウズ専用）が最適だ。「カシミール3D」を収録したCD-ROM付きの本も出版されている。

カシミール3Dは、国土地理院の電子国土Webから地形図を読み込むことができる。メニューの「地図を開く」—「地理院地図（新版）」を開くと、いろいろな縮尺の地図を選択できる。

カスタムマップの作成

ガーミン社の最新機種で使えるカスタムマップの作り方は、カシミール3Dのホームページに詳しく説明されているので注意点を述べる。

まず、マップカッターというプラグインが必要なので、あらかじめダウンロードしてインス

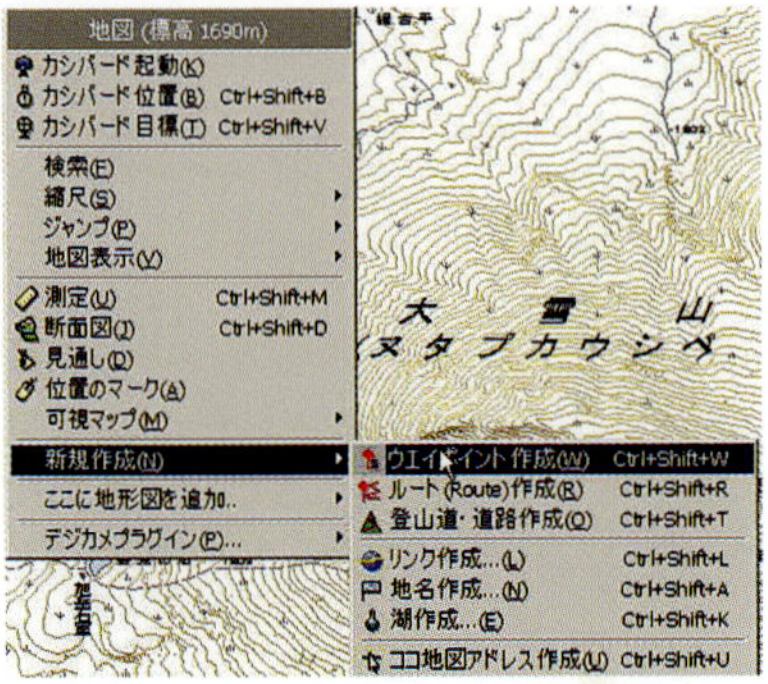

ウェイポイントとルートの設定画面

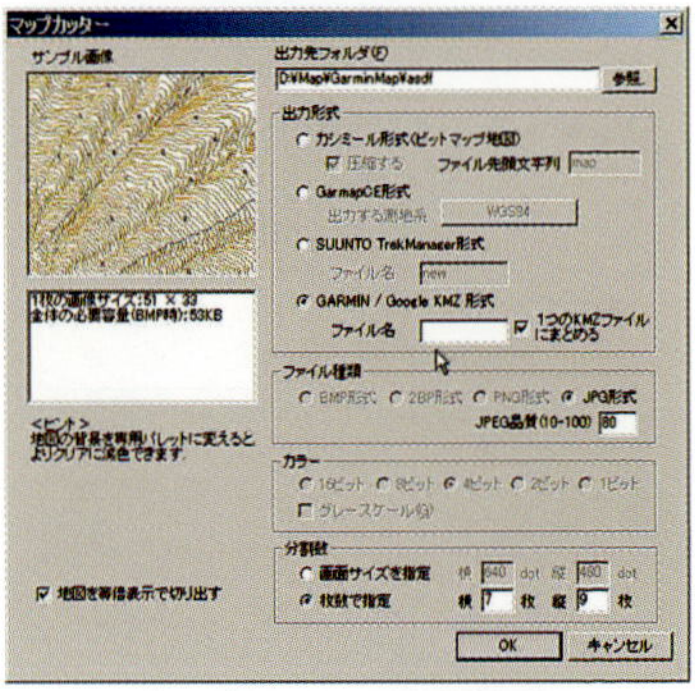

マップカッターの設定画面

トールしておく。

地理院地図（新版）の縮尺レベル一五の地図を使うと、GPSの画面で拡大したときにボケるおそれがある。ファイルサイズは大きくなるが、縮尺レベル一六にすると見やすくなる。広い範囲の地図は便利だがやはりファイルサイズが大きくなってGPSでの表示が遅くなる。縮尺レベル一六の場合、大雪山全域くらいの範囲が限度だろう。

広い範囲の地図は、マップカッターの設定で分割する必要があるが、枚数指定の場合、最大一〇×一〇までである。一枚のサイズは二千×二千ドット以下にする。

ウェイポイントとルートの作成

カシミール3Dでウェイポイントを作成するには、まず地図上でウェイポイントをつくりたい地点をマウスポインタで指し、マウス右クリックメニューから［新規作成］―［ウェイポイント作成］を選び、「ウェイポイントのプロパティ」画面を呼び出して、名前とGPSでの名前を入力する。英語版では半角英数字でないと表示されない。

ルートの作成は、最初の地点を［新規作成］―［ルート作成］で指定し、次々にルートを延ばしてゆく。最後に右クリックメニューで「確定」して保存する。

パソコンとGPSのデータ通信

ガーミンGPSとパソコンとの通信はミニUSBケーブルで行う。古いイートレックスなどではガーミンのUSBドライバーが必要となる。

マスストレージ接続では本体メモリーとマイクロSDカード

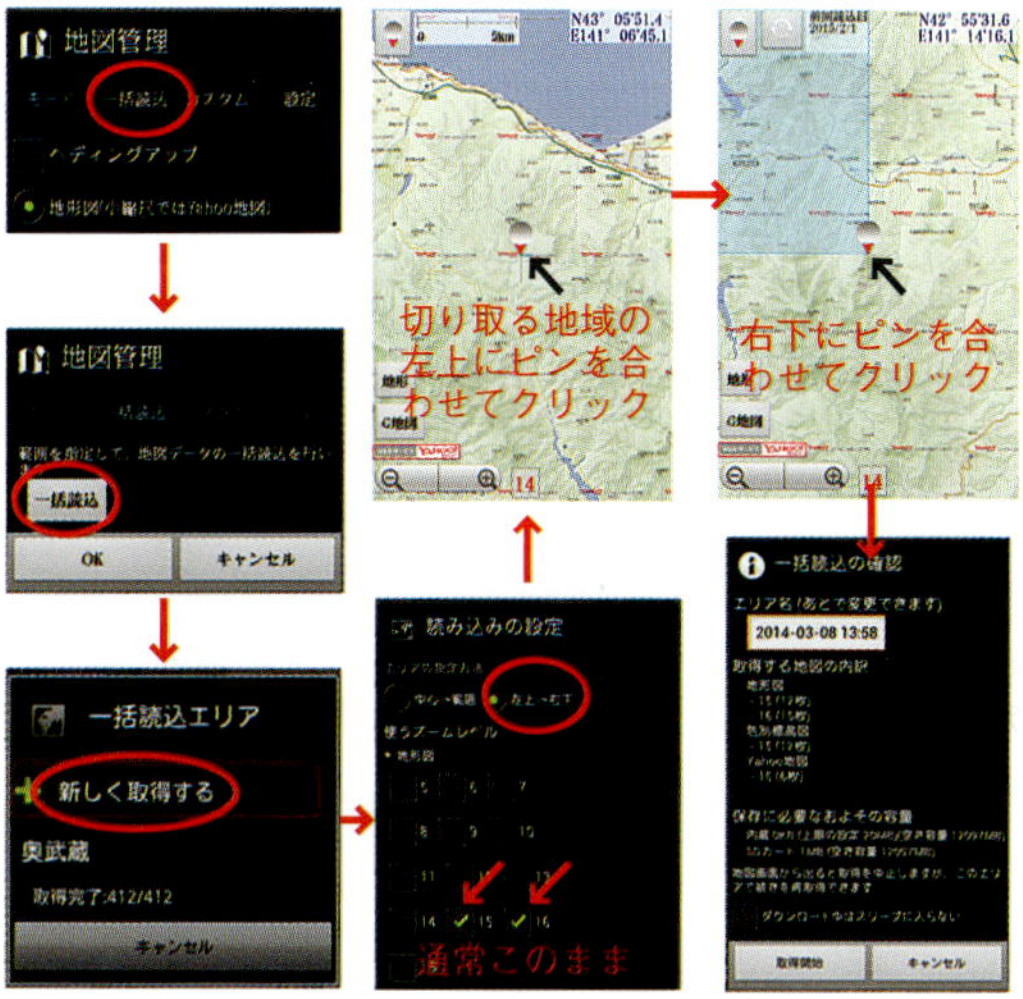

地図ロイドの地図キャッシュ手順

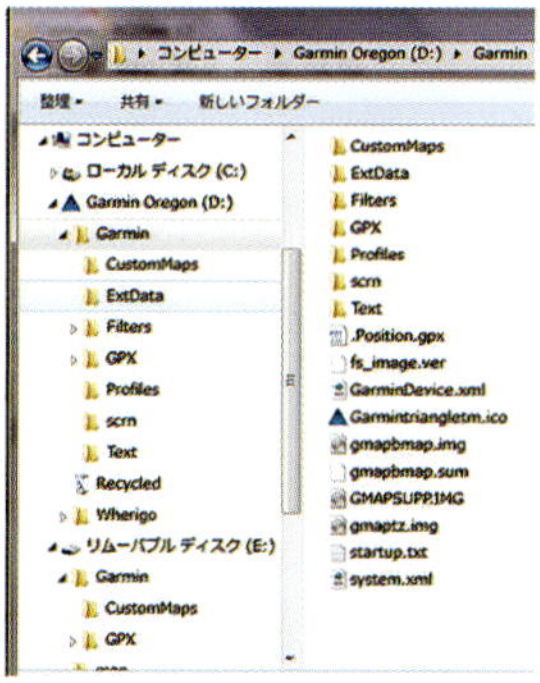

ガーミンGPS本体とマイクロSDカードのフォルダー表示

はパソコン側からドライブとして認識される。自作したカスタムマップ（拡張子がkmzのファイル）は、マイクロSDカード（リムーバブルディスクとして表示）にGarminフォルダとその下にCustomMapsフォルダを作ってコピーする。本体メモリーに余裕があれば本体のCustomMapsフォルダでもよい。カスタムマップはGPSの画面を拡大して縮尺五〇〇〇メートル以下にしないと表示されない。

ウェイポイント、ルート、トラックログはカシミール3Dを使ってGPSに送る。［編集］—［GPSデータ編集］—「GPSデータエディタ」画面に入り、送信したいファイルを選択する。

次に［通信］—［GPSへのアップロード予約］—［選択データ］をクリックし「アップロード・ダウンロードリスト」画面、さらに［アップロード］—［ウェイポイント］（またはルート、トラック）から「GARMINとの通信」画面となる。「書き出すファイル名を指定」で「保存」するとGPSに送信される。

スマホの地図アプリの使い方

▼アンドロイド機

地図ロイド（無料）とGPSログを記録する山旅ロガーGold（有料360円）の組み合わせが高機能で使いやすい。

地図ロイドの地図は、縮小ではYahoo!地図、拡大すると地理院地図（新版）が表示される。

地図をキャッシュするには、読み込みたいエリアの地図をあらかじめ表示しておく。縮小するとYahoo!地図に切り替わるが、拡大したときの地形図（レベル一五と一六）も同時にキャッシュされる。次にメニューの［地図管理］で［地形図（小縮小ではYahoo!地図）］を選択し、以下、

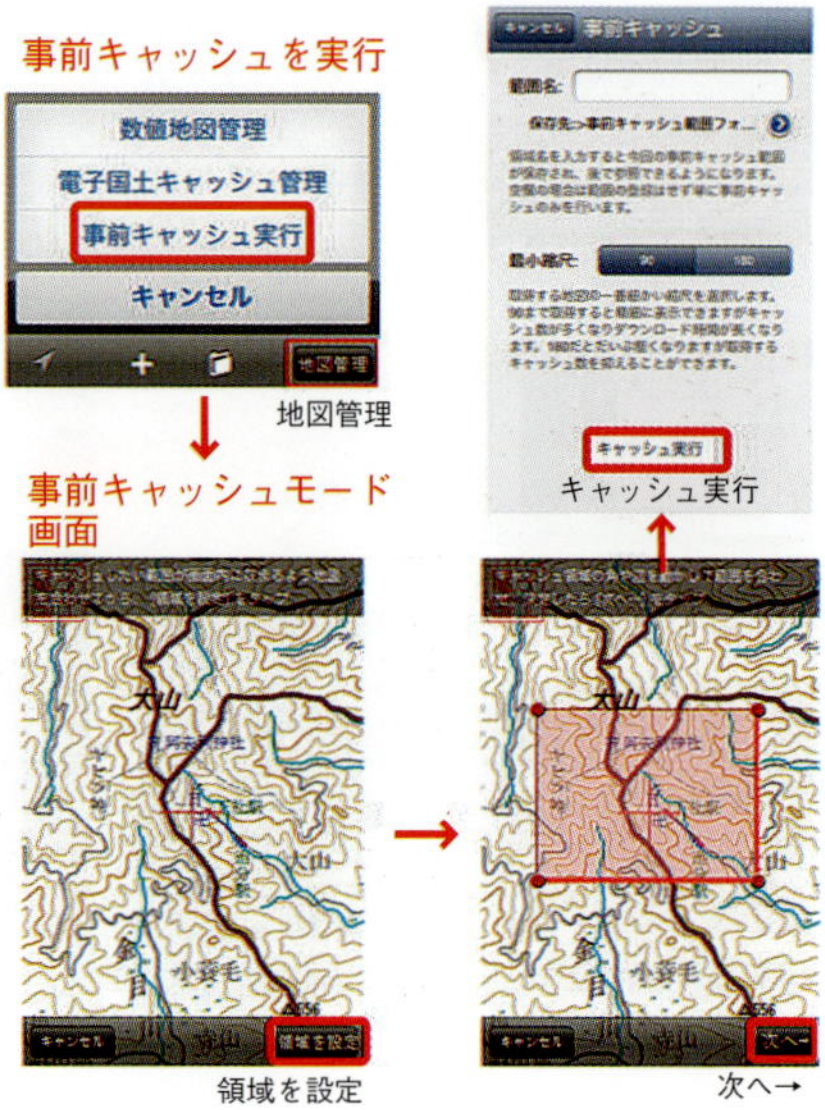

FieldAccessの地図キャッシュ手順

図示した手順で一括読み込みエリアを取得、保存する。また、カスタムマップも使用できる。

軌跡ログの記録や管理は山旅ロガーGoldで行う。スマホのGPS機能をオンにしてから「測定開始」ボタンを押すと、初期設定で「地図ロイドリアルタイム反映」に設定してあれば、すぐに地図が表示される。ログ記録の終了は山旅ロガーGoldを呼び出し、「測定終了」ボタンを押す。

ルートの設定は、地図ロイドの「距離測定／ルート作成」機能を使ってできる。

地図ロイドと山旅ロガーGoldの詳しい設定方法やいろいろな使い方については、ホームページを参照していただきたい。

▼iPhone

FieldAccess（有料400円）が広く使われている。地図のキャッシュには「一時キャッシュ」と「事前キャッシュ」があり、前者は普通に地図を見ているときにキャッシュされるもので、保存容量が少ないため他の地図を見るとメモリーから追い出されてしまうが、後者はインターネットに接続していないときにも使えるファイルとして保存される。

事前キャッシュは、［地図管理］ボタンをタップして、以後、図示した手順で行う。

軌跡ログを記録するには、

行動中に見やすいように腕にGPSをホルダーで装着する

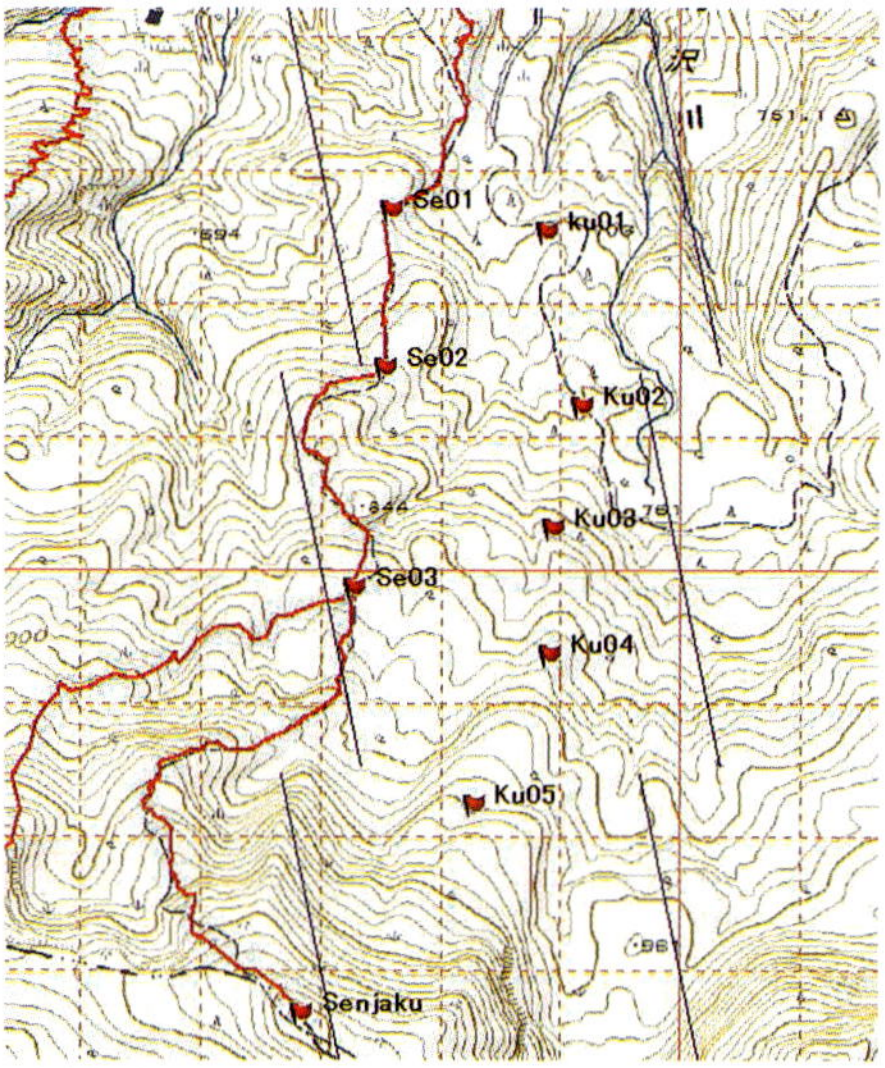

緯度経度、磁北線（斜め線）、軌跡ログ、ウェイポイントを記入した山行用地形図の例

「トラックボタン」をタップし、画面左下の「GPS記録開始」を選択する。軌跡ログ記録の終了は、開始の時にタップしたボタンが「GPS記録終了」になっているのでタップする。

　その他の詳細についてはFieldAccessのホームページを参照していただきたい。

山行用の地形図を作る

　GPS用のウェイポイントやルートを作成したり、それらを記入した地図を作り印刷するには、カシミール3Dが便利だ。カシミール3Dで表示される地形図は、市販の地形図とは違って継ぎ目がなく、どの部分でも切り出して印刷することができる。

　地形図に緯度経度線やその補助線、さらに磁北線を付け加えることができる。ちなみに、コンパスの示す北は磁北であるから、地図の北との偏差を知らないと、コンパスで進路を決めることができない。これらは「表示」—「表示の設定」画面を呼び出して詳細を設定する。

山行時の使い方

　登行中にGPSの軌跡を見ることは通常、ほとんどない。視界がよければ、初めての山でも周りの状況からルートはほとんど判断できるし、視界が悪く目標物もない状況では、GPSに頼ってまで無理をすることはないからだ。しかし、現在位置確認やルート判断に迷ったら、地形図とともにGPSの軌跡を確認した方がよいだろう。

　最もGPSが役立つのは、下山時に視界が悪くなって登りのトレースを見失ったり、登りとは違うルートを下降したりする場合だ。下山時に多い道迷い遭難を避けることができる。

　スキーでの滑降時は、間違ったルートを下降し、登り返さなければならないことがある。ルート確認を容易にするために、GPSをホルダーで腕に装着し、画面を見やすくする方法がとられている。

保存した軌跡ログは電子国土Web上に表示できる

軌跡ログの編集と活用

　GPS専用機の軌跡ログをパソコンに取り込むには、USB接続してカシミール3Dの通信機能を使う。スマホの場合は、USB接続のほか、共有機能を使ってオンラインストレージにアップロードできるのが便利だ。

　パソコンに取り込んだ軌跡ログは、カシミール3Dの地図上に表示して、ポイントの操作やトラックの編集ができる。不要なポイントの削除やトラックの分割に便利である。

　保存されたログは、他の人と共有して活用することができる。そのようなサイトとして、山行記録共有サイトの「ヤマレコ」がある。登録されているログはダウンロードできるので、山行計画の参考になる。

　軌跡ログは電子国土Webやグーグルマップ上に表示することができ、その地図をホームページに取り込むこともできる。表示できるのは拡張子がkmlのファイルに限られるので、他の形式のファイルはカシミール3Dに読み込んで変換する。

GPS使用上の注意

　GPS専用機でもスマホのGPSでも、最初に使用するときには測位に時間がかかる。感度のよくない機種では衛星の捕そく状況が悪いと一〇分以上かかることがある。とくに、測位完了前に動き始めると正確な測位にますます時間がかかるので注意しよう。

　これは、初めての場所ではGPS衛星の位置情報（アルマナック）を得るのに時間がかかるためで、これが保存されるので次回から測位の時間は短くなる。しかし、長距離の移動後は測位に時間がかかることがある。スマホではインターネットからGPS情報（A-GPS）を得られる場合は測位が早まる。

　以上の理由から、現在地を知りたくなってからGPSの測位を始めるのではなく、登山口についたときすぐに始めたい。そうすれば準備中に測位は完了する。

　GPSで使われている電波は極超短波だから衛星の見通しのきかないところでは電波は受信できない。したがって、深い谷の中では見通せる空が狭いので、受信できる衛星数が少なく測位精度は悪くなる。また、深い針葉樹林帯では感度がよくない。

　GPS専用機の電池はかならず予備を持つことと、山行前に充電することをお勧めしたい。厳冬期は電池のもちが悪くなるからとくに注意が必要だ。スマホの電池を長持ちさせるには、データ通信とWi-Fiはオフにし、GPSアプリ以外のアプリがバックグラウンドで動作しないように設定する。ただし、省エネモード（機種により名前が異なる）にすると、機種によってはスリープ中にGPSアプリが停止してしまうことがあるので、停止しないように設定する。スマホ充電用の軽量な電池が市販されているので持ち歩くようにするとよいだろう。

　スマホのタッチ画面は、GPS専用機のような感圧式ではなく静電容量式なので、厚い手袋ではタッチ操作ができない。タッチペンも手袋をはめていると同じだ。スマホの操作可能な指先に導電材料を使った手袋が売り出されているが、極寒仕様はない。

佐藤しんり＠サトシン

スマホ用の充電池と巻き取り型USBケーブル

冬山の気象

気象のパターンをあてはめて天気変化の傾向を知ろう

晴天の日を選んで安全登山（前十勝への登り）

季節、地域と天候

天候の急変による事故や遭難が冬山では多い。各季節の天候の移り変わりの傾向や地域特性をよく知り、山行の数日前から気象の動きに注意することが大切だ。

初冬（11月〜12月）

十一月に入ると西高東低の冬型気圧配置が現れ始めるが、天気が不安定で、雨や湿った重い雪の降ることが多い。雨に濡れると体温低下が著しく、凍死遭難にも結びつくので最も注意が必要な季節だ。低山での積雪はまだ少ないので、冬山に慣れるにはよい時期でもある。

厳冬期（1月〜2月）

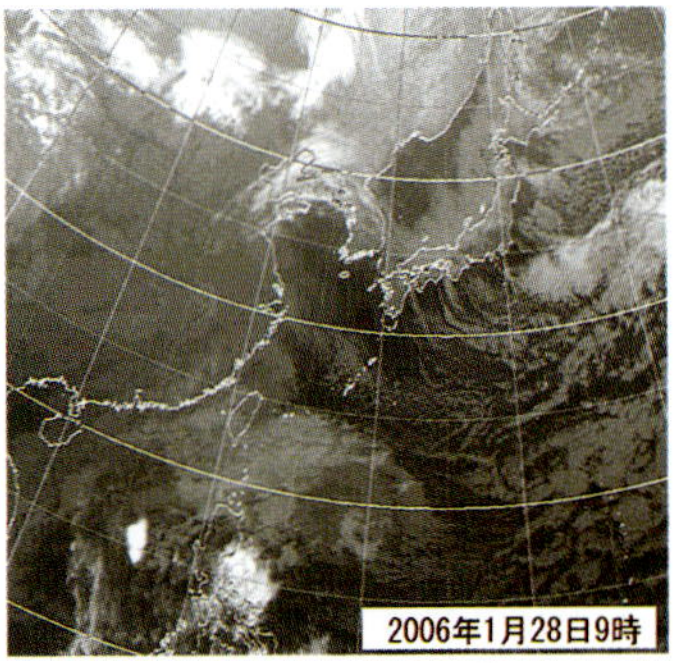

衛星画像で見る冬の季節風。筋状の雲が強い北西風を物語る

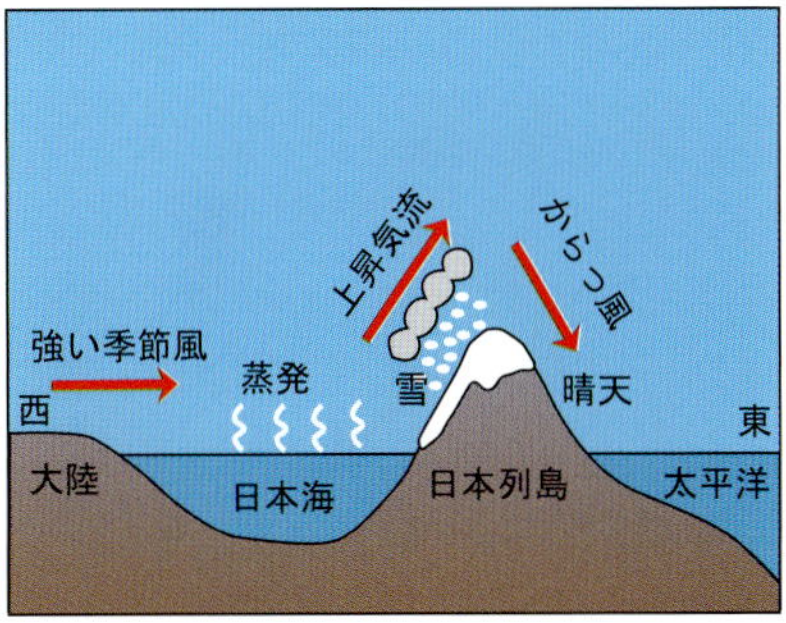

冬の天気の基本パターン。北海道でも日本海側は多雪、太平洋側は少雪である

大陸で発生した低気圧が日本海で発達しながら東進するパターンが繰り返される。北西風が強まるため、山岳の西側では上昇気流による悪天が多い。この時期の山行は、防寒対策をしっかりして、悪天の合間の好天を狙って行うことになる。

早春（3月〜4月）

二月も下旬になると、西高東低の冬型気圧配置が衰えて、気温も上昇に転じる。好天をもたらす移動性高気圧が来る回数が増す。しかし、移動性高気圧の背後には気圧の谷や低気圧を伴うことが多いので、好天と悪天の周期に注意する必要がある。また、気温の上昇に伴い、雪崩の危険が最も高くなる時期でもある。

地域と天候

広い北海道では、地域による天候の差が大きい。冬型の気圧配置の時、道東と太平洋側は晴れがちとなるし、低気圧の接近の前には日本海側でも穏やかになる。また低気圧や気圧の谷の通過する緯度が北寄りなら、太平洋寄りの地域の天候はさほど悪化せず、逆に南岸を通るときには道南や道東に豪雪をもたらしがちとなる。

冬の天気図の見方

西高東低型の気圧配置

冬は北西の季節風が強く、日

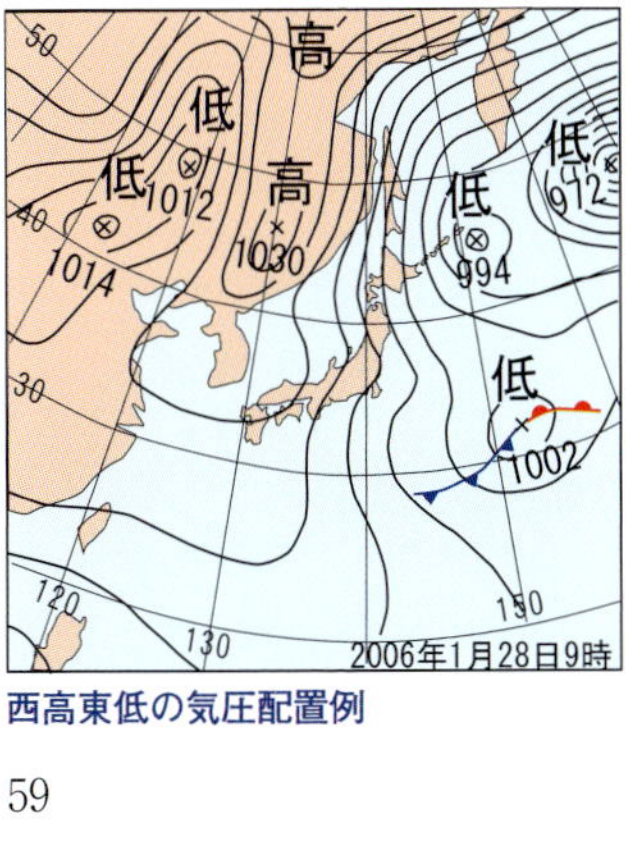

西高東低の気圧配置例

本海側では降雪、太平洋側では乾燥した晴天が多くなる。この典型的な気象をもたらすのが西高東低型の気圧配置で、四日から一〇日ぐらいの周期で強弱を繰り返す。

移動性高気圧

一月の典型的な冬型気圧配置の変遷では、西高東低の気圧配置から大陸の高気圧の一部が移動性高気圧となって東進する。移動性高気圧に覆われると好天

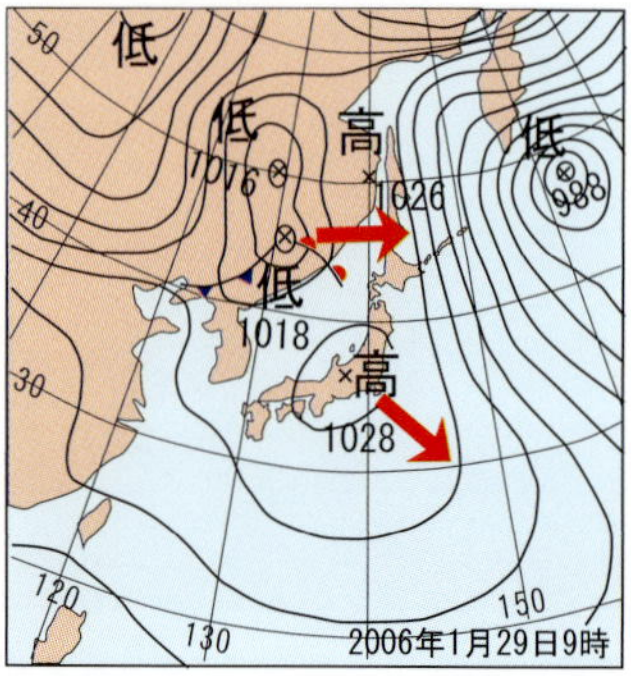

移動性高気圧。矢印は24時間後の位置

となるが、その背後（西側）には低気圧や気圧の谷があることが多く、長続きはしない。

この時期、移動性高気圧に覆われる時を予測できるなら、快適な冬山登山を楽しむことができる。しかし、安全な山行という面からみるなら、むしろその後に発生する低気圧による悪天候に注意しなければならない。

以下、注意すべき気圧配置について例をあげる。

南岸低気圧型

台湾付近や東シナ海南部で発生した低気圧が本州の南岸沿いに急激に発達しながら北東に進行するもので、かつては台湾坊主と呼ばれていた。この低気圧の特徴は、南西寄りの風の吹き込みによって、おもに太平洋側に非常な悪天候をもたらすこと

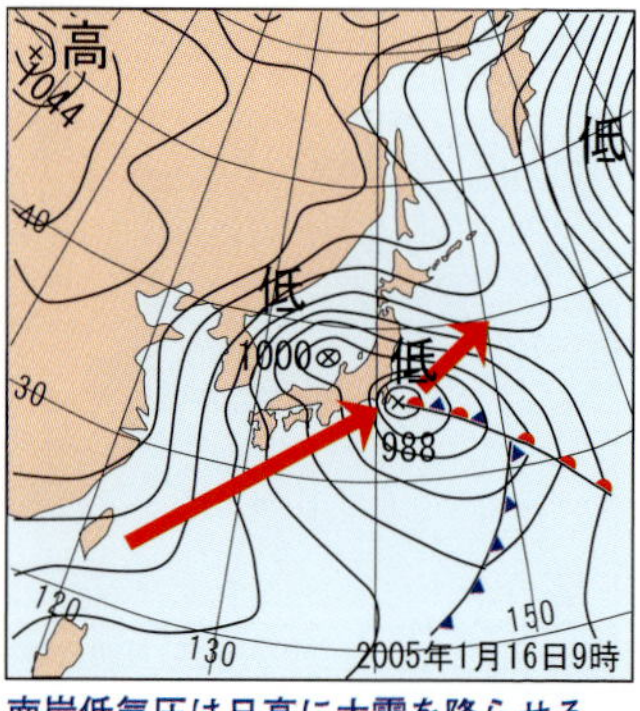

南岸低気圧は日高に大雪を降らせる

である。北海道では日高地方の積雪が多くなる。

二つ玉低気圧型と擬似晴天

日本海と本州南岸の低気圧が南北に日本列島を挟んで、発達しながら北東に進行する型。多くの場合、全国的に荒れ模様となり、山での遭難事例が多い。さらに、二つの低気圧がオホーツク海で一つとなり再発達した場合、北海道では引き続き暴風雪に見舞われることになる。

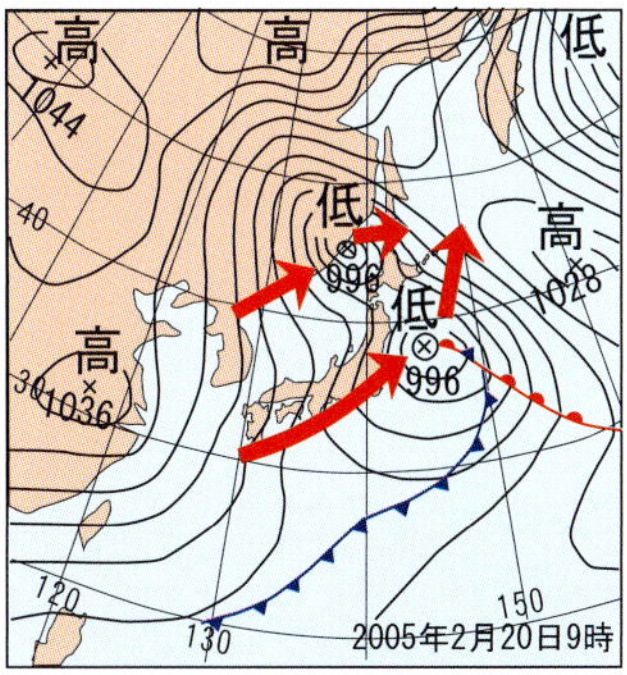

二つ玉低気圧。接近・合体に向かう

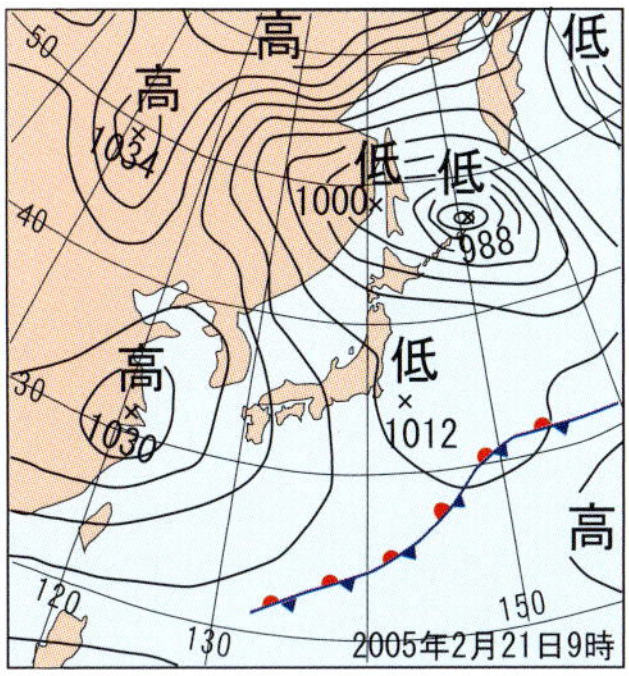

右図の翌日。低気圧は合体し発達した

この気圧配置では、二つの低気圧の間に好天となる地域が現れることがある。これを擬似晴天といい、その中では暴風雪が急に弱まり雲も薄くなり、あたかも天気の回復を思わせる。しかし、この好天は一時のことで、間もなく以前にも増した暴風雪に見舞われることになる。このようなときに天気が回復したとだまされて入山してはならない。

日本海低気圧型

黄海や東シナ海方面に現れた低気圧が、日本海を発達しながら北東に進む型である。低気圧に向かって強い南風が吹き込み、気温が急上昇するため、雪崩が起こりやすくなる。春先には「春一番」と呼ばれる嵐をもたらす。

この低気圧は、日本海にある間は北海道は比較的穏やかだが、オホーツク海に抜けると猛烈に発達して、大荒れの悪天候となることが多い。春遅く、道東にときならぬ大雪を降らせたりもする。

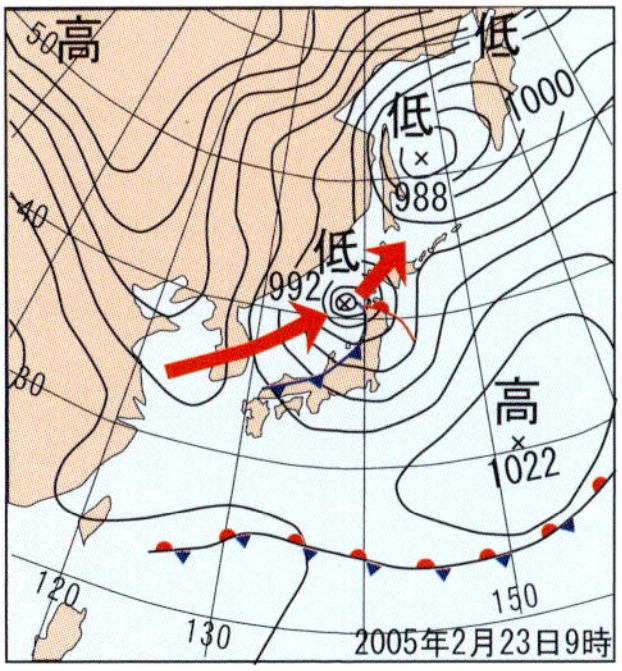

日本海低気圧型は大荒れになりやすい

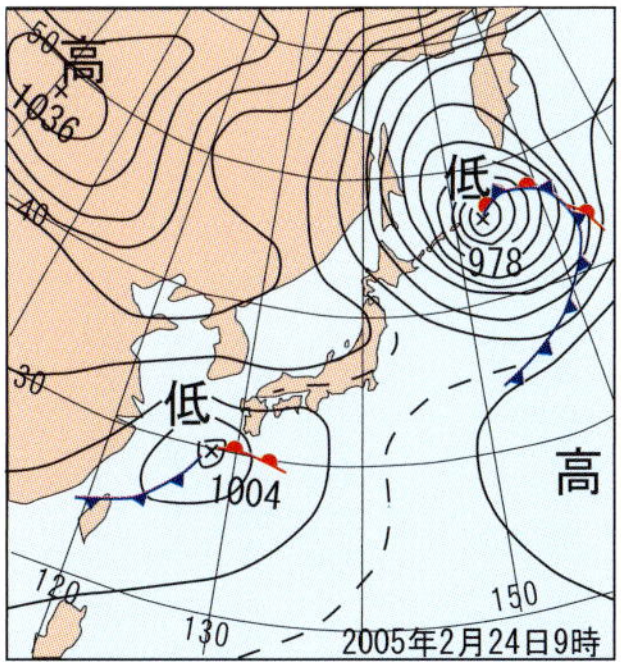

前図の翌日。オホーツク海に抜けて発達

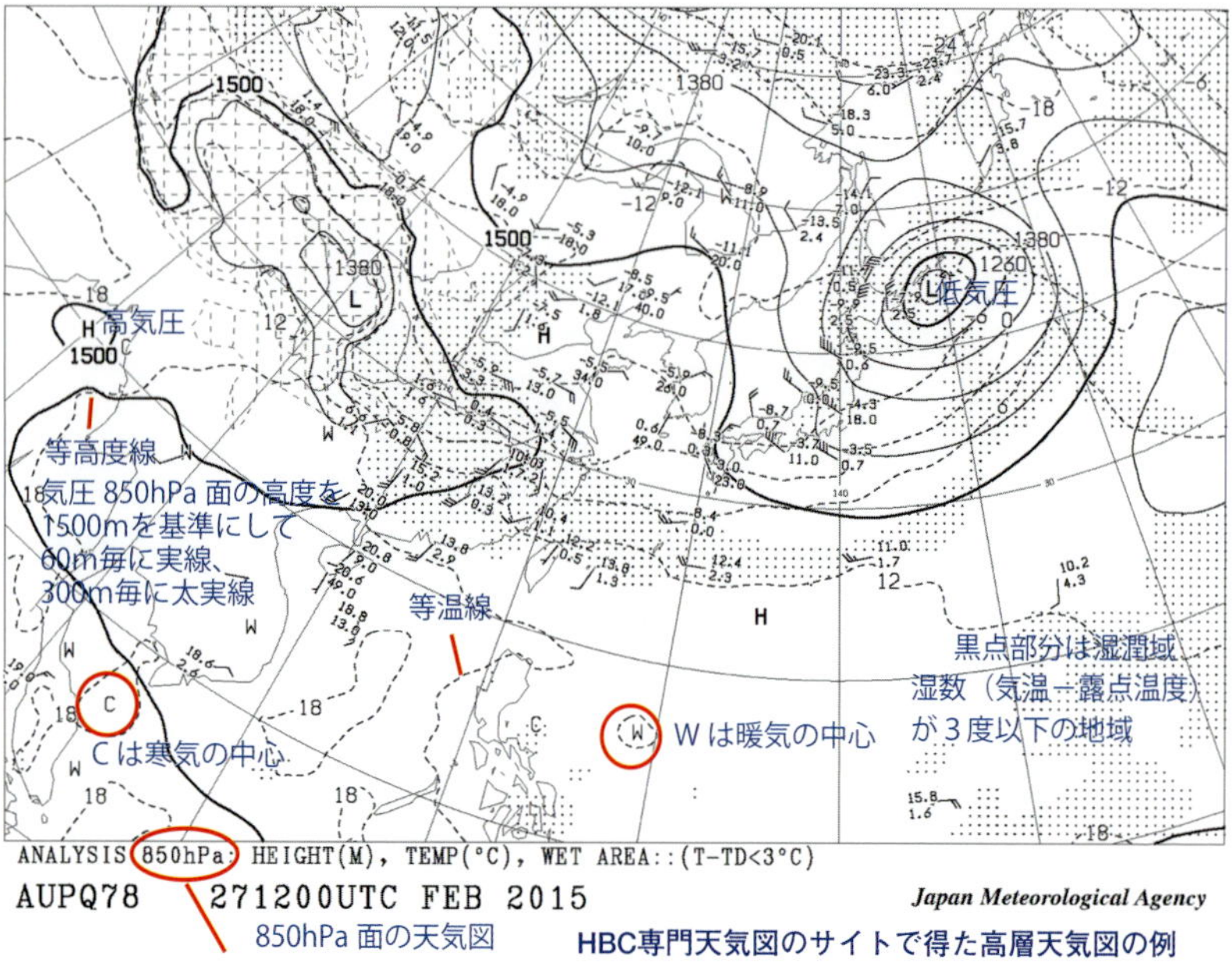

HBC専門天気図のサイトで得た高層天気図の例

気象情報の収集と活用

入山前の気象情報収集と活用

最近は様々なメディアを通じて天気図や天気予報の入手が可能だが、いつでも知りたいときに利用できるインターネットが有効性を増してきている。天気図や気象衛星の画像を網羅した天気予報のサイトは数多くあり、検索すれば容易に見つかる。

冬山の入門段階から次のステップに進むことを考えている方々には、自分で地上ならびに各種高層天気図、予想天気図などの気象情報を入手し、解析する力を養ってほしい。特に高層天気図は、山の天気予報に必要不可欠な情報だ。

これらの天気図の主な入手方法としては、ＨＢＣ専門天気図（同名で検索できる）がある。このサイトでは、簡単ながらそれらの天気図の見方の解説もついているので、多くの人に活用してもらいたい。

入山後の気象情報収集と解析

ラジオや携帯電話で入手できる天気予報は平野部の天気であり、山岳地帯の気象とはかなり異な

悪天が予想されるなら登山を中止するのが最善の判断だ

る。風は平野部では単に吹き抜けるだけだが、山にぶつかった場合、頂上に向かって斜面を吹くことになり、結果として上昇気流を生じる。つまり、山自体を一種の低気圧とみてよい。北西風が強い場合、平野部では晴れているのに山岳西側では上昇気流のため曇りや雪となっていることはごく普通にみられる。

また、山にぶつかった風は、頂上に向かって収束するため、コルや稜線で思わぬ強風をもたらすなど、地形に伴う風向変化も大きい。山では地形的要因による気象変化が起こりやすく、その変わり方も急激なので注意しなければならない。

気象の変化と観天望気

変化の早い山の天候をいち早く把握するには、気象条件の変化に敏感でなくてはならない。雲の状態、風向・風速、湿度、気温などの変化から気象変化を予測する昔ながらの観天望気の方法が今でも有効である。例えば、日照の変化がないのに急に温度が下がったら寒冷前線の通過、逆に急に温度が上がったら温暖前線の通過を疑う。

波松章勝@ナミ

写真協力：泉田健一

雪崩遭難を避ける

冬の登山は雪崩を避けて通れない
シャベルテストで安全確認を

シャベルコンプレッションテスト

弱層確認のためのハンドテスト。30㎝の円柱を掘り、手で引いて調べる

なぜ雪崩を学ぶのか

雪崩を起こす条件は二つ。①雪の表面に崩れやすい弱層ができる。②その上に大量の雪が積もる。この二条件がそろい、人が踏み込むと雪崩が起きる。弱層が無ければ雪崩は起きない。北海道の山岳事故死の中で雪崩事故が七二％を占めており、その恐ろしさが際立つ。雪崩に遭わないためには雪崩を予知する技術の習得が欠かせない。

雪崩の危険度判断

弱層の有無は積雪の外見だけでは分からない。危険度を知るには雪を掘ってシャベルコンプレッションテストで見極める。そして雪崩発生の四要素を総合的に考え、雪崩誘発の危険度を判断する。

雪崩発生の四要素

①積雪（弱層をもつ積雪）
②地形（三五度以上の急斜面）
③気象（吹雪の吹きだまりがある）
④人的ミス（引き金となる行為）

雪崩が発生しやすい場所

冬は北西の風が多く、風下側の南東斜面には雪が積もる。日射も多く弱層ができやすいので雪崩が起きやすい。前日から逆の南風が吹いた直後は北斜面でも吹きだまりができて雪崩の危険がある。このほか、雪庇の崩壊による雪崩もあるから、雪庇

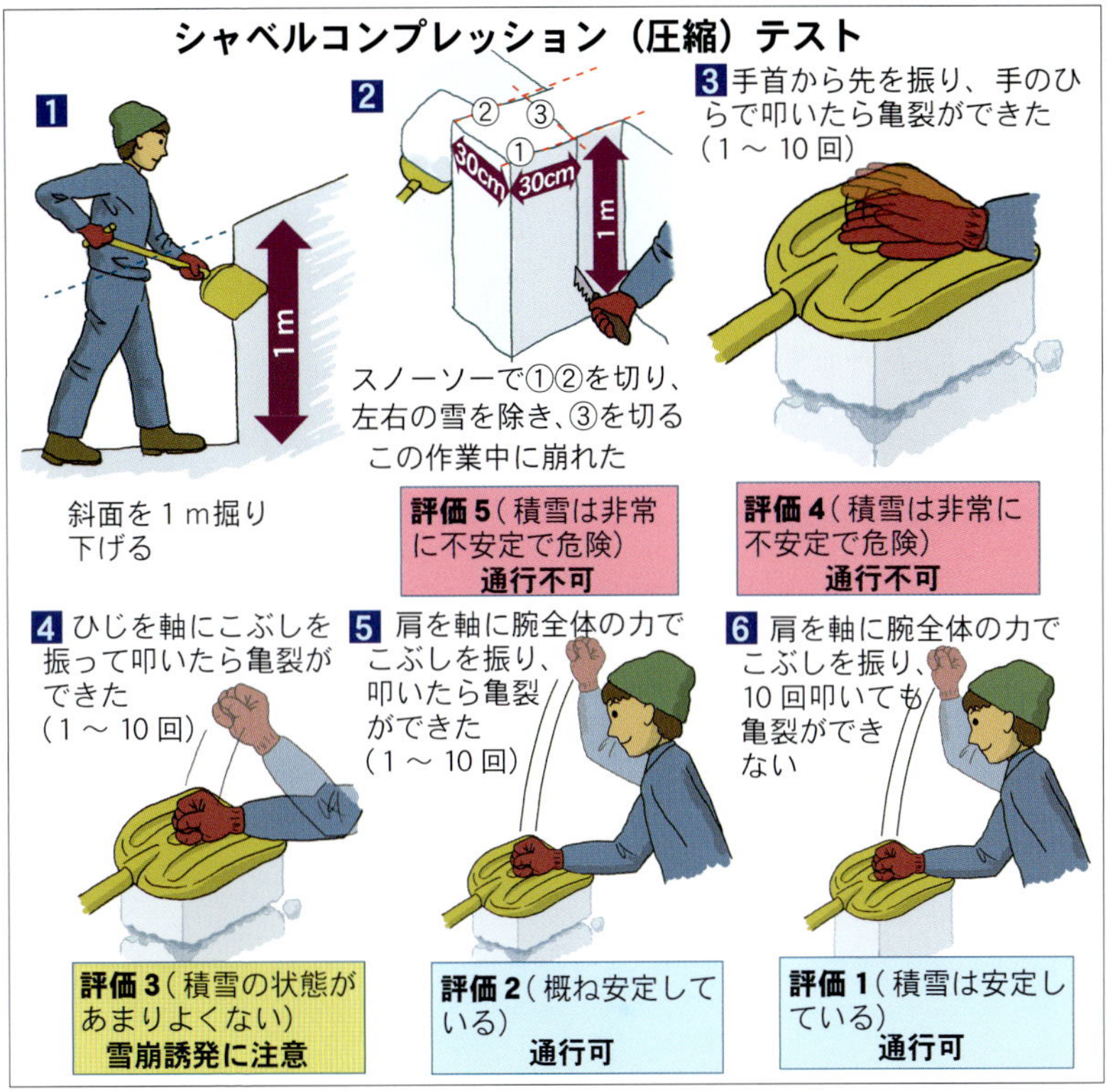

の上や下を通過するときは十分な注意が必要だ。

シャベルコンプレッションテストの方法

上図のように雪の四角柱にシャベルのプレートを載せ、手で叩いて雪を圧縮する。弱層があればそこから崩れるので、雪崩発生の可能性を判断できる。

例えば評価三（ひじで一〇回以内に崩れた）では積雪の結合状態がよくなく、斜度三五度になると一人が斜面に入るだけで雪崩を誘発する可能性がある。

他に簡易円柱テスト（ハンドテスト）の方法もある。手だけで三〇㌢の円柱を掘り出し、円柱の上部から手のひら、ひじ、肩で手前に引き、危険度を評価する。

雪崩危険箇所の通過

斜面手前の安全な場所でコン

ゾンデ棒による探索の訓練風景

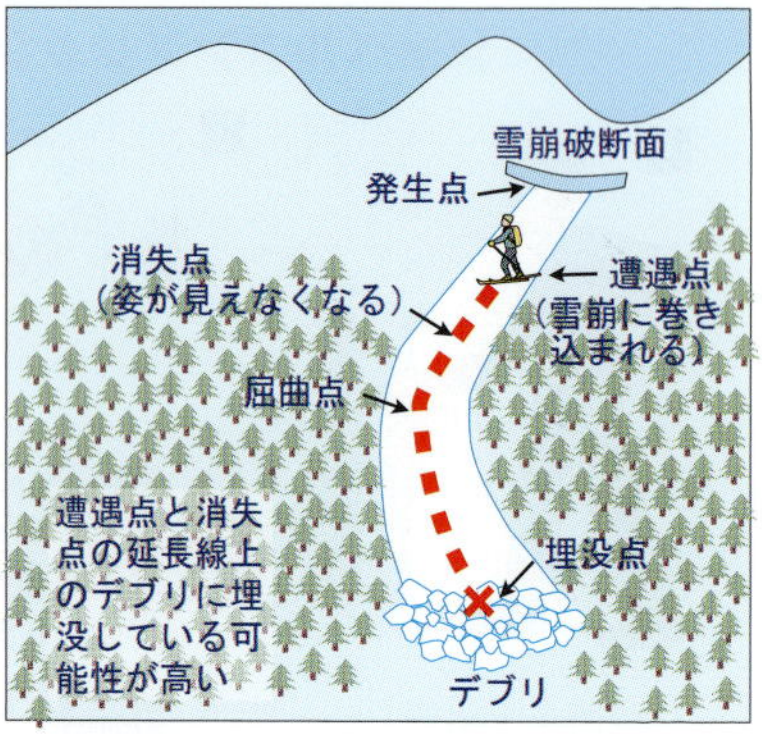

プレッションテストを行い、危険度評価が四と五の場合は通過してはならない。危険度評価三で斜度三五度以上の場合も通過はあきらめる。危険度評価が一～三で斜度三〇度以下の場合だけ雪崩誘発を覚悟の上で危険斜面への通過を挑むことになる。この状況を全員で確認してから危険斜面へ挑む。

全員の雪崩ビーコンが発信状態であることを確認し、雪崩に巻き込まれたときの準備として、スキーの流れ止め、ザックのウエストベルトやストックの手革を外す。目出し帽をかぶり、ジャケットのフードで口と鼻を囲う。

一人ずつ、行く先の安全地帯を目がけ、雪に刺激を加えないように注意して一気に滑り込む。他の人は通過者を注視する。

雪崩に巻き込まれた場合の対応

流されながら雪崩の走路の端に寄るように丸太のように転がり、雪崩の上に出るように泳ぎ手足をばたつかせる。最後に止まりそうになったら両手のひらで口を覆い呼吸空間をつくる。埋まってしまったら仲間の救出を信じ、落ちついて待つ。

埋没地点の推定

雪崩の発生点、遭遇点、消失点、屈曲点、遺留物、デブリなどを克明に記録する。埋没者は雪崩の走路に従った遭遇点と消失点の延長線上のデブリの中、特に末端のデブリに埋まっている可能性が高い。

埋没者の救出

雪崩埋没者が確実に生存して救出されるのは、埋没後一五分以内である。六〇分後では二六

デジタル式は方向と距離が示され分かりやすい

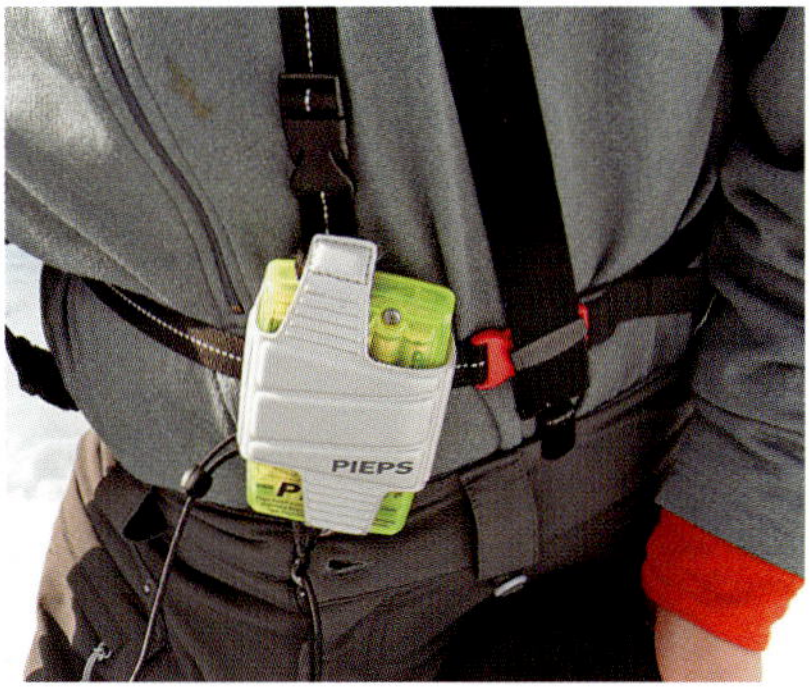

ビーコンの装着

パーセントに下がる。救助隊を待つ時間はないから、その場にいる者が一刻も早く救出するしかない。そのためには、雪崩対策三点セットである雪崩ビーコン、ゾンデ棒、スコップが不可欠だ。救出中に二次雪崩に遭わないよう、周囲の監視も重要だ。発生直後にビーコン捜索とは別に一人がデブリへ向って全力で走って遺留品や手足が出ていないか目で見ながら捜索する。

ビーコン（雪崩トランシーバー）

雪崩ビーコンは電波の発信機と受信機を一体化した電子装置で、登山者の体に装着する。電波誘導法で発信機を探すが、最近はデジタル化され、矢印と距離が表示される。ビーコンを装着していない人の救出は望めない。捜索者全員がビーコンを受信にセットし、電波誘導法で近づき、二メートル以内に近づいたら、ビーコン捜索を続けながらゾンデ棒による捜索を開始し、スコップによる掘削も開始する。

ゾンデ棒（プローブ）の使い方

ビーコン捜索で居場所が分かったらゾンデ棒を斜面に垂直に刺す。何かに当たったらゾンデ棒を刺したままにしておき、スコップで掘って探し当てる。

救出後の処置

雪崩埋没者は、軽度以上の低体温症になっている可能性があるので速やかな対処が必要だ。詳しくは「低体温症を防ぐ」を参照。さらに雪崩学を学びたい方は、他にも講習会はあるが「NPO法人北海道雪崩研究会」の講習会の受講をお勧めする。

小笠原実孝＠大魔人

スノーボートによる搬出

事故・遭難の対応

けがは死につながる 安全確実が必須条件だ

はぐれ遭難

二〇〇九年一月四日、無意根山山頂付近で五人パーティーの一人が仲間とはぐれて遭難した。リーダーはブリザードがひどいのでゴーグルを付ける指示をし、近くにいた人の装着を確認したが、最後尾にいた人を確認しないまま出発してしまった。遭難者は二日後に雪洞の中で凍死状態で発見された。雪洞の入り口はふさがれていなかったが、ふさいでいれば生還できた可能性があった。

このような事故を起こさない隊列は、先頭に進路を決定するサブリーダーが立ち、メンバーをはさんでリーダーは最後尾に付く。リーダーは進行方位が正しいか、間隔は開いていないかをチェックする。正しくなければ大声で修正を告げる。こうすればはぐれ事故は起きない。危険な状況のときはロープで全員をつなぎ行進する。

道迷い遭難

二〇〇九年一月三一日、積丹岳山頂へ向かった男性が頂上で猛吹雪のため下山方向が分からなくなり、頂上でツェルトを張ってビバークした。翌日、救助隊が発見した時は会話ができる状態だったが下山中、乗ったソリごと滑落して行方不明とな

救助ヘリコプター

り、翌日凍死状態で発見された。

この遭難では、下山に備えたルート確保に原因があったようだ。山頂を往復する場合、帰りの荒天対策として目印となるコース旗かピンクテープを要所要所に下山時に見えやすい木枝に結んでおく。山頂手前一〇メートルと山頂直下にも下山方向を確認するための目印を付ける。同時に下山方向にコンパスを合わせ、方位をセットしておく。こうしておけば下山方向は容易に確認できるはずだ。

二日間あれば里へ下山できる

迷って引き返す場合、ＧＰＳのトラックバック機能を使えば夜中でも下山できるが、万一ＧＰＳが機能しない場合に備えコンパスの使い方を熟知しておきたい。普段からコンパスの使い方を訓練していれば、近郊の山なら二日間以内で里まで下山できる。下山方位を確認できるなら勇気をもって自力下山を目指そう。できなければ救助隊が来るまでしっかりした雪洞を掘り、救助を信じて待とう。

救助の要請

山岳会員は所属の救助隊へ救助要請をする。無所属登山者は自分自身で局番なしの一一九番に電話する。電波を受けた基地局の地域を所轄する消防本部が出るが、管轄が違えば切り替えてくれるので、ヘリコプター救助を要請する。家族などを経由した救助要請は、必要な情報が伝わりにくい。

連絡の際、ＧＰＳがあれば緯度経度を知らせる。アマチュア無線機があればその旨を伝えると近づいたヘリと通信できる。

豪快に滑り、転ぶのも楽しいが、骨折で動けなくなれば凍死と隣り合わせだ

救助隊に発見されやすくする方法

雪洞の上に目立ちやすい赤い布などを立てる。長さ一メートルほどのピンクテープを周辺に多く付けるのも目印になる。雪洞内では入り口を完全に密閉する。

ヘリが近づくと大音響で確認を求めてくるので大手を振るなどジェスチャーで答えよう。

骨折などけがの場合

骨折などけがをするとショックを起こし体温が低下することがあるので、まずは保温する。ポリタンクに湯を入れ、やけどに注意して脇の下と首を温める（詳しくは低体温症の項を参照）。悪天候でヘリの飛来が難しい場合には徒歩で救助にくる救助隊に対し、食糧、保温装備、火気など必要なものを持って来てもらうことと、ヘリが来るまでの付き添いも依頼する。

けが人の下山

脛骨損傷は少し動かすだけで痛がり、骨盤損傷は恥骨を軽く押すだけで痛がる。内臓損傷などはヘリ以外の下山は困難だ。手足のけがなら担いだり、スキー製ソリを使っての下山も可能だが、距離が長いと体力と十分な交代要員が必要になる。スキー製ソリを使っての下山は、深雪になると三〇人以上の要員がいなければ不可能に近い。陸路の救助を依頼するのならスノーソリ（担架）を要請する。

けが人の荷物

ヘリでの救助の際、荷物は拒否される場合がある。その場合、荷物は仲間が分担して下ろす。運べない荷物はツェルトに包んでその場に保管し、分かり

くるぶしのビスが取れたプラスチックブーツ。ソールもつま先が剥がれかかっている。普段から注意していれば事前に気付けることは多い。山の中で靴が壊れたら死につながる

やすいように木枝に目印をつけておく。食糧などは残してはいけない。どんなに密閉しても動物に荒らされる。

山では絶対にけがをしない

山スキーで多いけがは、打撲、ねんざ、スキーエッジでの切り傷、骨折やアキレス腱の損傷などである。けがなどで動けなくなると、同行者に多大な迷惑をかけ、凍死につながるから、絶対にけがをしないことだ。豪快な滑りを求める人より、自信がないときはキックターンで安全確実に降りる人のほうが評価されるべきだ。

入山前のストレッチは必須である。それとともに、テーピングや添え木によるねんざや骨折の固定方法など、現場での応急処置を学んでおく必要がある。包帯、薬、テープなどの救急用品セットは個人装備として用意したい。

修理具も忘れずに

シールの不具合、靴の破損、スキー板の折損などで遭難に至った例は多い。貼り付けタイプのシールは低温になると糊が利かなくなる。糊が利かなくなったシールを固定するには、バンドを巻きつけるか、幅四センチほどの布製粘着テープをスキーの前後に巻きつける。針金でもよい。テープや針金はストックに巻き付けておくと、ザックから取り出す手間もいらず、素早い処置ができて便利だ。

スキーの締め具の故障も意外に起こる。予備部品のほか、ドライバー、ペンチなどの工具類も持っていなければならない。

ビバーク時の雪洞の大きさは、人とザックが入る程度がよい。大きすぎると空気が暖まらず寒い

ビバーク

予想外の事態で停滞を余儀なくされたり、けがなどで夜を迎えなければならなくなったとき、山中で夜を明かさなければならない。これをビバークという。

そんなときは氷点下でなければツェルトを使うか、極寒の場合は雪洞を掘って対応する。ツェルトを使うなら、できるだけ高度を下げ、風のない樹林帯でビバークするのが望ましい。高度が下がる分、低温も避けられる。高度を下げると無線機や携帯電話が通じにくくなるので、できるだけ電波状態のよい尾根上で警察・留守宅などに救助要請や現状報告をしておいたほうがよい。

雪洞

稜線でビバークするなら雪洞を掘るのがよい。外気温がいくら低くても雪洞内は零度と暖かだし、吹き荒れる風の音もしないので快適だ。

掘る場所は、急斜面上にある巨大な雪庇は崩れる危険があるので端の低い雪庇を選ぶのがよい。急斜面や木のない三〇度以上の斜面も雪崩の危険があるので避ける。雪崩の危険のない傾斜の斜面を探そう。ある程度の傾斜があると、掘った雪を下に落とすにも都合がよい。

場所が決まり、ゾンデ棒があれば深さを計る。二メートルもあれば十分だ。石ころの出ているような吹きさらしの強い場所でも凹地に一メートルほどの深さがあれば一人用の雪洞は掘れる。緩やかな斜面に横穴を掘る。雪洞内はなるべく自分たちが入れる程度に

雪洞の掘り方

踏み抜き防止のため、掘る周囲にピンクテープを立てる。
入り口部分として直径70cmほどの横穴を50cm掘り進む。
その先、人とザックが入る広さに掘り進む。
小横穴を左右に掘り、ロウソクを左右に立て、点火する。
入り口に、作っておいた雪のブロックをはめ、すき間を
雪でふさぐ。これで外が寒くても内部は零度に保たれる。

入り口のブロックの上に10cmの空気穴を外に貫通させ、
雪でふたをする。酸欠のときはロウソクの火が消えるの
で、急いでこぶしで突いて開ける。
入り口をふさがないと寒気が入り、凍死の危険がある。

雪洞内は零度とはいえ寒いので、着られるものはすべて
着て、アンダーシャツの外側のへその上と腰に貼り付け
カイロを貼る。これで24時間温かく、低体温症化を防げる。

雪に酸素が含まれているので、通常は酸欠が起きない
内部は人がぎりぎり入る程度。入り口側を低くする。マットを敷き、ヘッドランプを点ける

狭く掘る。狭い方が氷点下の外気温の影響を受けず暖かいのだ。

　スコップがなければ掘れない。冬山用スコップの重量は六〇〇グラムから八〇〇グラムほどと軽量だ。雪崩救助にも必須なので、できれば全員が持ちたい。

　雪洞の外にはスキー、赤布などで自分たちの存在を示す目印を立てておく。知らずに上に乗ってつぶされないためでもある。

　雪洞の入り口は、最初は大きくても、完成時には完全に雪でふさぐこと。暖かさを保て、低体温症を避けられる。入り口をツェルトでふさぐのは厳禁だ。薄いため寒気の流入を防げず、低体温症を招く。雪洞内は湿度が高く衣服が濡れるので、雪洞内にツェルトを張るとさらに暖かく快適だ。断熱マットを敷き、荷を出したザックに足から突っ込み、ロウソク（七・五号＝直径一・五センチ、長さ一八センチ）を立てる。壁の雪を削り、アルミカップに入れてロウソクにかざすとお湯ができる。ロウソクは普段から三本ぐらい持ち歩きたい。甘いミルク、コーヒーなど、自分の好みのものを入れるとおいしく心も休まる。作って飲むことを数回繰り返すと、体が温まってウトウトし、そのうちに夜が明けてくる。

　翌朝、自分の居場所が確認できれば、下山の開始となる。確認できなければ、むやみに動き回らず救助を待った方がよい。携帯電話や無線で連絡がとれなくても、計画書などで行き先を告げていれば、必ず救助隊が来る。

小笠原実孝＠大魔人

体調が悪いときは無理をせずリーダーに相談しよう

低体温症を防ぐ

服装、体調を整え、万一の対処法を身に付けよう

低体温症とは

人の体は暑い場所でも寒い場所でも体温を一定に保つ力をもっているが、その限度はあまり大きくはない。強風や薄着によって体表面から熱が奪われるし、濡れると熱伝導で風の数十倍も体温を奪われる。体内の熱産生が追いつかず、内臓の温度が三五度以下になり、脳、心臓、筋肉の機能が障害された状態を低体温症という。

どういうときになるか

寒いだけで低体温症になることはなく、マイナス二〇度の冬山でも適切な装備、行動をしていれば低体温症になることはない。雨の予報が出ているのに登って濡れた、木綿などの不適切な衣類で登り汗で体が冷えた、同行者に遅れまいとして汗をかいて登り、体が冷えた、体調不良を押して登り、疲労が激しかった、など体温低下の原因があり、適切な対応ができなかったときに発生する。

「今日は体調が悪い」「ペースを落としてほしい」など、遠慮なく言える雰囲気があり、またリーダーの洞察や判断が適切なら、かなり防げるともいえる。

高齢者は要注意

高齢者は、体温が下がってい

ることに気付きにくいので低体温症になりやすい。体温が下がってから保温しても温まらず、さらに低下し続けるので早い対策が必要だ。

効果的なのは、登山口で中間着を着て貼り付けカイロをへその真上とその裏側の腰のアンダーシャツの上に貼ることだ。そうすれば、おなかの下大静脈や門脈から心臓を介して全身に温かい血液を送ることができる。

普段寒がりの人は腹巻も有効だ。排尿後は体温が下がるので保温対策をしてからすませたい。

低体温を防ぐには

衣類選びが重要だ。木綿製や木綿・化繊混紡の下着は濡れると乾かず、体温を急速に奪うので使ってはいけない。濡れても温かいウールや、汗を外に吸い出し、乾きが早いタイプのアクリル製がよい。

歩行のペースや外気温などで、体の温まり具合、熱の奪われ方が違うので、重ね着によって体温を調節するのが基本。暑くても薄着になってはならない。面倒だがこまめな対応が必要だ。手袋や靴下にも温かくて濡れない配慮が必要である。

体温を上げる代謝で重要なのが熱をつくり出す筋肉だ。普段から栄養のバランスのよい食生活と運動により、筋肉の減少を抑える努力をしたい。

低体温症者の見極め方

高所で低体温症が発生した場合は、引き返すのが基本だ。低所ほど気温が上がり、風も弱まることが多い。だが、容体によっては一時的にとどまって状況把握と手当てをすることが必要だ。症度別の対応の仕方を表にまとめてあるので参考にしてほしい。

低体温症になったときの対処法

震えや疲労を感じるなど軽症の段階であれば、寒気を遮断する雪洞かツェルトで乾いた衣類に着替えさせる。

水分補給も大切で、高カロリーで温かい飲み物を与えることで回復が期待できる。熱を産むエネルギー源は主に糖質、脂肪で、チョコレートなどを行動中にこまめにとるのがよい。

中等症から重症化してからは体温を上げるのは難しいので、救助を求め、ＩＣＵのある病院へ搬送するまでの延命処置を続けなければならない。ツェルトでは寒気を遮断できないので雪

コンロがあると、温かい飲み物で体の中から温めることができ、低体温症の予防になる

洞に収容しなければ回復は望めない。

心室細動を起こすので乱暴に扱ってはいけない。手足と皮膚のマッサージも冷たい血液が心臓に回り、心室細動を起こすので厳禁だ。大切なのはこれ以上体温を下げないために、体の内部から温めること。具体的には大動脈に近い脇の下、頸静脈、へその上などを温める。意識があるなら温かい湯を飲ませる。意識がない場合は温かい空気を吸わせる。雪洞内で断熱マット、衣類、ツェルト、レスキューシートなど、あるものすべてを使い四重巻きにして仰向けに寝かせる。絶対に死なせないという気合が必要だ。

体温一六度から生還した事例があるので、救助が来るまで延命処置をし続ける。

低体温症患者のビバーク法

ツェルトでは寒気を遮断できない。適切なのは雪洞を掘ること。雪洞掘りは労力が必要なので、普段から掘る訓練をしておきたい。

雪洞内部にツェルトを張り、ストーブを使えれば内部は二〇度を超える温度になる。意識があるなら甘く温かい湯を飲ませる。意識がないならシュラフなどで四重にグルグル巻きにして温かい空気を吸わせる。それ以外の外部加温は厳禁。ほかには何も対処方法はない。呼吸も脈拍もないなら心肺蘇生を続ける。

雪洞の構造などは「事故・遭難の対応」の図を参考にしてほしい。

小笠原実孝@大魔人

低体温症の症状と現場での対応

低体温が疑われたら119番へ救助要請する

症度	直腸温度	症状	対応	留意点
前兆	〜35度	意識は正常。寒気、震えが始まる。細かい手の動きに支障がでる。疲労を感じる。	衣類が湿っていれば乾いた衣服に着替える。厚着をして保温する。 糖質を含む温かい飲み物を飲む。熱を産む食糧を食べる。カイロをおなかと腰に貼る。	下山を開始する。疲労感があるので歩行ペースに注意する。
軽症	35〜33度	震えが最大となる。顔が蒼白となり、口ごもる。まっすぐ歩けない。動作がのろい。自分で中間着を着るなどの発想ができない。	中間着を着る。カイロをおなかと腰に貼る。 糖質を含むお湯を飲ませる。ぬるい湯たんぽで脇の下とおなかを温める（湯をわかし、水筒に入れ、タオルを巻く）。	テント、雪洞に収容し、静かに寝かせる。乱暴に扱わない。アルコールは血管を拡張させて熱を奪い、カフェインは利尿作用により脱水を助長するので禁物。
中等症	33〜30度	震えが止まる。奇声を上げる。歩行困難。次第に応答しなくなる。明らかに普通でない状態になる。	二重の寝袋に入れ、シュラフカバー、ツェルトでぐるぐる巻きにする。温かい空気を吸入させる。	体を動かさない。着替えも自分でさせない。表面皮膚加温やマッサージはしない。
重症	30〜28度	震えが止まる。半昏睡状態になる。脈拍が微弱になる。呼吸が普段の半分以下になる。	これ以上体温を下げない努力をする。心拍がなければ心臓が動き出すまで何時間でも、救助が来るまで心臓マッサージを続ける。 脈拍が1分以上確認できなければ心肺蘇生と人工呼吸を始める。低体温症の場合心肺蘇生は3秒に1回程度でよく、人工呼吸は内部加温にもなる。	死亡診断は病院で体温が上がらないときのみ医師が行う。 救助隊に引き渡すまで心肺蘇生を続け、暖をとる努力をする。決してあきらめない。
	28〜25度	昏睡状態になる。心室細動が起きる。心臓が停止する。		
	16度	救命し得た成人の最低温度。		

凍傷を防ぐ

凍傷になっていないか常にチェック マッサージで血行の改善を心がけよう

強烈なブリザード。凍傷になっていないかお互いにチェックしよう

凍傷の目安

厳冬期のブリザードの中で行動すれば凍傷になる機会はよくある。じんじんと痛くなってきたら凍傷のシグナルである。

凍傷一度は、皮膚の感覚がなく凍傷になった部分は白くなる。温めると赤くなって痛む。この程度の凍傷は強風が吹き荒れる場所でごく普通に発生する。同行者同士で顔をチェックし合い、鼻や頬が白くなっていないかを見る。変色していればマッサージで温める。痛くなれば血行が再開した証拠だ。時間をかけて温めよう。

凍傷二度は、火傷と同様の水ぶくれができる。ブリザードでの長時間行動では目出し帽をかぶるなどの顔面保護の対策をとらないと水ぶくれができ、ひどくなると皮膚がカチカチに凍って白く霜が付く状態になる。

小さな靴を履くと靴下が圧縮されて足と靴が直に接する状態になり、寒気が足指に伝わって凍傷になりやすい。見えない場所だけに気付きにくいが、足指が痛み始めたら、靴のひもを緩め、足指でじゃんけんのグー・パーを繰り返し、血行の改善を図る。放置して痛みがなくなると凍傷が進む。指先に水ぶくれ

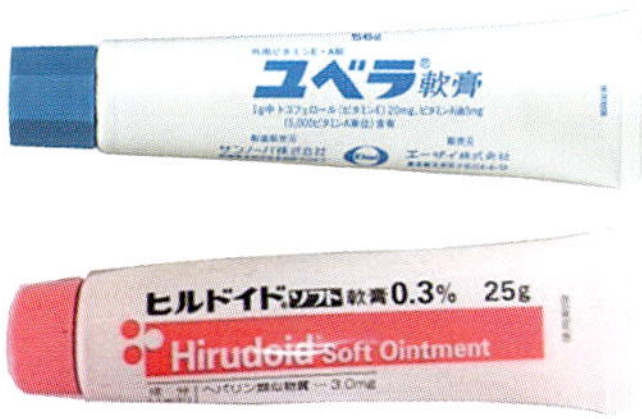

血管拡張作用のある軟こうを登山前に手足にすり込む人も多い。薬品によっては医師の処方が必要だ。禁忌事項もあるので、医師に相談するとよい

強風時の顔の露出は最小限にとどめる工夫を

ができ、時にはすべての指が腫れ、靴が履けないほどになる。

凍傷二度までは治癒可能で、死んだ皮膚層が少しずつ剥がれ、やがて新しい皮膚に更新する。

凍傷三度以上では、骨や筋肉など皮下組織まで壊死し黒く変色する。

阿部雅樹@スノーシュー

凍傷の応急処置

登山中にはツェルトを張って一時的に強風下から逃げたり、マッサージで血行をよくしたりしかできない。

凍傷の成因は凍結による組織の破壊と、血液濃縮や血栓による末梢循環障害である。

山中では凍傷部分を湯につけて溶かすのは厳禁。ゆっくり温めると組織がさらに破壊されてしまうし、溶かした組織は非常にもろくなっており、この状態で動かすと組織が障害を受けやすいからだ。おまけに冷えた血液が心臓に回り心室細動をおこし心臓が止まってしまう恐れがある。

靴下や手袋を温かいゆったりしたものに取り換え、あとは全身の保温に努めるべきだ。タバコは厳禁、カフェイン、アルコールも基本的にはいけない。脱水症状も凍傷の原因になる。温かい飲み物は凍傷の予防になる。

凍傷の最初のうちは程度の判断が非常に難しい。血行障害による組織破壊は下山後も進むので、素人判断はせずに、できるだけ早く病院を受診して治療を始める必要がある。

小笠原実孝@大魔人

冬山登山のマナー

トイレ

登山者の少ない冬山での排尿跡は、雪に隠されることもありあまり問題視されなかった。しかし近年は登山者も増え、駐車場所付近一帯が黄変し、不愉快な思いをすることが多くなった。春にはコース脇の雪の中から紙が出てきたり、広範囲に変色した雪を見るのは気分が悪いものだ。

最低限、コースから目の届かない場所で用を足し、跡を軽く埋め戻し、使用済みの紙は持ち帰ること。大便は、できるなら携帯トイレを使いたい。

登山口のトイレは閉鎖されたり、雪に埋まり使用できないことが多い。コンビニなどで済ませてから登山口に向かいたい。

駐車場所

登山口駐車場の多くは除雪されず、除雪されても除雪車の回転場所だったりするから掲示板などに注意したい。また、民家前や出入り口では、了解を得て駐車するのは当然だ。

多くは道路脇に駐車することになるが、他車が通れる幅を残し、終点では回転スペースを残さねばならない。駐車場所がないほど狭い道のときは、自分で駐車場所をつくり出すためのスコップは必ず持参する。グループで行く場合は乗り合わせて行くようにしたい。

コース旗の回収

冬山では帰路の確認を容易にするために、テープや布旗などの標識が使われる。一般に布旗は回収するが、テープ類は残されることが多い。コースどりは個人やパーティーで異なるから、他人には無用の存在だ。付けた標識はゴミだと思って持ち帰りたい。しかし見落として残される場合もある。そのことを考えると、材質には分解されやすい自然素材の木綿や紙テープを使うべきだ。安価なプラスチックテープが大量に使われ、美観を損ねることも増えているが、考え直したい。

ラッセルは共同作業

冬山登山の苦労の一つはラッセルである。その苦労を避けるために、ラッセルしている人の後を追いつかないようについてゆく行為は「ラッセル泥棒」と呼ばれる。ラッセルをしている人が先にいたら、追いついて礼を言い、交代を申し出るのが冬山登山のマナーである。

泉　恵子@お恵

ガイド編

ユニ石狩岳から石狩岳を望む　撮影：阿部博子

カルデラ外輪山最高峰。木のない北斜面が魅力

大《だい》黒《こく》山《やま》

725m

大黒山は、赤井川カルデラの外輪山の中で最も高い山である。赤井川村から見ると目立つ山だが、夏の登山道はない。大黒山の赤井川村に面する斜面は木が込んでいるが、反対側の仁木町南町の沢の源頭は開け、スキーには絶好の斜面になっている。スキーが楽しめる山である。標高の低い割にはスキーが楽しめる山である。

赤井川村から見た大黒山

1/25000 地形図	仁木

登山適期					
12	1	2	3	4	5

仁木コース

■コースタイム（スキー）

除雪終点（3・00→）大黒山（1・00→）除雪終点

標高差　五九五メートル
登り　三時間
下り　一時間

■交通

公共交通機関はない。

■マイカー情報

フルーツ街道の南町七丁目交差点から入る農道は車がすれ違うことができないほど細い。送電線の先で除雪終点となる。農家の作業小屋の脇が除雪されている場合もあるが当てにできない。駐車できる

体力（標高差）	C	30
登山時間加算	C	3
高山度（標高）	C	3
険しさ・危険度	C	6
ルート判断	C	6
総合点　50点（初級）		

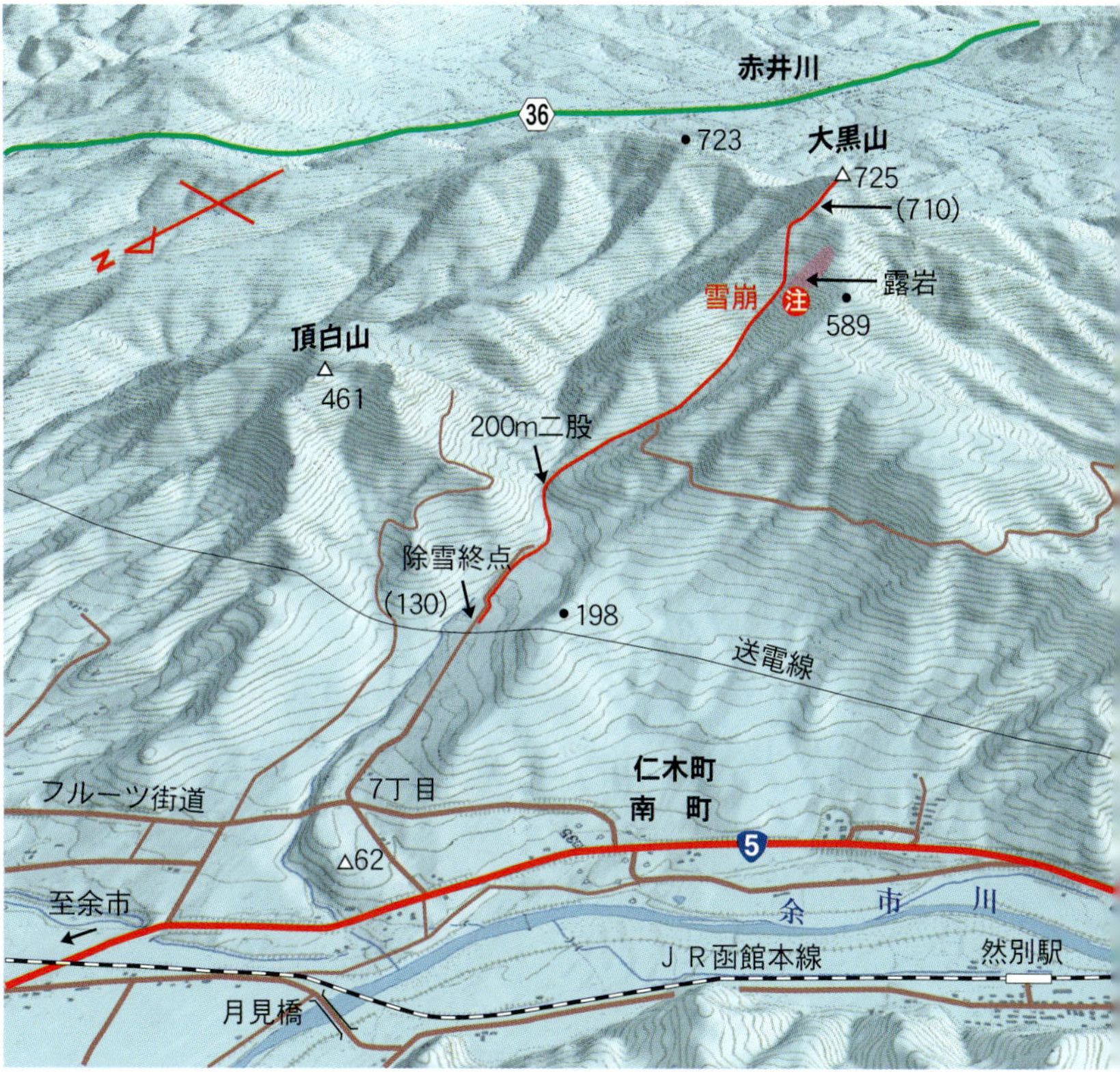

のはせいぜい数台である。農家の迷惑にならないように駐車していただきたい。

■ ガイド

大黒山まで

除雪終点から南に延びる農道の先の沢を詰めるコースが最短である。

川の左岸沿いの農道の末端から疎林の沢地形に入ると支流の小川がある。雪が少ないときにはしっかりしたスノーブリッジを探して渡る。その後も常に沢の左岸沿いに進む。

大黒山の北にそびえる頂白山を左に見ながら、小さな起伏や倒木の多い沢の中を行き、標高二〇〇《メートル》付近の二股を右沢に入る。

右岸の尾根が迫ってくると沢は幅が狭くなり、水面が出てい

200m二股は右に入り、左岸の腹を進む

除雪終点の駐車スペース

沢の源頭部の広い斜面

頂白山を左に見ながら進む

るところもあるので、左岸の木の込んだ急斜面を沢に落ちないようにトラバースする。歩きにくいが距離はそれほど長くない。

標高三〇〇メートル付近で出合う左岸の小沢のところで沢底に下り、沢の中の尾根状地形を登る。沢を登りきると、木のない開けた大斜面が一望できるようになる。

この大斜面の右手中腹には大きな露岩があり、また湧き水があるらしく、雪が陥没していたり亀裂ができていたりする。場合によっては雪崩れることが考えられるので慎重にルートを選んで登ろう。亀裂ができているときは、左手の尾根沿いに登るのが安全だ。

尾根まで登ると背後には仁木町の町並み、その向こうには余市湾が見渡せる。

山頂からの赤井川カルデラの眺め

北斜面の中腹を滑る

頂上

標高七一〇メートルのなだらかなピークは頂上と間違えやすいが大黒山の山頂はその先にある。このピークは登らずに、頂上との間のコルを目指して巻いた方が下山のとき楽である。
　頂上からは赤井川村の全景を見渡すことができる。

下山

　下りの楽しみは沢源頭の木のない斜面の滑降である。標高差が約二五〇メートルの広い斜面だ。北向きなので雪質もよい。ただし先に説明したように、斜面の中央付近では雪崩に注意したい。

佐藤しんり@サトシン

写真協力：工藤治樹

手軽で眺望がよくパウダースノーが楽しめる

塩《しお》谷《や》丸《まる》山《やま》

629m

塩谷丸山は低山にもかかわらず、山頂からは積丹、増毛、夕張、ニセコ連峰など三六〇度の展望が開け、夏のシーズンにはたくさんの登山者でにぎわう山である。

最近は割に短時間の登りでパウダースノーを楽しめることが知られ、登山者はもちろん、テレマークスキーヤーやスノーボーダーも訪れるようになった。

小樽市赤岩方面から塩谷丸山

1/25000 地形図	小樽西部

登山適期					
12	1	2	3	4	5

塩谷コース

■**コースタイム**（スキー）

JR塩谷駅（0・20↓）最終人家（1・10↓）四五〇メートル台地（0・30↓）塩谷丸山（1・10↓）JR塩谷駅

標高差　五八〇メートル
登り　二時間
下り　一時間一〇分

■**交通**

JR函館本線塩谷駅下車。

■**マイカー情報**

JR塩谷駅向かいに一〇台ほどの無料駐車場がある。

■**ガイド**

四五〇メートル台地まで

夏道とは違うコースなので、最終人家付近

体力（標高差）	C 30
登山時間加算	C 3
高山度（標高）	D 0
険しさ・危険度	D 0
ルート判断	C 6
総合点　40点（初級）	

の除雪終点には登山関係の施設や駐車場所はない。

下部は密集した樹林帯なので、できるだけ林道を使う。林道を三〇〇《メートル》直進すると二・五万図では一二九《メートル》標高点のY字路分岐に出るが、実際は直進と右折の丁字路で、ここを右に入る。赤テープが付いていることが多い。倒木を避けながら林道を進み、標高二〇〇《メートル》付近で地形図上の突き当たり丁字路に至る。実際は林道が右折しているだけのこの地点で林道を離れ、そのまま直進して沢の右斜面を登る。

最初は傾斜が緩いが徐々に急になり、キックターンを繰り返す登りとなる。やがて木の込んだ急斜面が迫るので、標高約二八〇《メートル》で開けた左斜面に移り、立派なエゾマツが生える三〇〇

500m付近の疎林帯

林道分岐付近

塩谷海岸を背に550m付近を進む

300m台地付近の急登

《メートル》台地に出る。

台地から小尾根に取り付き、その上の斜面を大きくジグザグを切って登る。雑木が少なく、スキーの下りが楽しいところだ。登りきったところが四五〇《メートル》台地で、疎林を登っていくと間もなく頂上から続く大斜面に出合う。ここはコース中、最も木が少なく、滑降が楽しめる。

塩谷丸山まで

急斜面を避けるために、頂上岩塔を右に回り込みながら登るが、視界が利かないときは下降路を決める目標物がない。天候によってはこの斜面が引き返しを検討するポイントになる。

稜線に出ると石狩湾が広がり、積丹岳や増毛・樺戸山地、小樽市内が望める。

頂上は緩やかな雪原の上に小

頂上から見た余市方面の海岸

頂上北東面のオープンバーン

頂上へ向かう登山者

岩頭が載っているが、頂上直下は北西からの季節風でクラストしていることが多いのでスリップに注意して登りたい。

また、積雪が多いときは頂上の東側に雪庇ができるので端に寄らないようにしよう。

山頂からは標高六〇〇《メートル》台の山とは思えない展望が広がる。塩谷から積丹につながる海岸線、増毛山地、芦別・夕張連峰、樺戸山地、羊蹄山・ニセコ連峰、手稲山、余市岳。数え上げればきりのないほどだ。条件がよい日には遠くに大雪、十勝、日高の山々が見える。

下りは登ってきたルートに沿って下るが、四五〇《メートル》台地までは図で下降コースを示した沢地形を滑るのも面白い。

森下英生@北嶺舎

写真協力：工藤治樹

山小屋が迎えてくれる人気コース

春《はる》香《か》山《やま》

907m

昔、銭函集落からはるかに遠かったために遥山《はるかやま》と呼ばれていた。「春香山」という美しい字面は昭和初期にあてられた。札幌国際スキー場近くから登るコースもあるが、交通の便がよい小樽市の桂岡から登るコースを紹介する。冬には八合目ほどにある山小屋・銀嶺荘の管理人が暖かい薪ストーブで迎えてくれる。ランプの灯るこの小屋に泊まるのもよい。

手稲区山口から春香山▼、右は和宇尻山

1/25000 地形図	銭函・張碓

登山適期

12	1	2	3	4	5

桂岡コース

■コースタイム（スキー）

登山口（2・00→）土場（0・30→）銀嶺荘（0・30→）春香山（0・20→）銀嶺荘（0・30→）土場（1・00→）登山口

標高差　七七七メートル
登り　三時間
下り　一時間五〇分

■交通

JRバス札幌・小樽線「桂岡」下車、登山口まで一・三キロ。銭函から銭函浄水場まで中央バスの便あり。JR銭函駅前からタクシー利用可。

■マイカー情報

夏道登山口に駐車場はないので、住民の迷惑にならないように駐車すること。銭函川の砂防ダム側は林道ゲートまで除雪されており、三、四台が駐車可能。

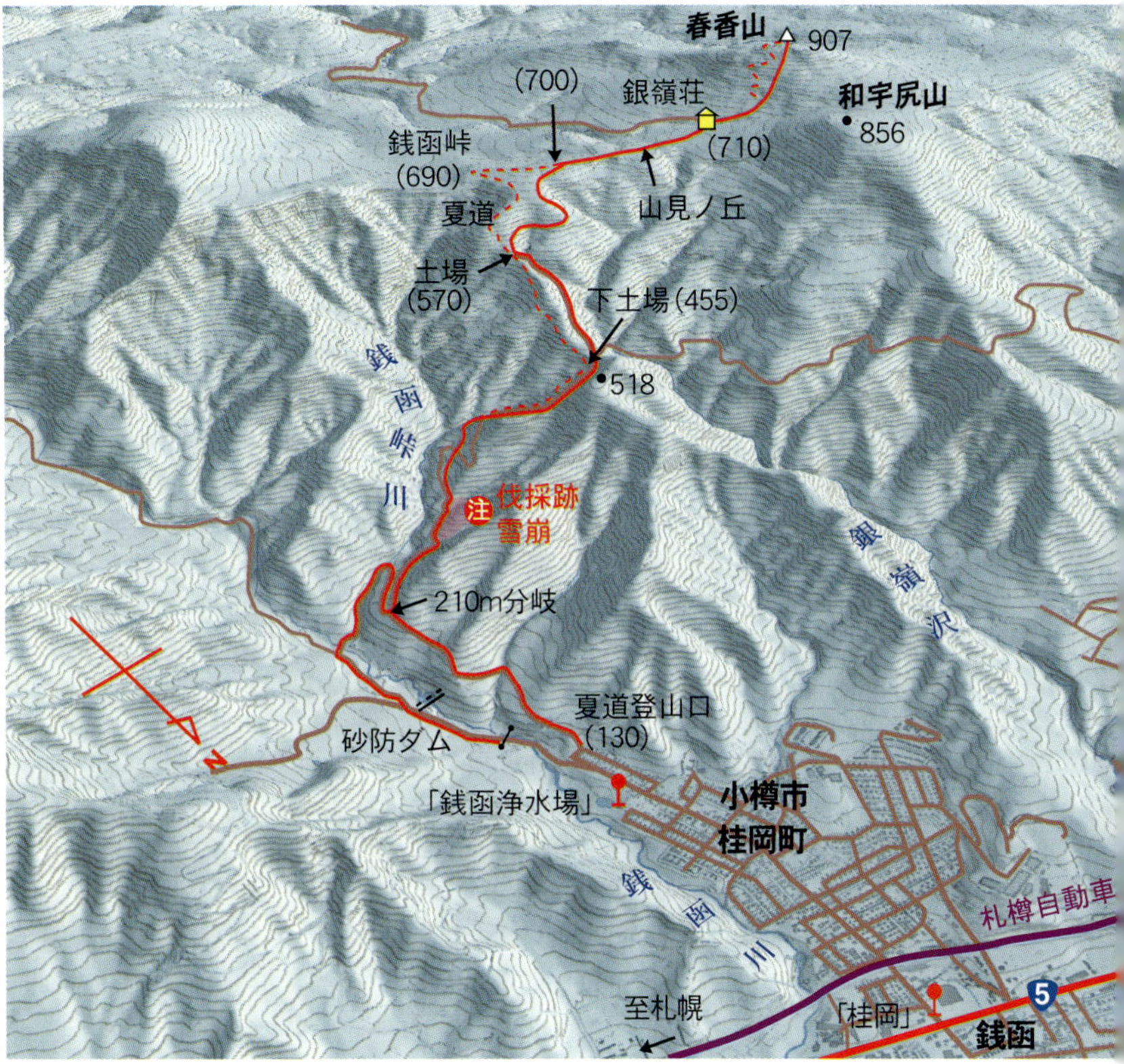

■ガイド

土場まで

このコースは傾斜の緩い部分や林道歩きが長いために下りにも時間がかかる。状況によっては土場や銀嶺荘から引き返すことも考えたい。

体力（標高差）	B 35
登山時間加算	C 3
高山度（標高）	B 6
険しさ・危険度	D 0
ルート判断	C 6
総合点	50点（初級）

桂岡住宅地の最奥にある夏道登山口、または銭函川の砂防ダム横を通る林道から入山できるが、どちらから入っても標高二一〇㍍付近で合流する。ここから林道や登山道を進むが、この付近から六〇〇㍍にわたって右側の斜面六カ所が伐採されており、無木と斜度の点で雪崩危険性が高いので、注意したい。なお、地形図に点線で表記されて

伐採地下の通過は雪崩に注意が要る

急斜面をトラバースして土場へ向かう

石狩湾を見下ろす土場

銀嶺荘

収容人員：50人
利用期間：通年
使用料：宿泊800円 休憩400円
管理人：通年（不在時もあり）
宿泊申込先：東海大学札幌キャンパス
電話：011－571－5111

いる土場までの登山道は実際は林道で、本当の登山道は尾根の左下を並行して延びている。

　銭函峠川を左下に見ながら急斜面をトラバースしていくと、標高四五五《メートル》付近の尾根上のコルにある林道分岐点、下土場に着く。ここから尾根上の道をほぼ南にさらに進むと、標高五七〇《メートル》の土場に出て、一気に視界が広がる。足元には銭函市街と石狩湾、そして遠くには樺戸・増毛の山々が並び、壮観である。

春香山まで

　土場から銀嶺荘へは、登山道を使わずに右手にある尾根を登る。図のように、沢から尾根へ回り込みながら高度を上げ、標高七〇〇《メートル》付近で銭函峠と銀嶺荘の間の尾根上の登山道に合流しショートカットができる。

山頂から銀嶺荘に向かって滑り下りる

和宇尻山を横に見て山頂へ向かう

山見ノ丘から見る春香山

ここから三〇〇メートルほど進むと最終目標の春香山が正面に、そして右隣に和宇尻《わうす》山が現れる。ここは山見ノ丘と呼ばれる。銀嶺荘まではあとわずか三〇〇メートルの距離だ。

銀嶺荘の裏手からは結構な急斜面となるが、ジグザグを切って進むと、素晴らしい展望の山頂に着く。石狩湾はもちろん、余市岳、朝里岳、白井岳、定山渓天狗岳などの山々が一望できる。

下山

下りは、コンパスを銀嶺荘の方角（一〇〇度）に切って、標高差二〇〇メートル、距離五〇〇メートルの疎林ゲレンデを豪快に滑降するとよい。

小野寺則之　寺@小樽

写真協力：菅原靖彦・田中　健

奥深く静かな山。一度は泊まりたい山の家

奥《おく》手《て》稲《いね》山《やま》

949m

手稲山の奥にある山で、札幌市手稲区や北区からは山の姿を見ることができる。昔から山スキーの対象として多くのスキーヤーに親しまれてきた。山の上部には山の家があり、前に広がるユートピアゲレンデを滑るのは、小屋泊まりする者の楽しみだ。

西尾根から山頂を踏み、山の家を経由して奥手稲沢を下りるコースを設定して紹介しよう。

前田森林公園（札幌市手稲区）から奥手稲山

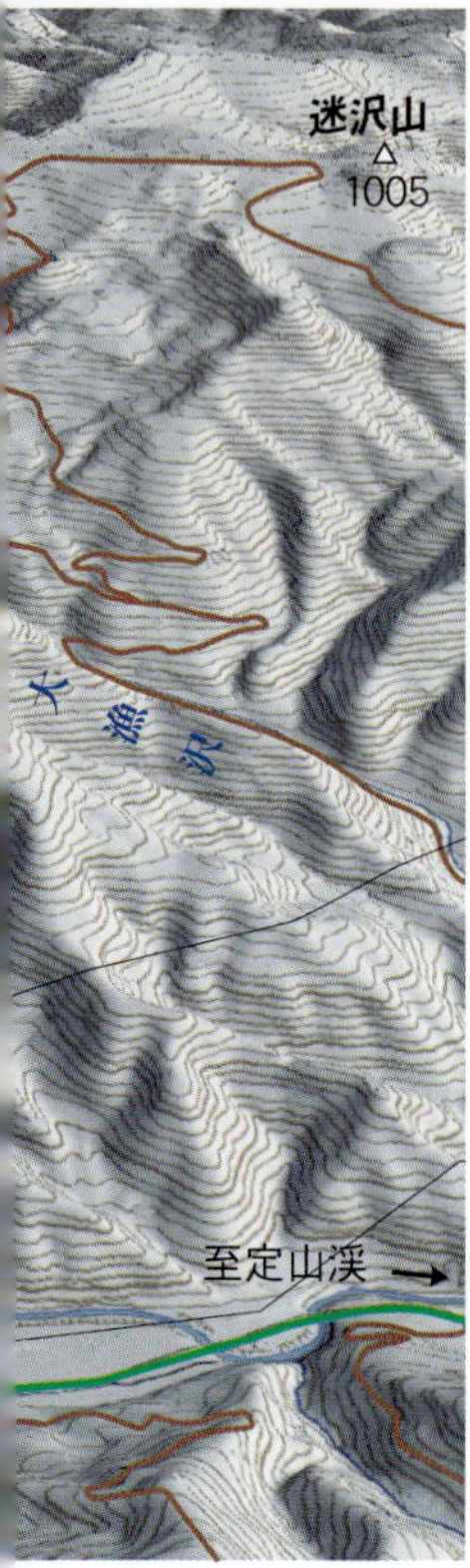

1/25000地形図	手稲山・余市岳・銭函・張碓

登山適期					
12	1	2	3	4	5

奥手稲沢（夕日沢）コース

■ **コースタイム**（スキー）

登山口（1・20→）西尾根取り付き（1・30→）奥手稲山（1・00→）山の家（1・00→）西尾根取り付き（1・00→）登山口

標高差　四五〇メートル

登り　二時間五〇分

下り　三時間

■ **交通**

札幌市内から札幌国際スキー場行きの第一観光バス、じょうてつバスの便がある。いずれも終点下車。登山口まで徒歩二・三キロ。

■ **マイカー**

情報

春香山の夏道（春香沢コース）登山口に

体力（標高差）	C 30
登山時間加算	C 3
高山度（標高）	B 6
険しさ・危険度	C 6
ルート判断	C 6
総合点　50点（初級）	

五、六台の駐車スペースがある。

■ガイド

奥手稲山まで

駐車場の登山届に記帳して出発。二つの橋を渡った先を右折し、奥手稲沢（夕日沢）右岸の林道を忠実にたどる。

標高六五〇《メートル》付近から西尾根に取り付く。林道分岐点の手前から西尾根のコルに抜ける斜面が最も傾斜が緩く、樹木も込んでいない。はじめは急だが、一〇分ほどで西尾根に上がることができる。

西尾根は広く緩い斜面で、ダケカンバやミズナラなどの広葉樹の疎林である。山頂からは日本海側が開け、銭函天狗山や石狩湾、右手にアンテナ群のある手稲山が見える。静かな山頂で

奥手稲沢右岸の林道を進む

奥手稲沢の途中から白井岳（左）を振り返る

奥手稲山の家

収容人員：40人
利用期間：12/1～4/1（土日のみ）
使用料：1泊80円（事前納付）
管理：北海道大学ワンダーフォーゲル部
予約先：北海道大学学務部学生支援課（サークル会館）
電話：011－706－7456

ゆっくりしよう。

山の家まで

帰路は山の家経由で下る。トレースが見えないときの西尾根下降は林道分岐への下降点を見つけにくいし、下りに別コースをとればコースに変化がつく。晴れた日は山頂直下から山の家とユートピアゲレンデが確認できるので探してみよう。沢に向かう斜面にも倒木があり、雪が多くならないとスキー滑降が難しい。沢はスノーブリッジができていない初冬は少し遠回りして渡らなければならない。

沢を渡り九六五《メートル》ピークの裾をトラバースして進むと、木々の色と同化した山の家が見えてくる。春は赤い屋根が映えて分かりやすい。時間があればユートピアゲレンデで思い切りスキ

山頂から銭函天狗山（左奥）と日本海が見える

山の家前に広がるユートピアゲレンデ

西尾根から山頂を目指す

ーを楽しんでみよう。

山の家の西、ユートピアゲレンデ側のスノーブリッジを渡り、九八四㍍ピークの北東斜面をトラバースしながら下る。あとは、奥手稲沢に沿って林道をアップダウンを繰り返し下山する。尾根取り付き点まで右岸、左岸と何回かスノーブリッジを渡るが、スノーブリッジがまだ発達していない初冬でも、靴の中を濡らすほど沢の深さはないので何とか渡ることは可能である。

仲俣善雄@YOSHIOの北海道山情報

奥手稲沢側から見た山の家

写真協力：田中　健

手《て》稲《いね》山《やま》

1023m

一〇〇〇《メートル》超の雪山が身近に楽しめる

冬季五輪（一九七二年）の舞台にもなった札幌を象徴する山。北斜面が大会後もスキー場としてにぎわう一方、南斜面は昔と変わらぬ自然を残し多くの登山者に親しまれている。夏道と同じ林道の途中からショートカットしてガレ斜面下に至る支尾根を登るコースは、冬にしか味わえない新鮮さがあるが、木が密集しておりスノーシュー向きだ。眺めは非常によい。

石狩市花川から手稲山

1/25000 地形図	手稲山

登山適期					
12	1	2	3	4	5

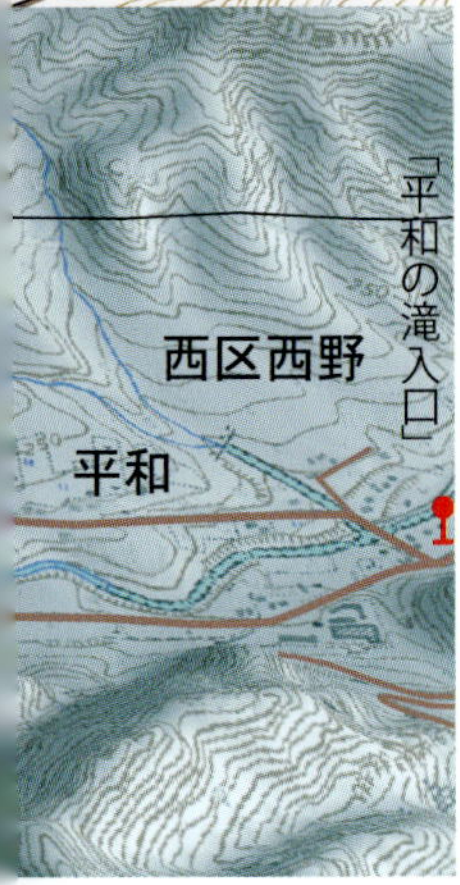

平和ノ滝コース

■ **コースタイム**（ツボ足・スノーシュー）

登山口（0・40→）尾根取り付き（1・00→）ガレ斜面下（1・10→）手稲山（0・40→）ガレ斜面下（0・40→）尾根取り付き（0・30→）登山口

標高差　七七〇《メートル》
登り　二時間五〇分
下り　一時間五〇分

■ **交通**

地下鉄琴似駅前、発寒南駅前、JR琴似駅からJRバス西野平和線「平和の滝入口」行きで終点下車。登山口まで一・六《キロ》。

■ **マイカー情報**

平和ノ滝駐車場は除雪されておらずトイレも使えない。大平和寺前の道路片側に十数台分の駐車スペースがある。休日など

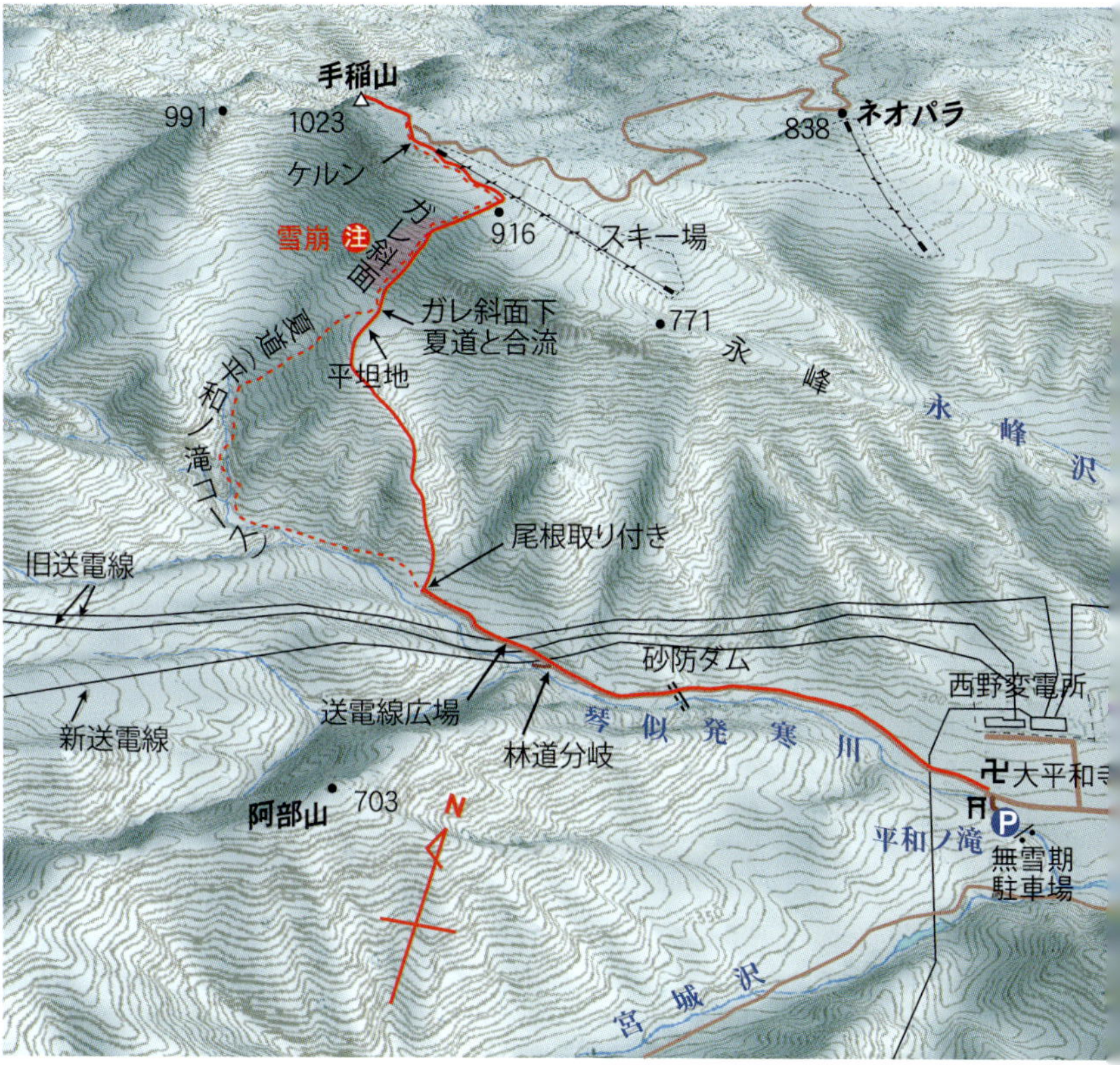

は満車となるので要注意。

■ガイド

ガレ斜面下まで

大平和寺横のゲートから夏道と同じ林道をたどる。一キロほどで砂防ダムがあり、そこから三五〇メートルで道が二手に分かれる。左の沢沿いのトレースは迷沢山新送電線コースなので、夏コースと同じ林道を進む。さらに二五〇メートルで送電線広場に着く。送電線沿いに対岸の尾根に続くトレースは迷沢山旧送電線コースなので、ここも林道を進む。雪に埋もれた小沢を越えて一五〇メートルで尾根の取り付きだが、目印がないので、送電線広場

体力（標高差）	B 35
登山時間加算	C 3
高山度（標高）	B 6
険しさ・危険度	C 6
ルート判断	C 6
総合点　55点（中級）	

林道から離れ、尾根に取り付く

大平和寺前の駐車スペース

600m地点から永峰の南面を望む

送電線広場

から三五〇《メートル》を目安にしたい。

林道から右手に五〇《メートル》離れ、かん木の多い急な尾根に取り付く。この尾根は、北西方向に延びてガレ斜面下で夏道と合流する冬だけに使えるコースだ。標高差一〇〇《メートル》くらい登ると傾斜が緩くなり、尾根も細くなる。大きな木が増え、左手に大きな岩が二つ見えて北側に永峰が望めるようになると、尾根に乗ったことが実感される。

尾根が再び広く平坦になり、ほの暗い針葉樹林を進むと、突然林が切れて視界が開け、ガレ斜面下の夏道と合流する。

手稲山まで

夏には岩に埋め尽くされているガレ斜面は、一面雪に覆われて気持ちのよい雪面となっているが、雪崩の危険があるので踏

頂上からの眺め。定山渓天狗岳①、迷沢山②、ヒクタ峰③、余市岳④、朝里岳⑤

ケルンでひと休み。山頂の鉄塔が近い

ガレ斜面は雪崩に注意して右寄りを進む

み込まないこと。ここからは、ほぼ夏道と同じコースをたどるが、大きな樹木が出てくるまでは、極力右手のかん木帯を登る。

標高差にして二〇〇メートルほどのこの急斜面は、登るにつれどんどん視界が開けて気持ちがよい。傾斜が緩くなってきたら山頂から南東方向に延びる尾根上で、九一六メートル標高点近くである。そのまま北東に進むとスキー場のリフトに行き着くので、ここから北西に向きを変えると、右手のリフトと並行する形で静かな山行が続けられる。右手間近にリフト山頂駅が迫り、短い急斜面を二段登るとケルンに着く。登山は実質的にここまでだが、山頂は電波塔群を抜けた五〇〇メートルほど先である。

波松章勝@ナミ

写真協力：仲俣善雄

平日もにぎわう人気コース

手《て》稲《いね》ネオパラ

838m

手稲山の東隣にあるピークは、地図に名はないが、ネオパラまたは第二手稲山と呼ばれている。手稲山中腹にある山小屋パラダイスヒュッテの近くの斜面をパラダイスと呼んでいたのに対し、新しい(ネオ)パラダイスという意味で名付けられたというのがその由来。札幌市内から気軽に行ける最も近い山スキーコースで、平日でも人が入っている人気の山だ。

札幌市中央区からネオパラ▼と手稲山(左)

1/25000 地形図	手稲山

登山適期					
12	1	2	3	4	5

西野浄水場コース

■ **コースタイム(スキー)**

駐車場(1・30→)第三斜面下(0・50→)第二斜面下(0・40→)手稲ネオパラ(0・40→)駐車場

標高差　六九三メートル

登り　三時間

下り　四〇分

■ **交通**

地下鉄宮の沢・発寒南・琴似各駅からJRバス、宮43、発43、琴43、中洲橋行「西野8条8丁目」下車。徒歩〇・八キロ。

■ **マイカー情報**

西野浄水場の奥、西野市民の森入り口に数台の車が駐車できるように林道脇

体力(標高差)	B 35
登山時間加算	C 3
高山度(標高)	C 3
険しさ・危険度	C 6
ルート判断	C 6
総合点　55点(中級)	

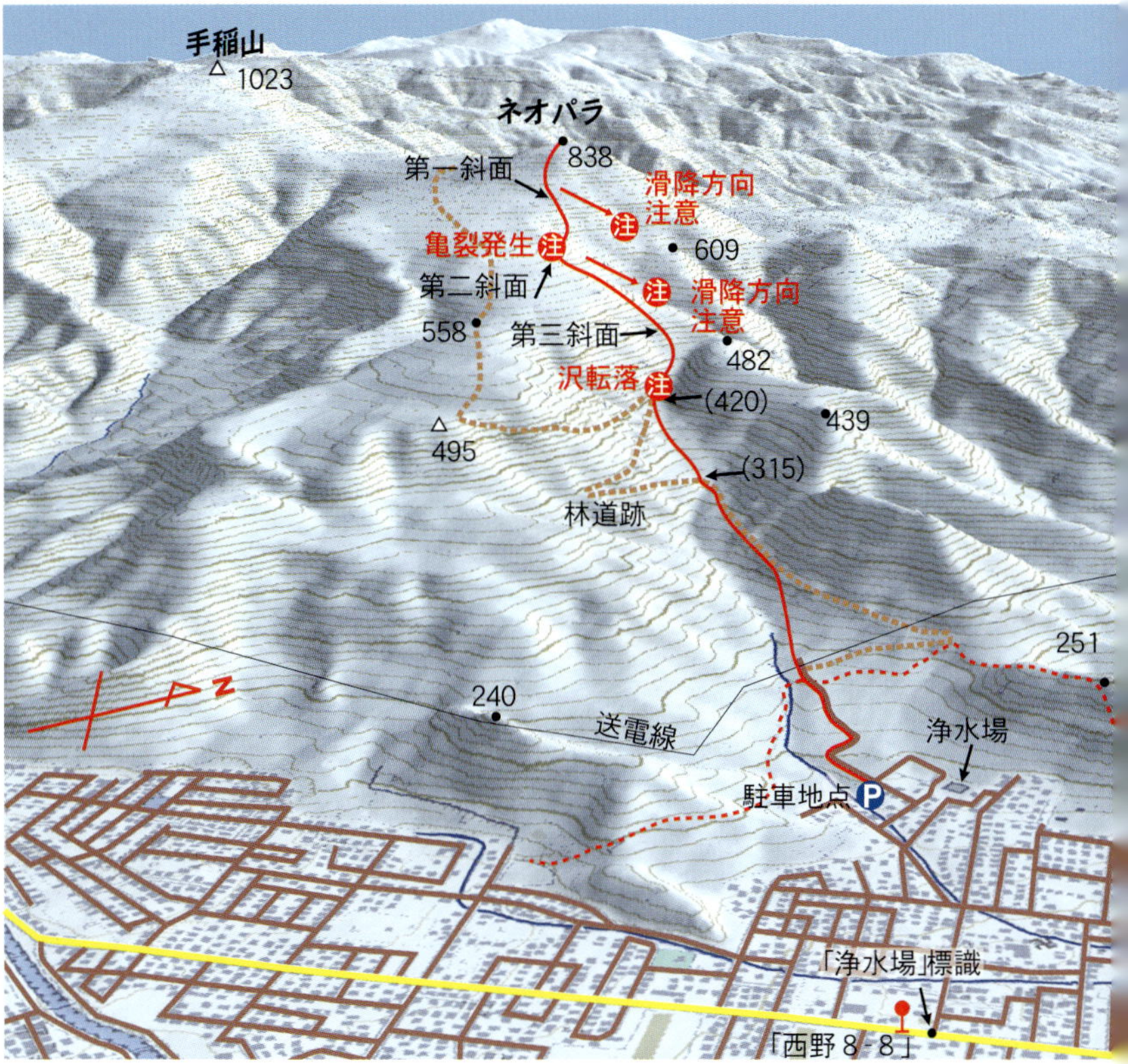

が少し広めに除雪してある。

■ガイド

第三斜面下まで

駐車場から先に延びる林道を進む。送電線の下で林道は右に折れるが、そのまま正面の沢を進む。沢に沿って林道跡が延びているので、それを使うと楽だ。

三一五《メートル》カーブで、林道と分かれて、沢に入る。ここからは倒木の少ない緩斜面で歩きやすくなる。四二〇《メートル》カーブで、もう一度林道と交差するが、ここはいつも沢がぽっかり口を開いているので要注意だ。例年、赤テープが下がったロープが張ってあるが、帰りに転落しないようにしたい。

標高四五〇《メートル》を過ぎると沢の源頭となり、開けた第三斜面（下の壁）が左手に見えてくる。

第三斜面（下の壁）

道路脇の駐車スペース

送電線下で車道から離れて沢を直進

沢の中にぽっかり空いた穴に注意

ここは斜面をまともに登ってもよいが、斜面右手の木立の中を登るほうが楽だろう。登りきって振り返ると、札幌市街と藻岩山、また遠く芦別岳・夕張岳などの山々が見えてくる。

ネオパラまで

第三斜面の上からは、北隣の沢の源頭をめざして、右斜め上に進む。小さな沢を越えて進むと、緩斜面が広がり、その源頭には、札幌市街からも白く見える第二斜面（上の壁）が立っている。第二斜面は地図では六五〇メートル付近のゲレンデのような斜面だ。ここは斜面の右の林の中をジグザグを切りながら登るとよい。札幌市街の奥に樺戸連山、群青の石狩湾の向こうに白く輝く増毛山塊など素晴らしい景色だ。

登るにつれて札幌の街並みが広がる

平坦な山頂

第二斜面（上の壁）

第二斜面の上からは、緩やかな林の中を西北西に進む。頂上近くの第一斜面も結構な急登だ。大木が多い林の中をジグザグを切りながら登り切ると、眺望のよくない広い山頂だ。

下山

頂上からの下りは、方向を誤りやすいので方位をしっかり確認したい。第二斜面も下り過ぎに注意だ。トラバース気味に第三斜面の上に向うと、あとは沢地形を下るので迷う心配はないだろう。

例年、三月から四月にかけて、市街地からも確認できるほどの大きな亀裂が第二斜面の上部に入る。かなり早くから亀裂が入る年もあるので注意しよう。

泉　加澄@かすみ草

札幌市街からよく見え、冬限定で登れる山

百《ひゃく》松《まつ》沢《ざわ》山《やま》

1043m

札幌市街からよく見える双耳峰だが、登山道がないためか一般的な知名度は意外と低い。夏に沢から登る人も少なく、ほぼ積雪期限定の山だ。昭和初期から山スキーでよく登られ、三段山の別名でも親しまれていたが、源八沢コースの麓にスノーモービルランドができて登れなくなったため、近年はこの宮城沢《みやぎのさわ》コースを登る人が多い。南峰は本峰（北峰）より五メートル高い鋭鋒で、眺望もよい。

幌見峠付近から百松沢山南峰▼北峰▼

1/25000 地形図	手稲山

登山適期					
12	1	2	3	4	5

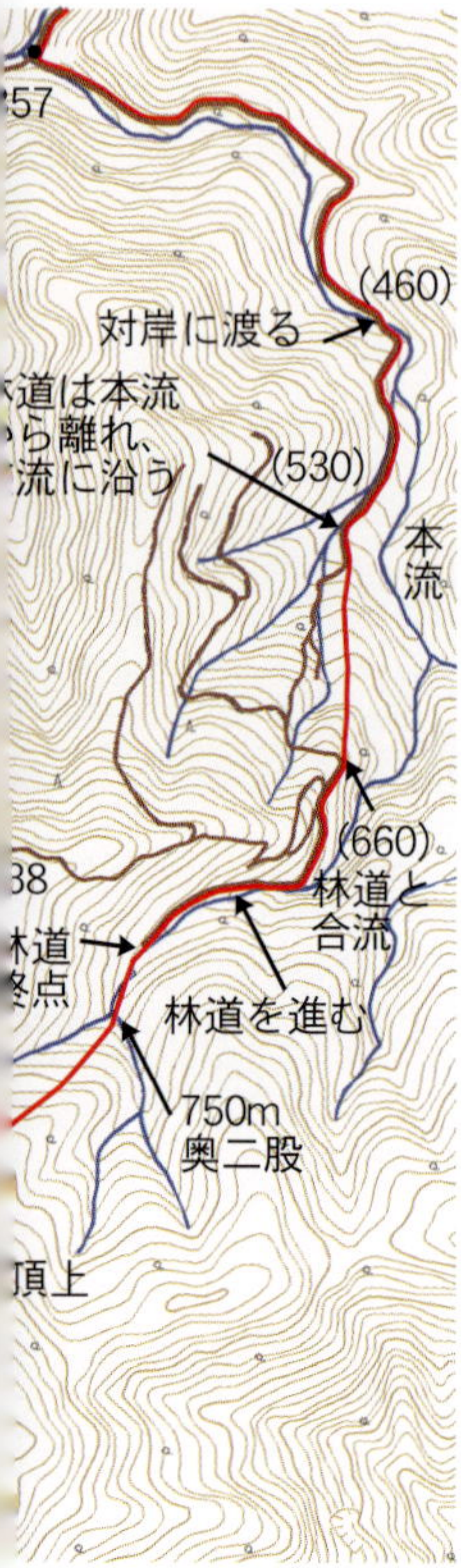

宮城沢コース

■ コースタイム（スキー）

霊園前（1・00→）三五七メートル二股（2・00→）七五〇メートル奥二股（1・00→）北峰（0・30→）南峰（1・50→）霊園前

標高差　八三〇メートル
登り　四時間三〇分
下り　一時間五〇分

■ 交通

地下鉄琴似駅前・発寒南駅前、JR琴似駅からJRバス西野平和線「平和の滝入口」行きで終点下車。霊園前まで六〇〇メートル。

■ マイカー情報

霊園前の除雪終点と三〇〇メートルほど手前に退避スペースがあるが、除雪状況によって異なる。大型車の通行の邪魔にならないよう注意。彼岸（春分の日）近くには霊園内道路は林道入り口

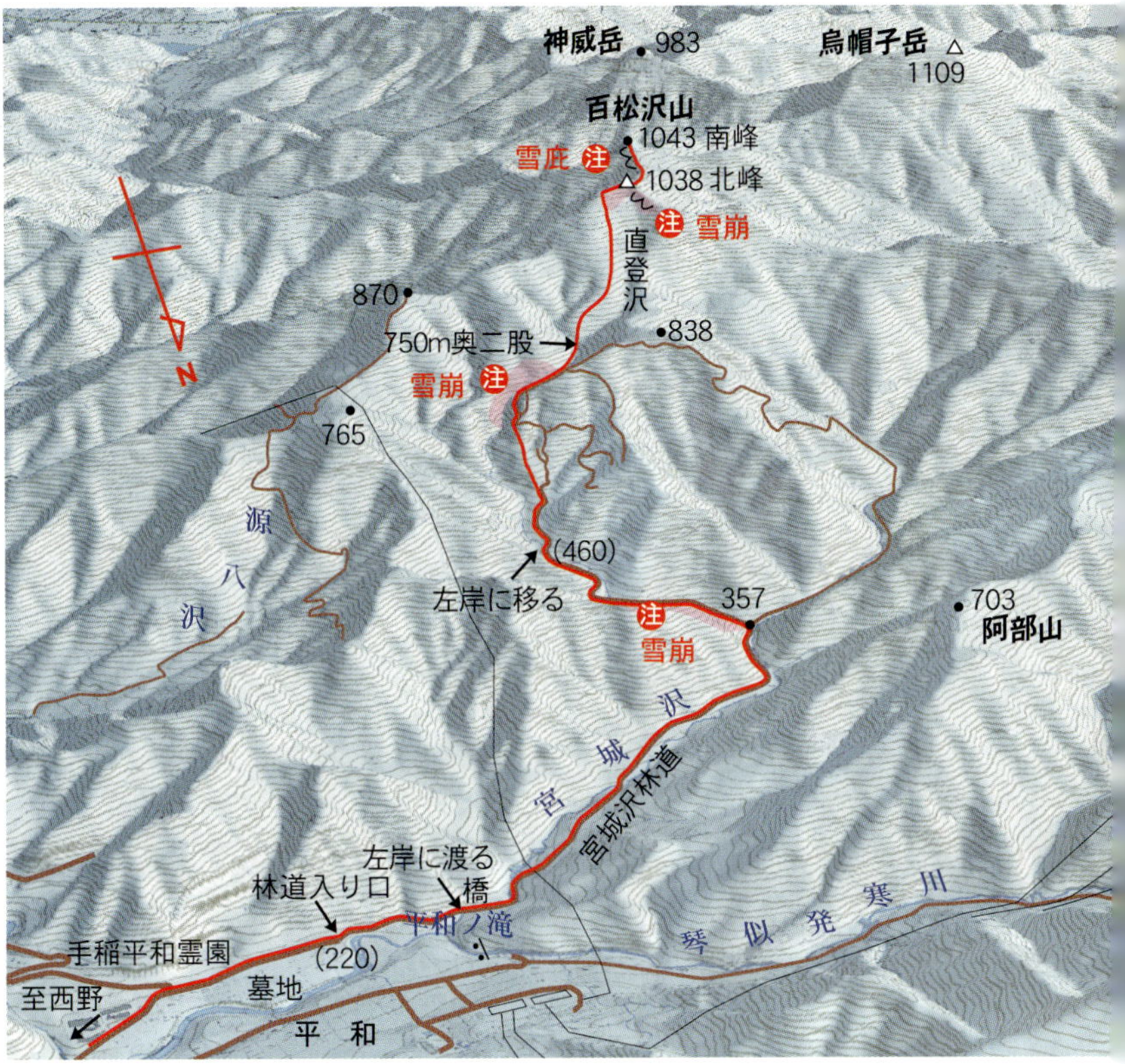

手前まで除雪される。

■ガイド

奥二股まで

手稲平和霊園の南側の道を奥に進むと宮城沢林道となり、入り口から三〇〇《メートル》ほどで宮城沢を渡る。仮設の橋があるが、雪の少ない時期は渡りにくくなるので要注意。次々に現れる砂防ダムを見ながら進み、トドマツの植林を抜けると谷は深く狭くなり三五七《メートル》標高点の二股に着く。

ここから左股に入ると傾斜がきつくなり、右岸の急斜面をトラバースしていく。標高四六〇《メートル》付近で沢を渡ると、今度は左岸の斜面の少し高いところを沢沿いに登っていく。標高五三〇

体力（標高差）	B 35
登山時間加算	B 6
高山度（標高）	B 6
険しさ・危険度	C 6
ルート判断	B 12
総合点 65点（中級）	

750m奥二股は右に入る

霊園から宮城沢林道へ。正面は阿部山

357m二股を左に入ると急になってくる

直登沢の源頭は開放的な雰囲気の斜面だ

460mで左岸に渡る

《メートル》付近は、小さな沢と尾根が複雑に入り交じる地形。林道は本流を離れて右（西）側の支流の細い谷筋へ入る。そこから八三八《メートル》ピークへと登るスノーシューのトレースもあるが、傾斜がきついのでそちらへは行かず、本流からあまり離れないようにして進むと、再び林道と合流して本流の沢筋に戻り、標高七五〇《メートル》の奥二股に着く。

百松沢山まで

奥二股からは右股の北峰北面直登沢に入る。左の尾根との間を登っていくと、沢が開けて木も疎らになり、稜線も見えて開放的な雰囲気になる。源頭斜面の頂上直下は傾斜が急なので、途中から左の尾根に上がると、北峰頂上東の稜線に出る。

北峰からは、尖った南峰が間

北峰から南峰を望む。南峰へは右の樹木斜面から向かう

南峰から神威岳（左）、烏帽子岳（右）。その右に定山渓天狗岳

近に見え、登行意欲をそそるので、ぜひ足を運びたい。コルへ下る尾根は狭く、左（東）側に雪庇も張り出すので、スキーの場合は木の込んだ右（西）側の斜面を横滑り、斜滑降で下る。

南峰の最後の登りは、右（北西）側の尾根から巻くようにして、高度感のある頂上に立つと、稜線続きの烏帽子岳と神威岳が眼前に屏風のように立ちはだかって圧巻だ。定山渓天狗岳や余市岳の眺望も素晴らしい。

北峰に戻ったらシールを外して往路を下るが、直登沢の源頭には気持ちのいい斜面が広がっているので、途中から左に入ってこの斜面を滑ってもよい。ただし上部は急で雪崩の危険があるから入らないこと。

田中　健@kenn

目立たないが、山スキーには絶好の山

迷沢山《まよいさわやま》
1005m

平地からは見ることができない山で、丘のような特徴のない山容のために、他の山からも同定が難しい。山頂近くを林道が通ったことで、夏でも登れるようになったが、やはり冬に登ってこそ楽しい山だ。旧送電線コースの尾根は、送電線建設のはるか以前の昭和初期から山スキーコースとして知られていた。夏と同じ上平沢林道を利用したコースは初級者に最適だ。

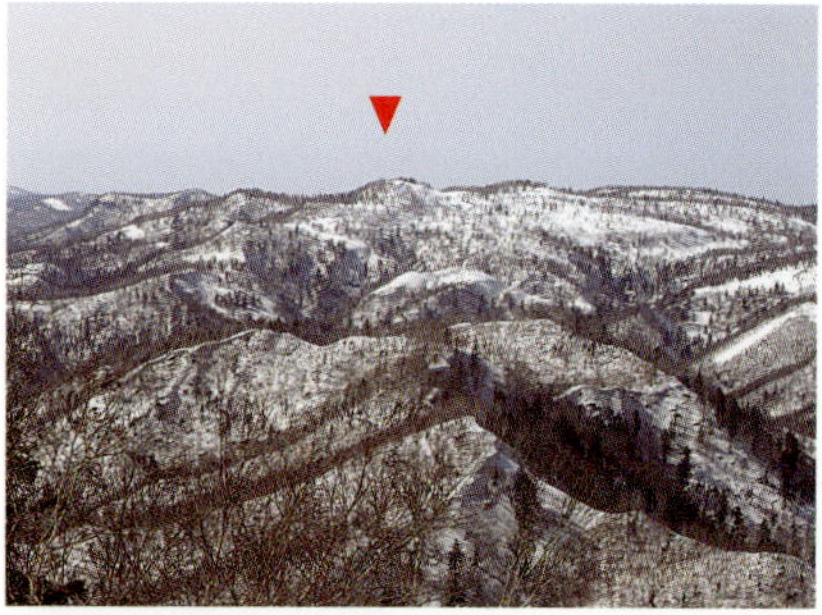

百松沢山南峰から迷沢山

1/25000 地形図	手稲山

登山適期

12	1	2	3	4	5

旧送電線コース

■コースタイム（スキー）

登山口（0・30→）送電線広場（0・40→）五二六メートル標高点（1・40→）九一〇メートルピーク（1・00→）迷沢山（0・40→）九一〇メートルピーク（1・10→）登山口

標高差　七六〇メートル
登り　三時間五〇分
下り　一時間五〇分

■交通

地下鉄琴似駅前・発寒南駅前、JR琴似駅からJRバス西野平和線「平和の滝入口」行きで終点下車。平和ノ滝登山口まで一・六キロ。

■マイカー情報

平和ノ滝

体力（標高差）	B 35
登山時間加算	B 6
高山度（標高）	B 6
険しさ・危険度	D 0
ルート判断	B 12
総合点　60点（中級）	

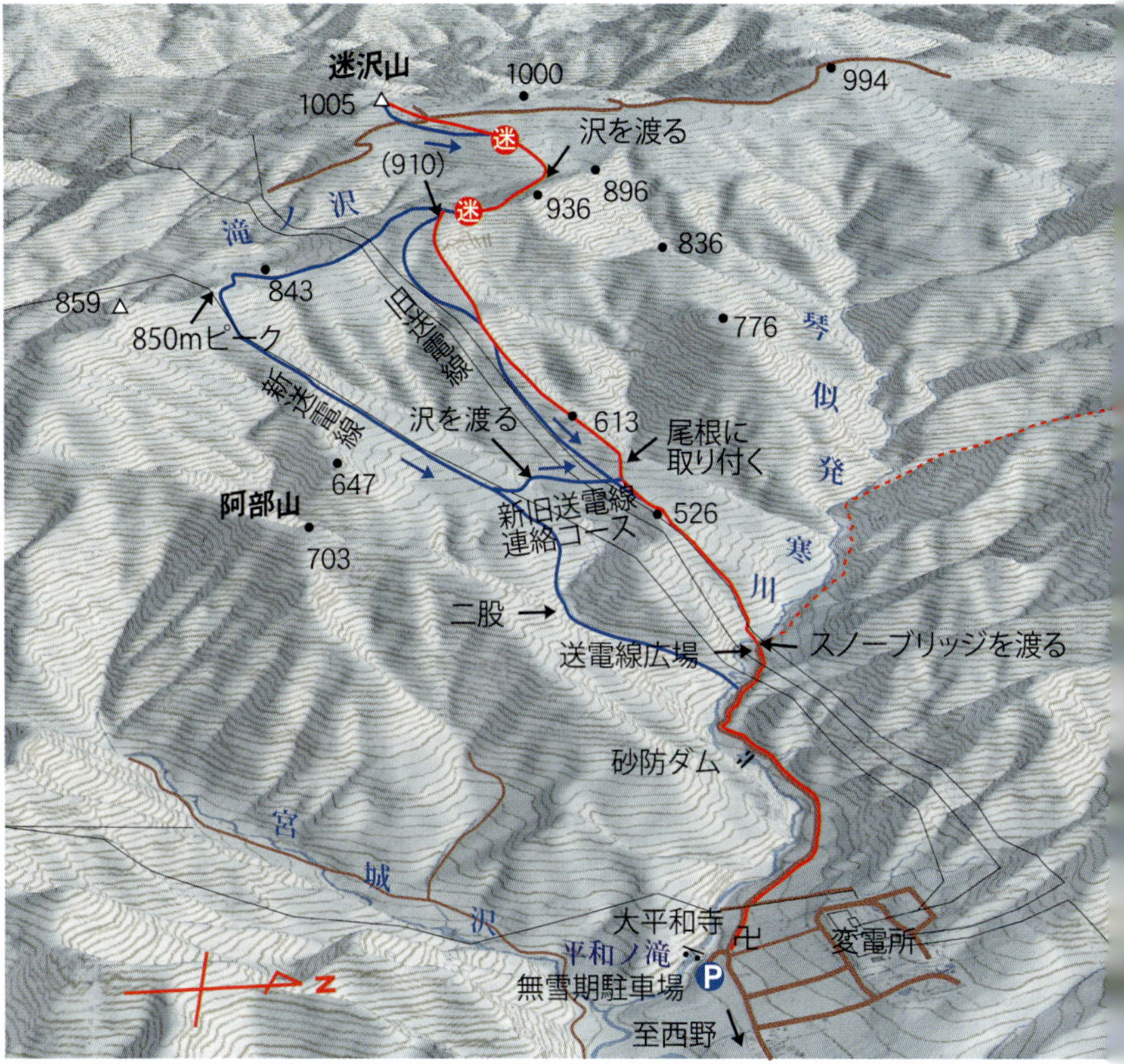

駐車場は除雪されておらず、トイレも使えない。大平和寺手前の道路片側に十数台の駐車スペースがある。休日などは満車となる。

■ガイド

九一〇メートルピークまで

平和ノ滝登山口から手稲山と同じ登路をたどると一・五キロで送電線が上を通る広場に出る。ここで琴似発寒川を送電線の先の対岸に渡るが、シーズン初期や残雪期は、しっかりしたスノーブリッジを探すのに苦労する。

対岸は急登で標高差一五〇メートルを一気にかせぐと五二六メートル標高点付近の平坦地に出る。進行方向には帰りのルートとなる送電線下の刈り分けがよく見える。

そのまま送電線下を登ってもいいが、片斜面が続き、傾斜もきついので、刈り分けを離れて

526mの平坦地。下りコースがよく見える

広場対岸の急斜面から登りが始まる

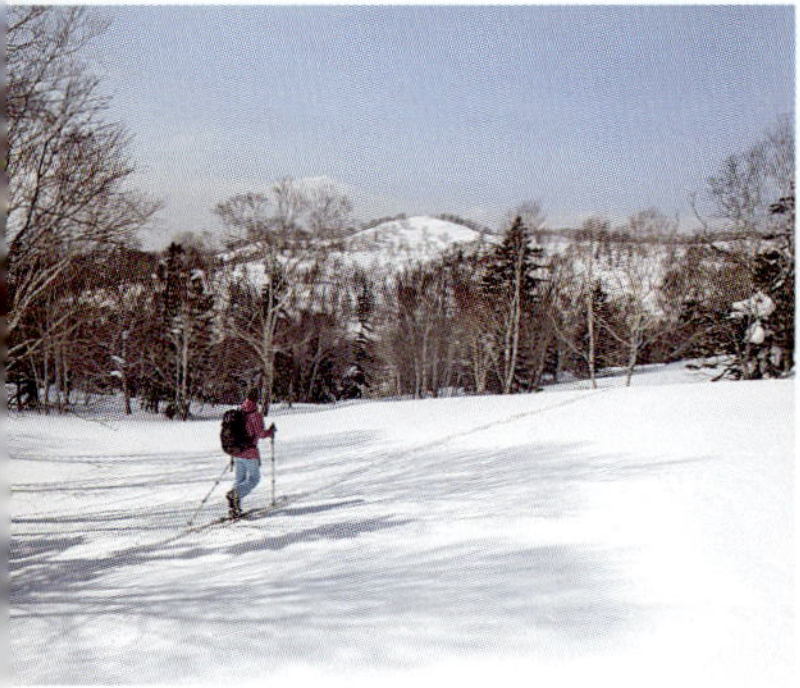

910mピークから見た迷沢山

526m平坦地。後ろには手稲山が見える

右手の樹林の中の尾根を登る。

標高七〇〇メートル付近で尾根が細く急になり、刈り分けと合流する。平坦になってから再び送電線を離れて右へ。急な尾根を標高差一〇〇メートル強登ると、九一〇メートルの稜線上の平らなピークに着く。

迷沢山まで

この先は広く平らで目印もなく、視界が悪いと迷うので、GPSやコース旗を使い、確実に戻れるようにしたい。視界不良で山頂が見えないようなら引き返そう。

滝ノ沢源頭を左に大きな弧を描いて回り込むように山頂を目指す。まずは九三六メートルピーク南西の緩斜面を北西へトラバースし、源頭の沢形を標高八八〇メートル付近で渡る。対岸の尾根に上がり南西へ登ると広い雪原となり、コブのような迷沢山の山頂に上がれば、手

台地から見た丘のような迷沢山の頂上

新送電線の下を滑る

新送電線めがけて稜線を滑る

稲山や百松沢山、烏帽子岳、定山渓天狗岳などの展望が楽しめる。

下山

九一〇メートルピークからは往路の尾根に入らず、送電線へ向かって南東へ標高差一〇〇メートルほどの広い斜面を滑る。コース一番の滑りどころだが、うねりがあり、部分的にかなり急なので注意したい。

新送電線コースは、少々遠回りで二時間二〇分かかるが、滑りやすい斜面が続くのが特徴。狭く急な片斜面が多い旧コースと違い、まっすぐで広く斜度も手頃で初心者でも楽しめる。途中から旧送電線に戻れるので、最後にスノーブリッジを探す必要もない。新送電線下をそのまま行く場合は、急斜面を沢の二股付近に下り、沢沿いに琴似発寒川の本流へ出る。

田中　健@kenn

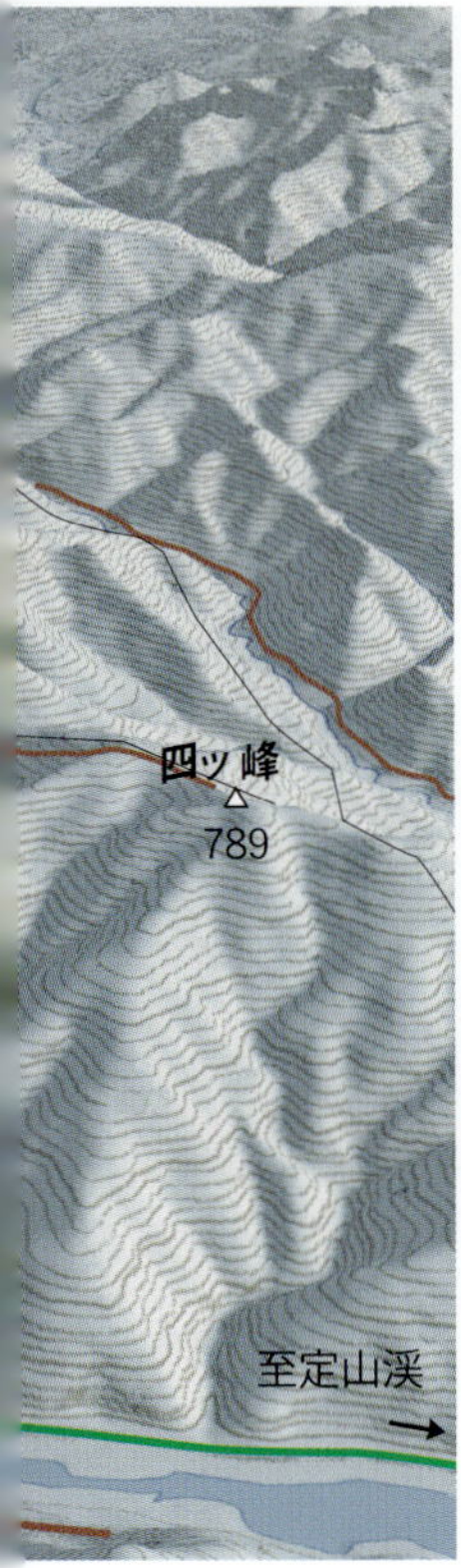

駐車地点（奥が林道入り口、手前が駐車場入り口）

南側送電線下の林道を進む

上平沢林道コース（スキー）

■**コースタイム**

林道入り口（0・45↓）南側送電線（1・30↓）北側送電線（0・45↓）迷沢山（0・40↓）林道入り口

標高差　五九六メートル

登り　三時間

下り　四〇分

■**交通**

公共交通機関はない。

■**マイカー情報**

上平沢林道入り口、迷沢林道入り口、旧道分岐に駐車可能なことが多い。

■**ガイド**

北側送電線まで

終始林道上を歩けば迷う心配がないので、冬山初心者に最適のコースとして紹介したい。

地形図の林道表示は北側送電

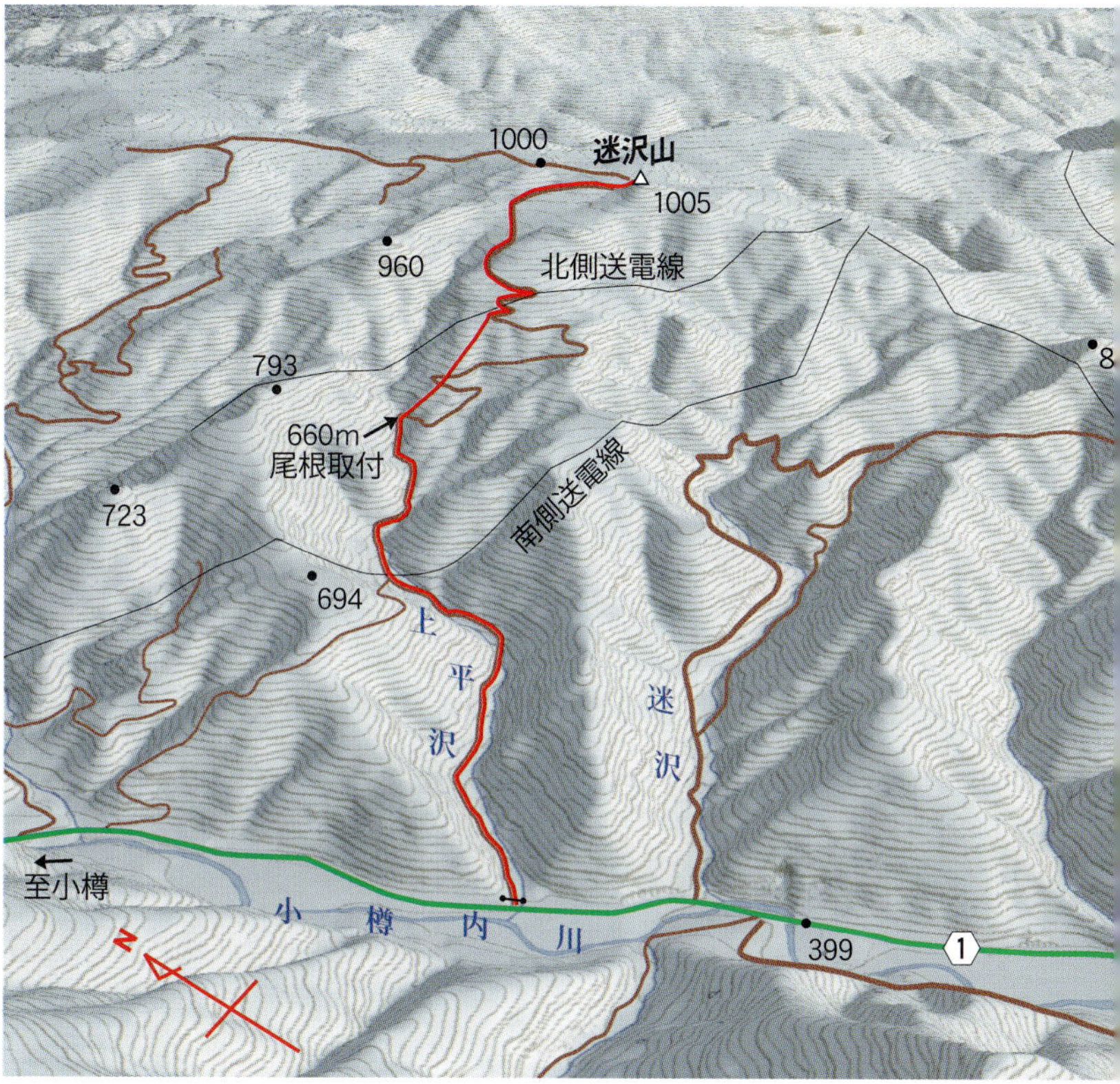

線の手前で終わり、そこから点線となっているが、実際は山頂付近まで延びている。また、途中で道の位置が地形図と違う箇所があるので、本書の地図を参考にしてほしい。

ゲートから林道を忠実にたどり、一キロほど進むと、南側の送電線と鉄塔が見えてくる。七九三メートル標高点からの支尾根を東側に回り込むように進むと、前方に見えるのが九六〇メートルピークだ。

標高六六〇メートルのヘアピンカーブから一〇〇メートルほど先で進路を東北東に変えて尾根に取り付こう。広い尾根でかん木が少なく、林道と交差しながらさらに登る

体力（標高差）	C 30
登山時間加算	C 3
高山度（標高）	B 6
険しさ・危険度	D 0
ルート判断	D 0
総合点　40点（初級）	

尾根を登る

北側送電線下

林道から尾根に取り付く

と北側の送電線下に出る。ショートカットしないで忠実に林道をたどっても同じ地点に出る。

迷沢山まで

送電線下を二〇〇《メートル》ほど登ると北に向う林道につながり、そこから振り返れば札幌国際スキー場が見える。

林道は九六〇《メートル》ピークの横をなだらかに登り、一〇〇〇《メートル》標高点下から大きく右にカーブすると、やっと目的の迷沢山の頂上が見えてくる。林道はさらに先まで延びているので適当な所から南の高地を目指せば広くて見晴らしのいい山頂に到着だ。

手稲山と西峰がそそり立ち、反対側には百松沢山北峰と南峰、そして烏帽子岳が望める。二〇〇三年頃に木が伐採され展望がよくなったので、登山者の

山頂から見る手稲山は大きい

ショートカットした尾根を滑る

山頂からの定山渓天狗岳（手前）と無意根山（左奥）

人気が高まった。

下山はコースに登り返しがないので楽チンに戻れ、初心者にはうれしい。送電線下の広い斜面の滑降を楽しみ、ショートカットして登った尾根は林間を滑って林道に戻り、先ほどのトレースをジェットコースターのように滑り下りるとゲートに到着する。

菅原規仁＠清田区

正面に迷沢山が見えてくる

スノーシューに適した山で眺望が素晴らしい

つげ山《やま》

935m

奥まった場所にあるので札幌の平地からこの山は見られない。割合に短時間で登れ、山頂付近は樹木が少ないので、迫力ある定山渓天狗岳、白井岳、ヒクタ峰が望める眺めのよい山だ。駐車スペース、歩き始めは奥手稲山と同じで、途中からルートが分かれる。登る尾根には樹木が少し込んでいる所があるので、スキーには不向きで、スノーシューが適している。

道道1号、国際スキー場方向からつげ山

1/25000 地形図	手稲山・余市岳

登山適期					
12	1	2	3	4	5

奥手稲沢（夕日沢）コース

■ **コースタイム（スノーシュー）**

登山口（0・40↓）北西尾根取り付き（2・00↓）つげ山（1・10↓）北西尾根取り付き（0・30↓）登山口

標高差　四三〇㍍
登り　二時間四〇分
下り　一時間四〇分

■ **交通**

札幌市内から札幌国際スキー場行きの第一観光バス、じょうてつバスの便がある。いずれも終点下車。登山口まで徒歩二一・三㌔。

■ **マイカー情報**

春香山の夏道（春香沢コース）登山口に

体力（標高差）	C 30
登山時間加算	C 3
高山度（標高）	B 6
険しさ・危険度	D 0
ルート判断	C 6
総合点　45点（初級）	

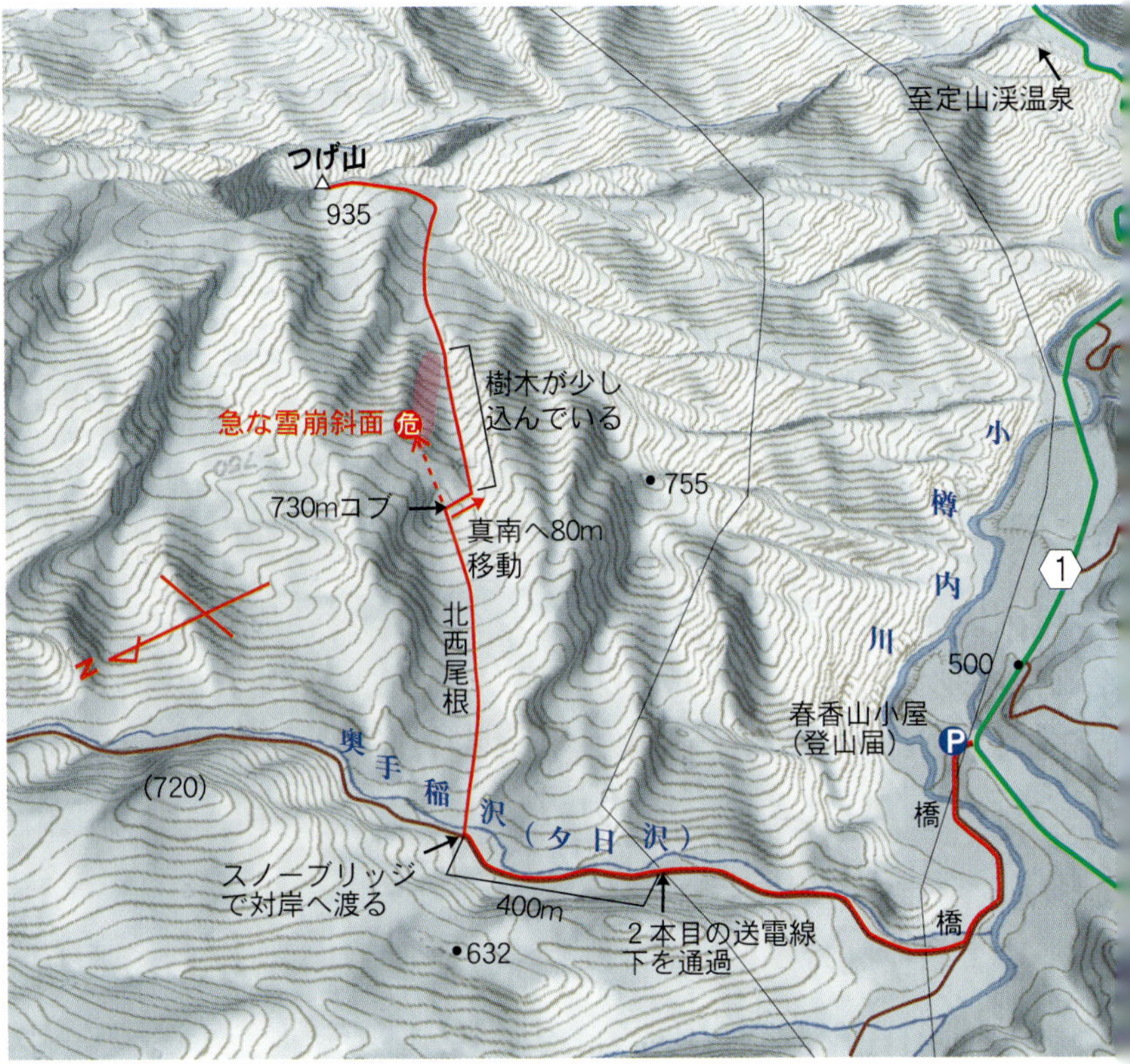

五、六台の駐車スペースがある。

■ガイド

尾根取り付きまで

このコースを登るには、二つのポイントがある。一つは林道から川を渡り、北西尾根に取り付く地点の見極め、もう一つは七三〇《メートル》コブから顕著な尾根に上がる地点である。

登山口の春香山小屋（登山届）から右手に送電線を見ながら林道を進む。橋を二つ渡った先から春香山への道を離れて右折し、奥手稲沢（夕日沢）右岸の林道を忠実にたどる。二つ目の送電線下を通過する地点から約四〇〇《メートル》で、北西尾根への取り付き地点となる。林道進行方向正面に七二〇《メートル》コブの斜面が立ちふさがる位置にある。

北西尾根前半はなだらか

スノーブリッジを渡る。樹木に標識もある

左手につげ山を見ながら山頂稜線へ向かう

730mコブの先は樹木の込んだ尾根

ここで奥手稲沢を渡る。スノーブリッジは一二月は不安定だが一月中旬ぐらいから安定したものとなる。

つげ山まで

最初は平坦で緩やかな疎林の尾根である。標高差一七〇《メートル》ほどを登ると七三〇《メートル》コブに上がる。ここからつげ山の山頂は見えない。このコブから右下方向（南）に八〇《メートル》ほど進み、尾根に取り付くのがルート選択のポイントである。コブから南進せずに直進すると急な斜面に突き当たり、スノーシューには厳しい登りとなる。雪質によっては雪崩の恐れもある。

上がった尾根は顕著となり、途中から樹木が込んでくるが、問題なく登れる。標高八〇〇《メートル》ぐらいから平坦な地形となり、

頂上稜線から白井岳。右奥に朝里岳から余市岳へ続く尾根が見える

定山渓天狗岳とヒクタ峰（右）、その間に無意根山

樹木の少ないすっきりした山頂

樹木も疎らになる。やがて左手におわんを伏せたようなつげ山が望めるようになり、開放感あふれる雪原が広がる。天候悪化の恐れがある場合は下山のことを考え、コース旗を立てるかGPSで軌跡を記録しておこう。雪原を散歩気分で進むと山頂につながる稜線に出る。

一気に視界が開け、定山渓天狗岳、無意根山、ヒクタ峰、白井岳、朝里岳など素晴らしい景色が展開される。左にターンするように稜線を進むと、あっという間に山頂に着く。山頂からは北東に奥手稲山、そして日本海の向こうに暑寒別岳連峰の白い山々も望め、最高の展望に時間を忘れる。

仲俣善雄@YOSHIOの北海道山情報

余《よ》市《いち》岳《だけ》

1488m

札幌の最高峰。ゴンドラ利用だが厳しさは一級

余市岳は札幌市内からは見えないが札幌の最高峰である。このコースは標高一一〇〇メートルからのスタートとなり、楽に登れそうだが、厳冬期は気象条件が厳しく、平坦地形で迷う心配があるので、初級者は天候が安定する春山シーズンが狙い目だろう。

旧巻のキロロコースは、ゴンドラ一回券が廃止されて高額になったので、札幌国際スキー場から出発するコースを紹介する。

無意根山千尺高地から余市岳

1/25000 地形図	余市岳

登山適期					
12	1	2	3	4	5

札幌国際スキー場コース

■コースタイム（スキー）

ゴンドラ山頂駅（0・50→）朝里岳（0・50→）北東コル（1・00→）余市岳（0・20→）北東コル（1・10→）ゴンドラ山頂駅

獲得標高差　四九〇メートル

登り　二時間四〇分

下り　一時間三〇分

■交通

JR札幌駅ほか札幌市内各所から札幌国際スキー場行きのバスが運行されている。

■マイカー情報

札幌国際スキー場に駐車場がある。スキー場のパトロール事務所に登山届を提出する。

■ガイド

北東コルまで

ゴンドラ山頂駅を出、正面の斜面を上がってスキー場外に出

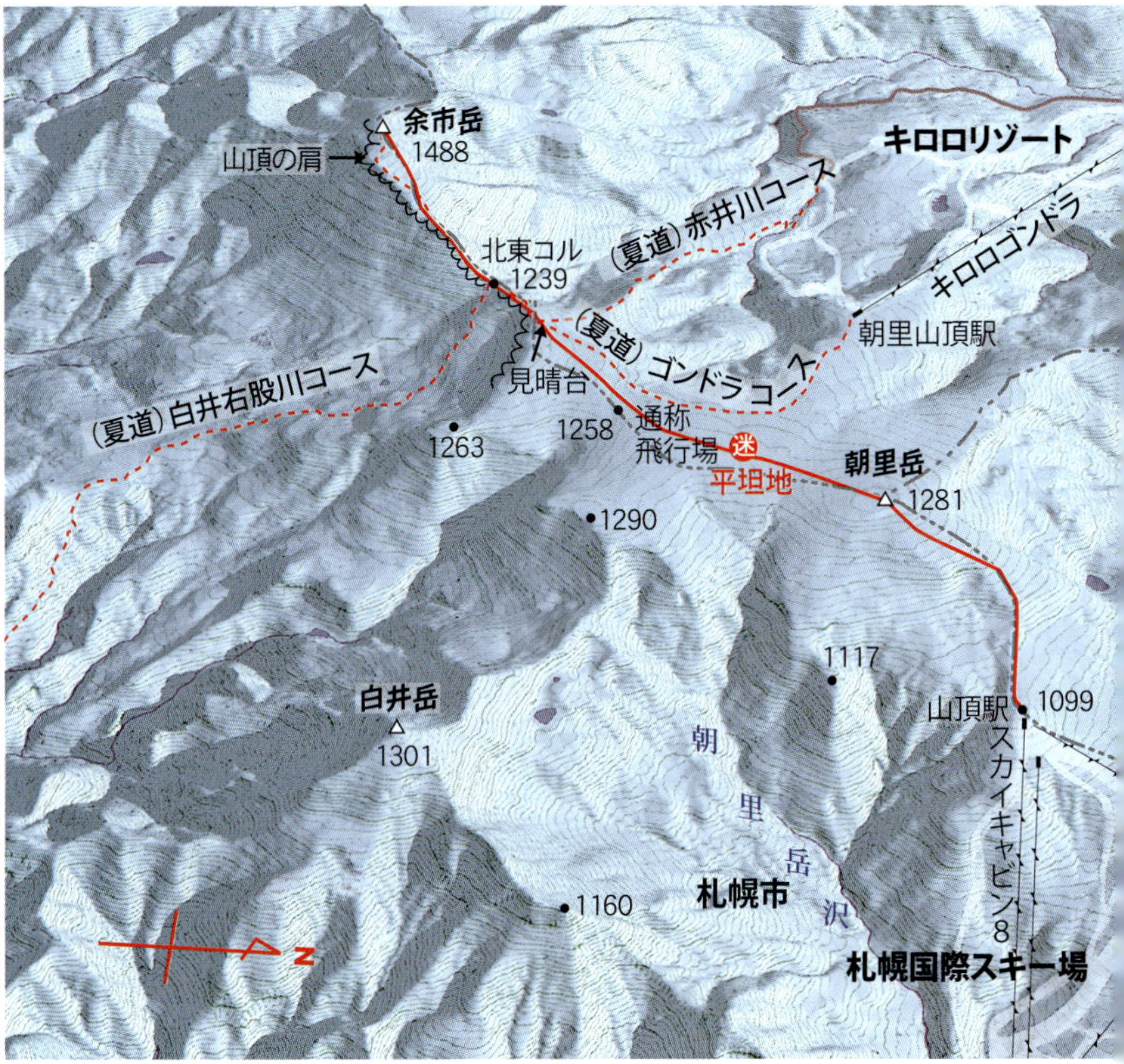

る。この地点から余市岳は見えないし、朝里岳も全体が平坦なので、山頂がどこにあるのか分からない。進路を西から南西に緩やかに変えながら朝里岳へ向かう。

朝里岳山頂付近のかん木の間から初めて余市岳の頭が望める。視界がよいときは目視で余市岳を目指せばよいが、ここから先は通称「飛行場」と呼ばれるほとんど平らな雪原で、樹木も少なく目標物もないので、視界の悪い日は方向を見失いやすい。また、冬季は強い北西風の吹きさらしとなる日が多い。視界不良時はコンパスやGPSで

体力(標高差)	C 30
登山時間加算	C 3
高山度(標高)	A 10
険しさ・危険度	B 12
ルート判断	A 20
総合点　75点(上級)	

北東コルから尾根をたどる

朝里岳付近から見る余市岳

平坦な「飛行場」を行く

北東尾根を進む

1258mコル付近から見た朝里山頂駅舎

進路を決定する力が必要だが、その自信がなければ引き返したほうがよい。

朝里岳を過ぎたら右後方にキロロの長峰リフト駅舎が見え、さらに進むとキロロゴンドラの朝里山頂駅舎が見えてくる。

飛行場を進んでも余市岳は上部しか見えないが、夏山登山道のキロロゴンドラコースと赤井川コースの合流点でもある見晴台まで来ると北東尾根を中心に北東斜面と北斜面が目の前に広がる。見晴台から距離にして五〇〇《メートル》ほど下ると北東コルに着く。ここまでの所要時間は天候、ラッセルの有無に大きく左右される。

余市岳まで

北東コルからは北東尾根をたどるが、冬でも雪面が硬いこと

北東コルから見上げる山頂部。見えているのは肩の部分

エビノシッポに覆われた山頂標識

山頂手前のケルン

が多く、スキーアイゼンの使用や、スキーを脱いでシートラーゲンでの登行が安全な場合もある。肩までは小一時間、さらに山頂までは二〇分ほどかかる。手前に観音像とケルンがあるが、三角点はさらにその二〇〇メートルほど奥にある。札幌市の最高峰でもある山頂からは石狩湾、手稲山、定山渓天狗岳、神威岳、羊蹄山、積丹岳などが見渡せる。

下山

　復路もコルからはシール登行が必要となる。下山は往路よりもさらに目標物がないため、よく地形図とコンパスやGPSを駆使して方向を確認しよう。朝里岳沢方向へ入り込むと沢が深く、雪崩も発生しやすいため注意したい。

大島聡子@こざるん

写真協力：神野稔久

古くから知られるスキーの好適地

白井岳《しらいだけ》 1301m　朝里岳《あさりだけ》 1281m

白井岳は麓のヘルベチアヒュッテをベースに多くの岳人に親しまれてきた山で、余市岳、朝里岳と合わせて余市三山と呼ばれる。一帯は季節風の影響を受けやすいのが難点だが、積雪が多く、パウダースノーが期待できる。登り返しのないルートが特徴の朝里岳沢コースと、車二台を使い朝里峠からアプローチして札幌国際スキー場に下山する朝里岳周回コースを紹介する。

つげ山から見た白井岳▼と朝里岳▼

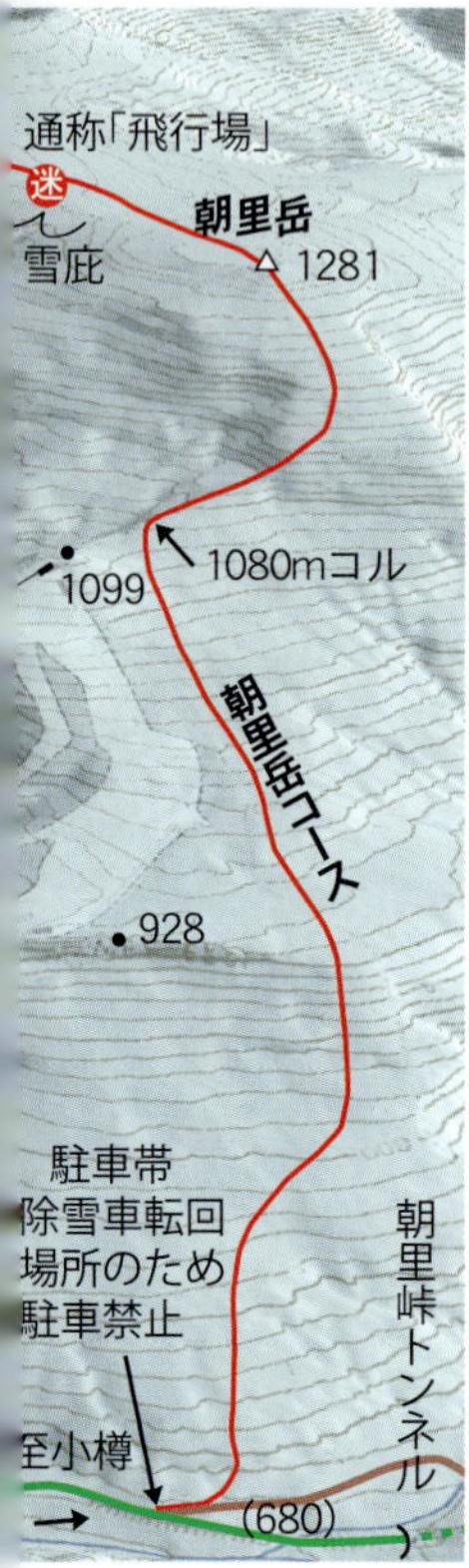

1/25000 地形図	張碓・余市岳

登山適期					
12	1	2	3	4	5

朝里岳沢コース

■ **コースタイム**（スキー）

スキー場（1・50↓）一〇〇〇《メートル》北尾根取り付き（1・20↓）白井岳（1・00↓）スキー場

標高差　六八一《メートル》
登り　三時間一〇分
下り　一時間

■ **交通**

JR札幌駅ほか札幌市内各所から札幌国際スキー場行きのバスが運行されている。

■ **マイカー情報**

札幌国際スキー場に駐車場がある。スキー場のパトロール事務所に登山届を提出する。

■ **ガイド**

一〇〇〇《メートル》北尾根まで

スキー場で登山届けをしてからゲレンデ脇を通って標高六四五《メートル》付近のスノーブリッジを渡

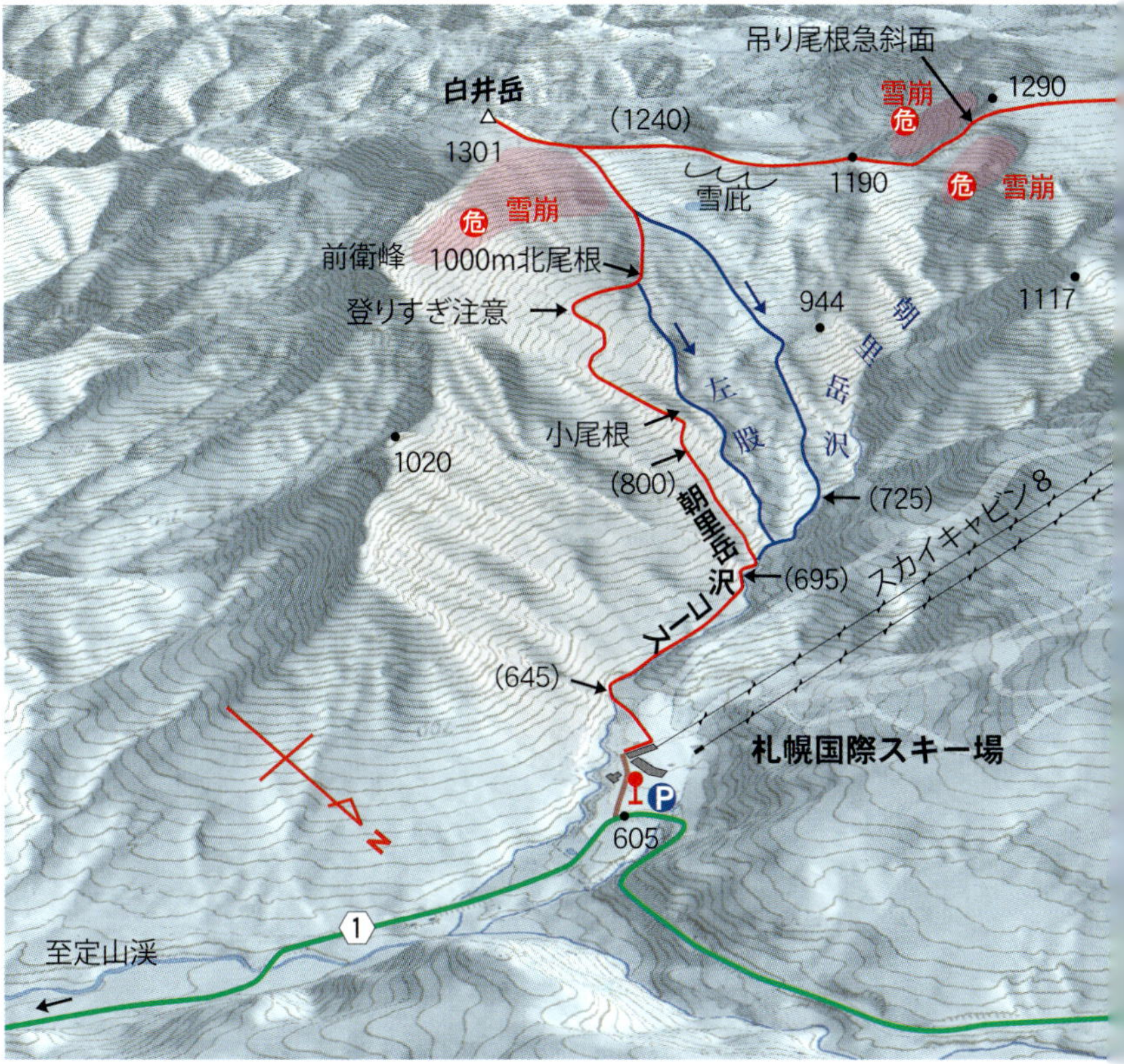

る。沢の右岸を進み六九五メートル二股の手前で左岸に渡渉すると、すぐ対岸に見えるのが取り付く尾根だ。行き過ぎないよう注意したい。

三度目の渡渉で急斜面に取り付き、緩やかな尾根に出たら右の沢形に沿うように進む。標高八〇〇メートルを過ぎると右に小尾根が入り、その間の沢形を抜けて広い緩斜面を南南西に向かう。エゾマツなどの大木が点在し、目標物がないので、高く登りすぎないことが肝心である。

九八〇メートル付近で眼前に源頭斜面が開け、振り返ると春香山と石狩湾が望める。源頭を低くト

体力(標高差)	B 35
登山時間加算	C 3
高山度(標高)	A 10
険しさ・危険度	C 6
ルート判断	B 12
総合点　65点(中級)	

源頭付近から春香山を望む

最初のスノーブリッジ（645m地点）

広い北尾根に取り付く（1000m地点）

緩やかな裾野をたどる（950m地点）

ラバースして一〇〇〇《メートル》付近で北尾根に取り付く。

白井岳まで

樹氷の美しいたおやかな尾根にジグザグを切って、山頂北西の稜線に出る。クラストした雪面の先にドームのような白井岳は近く、コース旗を打って北側を回り込むように登る。

遮るものがない山頂からは、余市岳をはじめ、羊蹄山、無意根山、定山渓天狗岳など三六〇度の展望が広がる。

だが厳冬期は季節風を強く受けることが多く、のんびりする余裕はない。シールを外しコンパスで方向を確認して往路を戻る。山頂直下の斜面は雪崩の恐れがあるので入り込まない方がよい。稜線下のオープン斜面はパウダースノーが楽しめ、もう

頂上から羊蹄山（正面）と余市岳（右）を望む

登山適期					
12	1	2	3	4	5

体力（標高差）	B 35
登山時間加算	B 6
高山度（標高）	A 10
険しさ・危険度	C 6
ルート判断	A 20
総合点　75点（上級）	

稜線に出ると頂上は目の前だ

一本登り返したい所だ。あとはトレースを滑って一気に下山する。

山内　忠@山ちゃん

朝里岳周回コース

■コースタイム（スキー）

朝里峠駐車帯（1・50→）一〇八〇メートルコル（1・00→）朝里岳（1・50→）白井岳（1・00→）スキー場

獲得標高差　七三二メートル
登り　四時間四〇分
下り　一時間

■交通

公共交通機関はない。

■マイカー情報

駐車場はないので、駐車可能な場所を見つけて止める。

■ガイド

朝里岳まで

朝里峠の駐車帯（除雪車転回場所）からすぐ尾根に取り付

朝里岳の山頂を目指して進む

駐車帯から登り始める

広い尾根に取り付き針葉樹林帯を進む

朝里岳山頂。平坦なのでガスのときは注意

1099m標高点の西コルから見る朝里岳

き、九〇〇《メートル》付近の市境線を目指す。尾根には雪をまとったトドマツなどほれぼれする景色が広がり、やがて木の間にスキー場が見えてくる。山頂駅に寄らず、一〇九九《メートル》標高点の西コル（一〇八〇《メートル》）に抜けるとよい。

ここまでゴンドラを使うと一時間半ほど短縮が可能で、天気がよければ台地のような朝里岳と、谷越しに白井岳が見渡せる。

朝里岳へは左に沢形を意識しながら尾根上を進めばよいが、目標物に乏しいため、コンパスやGPSを活用し、天気が怪しいときには引き返すことも考えたい。山頂ではスノーモンスターと大きな余市岳が迎えてくれるだろう。

白井岳まで

朝里岳からは飛行場と呼ばれ

吊り尾根の下から1190mピーク①、1240mピーク（手前）と白井岳②、定山渓天狗岳③

朝里岳沢左股を滑る

白井岳の山頂近くから余市岳（左奥）

る平坦な地形を南に一キロほど進み、さらに一二九〇メートル標高点の北側を通って東に向かうと、急な吊り尾根が現れる。この尾根はクラストしている場合があり、また左斜面は雪崩の危険があるので注意する。

一一九〇メートルピークは雪庇のない南側を巻き、一二四〇メートルピークは左右どちらからでも巻ける。ここから山頂は目と鼻の先。あとは朝里岳沢コースに準ずるが、下りのトレースがない場合は九四四メートル標高点付近から小尾根を下るか、標高八五〇メートル付近から朝里岳沢左股を下ってもよい。ただいずれも雪が深い場合は適さず、また二月下旬には中流域でも沢に穴が開き出すことがあるので注意したい。

山内　忠@山ちゃん

写真協力：北山富治

眺めのよい疎林の登り。滑降も楽しい

大沼山《おおぬまやま》

1111m

　この山は地形図に名はないが、三角点名の「大沼」から、大沼山と呼ばれている。この山の近くにある沼の名をとったものだろう。登山道がないので夏は登ることができないが、羊蹄山などの景色が素晴らしく、樹木の少ない尾根はスキーに適しており、人気コースである。豊羽鉱山の閉山に伴う登山環境の変化が気になるところだ。

無意根山千尺高地から大沼山

1/25000 地形図	無意根山

登山適期					
12	1	2	3	4	5

学校尾根コース

■ **コースタイム（スキー）**

豊羽小学校跡（1・10↓）八七五メートルピーク（1・20↓）大沼山（1・00↓）豊羽小学校跡

標高差　五一一メートル
登り　二時間三〇分
下り　一時間

■ **交通**

公共交通機関はない。

■ **マイカー情報**

一般用駐車場はない。豊羽鉱山のゲート前に駐車するときは除雪の邪魔にならないよう注意。

■ **ガイド**

八七五メートルピークまで

　右大江沢を通るヘアピンカーブから豊羽小学校跡地へ上がり、尾根に取り付く。学校から延びる尾根なので、昔から学校尾根の名前で親しまれてきた。

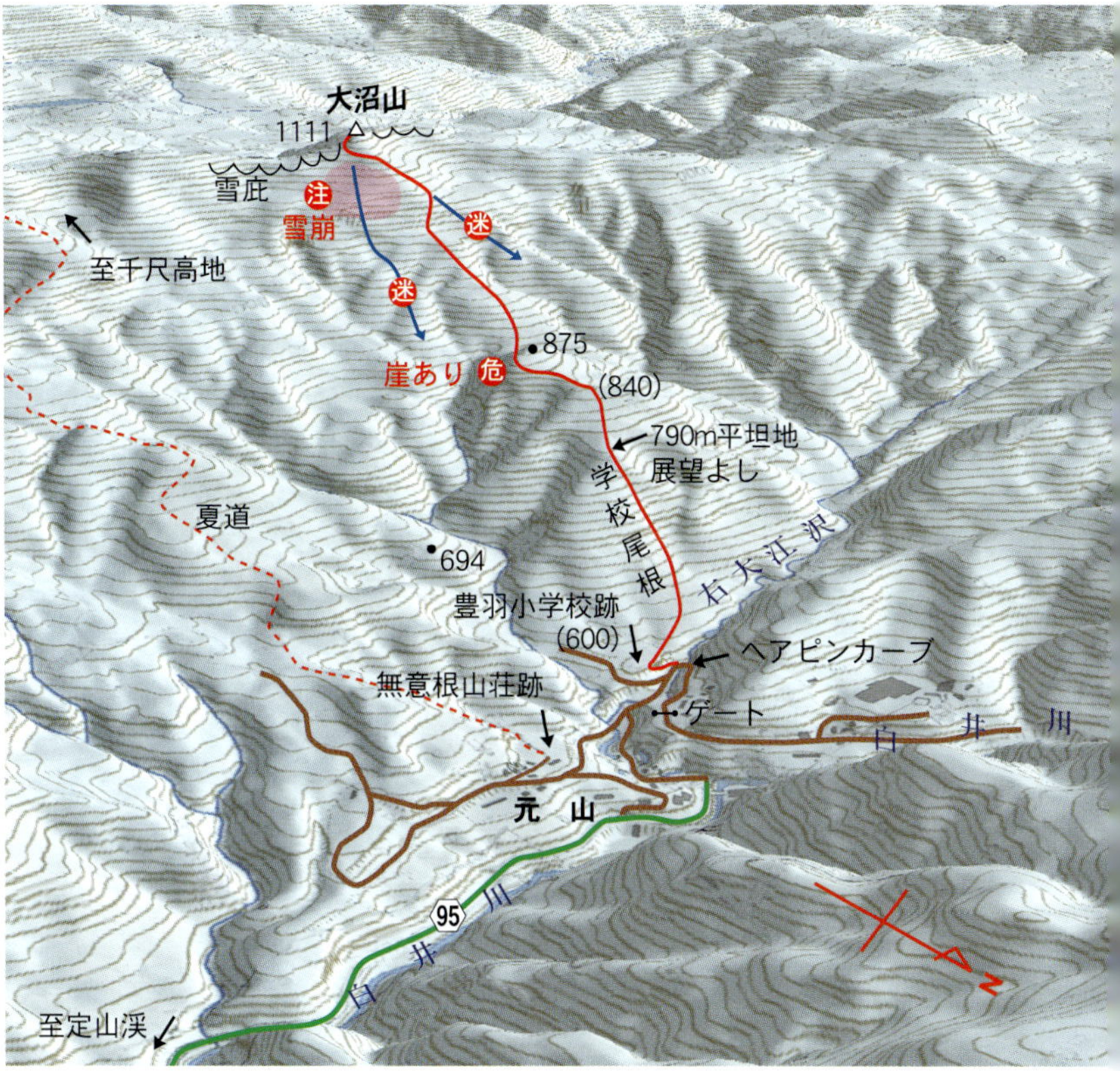

若木の多い尾根だが、雪が十分に積もると、それらも隠れて疎林の気持ちのよい斜面が頂上まで続く。

まずは七九〇メートルの平坦地を目指す。歩き始めると次第に背後の山がせり上がってきて、終始、定山渓天狗岳を背にして登ることになる。

やがて真っ白な余市岳も見え出す。七九〇メートル地点は素晴らしい展望台となっているので、ぜひ一息入れよう。八四〇メートルピークは平坦なので帰りの登り返しを気にする必要はない。

八七五メートルピークは下りに登り返しをしなくて済むように巻く

体力（標高差）	C	30
登山時間加算	C	3
高山度（標高）	B	6
険しさ・危険度	D	0
ルート判断	C	6
総合点　45点（初級）		

875mピークから前方。登る人が見える

ヘアピンカーブ取り付き地点

840mピークから定山渓天狗岳を振り返る

雪庇の切れ目から稜線に上がる

こともあるが、雪が少ないと西側は若木が密集していて歩きづらい。東側を巻くときは崖に注意しよう。状況によっては直登した方がよい。

大沼山まで

標高一〇〇〇㍍前後の急登は下りで滑りが楽しめるが、雪の状態によっては雪崩にも注意が必要だ。雪が安定しているときには大きくトラバースできるが、雪崩被害を防ぐために人の前後の間隔を広くとるようにしたい。この急登が終わると頂上である。稜線には雪庇ができているので、切れ目を探して頂上に上がる。

尾根に出ると無意根山が目に飛び込み、さらに頂上では大きく裾野を広げた羊蹄山が目に飛び込む。二度の歓声が上がるだ

眺望のよさがこの山の魅力だ

頂上からは羊蹄山がよく見える

尾根に出ると無意根山が正面に

ろう。さらに真っ白な余市岳など札幌の山々が一望できる。

下りは楽しい滑降が待っている。ただし、最初の斜面は幅が広い。視界が利かず、トレースが消えるようなときは八七五メートルピークの尾根をとらえるのが難しくなる。両側の沢に崖があるため、間違って入り込まないようにくれぐれも注意が必要。間違いに気がついたらおっくうがらずに登り返そう。

豊羽鉱山について

二〇〇五年度末で廃鉱となったが、坑内から出る排水処理は現在も続き、地熱発電の調査も行われている。除雪の状況については北海道開発局道路情報（同名で検索）で確認するとよい。

藤本悦子@低山大好き

写真協力：菅原規仁

美《び》比《ひ》内《ない》山《やま》

1071m

緩やかなダウンヒルが楽しい。広い尾根に注意

コースの反対側の京極町側を流れるペーペナイ川が山名の語源なのでペーペナイ山と呼ぶ人も多い。余市岳から無意根山に至る十数キロの稜線の中間に位置する山だが、なだらかで人目を引く存在ではない。しかし、豊羽鉱山からのスキー登山の山としては、眺望、滑降の醍醐味、手ごろ感などから、昔から人気がある。この山も鉱山の閉山によりアプローチが失われる可能性がある。

大沼山中腹から美比内山

1/25000 地形図	無意根山

登山適期					
12	1	2	3	4	5

旧豊羽鉱山コース

■ **コースタイム（スキー）**

豊羽鉱山跡（1・30→）八九〇メートル平坦地（1・00→）美比内山（1・00→）豊羽鉱山跡

標高差　四七〇メートル
登り　二時間三〇分
下り　一時間

■ **交通**

公共交通機関はない。

■ **マイカー情報**

一般向け駐車場はない。豊羽鉱山のゲート前に駐車するときは除雪の邪魔にならないよう注意。

■ **ガイド**

八九〇メートル平坦地まで

ゲートから目の前の尾根に取り付く。取り付きは木がうるさいが、一〇〇メートルほど登るとまばらになり、気にならなくなる。登り始めから定山渓天狗岳を背

後に、やがては余市岳を横に見ながら進む。

八九〇メートル付近はなだらかな地形で迷いやすい。八二二メートルピークの尾根の方に誤進入し、戻って来ているトレースを何度か見たことがある。コンパスやGPSで進路をチェックしながら登りたい。特に下りは注意。

体力(標高差)	C 30
登山時間加算	C 3
高山度(標高)	B 6
険しさ・危険度	D 0
ルート判断	B 12
総合点 50点(初級)	

美比内山まで

九〇〇メートル付近は窪地が所々にあるため惑わされないように。九三〇メートルからの短い斜面を登ると雪庇の発達した美比内山の全景が正面に見える。雪庇を避け北側に回り込んで、最後の急登を慎重に登ると頂上である。こ

定山渓天狗岳を背に平坦な尾根を進む

890mの平坦地はコンパスを活用

ゲート前に駐車。ここからスタート

の標高差七〇メートルはクラストしていることが多く、スキーに自信のない人はスキーをデポした方がいいかもしれない。山頂東側は巨大な雪庇が張り出しているので十分注意したい。

頂上に立つと羊蹄山が初めてきれいな姿を見せてくれ、思わず歓声が上がる。無意根山、中岳、ニセコ方面の山々はもちろん積丹方面の山々まで見渡せ、その景色にしばし言葉を忘れる。

スノーモービルが余市岳から無意根山方面まで走り回っていて、この山にも登ってくる。規制区域外ではあるが、登山者にはうるさく感じるものである。

下りも同じコースをたどる。頂上直下以外はスキー初心者でも滑りが楽しめるなだらかな斜面が続くが、尾根が平坦なうえ

頂上までひと息。後ろは余市岳（左）、白井岳（右）

頂上。景色は格別だ

雪庇が張り出す頂上は目前だ

に枝尾根が多く、下りで滑り過ぎて尾根を間違う心配がある。要所要所での進路チェックが必要だ。トレースが風で消えたときやホワイトアウトのときなどには特に注意が必要。天候の変化にも注意し、早めの判断をしたい。登りで取り付けた赤布は帰りに必ず回収すること。

縦走について

　美比内山から大沼山、千尺高地までのミニ縦走は日の長い季節なら日帰りで可能だ。ただし大沼山との中間にある一〇五〇メートルピークは雪崩斜面の下を巻くことになるし、京極側へ迷い込む心配があるので注意が必要。余市岳への縦走は読図や気象判断など十分な経験と体力が必要だ。

藤本悦子＠低山大好き

写真協力：三谷伸一

樹氷の美しさが魅力の山スキー定番コース

千尺高地《せんじゃくこうち》 1153m 無意根山《むいねやま》 1464m

札幌市石山辺りから南西に見える台形の山で、余市岳に次ぐ札幌第二の高峰である。千尺高地から無意根山頂までは、迷いやすい平坦な尾根が長く続くので、天候の安定しない厳冬期は厳しい登行を強いられる。しかし、天気が悪くても千尺高地までなら登れ、満足度も高いので、ここでは独立したコースとして設定した。

国道230号、渓明大橋付近から見た無意根山

1/25000 地形図	無意根山

登山適期					
12	1	2	3	4	5

千尺高地

登山道コース

■コースタイム（スキー）

駐車場所（2・30→）千尺高地（1・00→）駐車場所

標高差　五八三メートル

登り　二時間三〇分

下り　一時間

■交通

公共交通機関はない。

■マイカー情報

図で示した道道終点付近の分岐に数台分の駐車可能なスペースがある。作業車両の妨げにならないように駐車する。

■ガイド

千尺高地まで

駐車場所から林道跡を二〇〇メートルたどり、斜面を上がるとスキー場跡に出る。木が伸びたスキー場斜面を登り、樹林帯に入

り、夏道に合流する。

胡桃《くるみ》沢林道を進み、連絡路から登山道コースに合流してもよい。

比較的なだらかな樹林帯の中を歩くが、やがて傾斜が出てきて広い尾根の上を進む。雑木林の中はあまり眺望が利かないが、登るにつれて背後に定山渓天狗岳やヒクタ峰など、定山渓方面の峰々が見えてくる。八二〇メートルと八四四メートルコブは右側から巻く。

左手の谷の対岸には千尺高地から延びる稜線上の岩峰が見えてくる。振り返ると余市岳の南尾根がよく見える。

九〇〇メートル辺りから急になるの

体力（標高差）	C 30
登山時間加算	C 3
高山度（標高）	B 6
険しさ・危険度	D 0
ルート判断	C 6
総合点　45点（初級）	

定山渓天狗岳を背に登り始める

駐車場所

千尺高地から長尾山方向の急斜面を見る

でジグザグを切りながら登ると、疎林になって視界が開けてくる。いったん緩んだ傾斜が再び急になり、木立ちをかわしながら登りきると千尺高地である。山頂一帯から長尾山にかけて二、三月は樹氷が美しい。

　千尺高地に立って初めて無意根山と長尾山が見える。北には余市岳、朝里岳、白井岳、定山渓天狗岳、さらには烏帽子岳、神威岳まで見渡せる。

下山

　登りルートの東側、千尺高地北東の大斜面を滑走することもできるが、弱層テストなどで雪崩の危険度を確認したい。遅くとも八五〇メートルで登りルートに戻らないと、下部で沢形が深くなって戻れなくなるので要注意。

大島聡子@こざるん

写真協力：小山大介

千尺高地から余市岳①、朝里岳②、白井岳③を見る

下りに使われる滑降コース。雪崩に注意

岩峰が見えると千尺高地は近い

胡桃（くるみ）沢林道コース

■**コースタイム**（スキー）

駐車場所（2・30↓）千尺高地（0・50↓）駐車場所

標高差　五八三メートル

登り　二時間三〇分

下り　五〇分

■**交通・マイカー情報**

登山道コースと同じ。

■**ガイド**

千尺高地まで

駐車場所から延びる林道路跡を進むと胡桃沢林道につながる。登山道コースから六七〇メートル付近で連絡路を通っても林道に合流することができる。

林道の七〇〇メートル付近

体力（標高差）	C	30
登山時間加算	C	3
高山度（標高）	B	6
険しさ・危険度	D	0
ルート判断	C	6
総合点　45点（初級）		

940m付近のオープン斜面

胡桃沢林道を進む

千尺高地北東斜面の下部

950m付近の沢を進む

のヘアピンカーブは、胡桃沢支流に架かる橋を渡って少し先で道から右に外れてショートカットする。

七五〇メートル付近で林道から離れ、右手側の尾根に取り付く。雑木林の尾根は見通しが悪いが、途中の小さなこぶは右側を巻くように登ってゆく。

九三〇メートル付近で前方に開けた斜面が見えてくる。ここをトラバース気味に登ると、その上は起伏の多い、やや複雑な地形になっている。

この先の九五〇メートル付近の曲がりくねった狭い沢は、雪が少ないと藪が出ていて通りにくいが、なるべく沢に沿って通る。沢を抜けたところから左手側の尾根を登ると、千尺高地の下部である。

千尺高地北東斜面の上部

千尺高地北東の大斜面は雪崩の危険があるので木立のあるところを登った方がよいだろう。斜面上部は右方向にトラバースしながら登って千尺高地に着く。無意根山へ向かう場合は、千尺高地には寄らないで真っすぐに登った方がよい。

下山

このコースは林道の勾配が緩いので、登りのトレースがないと、雪が深い場合、下りラッセルになる。下りだけに使うときは、このことを考慮した方がよい。

佐藤しんり@サトシン

千尺高地から見る長尾山①、無意根山②の稜線

左下に無意根尻小屋の赤い屋根が見える

長尾山の平坦地。視界が悪かったら引き返そう

無意根山

豊羽元山コース

■コースタイム（スキー）

駐車場所（2・30↓）千尺高地（1・00↓）馬ノ背（1・20↓）無意根山（1・10↓）馬ノ背（0・50↓）千尺高地（0・50↓）駐車場所

標高差　八九四メートル

登り　四時間五〇分

下り　二時間五〇分

■ガイド

馬ノ背まで

千尺高地から先は広い平坦地が続くので、視界のないときや天候急変時には難しいルートファインディングが求められる。コンパス、GP

体力（標高差）	B 35
登山時間加算	B 6
高山度（標高）	A 10
険しさ・危険度	C 6
ルート判断	A 20
総合点　75点（上級）	

馬ノ背の通過。雪庇上の通過は危険を伴うので、通常は右の林側を巻く

Sの使用はもちろん、コース旗の活用も必要だ。ほぼ夏道沿いに行くが、長尾山の南西斜面を巻くときは、夏道どおりに下り気味にトラバースすると後の登りがきつくなるので、まず長尾山の南のコル付近まで登ってから尾根上を一二六九メートル標高点に向かった方が楽だ。ところどころダケカンバやかん木があるが、やがてササとハイマツ帯となり、厳冬期には一面のシュカブラとなる。

一二六九メートル標高点から先の尾根は「馬ノ背」と呼ばれ、幅が狭くなっている。ここは急なうえに雪庇が発達し、尾根上が波打って登りにくいので、右から巻いて稜線に上がるとよい。左下には春であれば針葉樹の濃い緑の森の中に印象的な赤い屋根

残雪期には上部で斜面にクラックが走るので注意

山頂近く。強風でシュカブラができる

の無意根尻小屋が見下ろせる。

無意根山まで

再び尾根の幅は広がるが、左に寄りすぎると雪庇踏み抜きの危険があるので注意が必要。また残雪期には雪に深いクラックが入ることがある。

夏道の薄別コースの尾根と合流し、さらに一キロほど登ると山頂である。この間は強風のために厳冬期でもハイマツやダケカンバが露出しており、シュカブラもあって歩きにくい。平坦な頂上稜線の中ほどの一四六四メートル標高点があるピークが最高地点だが、山頂らしい雰囲気と眺望は三角点（一四六〇メートル）がある南端のピークに軍配が上がる。西に羊蹄山やニセコ連峰、尻別岳、東に札幌岳、空沼岳、漁岳、南には中岳が間近に見える。

無意根山山頂から尻別岳①、羊蹄山②、ニセコアンヌプリ③

下山

下りは往路をたどるが、頂上付近、長尾山付近は尾根が広くて目標物がないので、視界が十分でないときは、標識やGPSで現在地を確認しながら下山したい。

大島聡子@こざるん

無意根山の山頂から並河岳①、尻別岳②、中岳③、駒ヶ岳④

写真協力：田中　健

札幌の奥深くにそびえ、樹氷きらめく山

札幌岳《さっぽろだけ》

1293m

札幌の奥座敷定山渓の奥にそびえる穏やかで形のよい山。古くから山スキーコースとして親しまれ、稜線に美しい樹氷ができる山としても知られる。中腹にある冷水小屋は厳冬期のオアシス的存在で、この小屋に泊まりたくて登山をする人も多い。コースはほぼ夏道どおりで、小屋までは迷う心配がないが、上部は雪崩、進路判断に注意が必要だ。

中山峠方面から見た札幌岳

1/25000 地形図	札幌岳・定山渓

登山適期					
12	1	2	3	4	5

冷水沢コース

■ **コースタイム**（スキー）

登山口（2・00↓）冷水小屋（2・00↓）札幌岳（0・30↓）冷水小屋（1・00↓）登山口

標高差　八五八メートル

登り　四時間

下り　一時間三〇分

■ **交通**

札幌駅からじょうてつバス豊平峡温泉行きで終点下車。登山口まで約二・五キロ。定山渓から登山口までは約五キロでタクシーを利用できる。

■ **マイカー情報**

登山口の一〇〇メートル先の除雪終点に駐車可。

■ **ガイド**

体力（標高差）	B 35
登山時間加算	B 6
高山度（標高）	B 6
険しさ・危険度	C 6
ルート判断	C 6
総合点　60点（中級）	

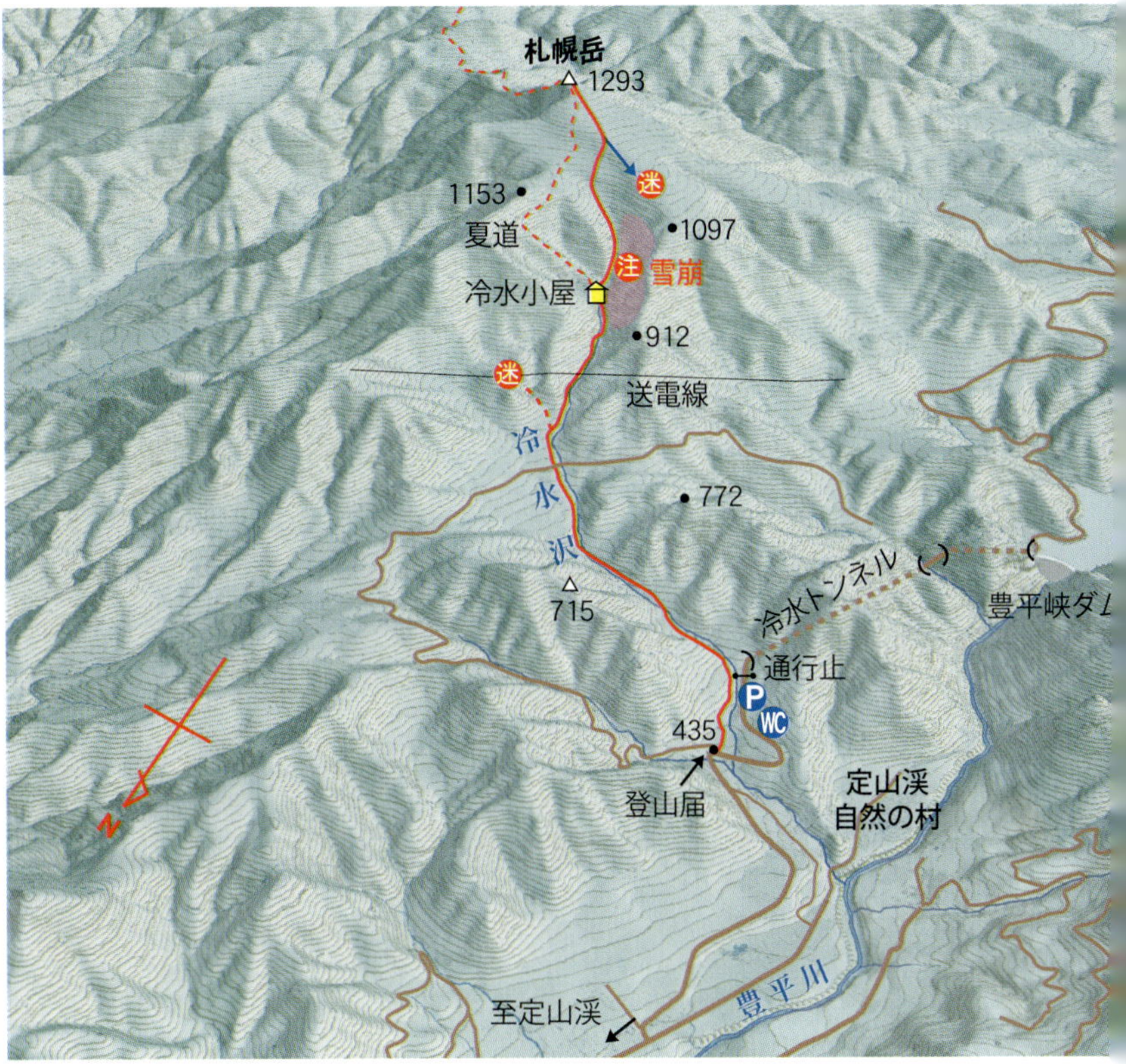

冷水小屋まで

冷水小屋までは夏道どおりにラッセルを続ける。途中、二〇〇四年の一八号台風による倒木が多く、かわしながら進む。

洞爺丸台風（一九五四年）で樹林がなぎ倒された台風高原に植林されたカラマツの暗い森を抜けると標高六七〇㍍付近で林道と交差する。沢から離れずにさらに登っていくと、標高七一〇㍍付近で左に向かう沢にも出合うが、右の冷水沢を進むと、やがて冷水小屋（八六〇㍍）が見えてくる。

札幌岳まで

冷水小屋からは夏道から離れて登ることになる。小屋の右側を抜け、急な沢形を一気にジグザグに登る。ここがこのコースの一番の難所である。過去の雪

登山口。奥の小屋で登山届をしてから出発だ

冷水沢を進む

冷水《ひやみず》小屋

収容人員：30人
利用期間：1/1～10/31の第1・第3日曜及びその前日。非常時は２階の窓から入れる。
使用料：350円（１～５月）
管理：北海学園大学学生課山小屋管理委員会
電話：011－841－1161

崩の事故もこの近辺で起きているので、雪の状態をみてコースどりを決めたい。急な沢を抜けると次第に傾斜が緩くなり、振り返れば余市岳や定山渓天狗岳が見えるようになる。

　そのまま右側の尾根に取り付くが、頂上からの大斜面へ出るとき、風の状態で雪庇を乗り越さなければならないこともある。

　大斜面に出ると一気に展望が開けるが、特に視界が悪いときは木に結びつけてある標識テープに注意しながら頂上に向かい、右側の木のない斜面に入り込まないように気をつけよう。ここの下りは特に注意したい。

　このあたり一帯は昔から樹氷ができることで知られている。徐々に成長し、二月から三月が見ごろになる。さまざまな形を

札幌岳山頂からの眺め　①空沼岳、②恵庭岳、③漁岳

成長を続ける樹氷

冷水小屋の右の沢を進んで山頂方向へ

したモンスターが楽しみだ。

緩い斜面を登りきると頂上だ。標識は頂上のやや低めのところに立っている。石狩湾から札幌市街地、空沼岳、恵庭岳、漁岳、すぐ隣には狭薄山、反対側には羊蹄山方面の山が一望できる。

下山

頂上からは一気の大滑降を楽しめるが、上部は地形が平坦で、沢形がはっきりしないので、視界が悪いときは確実に冷水沢に入れるよう、登りに設置したコース旗を確認、回収しながら下山したい。沢では、所々で水面が顔をのぞかせている箇所に注意しよう。勢いづいて飛び込むことがある。冬山登山では威勢のよさが死に結びつく。むしろ臆病なぐらい慎重なほうがよい。

反橋一夫@ニングル

写真協力：田中　健

純白の沼を経て眺望の山頂へ

空沼岳《そらぬまだけ》

1251m

冬の空沼岳へはいくつかのコースがあるが、ほぼ夏道どおりにたどる万計《ばんけい》沢コースが最も安心感があるだろう。小屋泊まりができるのもいざというときに心強い。支笏湖へ抜ける国道四五三号から沢に沿って山頂へ向かう方法も古くから使われている。金山沢は借地している鉱山会社が通行を禁じているので、そこをう回したコースを紹介する。

札幌市内からの空沼岳遠望

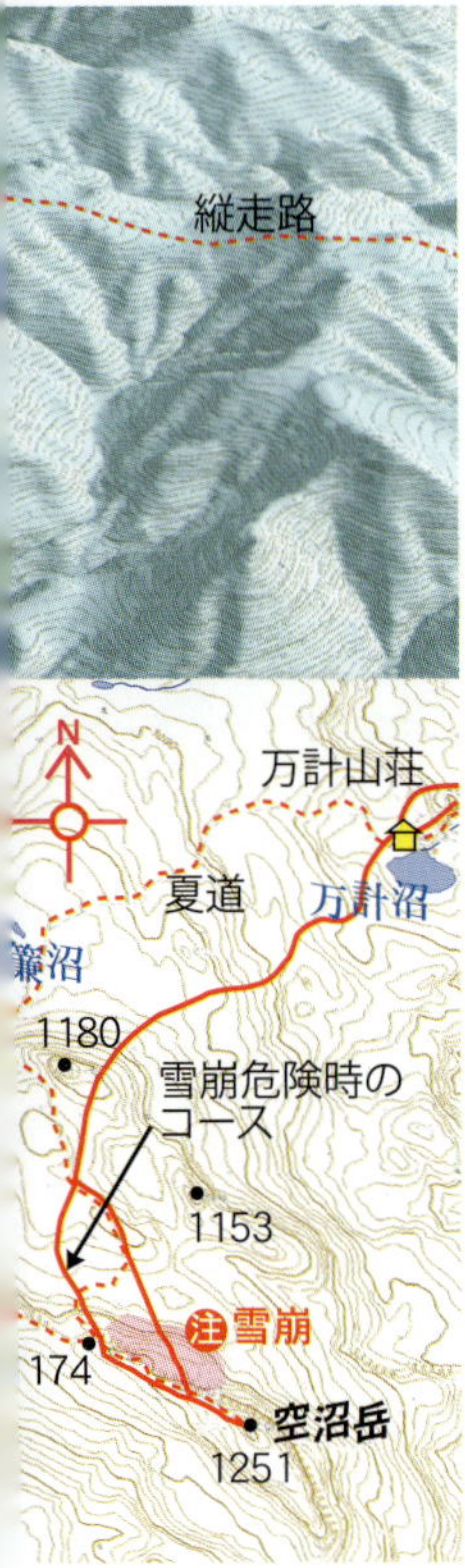

1/25000 地形図	空沼岳・定山渓

登山適期					
12	1	2	3	4	5

万計沢コース

■ **コースタイム（スキー）**

採石場の橋(3·00→)万計沼(2·00→)空沼岳(1·20)万計沼(1·10→)採石場の橋

標高差　九二一メートル

登り　五時間

下り　二時間三〇分

■ **交通**

地下鉄真駒内駅から北海道中央バスで「空沼二股」下車。採石場の橋まで徒歩約二キロ。

■ **マイカー情報**

採石場の橋手前に五台くらいの駐車スペースがある。

■ **ガイド**

万計沼まで

夏道をたどるが、常に道を確認できるわけではなく、地形が複雑なので頻繁な読図が必要だ。

採石場の橋から登山を始め、

夏の登山口から夏道に沿って登る。標高六五〇メートル付近で万計沢が右下に見下ろせる所に出る。やがて急斜面になり、そこを登りきると橋だ。そのまま右岸を詰めることもできるが、ここでは、橋に積もる雪の上を渡り左岸を行く。

ここから万計沼までは万計沢から離れないようにして進むが、万計沼近くになると万計沢は分岐する。右枝沢に沿って進むと、やがて雪に埋まった滝が現われる。夏道は左岸にあるが雪崩の危険があるので、危険と判断したときは左岸の急斜面手前から大きく右に回り込み、斜

体力（標高差）	A 40
登山時間加算	B 6
高山度（標高）	B 6
険しさ・危険度	C 6
ルート判断	A 20
総合点　80点（上級）	

夏道登山口のスノーブリッジを渡る

800mで雪に埋もれた橋を渡る

万計沼手前の滝の左岸を行く

万計《ばんけい》山荘

1965年、旧営林署が避難小屋として建築。現在は委託を受けたボランティアが管理している。
収容人員：100人／利用料金：無料
利用期間：夏期の週末と祝日にはボランティアの管理人が滞在しているが、無人時も玄関は施錠していない。
問い合わせ：万計山荘友の会／長水氏・電話011－571－7728

面の上へ出ると、そこは万計山荘の裏手である。

空沼岳まで

万計沼からは登山道を外れ、南西方向にある一一八〇《メートル》ピークをほぼまっすぐ目指す。樹林で視界が利かないので、ここでコンパスを合わせる。帰りはこの間が極上パウダーの滑りを楽しめる場所である。

上手にライン取りできれば、帰りも登り返しなしで下りてこられる。一一八〇《メートル》ピークからは、頂上や万計山荘の赤い屋根が見える。広い台地へ下り、最低地点からほぼ夏道沿いに雪庇の張り出した稜線を目指す。稜線の斜面は雪崩の危険があるので、雪崩危険度判断を行う。危険がなければ、できるだけ樹林帯を通って雪庇のないところか

1180mピークから見る空沼岳(左端)。雪庇を避けて頂上へ向かう

頂上。奥にかすんだ狭薄山が見える

万計沼の対岸から見た万計山荘

ら稜線に出る。雪崩の危険がある場合は少し遠回りだが、傾斜の緩い一一七四《メートル》コルに上がる。

稜線は風が強い。装備を完全にして氷化した山頂に登りたい。頂上からは、恵庭岳、支笏湖はもちろん、ニセコ、羊蹄山、暑寒別岳、十勝、日高の山々を眺望することができる。

下山

帰路は往路をたどるが、見通しが利かないときは読図が非常に難しい。特に万計沼は窪地なので、着くまで見えない。登るときにコース旗を使うべきである。自信がないときは途中で引き返すべきだ。また、万計沼を渡った跡を見かけるが、湧き水の出ている所は氷が薄く、踏み抜く危険がある。

小笠原実孝@大魔人

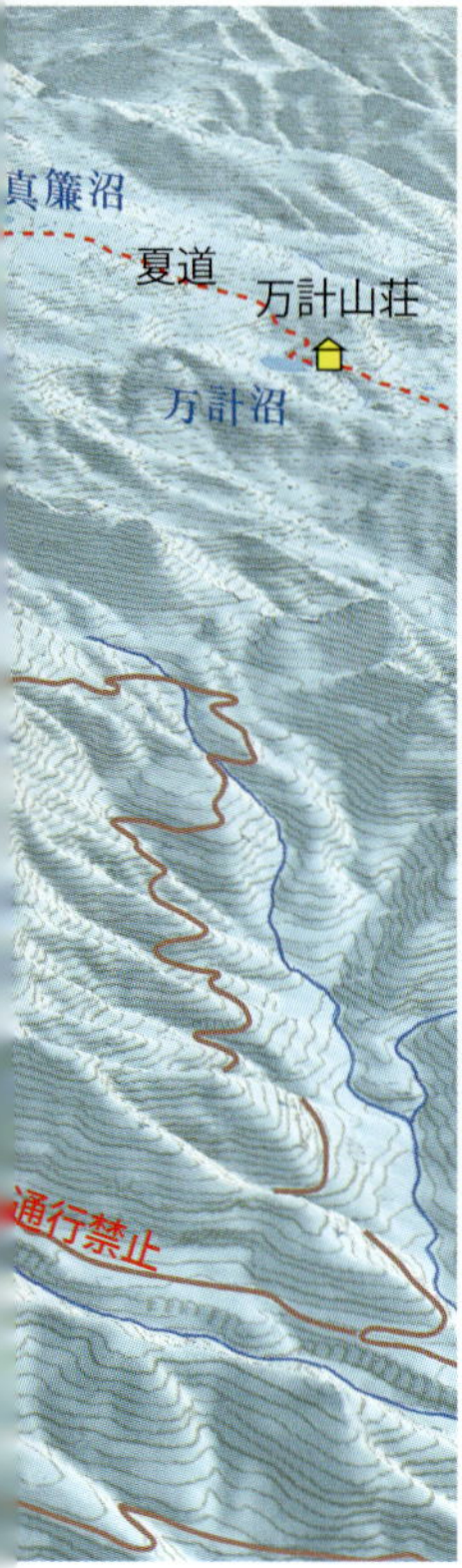

国道沿いの駐車スペース

左に見える林道跡をたどる

1/25000 地形図	空沼岳

登山適期					
12	1	2	3	4	5

下金山林道跡コース

■**コースタイム**（スキー）

林道跡入り口（1・50→）金山林道分岐（1・30→）空沼《からぬま》（1・00→）空沼岳（1・10→）金山林道分岐（1・20→）林道跡入り口

標高差　六五四㍍
登り　四時間二〇分
下り　二時間三〇分

■**交通**

公共交通機関はない。

■**マイカー情報**

国道の五九七㍍標高点のヘアピンカーブに駐車スペースがある。

■**ガイド**

金山林道分岐まで

駐車場所の少し札幌側から下金

体力（標高差）	B 35
登山時間加算	B 6
高山度（標高）	B 6
険しさ・危険度	C 6
ルート判断	B 12
総合点　65点（中級）	

山林道跡に入るが、道が不明瞭だ。六五〇《メートル》付近で尾根に上がり、アップダウンを繰り返しながら稜線をたどる。六九七《メートル》ピーク手前で東側の雪庇に、また七七〇《メートル》ピークからの進行方向に注意したい。恵庭岳や九九九《メートル》峰（様茶平）を目印に方向を見極める。

　漁川林道に出た地点にはカーブミラーがあって目印になる。ここから林道を道なりに進み、金山沢に架かる橋の一〇〇《メートル》先で金山林道と出合う。

空沼まで

　金山林道分岐を左へカーブしたらコンパスで確認して北西へ進路を取り、広い尾根の北寄りを登る。分岐の左の沢形を登ると八四二《メートル》コブへ向かってしまうので注意。背後には支笏湖や

金山林道分岐の先で道から外れる。左の沢に入ってから取り付くと尾根に乗りやすい

漁川林道に出た。カーブミラーが目印だ

空沼を背に急な斜面を登る

雪原のような空沼。正面に空沼岳が見える

紋別岳、イチャンコッペ山などが見え隠れする。八九〇《メートル》付近の急登は右側を巻く。九五〇《メートル》付近から急になる斜面を辛抱して登り切り、平坦地を二〇〇《メートル》進むと真っ白な平原が広がる。結氷した空沼である。その上に頂上台地も姿を現す。

空沼岳まで

沼の氷の踏み抜きにくれぐれも注意しながら沼の西側を歩き、沼の端から北西方向のコルを目指して急斜面を登る。

コルから頂上台地への登りは短いがつらい。背後に恵庭岳をはじめとする支笏湖の外輪山や漁岳などが一望できる。歩いてきた空沼も眼下にあり、元気づけられる。ただし景色に見とれて、東側急斜面へ滑落しないよう注意したい。

頂上台地の南端から見る空沼と支笏湖の山々。紋別岳①、風不死岳と樽前山②、恵庭岳③

頂上から見る羊蹄山①、狭薄山②、無意根山③、札幌岳④、余市岳⑤

頂上台地に上がり切って四〇〇メートル進むと空沼岳山頂である。東側に雪庇が張り出していることがあるので注意したい。

苦労してたどり着いた山頂からの景色は期待を裏切らない。ぐるりと三六〇度の眺望である。支笏湖方面はもちろん、近くに狭薄山、札幌岳、その背後に余市岳、無意根山、遠くに羊蹄山やニセコ連峰も見える。

下山

空沼までは急斜面もあるからスキー滑降には注意したい。荒天時には金山林道分岐までの広い尾根で方向を見失いやすい。また、漁川林道から国道までのルート間違いにも注意したい。GPSの活用をお勧めする。

杉下圭史@ぽっさん

支笏湖カルデラの外輪山を見渡せる展望台

漁《いざり》岳《だけ》

1318m

山名は漁川の源頭にあることによる。漁岳の稜線続きの小漁山、フレ岳、丹鳴岳、恵庭岳、樽前山、風不死岳などとともに支笏湖カルデラの外輪山を形成し、山頂からはこれらの山々が見渡せる。登山道がないため夏は沢登りでしか登頂できない。このコースは林道歩きが長いものの、上部は展望が楽しめる。

千歳市から見た漁岳▼と小漁山▼

1/25000 地形図	漁岳・恵庭岳

登山適期					
12	1	2	3	4	5

漁岳林道コース

■コースタイム（スキー）

林道入り口（1・30↓）尾根取り付き地点（1・00↓）九五〇メートルピーク（1・00↓）一一七五メートルピーク（1・00↓）漁岳（1・30↓）林道入り口

標高差　七九八メートル
登り　四時間三〇分
下り　一時間三〇分

■交通

公共交通機関はない。

■マイカー情報

マップに示したように数カ所に駐車可能な場所がある。

■ガイド

九五〇メートルピークまで

漁岳林道の入り口に看板があり、そこから漁川沿いの林道歩きが始まる。なお左側の尾根からオコタンペ山経由で漁岳を目

指すルートからも登られる。林道を一・五キロ進んだ後、漁川支流沿いに少しずつ高度を上げていく。大きな尾根を左に回り込むように行くと、標高七二〇メートル付近の左側斜面にピンクテープが沢山ぶら下がり、小さな標識もある。ここから尾根に取り付くが、さらに林道を進んで標高七八〇メートル付近から取り付くこともできる。

　しばらく急登が続くが、標高差一〇〇メートルほど登ると斜度の緩い広い尾根となる。九〇一メートルピークを右から巻き、九五〇メートルピークの基部を目指して進むと主稜線に飛び出す。氷結したオコ

体力（標高差）	B 35
登山時間加算	B 6
高山度（標高）	A 10
険しさ・危険度	C 6
ルート判断	B 12
総合点　70点（中級）	

最終コルから頂上を見上げる

漁岳林道入り口

720mで林道から尾根に取り付く

頂上への最後の急登をジグザグに登る

1175mピークへの尾根を登る

タンペ湖、悠々とそびえる恵庭岳、そして支笏湖が見渡せる。

漁岳まで

一一七五《メートル》ピークまでは稜線を忠実にたどるが、途中の九五〇《メートル》ピーク、九六〇《メートル》ピークは右側を巻いてもよい。九六〇《メートル》ピーク西のコル辺りで漁岳が見えてくる。一一七五《メートル》ピークが近づくと傾斜が急になり、このピークを左側の急斜面をトラバースして巻いていくと、漁岳の左に続く小漁山、フレ岳への稜線が見渡せ、登頂意欲が湧いてくるだろう。

最終コルから頂上までは標高差一五〇《メートル》ほどだが、斜度が強く雪質も硬いことが多く、スキーアイゼンが欲しいところだ。オープンバーンのため雪崩には要注意だ。風を遮るものがない

漁岳の山頂から支笏湖、恵庭岳、風不死岳、樽前山、太平洋を眺める

山頂の南に見える小漁山

南西にホロホロ山と徳舜瞥山が望める

のでホワイトアウトしやすく、悪天時には引き返す判断が必要だ。

右手の稜線から回り込むようにして頂上に上がると、横書きの大きな山頂標識があり、西に羊蹄山、南西にホロホロ山、徳舜瞥山が望める。何より支笏湖外輪山の峰々が美しく魅力的だ。

下山

頂上から最終コルまでの下りは急斜面を一気に滑れて爽快だ。そこから下は登りのトレースをたどり、稜線上のピークは巻いていけば、ほぼ登り返さずにすむ。

佐藤敏彦@千歳

写真協力：川辺マリ子・菅原靖彦・仲俣善雄

目立たないがスキーに最適な山

喜茂別岳《きもべつだけ》

1177m

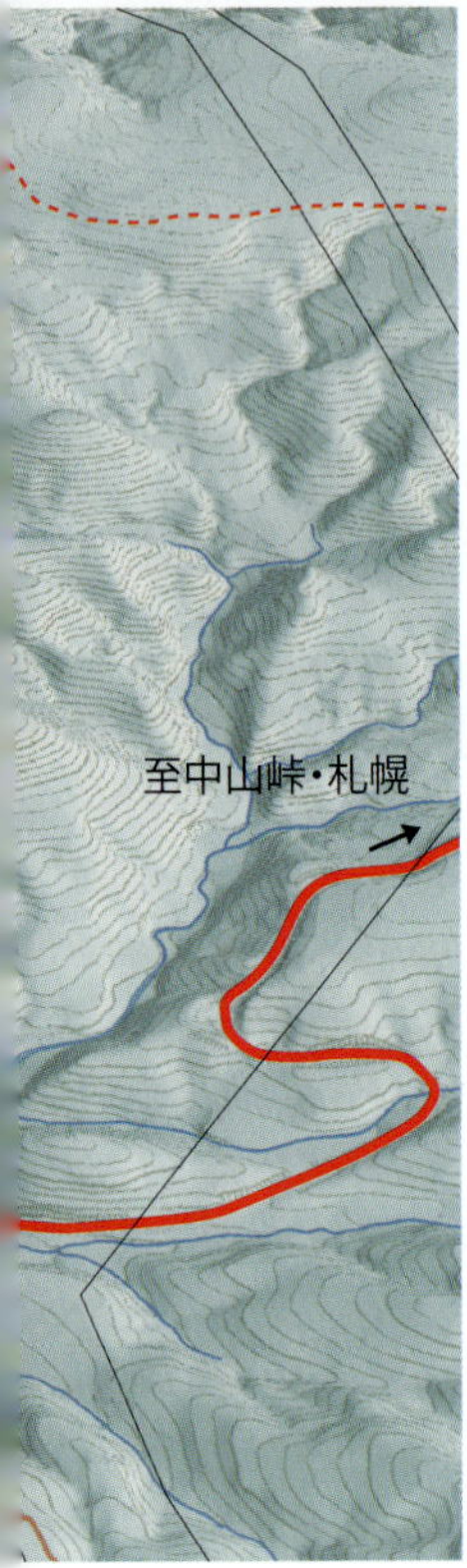

中山峠から北西に一〇〇〇メートル級のなだらかな山が連なる。その最も手前が喜茂別岳である。標高が高いために上部に樹木はなく、一面のササにダケカンバが点在する。そのため冬は純白の姿に変わり、山スキーには絶好の山となる。この山に登山道ができた。中山峠コースと、山麓の黒川から延びる南西尾根コースである。これで夏冬を通してにぎやかな山になるかもしれない。

札幌岳から見た喜茂別岳

1/25000 地形図	中山峠

登山適期

12	1	2	3	4	5

南西尾根コース

■ **コースタイム**（スキー）

林道入り口（1・00↓）六六〇メートル台地（1・30↓）九九〇メートル稜線（1・00↓）喜茂別岳（1・30↓）林道入り口

標高差　六六七メートル

登り　三時間三〇分

下り　一時間三〇分

■ **交通**

公共交通機関はない。

■ **マイカー情報**

取り付き地点から四〇〇メートル離れた黒橋近くに車両待避所がある。

■ **ガイド**

九九〇メートル稜線まで

冬季に喜茂別岳に登るコースは

体力（標高差）	B 35
登山時間加算	C 3
高山度（標高）	A 10
険しさ・危険度	C 6
ルート判断	C 6
総合点　60点（中級）	

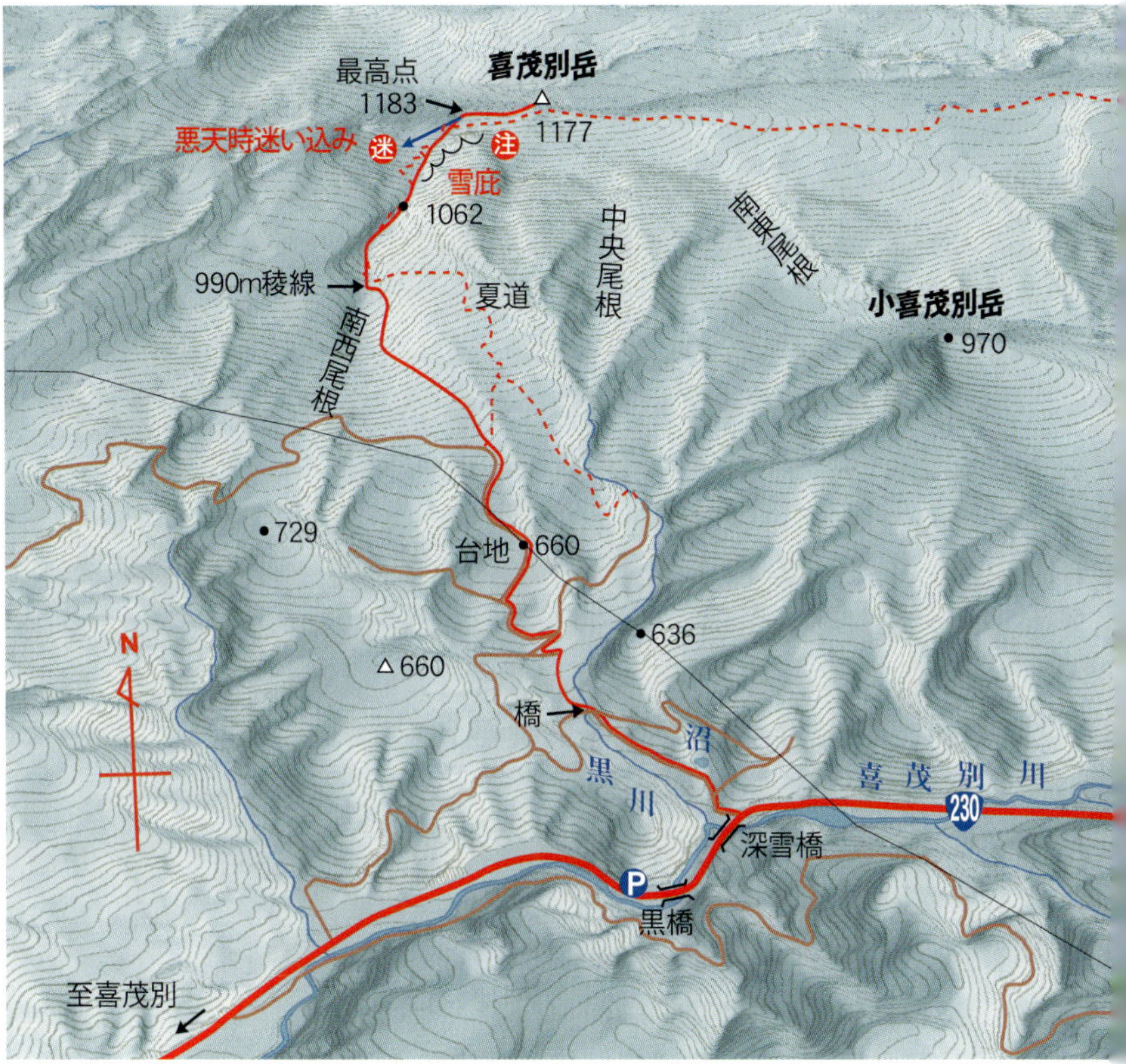

いくつかあるが、南西尾根コースが最もポピュラーだ。

車両待避所から四〇〇《メートル》中山峠方向に歩き、深雪橋の先から河岸段丘に上がってゆく林道をたどる。標高差一〇《メートル》ほど上がると、送電線の西側の雑木林が広く伐開されており、南西尾根から喜茂別岳頂上までの登るコースが一望できる。

黒川に沿った林道を行き、標高四五〇《メートル》付近で橋を渡ると、行く手に送電線鉄塔が立つ台地状の尾根が見える。この斜面の中腹に林道が通っているので、これを利用して地形図上に六六〇《メートル》標高点のある、吹きさらしの台地に上がる。

送電線下の刈り分けを斜めに横切って真北に進み、送電線が渡ってゆく沢に沿って登って林

前半は送電線がコースのよい目印になる

黒橋たもとの車両待避所

南西尾根上部

南西尾根への急なラッセル

の中に入る。しばらく木々の合間を縫って進むと、ダケカンバの大木が現れ始め、やがて頂上へと続く稜線に取り付く急斜面に出る。標高差二〇〇メートルのこの斜面は帰りには絶好のスキーゲレンデとなる。

頂上へと続く稜線を目指して、急登を続ける。夏道が稜線に出る標高九九〇メートル地点を稜線に出る目標地点としよう。

喜茂別岳まで

南東には小喜茂別岳がやや下に見え、西には尻別岳や羊蹄山が見えてくる。緩やかな稜線上を北北東に進み、一〇六二メートルピークは西側を巻いてコルへと下る。

コルの正面には頂上直下の樹木のない大斜面が広がっている。北東寄りに斜面を登り切ると最高点ピーク（一一八三メートル）

頂上から無意根山（左）、定山渓天狗岳（右）

頂上。札幌岳（左）、狭薄山（右）が見える

1183mピークへ向かう。右端が頂上だ

に達する。あまり東側に寄ると雪庇があるから注意しよう。三角点のある山頂はこれより東側、約二〇〇メートルの距離にある小さな突起のようなピークだ。
　晴れていれば、山頂から三六〇度の展望が開ける。北に続く稜線に並河岳、中岳、無意根山が大きく見え、その左には羊蹄山、尻別岳も美しい。

下山

　視界が悪いときの下りは慎重にしたい。特に、頂稜から南西尾根への下り口は視界が悪いと別の尾根に迷い込む心配があるので、一〇六二メートルピークのコルからの登りは、コース旗を使用したい。途中で吹雪いたときは無理をせず、引き返すほうが安全だ。

反橋一夫@ニングル

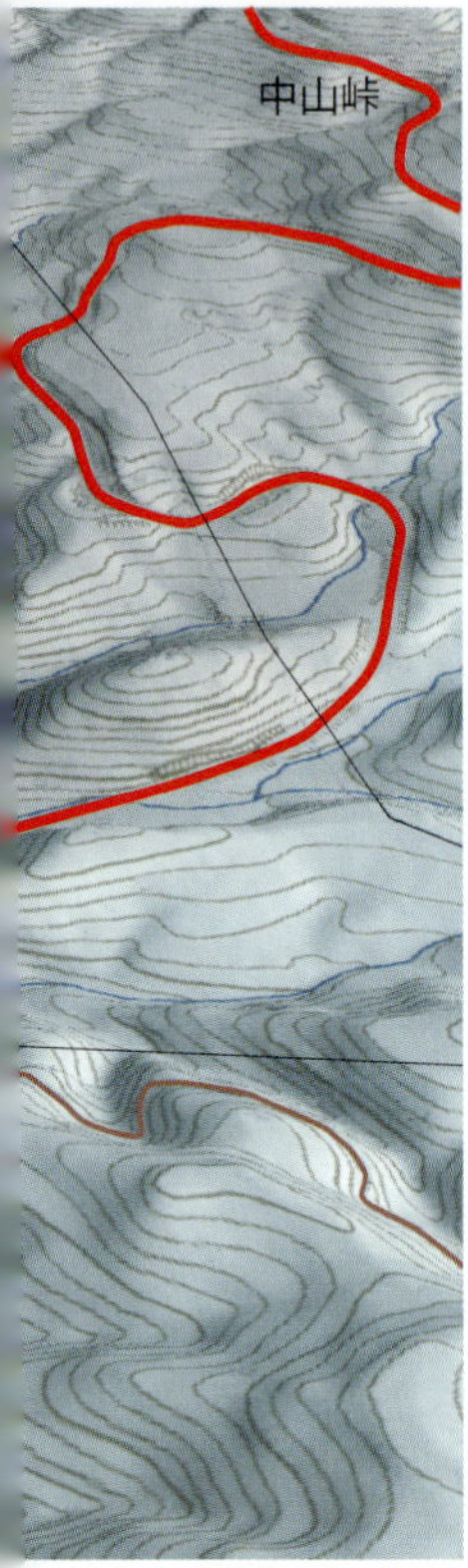

羊蹄山を間近に望み、スキー滑降の楽しい山

小喜茂別岳《こきもべつだけ》

970m

中山峠から喜茂別側へ下る途中、右側に見える三角形の山が小喜茂別岳である。登山道はなく冬にしか登れない山だ。中山峠側から見ると、木が密集して見えるが、反対側は木立の少ない斜面が続き、手軽に登ることができる。スノーシューやワカンでも登れるが、緩やかな斜面が長く、冬山初心者の山スキー入門にはうってつけだ。

喜茂別岳下部から小喜茂別岳

1/25000 地形図	中山峠

登山適期					
12	1	2	3	4	5

南西尾根コース

■ **コースタイム**（スキー）

車両待避所（1・20↓）六八一メートル標高点（1・40↓）小喜茂別岳（1・30↓）車両待避所

標高差　四八〇メートル

登り　三時間

下り　一時間三〇分

■ **交通**

公共交通機関はない。

■ **マイカー情報**

黒橋脇に車両待避所がある。カーブ地点なので、車の出し入れには十分な注意が必要だ。ここが除雪されていない場合は、さらに八〇〇メートル喜茂別市街寄りに駐車可能なス

体力（標高差）	C 30
登山時間加算	C 3
高山度（標高）	B 6
険しさ・危険度	D 0
ルート判断	C 6
総合点　45点（初級）	

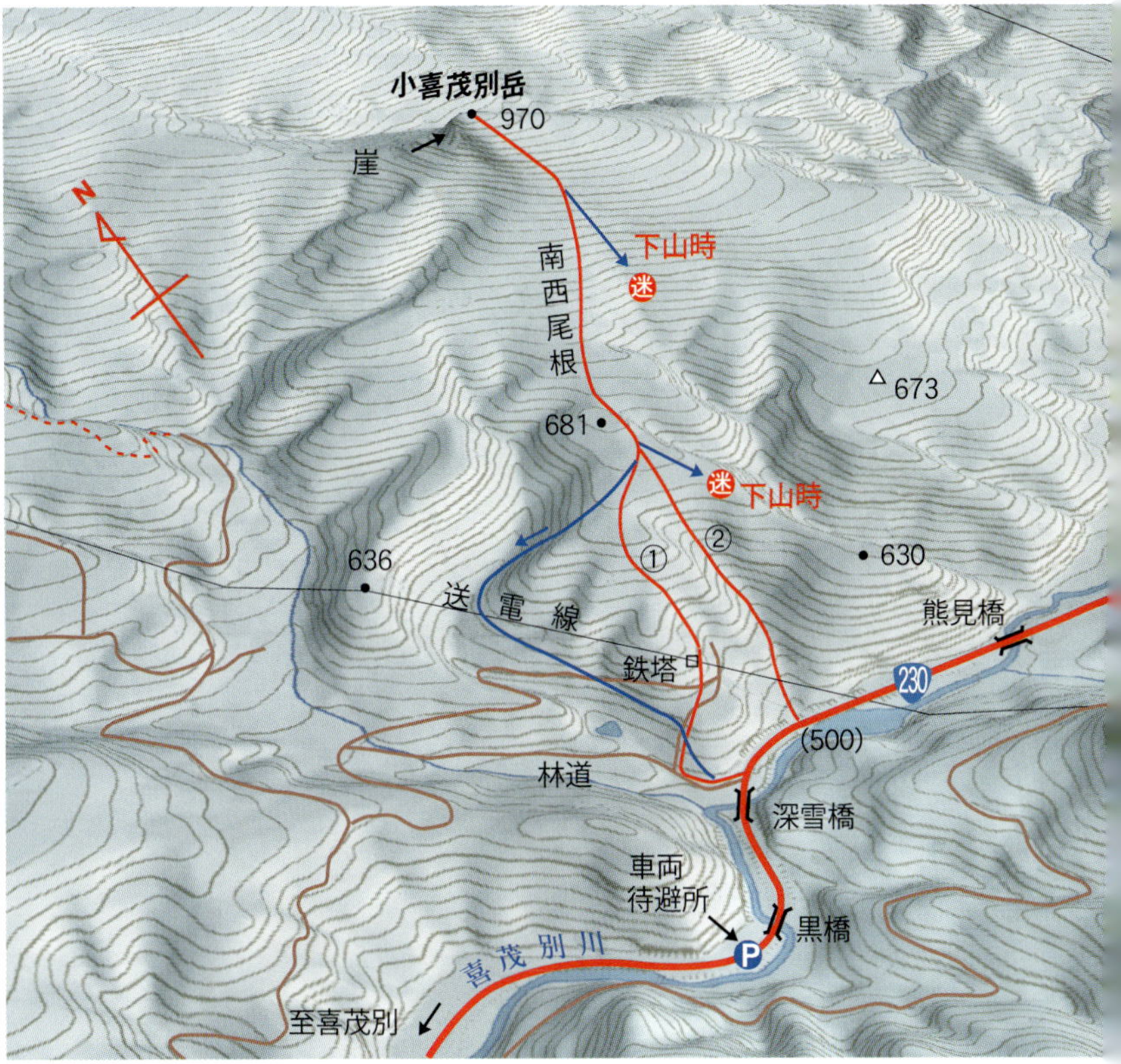

ペースがある。

■ガイド

六八一㍍標高点まで

コースは二本ある。①は国道を四〇〇㍍歩いて深雪橋を渡り、すぐに雪壁を乗り越えて林道に入る。送電線の鉄塔を目印に登っていくと、いったんは平たんな歩きになり、その後急斜面を登りきると再び平らな歩きになり、六八一㍍標高点付近に着く。

②は深雪橋を過ぎて一〇〇㍍ほど中山峠寄りに進み、左側の小沢に沿って沢中を進み、スキー滑降に適した斜面を詰めると六八一㍍標高点付近に出る。

地形図上の六八一㍍標高点はどこがピークか分かりづらい丘であるが、帰りの登り返しが少ないように、右側を巻いていく。

681mピークを過ぎると頂上が見えてくる

黒橋近くの車両待避所

深雪橋から林道に入る

770m付近。疎林になる

送電線鉄塔を目指して登る

小喜茂別岳まで

その先のトドマツ交じりの小さな樹林帯を抜けると、ようやく徐々に斜度がきつくなり高度を稼ぎだす。

この辺りは一面の広い雪原となっており、まるでスキー場のようだ。晴れていれば実に気持ちのよい登りが続き、振り返れば、コニーデ型の美しい火山、尻別岳と羊蹄山が並んで見える。

しかしこの雪原は、天気が悪く視界がないときには、帰りに目標物がなくて迷うこともあるので、必ずコース旗を立てて登ろう。

頂上に近づくにつれてダケカンバの大木が現れるが、あちこちに点在する程度で相変わらず開けた斜面が続く。左寄りに上がると緩やかな傾斜になり、いつのまにか平坦な山頂に着く。

頂上からは羊蹄山、尻別岳が見える

山頂は平坦だ

手づくりの山頂標識

山頂からは北西に親のような存在の喜茂別岳がどっしりと控え、南東には中山峠スキー場がすぐ近くに見える。その向こうには、札幌岳から漁岳に連なる山並みを遠く望むことができる。なお、山頂北側は崖斜面になっているので、気軽に近づくのは控えたい。

下山

帰りは斜面が広いので下りる方向に十分注意しよう。ともするとスキーに夢中になり南側に行きがちになる。冬山入門コースと書いた山だが、視界が利かないときはコンパスでしっかり方向を確認し、慎重に下りたい。六七〇《メートル》付近からは送電線の刈り分けがある沢合いを下るとスキーが楽しめる。

岩村和彦@ganさん

写真協力：加藤哲朗

八《やち》内《ない》岳《だけ》

944m

夏に登れない山域だけに新鮮な角度の眺めが魅力

積丹半島の付け根にあり、夏道登山のできる山がない地帯なので、積丹半島はもちろん、ニセコ連峰、羊蹄山など、新鮮な角度の眺めが楽しめる。厳冬期はラッセルを考えるとスキーが楽だが、登り返しの多い平坦な稜線歩きなので、残雪期の天気のよい時期にスノーシューで歩くのも楽しい。一本の尾根を歩くので、コース取りも比較的楽だ。

道道269号発足（はったり）付近から

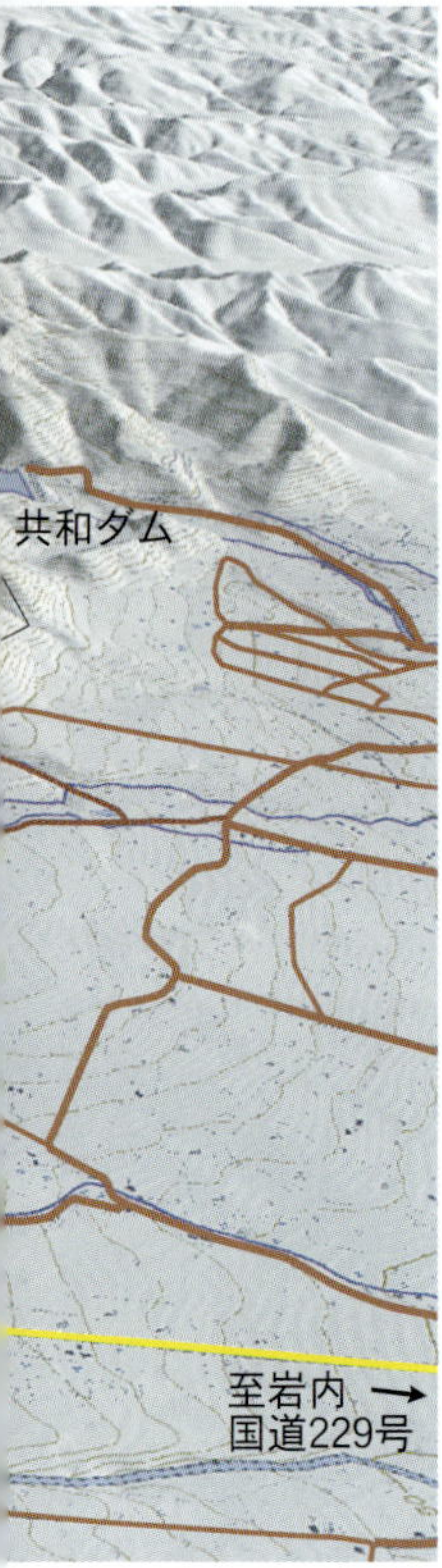

1/25000 地形図	茅沼・銀山・稲倉石

登山適期					
12	1	2	3	4	5

西尾根コース

■ **コースタイム**（スキー）

駐車地点（1・20→）四六九メートルピーク（2・20→）八内岳（1・40→）四六九メートルピーク（1・00→）駐車地点

標高差　八二三メートル

登り　三時間四〇分

下り　二時間四〇分

■ **交通**

公共交通機関はない。

■ **マイカー情報**

道道五六九号の除雪終点に数台駐車できる。

■ **ガイド**

四六九メートルピークまで

三角山経由でも行けるが、帰りの登り返し

体力（標高差）	B 35
登山時間加算	B 6
高山度（標高）	B 6
険しさ・危険度	C 6
ルート判断	C 6
総合点　60点（中級）	

高低差が七〇メートルもあるので、四六九メートルピークから登るコースを紹介する。

駐車地点から道道を進む。三角山の北面を回り込み、一・六キロほど進むと、大きく開けた雪原（標高二〇〇メートル）に出る。

雪原越しに見える四六九メートルピークへの尾根は標高差が二五〇メートルあり、急で木が込んでいるが、このコースで最も高度を稼ぐ場所なので、上手にルートを見つけて登りきりたい。尾根の中間あたりで振り返ると岩平峠ピークも見える。四六九メートルピークに登ると、八内岳方向はもちろん、ニセコ連峰や羊蹄山、日本海と岩内の町も見え、風がないときはよい休憩ポイントになる。

八内岳まで

ここからは尾根の緩斜面歩き

775mピーク（左）、889mピーク（右）

道道569号の除雪終点

開けた雪原から尾根（右）へ向かう

889mピークから見た積丹岳と余別岳

469mピークへの尾根を登る

が続く。六〇六メートルピークからの展望はとてもよく、八内岳のピークとそこにつながる稜線がよく見える。

　次は二〇〇メートル近い標高差のきつい登りを経て七七五メートルピークへ。同ピークからは岩平峠へ向かう稜線の分岐があり、視界が悪ければ下山時に間違いやすいので注意が必要だ。

　ここを乗っ越すと、一二〇メートルほどの標高差の登りで八八九メートルピーク手前の平坦なピークに出る。左に台地状の尾根が延びているので、吹雪のときには進路、退路ともに間違えやすい。立木が少なく、強い季節風でクラストするときもあるので、スキーアイゼンを用意した方が安心して登ることができる。雪質がよければ唯一スキーが楽しめる斜

平坦な尾根を歩く。八内岳頂上は目の前

頂上から望む羊蹄山

889mピーク手前の尾根

面でもある。ここまで登ると、八内岳ピークまでは平坦な尾根を距離にして七〇〇メートルほどだ。

　頂上からは北西に余別岳、積丹岳をはじめとする積丹の山々、南東にはニセコ連峰と羊蹄山がよく見える。北東の先には小樽の塩谷丸山も見える。

下山

　下山では小さな登り返しが五、六回ある。シールを外すかどうかは、雪の状態で判断することになる。登り返しを避けて脇の斜面をトラバースすることも考えるだろうが、尾根の南側は雪庇ができていることが多く、しかも急斜面で雪崩が起きやすい。尾根を忠実に登り返すか、北側斜面をトラバースするのが安全である。

工藤治樹＠パッポ隊長出動

目立たない低山だが斜面も眺望もよい

稲《いな》穂《ほ》嶺《みね》

565m

稲穂峠の近くにあり、ＪＲ銀山駅から登れる。山容は丘のようで目立たず、銀山の街から見ても分かりにくい。コースの標高差は約四〇〇メートルで、急な登りもなく、初心者が山スキーを体験するのに適している。稜線続きの銀山とセットで登られることも多い。山頂には展望を遮るものがなく、ニセコ連峰、羊蹄山など三六〇度見渡せる。

道道1022号の銀山２丁目付近から稲穂嶺

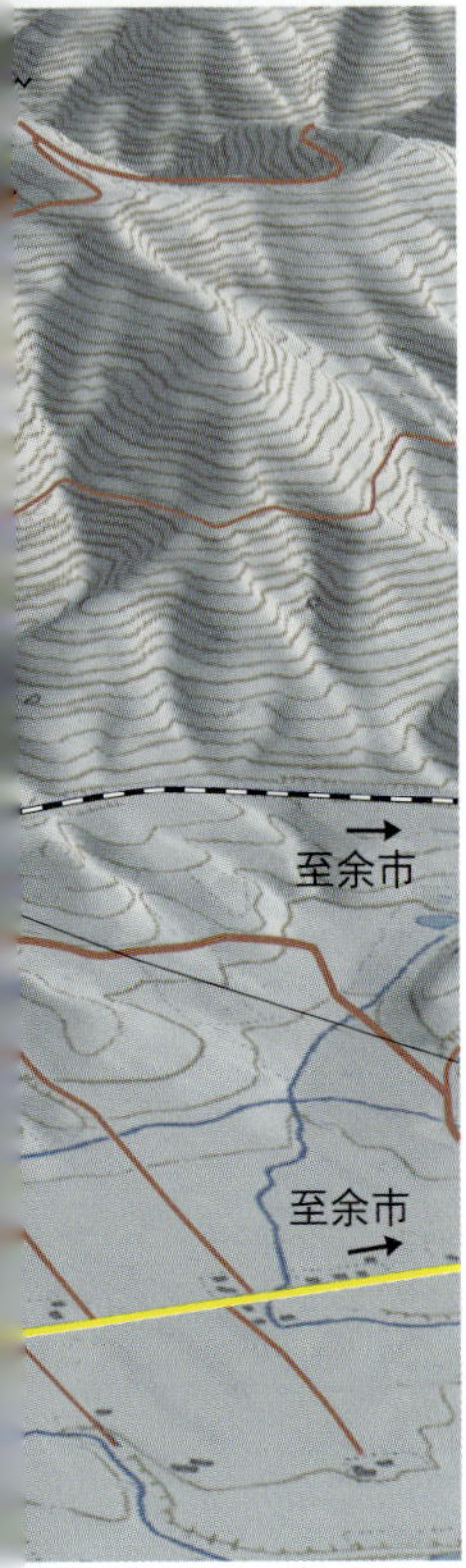

1/25000 地形図	銀山

登山適期					
12	1	2	3	4	5

銀山駅コース

■ **コースタイム**（スキー）

ＪＲ銀山駅（１・50↓）稲穂嶺（０・40↓）ＪＲ銀山駅

標高差　四一五メートル

登り　一時間五〇分

下り　四〇分

■ **交通**

ＪＲ函館本線銀山駅下車。

■ **マイカー情報**

駅の駐車スペースに駐車する。無人駅だが、駅の管理者がいるときは一声かけていただきたい。

■ **ガイド**

送電線下まで

線路の横断は、スキーを手に持って銀山駅の駐車場から山側のホーム端へ行く。スキーを履いたままだと信号機が誤作動する恐れがあるので絶対やらないこと。

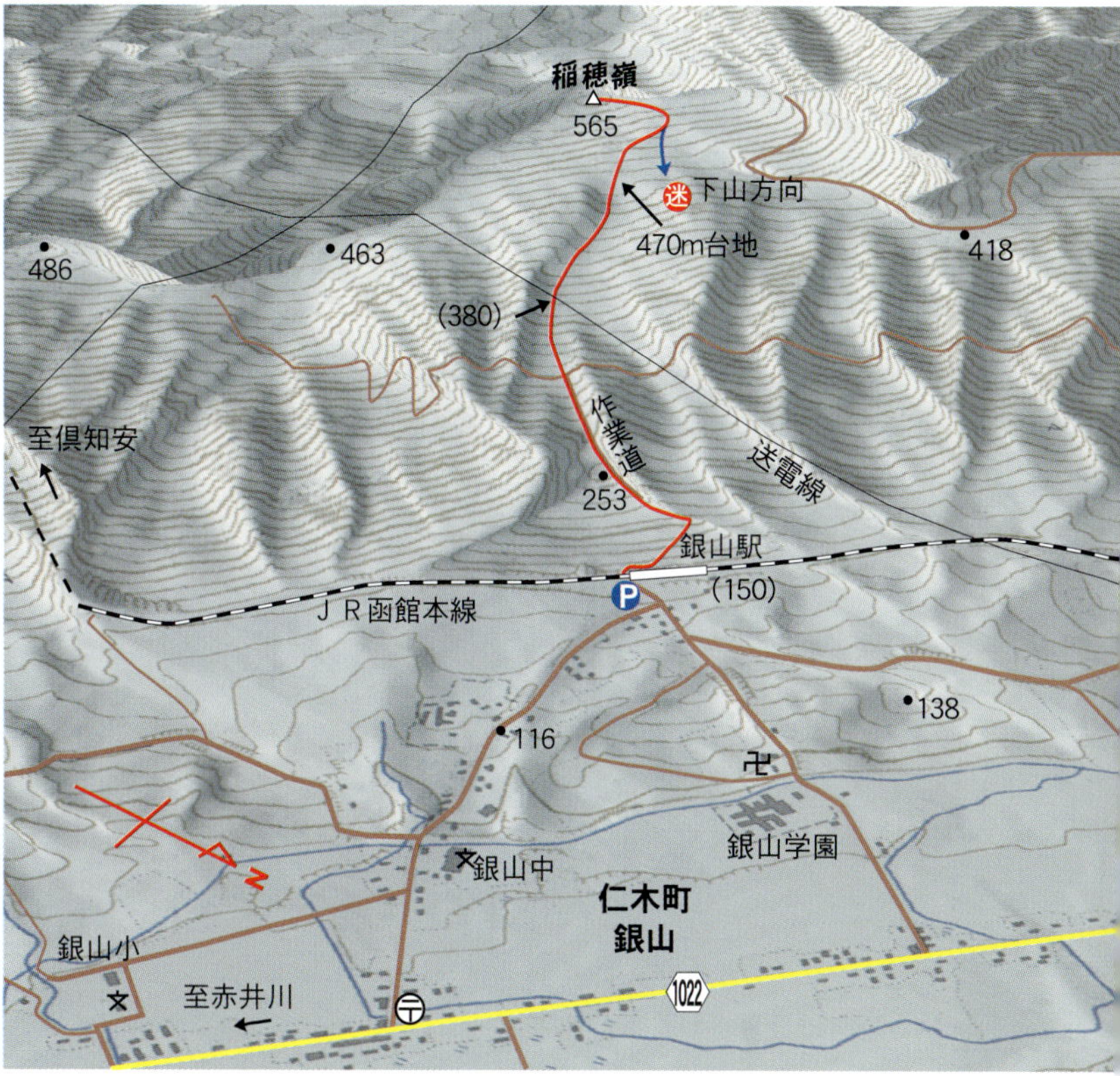

ホーム端でスキーを履き、五〇メートルほどホームに沿って進むと沢地形に出る。

体力（標高差）	C 30
登山時間加算	D 0
高山度（標高）	D 0
険しさ・危険度	D 0
ルート判断	C 6
総合点　35点（初級）	

そこを越えてからエゾマツ林をジグザグに登って二五三メートル標高点から延びる尾根へ向かう。尾根は比較的細いが、それほど木が込んではいないので、帰りのスキーもスムーズに滑れる。

そのまま疎林帯の緩やかな斜面を南方向へ尾根伝いに三〇〇メートルほど登っていくと二五三メートル標高点がある。この標高点には登らず、手前に作業道があるので右（西）側から巻き、そのまま作業道をたどって南西に方向を変える。顕著な尾根上なので迷

標高380mの送電線下

銀山駅の駐車スペース

線路を渡ったところ

頂上直下の疎林帯

画面中央の沢地形を越えてから登る

うことはない。

標高点の横から五〇〇《メートル》ほど進むと、標高三八〇《メートル》付近に鉄塔があり、送電線下をくぐる。

ここまで来ると、北側にある隣の尾根と合流して開けた広い尾根になる。このあたりも疎林帯で、帰りのスキーが快適に楽しめる場所だ。上級者には物足りないかもしれないが、初級者の練習には申し分のない斜面だ。

稲穂嶺まで

標高四七〇《メートル》まで登ると雑木林が開け、台地に出る。その先には頂上直下の素晴らしいゲレンデが広がっている。

頂上正面は少し急なので北側から巻くと登りやすい。頂上直下はクラストして登りにくいこともある。

頂上はなだらかで標識などは

頂上から見たニセコ連峰

頂上直下のゲレンデ

ない。木は少なく、開けているので展望はよい。北東には銀山の街とその向こうの大黒山、南は羊蹄山とニセコ連峰、南東には稜線続きの銀山や遠くに余市岳、北西には八内岳が見える。

下山

下りの北東斜面のバーンは標高差六〇メートルほどしかないが、登り返して滑ってもよい素晴らしい斜面だ。幅が広いので、誰も滑っていない新雪を何度も滑ることができて気持ちがいい。四七〇メートル台地でスノーテーブルでも作り、ランチやお茶を飲みながらゆっくりするのもいい。雪山初級者にはぜひ登ってもらいたい山である。

工藤治樹＠パッポ隊長出動

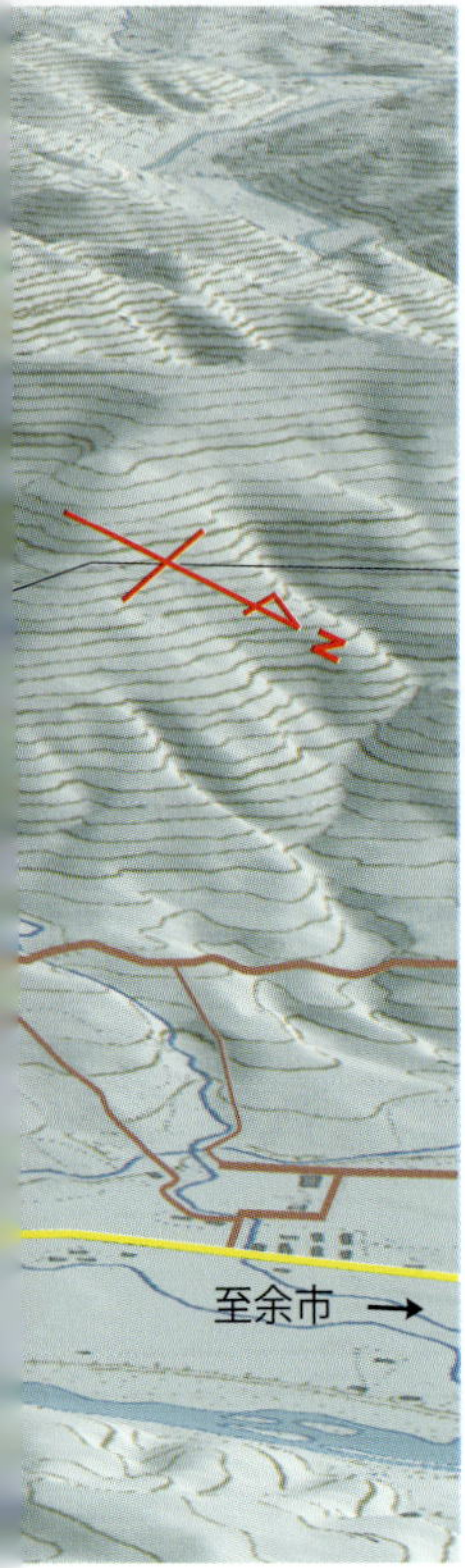

初級者も楽しめ、ニセコ・羊蹄の眺めもよい

銀《ぎん》山《ざん》

641m

別記事の稲穂嶺の隣にあり、両山の縦走もできる。小さな山だが、電波反射板のある山頂は町のどこから見てもよく分かる。頂上からは北に大黒山、南には羊蹄山やニセコ連峰がよく見え、低山の割に展望のよい山である。この周辺は雪が多く、北に面した斜面は日差しが直接当たらないので、雪質がよく、多くのスキーヤーを魅了している。

道道1022号の銀山２丁目付近から銀山

1/25000 地形図	銀山

登山適期					
12	1	2	3	4	5

孝徳寺コース

■ **コースタイム（スキー）**

孝徳寺（0・30→）林道交差地点（1・40→）銀山（0・40→）孝徳寺

標高差　五五〇メートル

登り　二時間一〇分

下り　四〇分

■ **交通**

JR函館本線銀山駅下車。孝徳寺まで徒歩二・八キロ。

■ **マイカー情報**

駐車場はない。孝徳寺の先にある除雪終点に二、三台止めることができるが、付近住民に迷惑がかからないように配慮が必要。

■ **ガイド**

林道交差地点まで

孝徳寺先の除雪終点から道路沿いに南西に進むと墓地に突き当たる。墓地を左にかわして進

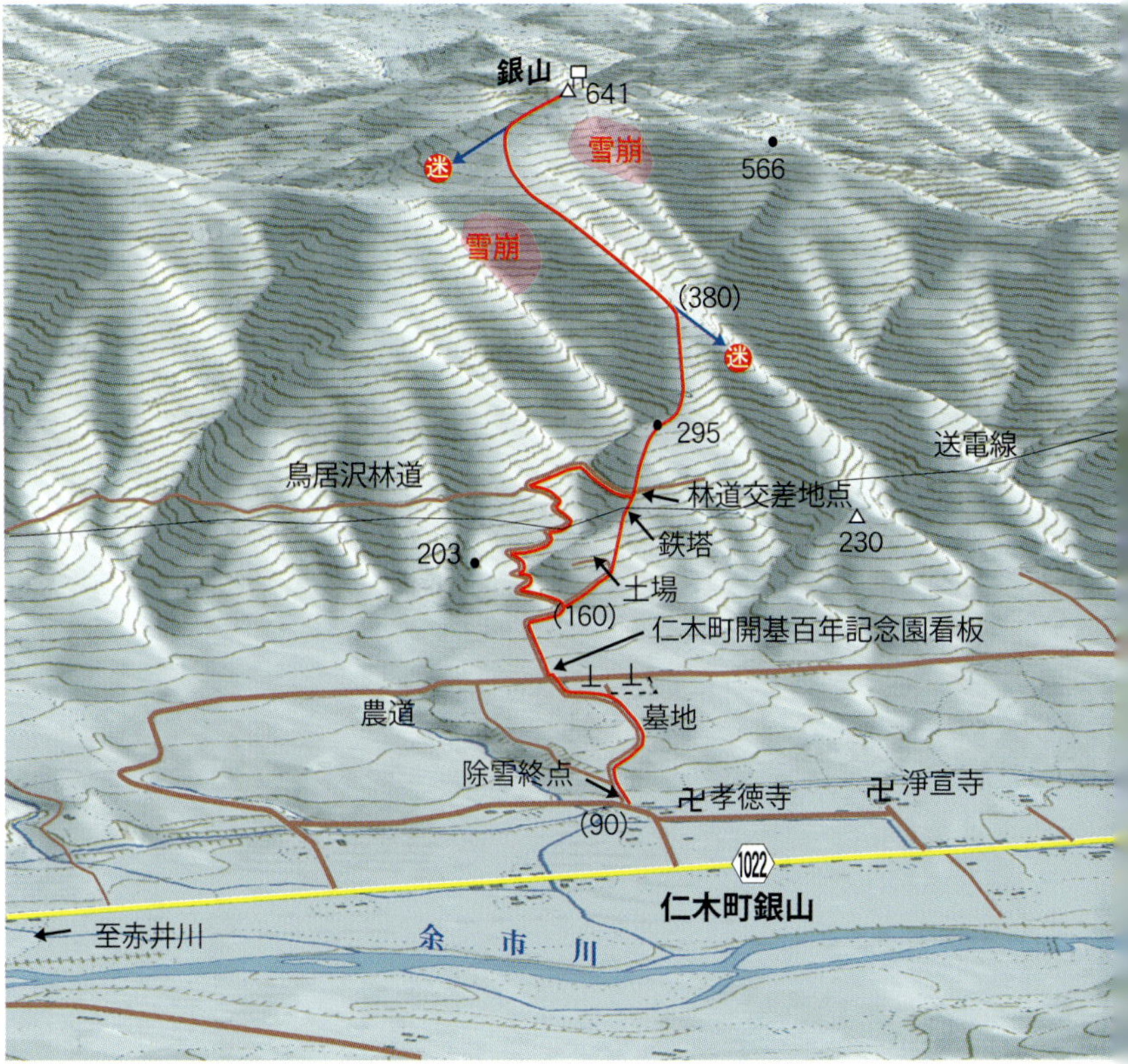

み、農道を横切ると仁木町開基百年記念園の看板が道路の右側にある。

そのまま道なりに鳥居沢林道に向かうと標高一六〇《メートル》付近で左に鳥居沢林道、右に作業道の分岐に突き当たる。ここの分岐からはどちらの道でも行ける。

右から行く場合は尾根上の標高二三〇《メートル》にある鉄塔を目指すとよい。作業道を道なりに一〇〇《メートル》ほど進むと土場に出る。正面は段差になって登りにくいので、右側から回り込むように尾根に取り付くとよい。三〇〇《メートル》ほど進むと鉄塔に到着し、さらに二〇《メートル》ほど登れば林道に出る。

体力（標高差）	C 30
登山時間加算	C 3
高山度（標高）	D 0
険しさ・危険度	D 0
ルート判断	C 6
総合点　40点（初級）	

300m付近

孝徳寺の先にある除雪終点

160m分岐から右の作業道へ

頂上手前の疎林帯

林道交差地点から尾根へ向かう

左の鳥居沢林道から行く場合は道なりにまっすぐ進み、標高二三〇《メートル》で鳥居沢林道と別れて地形図に記載のない右の林道に入り、沢を越えると鉄塔のある尾根に合流できる。

銀山まで

林道交差地点から尾根に取り付き、二九五《メートル》標高点を目指す。この辺りはなだらかになり、若いシラカバがやや密集しているので帰りのスキーは滑りにくい。

尾根はやや細くなるので、ジグザグをこまめに切って高度を上げていく。しばらくは南西へ向かって登っていくが、標高三八〇《メートル》付近で南に向きが変わる。ここは西隣の尾根との合流ポイントなので尾根が広くなる。帰りはこの西隣の尾根に入り込まないように注意が必要だ。

頂上近くから見た羊蹄山とその左に尻別岳

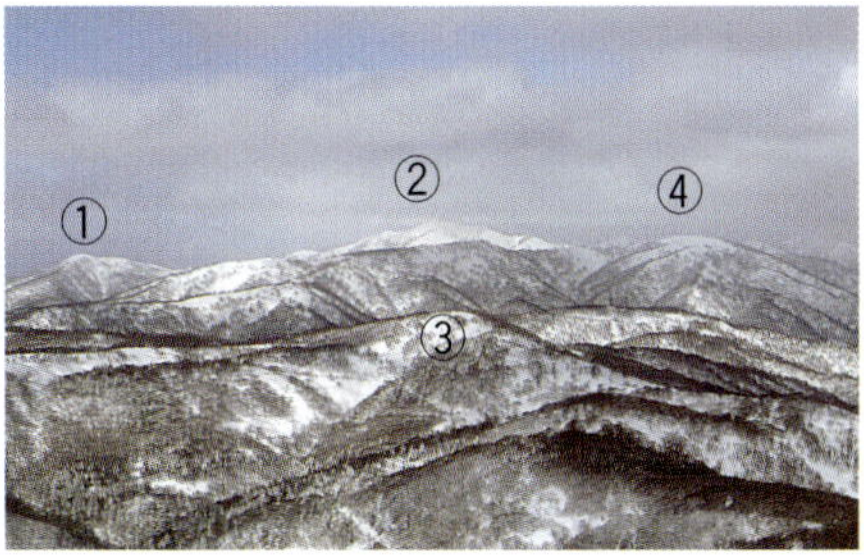

頂上から見た木無山①、八内岳②、稲穂嶺③、ルベシベ山④

反射板のある頂上に到着

あとは忠実に尾根をたどるだけなので迷うことはない。標高五五〇メートル付近から再び南西にコンパスを切る。登るにつれ、徐々に疎林帯になり、山頂の反射板や共和町側の景色も見えてくる。北面はクラストしやすいので東面からピークに向かうとよい。

頂上からは、南に羊蹄山やニセコ連峰、北には大黒山、余市岳などが見え、低山の割に展望はよい。

下山時、頂上北面の素晴らしいオープンバーンに入りたくなるが、斜面の状況を確認し、雪崩のリスクがあるときは近づかないほうがよい。迷わず尾根を滑って帰ろう。天気の悪いときには尾根の分岐にも気をつけてGPS、コンパスを確認しながら確実に下山したい。

工藤治樹＠パッポ隊長出動

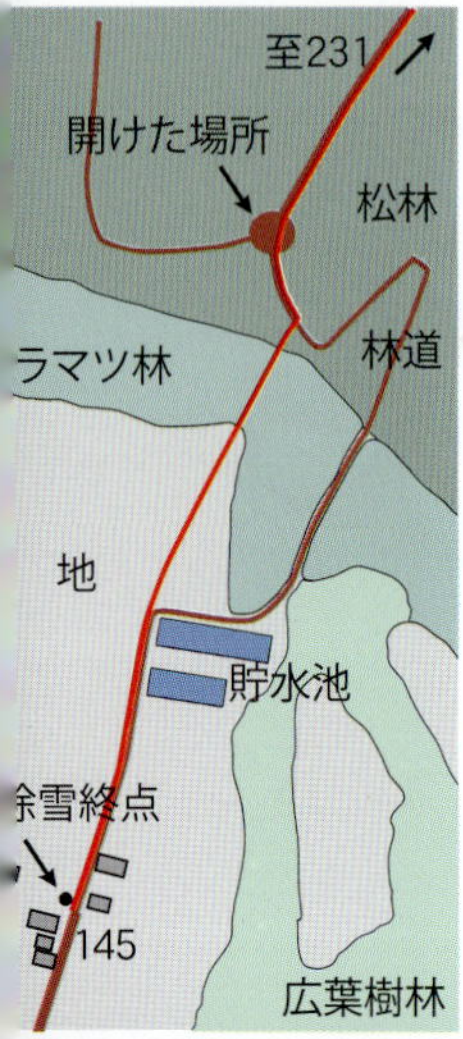

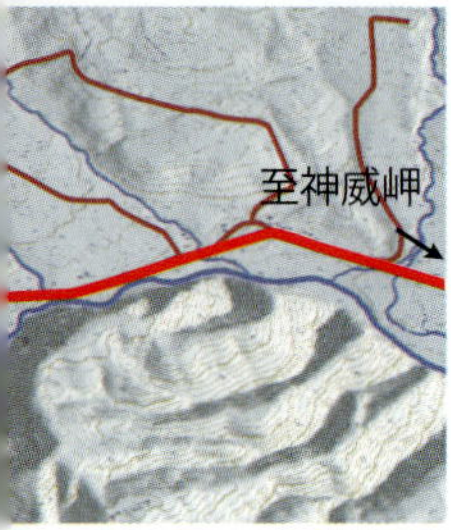

積《しゃこ》丹《たん》岳《だけ》

1255m

標高差一一〇〇メートルの大滑降が楽しめる

積丹岳は隣の余別岳とともに積丹半島の盟主である。登山道もあるので夏はよく登られる。厳冬期は日本海に面しているので風雪が強く、かなり難しい登山となる。一般的には気候が安定する残雪期に登られ、本書でも残雪期を対象に紹介する。なだらかなコースと上部のオープンバーンは春スキーに適しており、快適な滑降が楽しめる。

小樽市オタモイから望む余別岳▼積丹岳▼

1/25000 地形図	余別・美国

登山適期					
12	1	2	3	4	5

夏道コース

■ **コースタイム（スキー）**

浄水場（0・40↓）休憩所（1・50↓）ピリカ台（1・10↓）積丹岳（1・10↓）浄水場

標高差　一〇九五メートル
登り　三時間四〇分
下り　一時間一〇分

■ **交通**

北海道中央バスJR余市駅発積丹余別行き、または積丹野塚行き「登山口」下車。ただし便数は少ない。

■ **マイカー情報**

浄水場付近の除雪終点に数台駐車できる。

■ **ガイド**

ピリカ台まで

浄水場の駐車地点から林道を登る。雪解けが進むと林道上部まで車で入ることができる。道なりに二キロほど進むと積丹町管

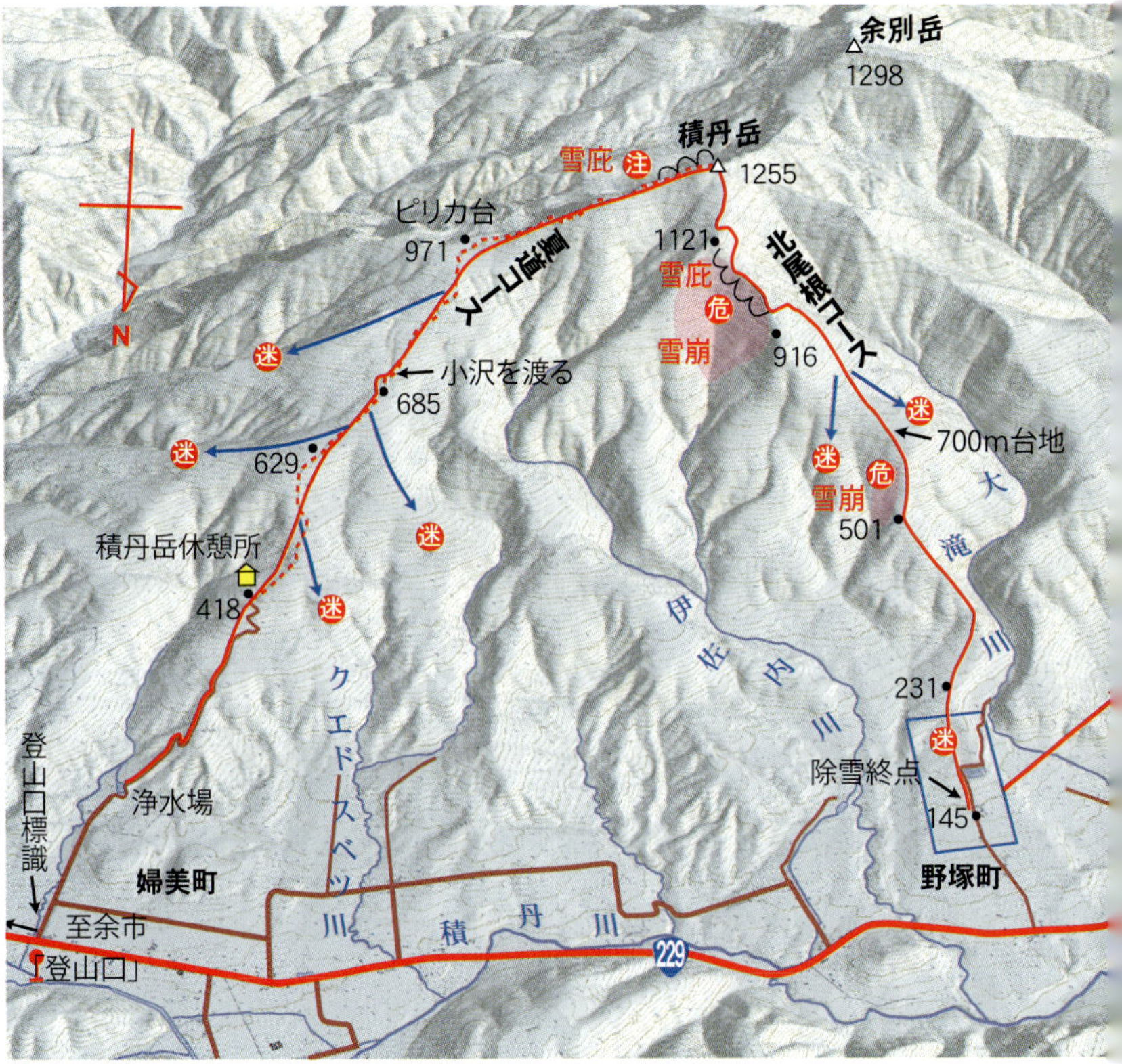

理の積丹岳休憩所がある。ここにはトイレ、水、ストーブもあり宿泊も可能だ。登山届は休憩所の中にある。

体力（標高差）	A 40
登山時間加算	B 6
高山度（標高）	A 10
険しさ・危険度	C 6
ルート判断	C 6
総合点　70点（中級）	

夏山はここが登山口となっている。休憩所の北西側にある登山口の看板から南西に続く尾根を進む。尾根といっても顕著な尾根ではないので、地形図・コンパスやGPSを使ってしっかり方角を定めて進むとよい。

休憩所から一《キロ》ほど進み、六二九《メートル》標高点の台地に出ると開けた雪原になる。ここからやや西南西方向に進路を変える。平坦なシラカバ林を抜けると徐々に視界が開け始め、西に一一二

620m付近の台地状の広い尾根

浄水場の除雪終点

積丹岳休憩所

700m付近で小沢を渡る

430m夏道登山道の入り口付近

一《トル》ピークが見える。標高七〇〇《メートル》ほどで西に小さな沢が見えてくる。この小沢を渡りやすいところを見つけて渡る。やがてダケカンバが目につくようになり、次第に疎林帯になってくる。夏は深いササで展望のない山道だが、この時期は一転して展望のよい山になる。

そのままトラバース気味に高度を上げると九〇〇《メートル》台地に登る。このまま南西に登り詰めると五〇〇《メートル》ほどで稜線の九七一《メートル》標高点（ピリカ台）に出る。稜線は風が強いときが多い。上空の雲の流れが早いならここで万全にしておくとよい。

積丹岳へ

稜線の南側は雪庇が発達している場合があるので北側斜面を進む。また、標高一〇五〇《メートル》付近はハイマツも出始める。最後

積丹岳の頂上から見た余別岳

積丹岳の頂上から登ってきた方向を振り返る

1050m付近の稜線を進み、頂上手前のピークへ

の急登はクラストしているときはスキーアイゼンを付けるか、頂上手前でスキーをデポしてキックステップでしっかり蹴り込んで登ろう。頂上の南面は切れ落ちているので南側に寄り過ぎないように。

頂上からは積丹山塊最高峰の余別岳をはじめ、ポンネアンチシ山、泥ノ木山、両古美山などがよく見える。下りの大滑降はこの山の最大の楽しみ。稜線は風の影響を受けやすいのでシュカブラ、クラスト、ザラメなど雪質の変化やハイマツ、ブッシュの障害物に注意したい。沢地形は雪質がいいが、コース復帰が難しくなるので降りすぎには注意が必要だ。尾根の分岐では下る方向に注意。

工藤治樹@パッポ隊長出動

写真協力：菅原靖彦

北尾根の500m地点

除雪終点

雪の農道を進む

550m付近から見上げる916mピーク

尾根取り付きの雑木林

登山適期					
12	1	2	3	4	5

北尾根コース

■**コースタイム（スキー）**

除雪終点（1・50↓）標高七〇〇《メートル》台地（1・40↓）積丹岳（1・20↓）除雪終点

標高差　一一〇五《メートル》

登り　三時間三〇分

下り　一時間二〇分

■**交通**

路線バスの便はない。

■**マイカー情報**

除雪終点に駐車可。民家の邪魔にならないよう駐車したい。

■**ガイド**

標高七〇〇《メートル》台地まで

強風を受けやすく、尾根の西側がクラストしたり、ハイマツなどが出て、条件が悪いことが多い。

入り口は迷いやすいので図を参照のこと。尾根に出たら迷う

950m付近から見た岩稜と1121mピーク

1130m付近のシュカブラ

1000m付近の岩稜は東側を巻く

916mピークのブッシュ帯

ことはない。七〇〇メートル付近は台地になっており、視界不良時には要注意。特に下山時の現在地確認はGPSを活用したい。

体力(標高差)	A 40
登山時間加算	C 3
高山度(標高)	A 10
険しさ・危険度	C 6
ルート判断	B 12
総合点 70点(中級)	

積丹岳まで

標高一〇〇〇メートル付近に岩稜がある。ここは岩の東側を横切る。雪庇には十分注意が必要。一一二一メートルピークは西側を巻いて登ってもいいが、ここもハイマツの露出やクラストがあるのでコース取りは難しい。一一二一メートルピークでやっと積丹岳の頂上が見える。ここまできたらあと七〇〇メートルほど。クラストや吹きだまりで登りにくいときもある。

工藤治樹@パッポ隊長出動

積丹山塊の中央深くに隠れた名峰

ポンネアンチシ山《やま》

1145m

アイヌ語の美しい名でこの山を知る人は多いが、余別岳や積丹岳に隠されて、積丹の山麓から見える場所がないのは意外である。夏道がないので積雪期に登ることになるが、林道が除雪され、しかも取り付き地点の尾根に雪が残っている四月の限られた期間だけに日帰り登山のチャンスがある。山頂から尾根伝いに余別岳に登ることもできる。

小樽市オタモイから。右は余別岳、左は泥ノ木山

1/25000 地形図	ポンネアンチシ山

登山適期					
12	1	2	3	4	5

南西尾根コース

■**コースタイム**（ツボ足・ワカン）

林道ゲート（1・00↓）林道終点（2・00↓）八五八メートル標高点（1・30↓）ポンネアンチシ山（3・30↓）林道ゲート

標高差　一〇一五メートル

登り　四時間三〇分

下り　三時間三〇分

■**交通**

公共交通機関はない。

■**マイカー情報**

例年は滝ノ沢出合の橋まで除雪されて数台駐車できるが、年により一キロ以上手前のこともある。除雪は例年四月上旬に行われる。

■**ガイド**

八五八メートル標高点まで

雪が締まっていればツボ足でも林道は問題なく歩ける。ゲー

トからすぐに横切る小川は水量が多いときがあるので、足濡れに注意。二三三メートル標高点を過ぎると橋があり、その先で林道が終わる。

引き続き右岸を歩き、六〇〇メートルほど進むと三〇五メートル標高点で顕著な沢が合流する。例年はこの沢をスノーブリッジで渡れるが、落下に注意したい。

ここからようやく尾根登りが始まる。かなり急で、キックステップが効けばツボ足でも十分登れるが、上部ほど雪は硬くなる。アイゼン装着が必要なら本書の対象外なのであきらめることになる。標高三八〇メートル付近か

体力(標高差)	A	40
登山時間加算	B	6
高山度(標高)	A	10
険しさ・危険度	C	6
ルート判断	B	12
総合点	75点(上級)	

750m付近から見る町村界の稜線

滝ノ沢出合のゲート前駐車地点

歩き始めてすぐの渡渉地点

930m付近から見る山頂（右）。中央は990mのコブ

尾根取り付きの急斜面

ら東に向かうやせ尾根となる。一〇メートルほどと短いが、両側が切り立っているので注意が必要。この後は緩急斜面が交互に出てくる。

標高五〇〇メートル付近から徐々になだらかになってくる。標高六四〇メートル付近からは視界が開け、ポンネアンチシ山の頂上も見えてくる。

標高七二〇メートルで尾根はほぼ直角に左に曲がり、その尾根上を進む。なだらかな尾根を登りきると標高八〇〇メートル付近でポンネアンチシ山と珊内岳を結ぶ稜線に出る。神恵内村と積丹町の境界でもある。八五八メートル標高点あたりから稜線の南東面に張り出す大きな雪庇が見える。場所によっては大きく亀裂が入っているところもあるので、避けて歩

ポンネアンチシ山の山頂から珊内岳、屏風山方面を望む

山頂は二つの大きな岩が目印

稜線を858mピークへ向かう

くよう注意したい。

ポンネアンチシ山まで

標高九〇〇メートルあたりから見る九九〇メートルのコブとポンネアンチシ山のピークはなかなか素晴らしい眺めだ。標高九九〇メートルのコブから始まる稜線の南側には雪庇ができるので注意して登りたい。

コブから稜線を八〇〇メートル歩くと二つの大岩がある頂上だ。頂上からは、余別岳、積丹岳、泥ノ木山、両古美山、珊内岳、屏風山が見える。

時間に余裕があれば二時間ほどで余別岳ピストンもできる。長時間登山になるが、残雪期は日が長いので、体力に自信があれば挑戦したいところだ。

工藤治樹@パッポ隊長出動

写真協力：菅原靖彦

積丹半島奥ノ院ともいうべき隠れ峰

珊《さん》内《ない》岳《だけ》 1091m
屏《びょう》風《ぶ》山《やま》 990m

積丹半島の奥深くにあって、山麓からは目にすることができない山だ。夏道もないので、残雪期に雪稜を登って登山することになる。ガニマナコと呼ばれる岩の小ピークを連ねる尾根を経て屏風山に向かうコースは、岩場越えがあって登山者を選ぶが、一〇〇〇メートルに満たない山とは思えない本格的登山を満喫させてくれる。

ポンネアンチシ山から珊内岳▼屏風山▼

1/25000 地形図	ポンネアンチシ山

登山適期					
12	1	2	3	4	5

南西尾根コース

■コースタイム（ツボ足・ワカン）

林道ゲート（3・20↓）九四〇メートル標高点下（1・20↓）珊内岳（3・40↓）林道ゲート

標高差　九八一メートル
登り　四時間四〇分
下り　三時間四〇分

■交通・マイカー情報

ポンネアンチシ山と同じ。

■ガイド

九四〇メートル標高点下まで

前半の林道歩きはポンネアンチシ山と同じ。一三三メートル標高点の二股を橋で渡ると林道が消え、そこで尾根に取り付く。急登で一気に四〇〇メートルほどの標高差を

体力（標高差）	A 40
登山時間加算	B 6
高山度（標高）	A 10
険しさ・危険度	C 6
ルート判断	C 6
総合点　70点（中級）	

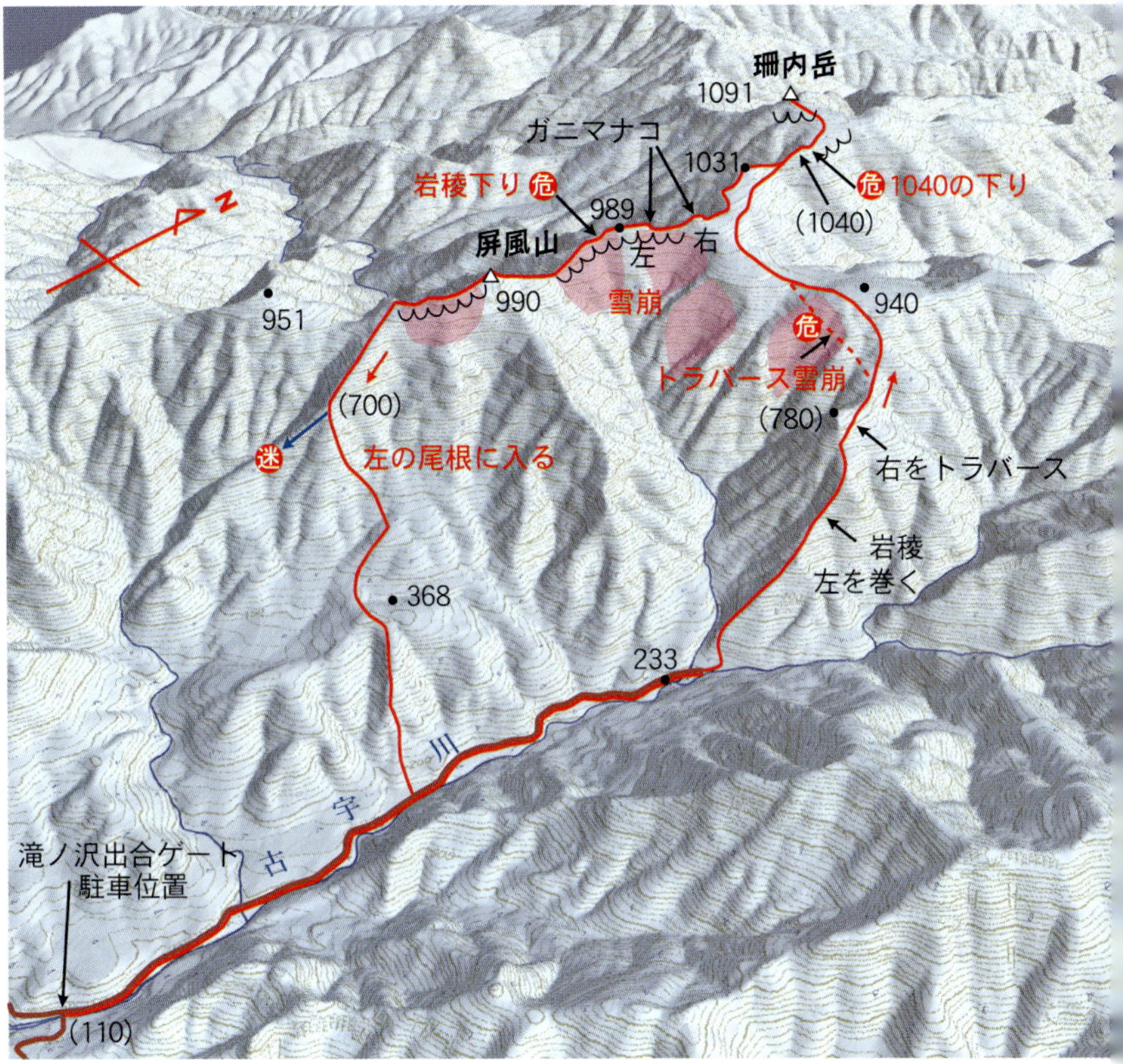

登る。標高五五〇メートル付近にある岩稜は左斜面の残雪をキックステップで登る。標高六五〇メートルを過ぎるとなだらかになる。眺めがよくなり、右にはポンネアンチシ山、余別岳がよく見える。七八〇メートルピークの岩稜は右斜面を行く。

コルからはなだらかになり、九四〇メートル標高点をかすめながら西側に進む。南斜面をトラバースしてコルに向かうのが最短だが、雪崩の危険があるので注意。

珊内岳まで

なだらかな広い稜線を西に進むと正面には標高一〇一四メートルのピークが見える。ここがガニマナコの右目だ。ここには向かわず、右奥に見える一〇三一メートルピークと一〇四〇メートルピークを目指す。地図上ではこの二つのピー

680m付近から見る780mピーク

150m付近。正面に登る尾根が見える

尾根に取り付き、急登が始まる

940mピーク手前の登り

550m付近にある岩稜は左斜面を登る

クも西側が崖になっているのでガニマナコと間違えやすい。稜線を歩くか、さらに奥の一〇四〇《メートル》ピークを狙ってトラバースして進む。ここに着くとやっと珊内岳ピークが見える。一〇四〇《メートル》ピークからの下りは急なので注意すること。クラストしているときはトラバースせずに、稜線上を歩く。アイゼンが必要な場合は撤退だ。

　珊内岳ピークの南側は雪庇ができているときがあるが、斜度がないので雪崩の心配はない。登りやすいところから雪庇を崩して頂上稜線に登る。珊内岳ピークからは屏風山や赤石山、鉞山、大天狗山、ポンネアンチシ山、余別岳と、三六〇度積丹の山々を見渡すことができる。

工藤治樹＠パッポ隊長出動

珊内岳山頂から見る鉞（まさかり）山（左）、大天狗山（右）。背後は日本海

珊内岳への最後の登り。後ろは1040mピーク

1040mからコルに下りる急斜面

登山適期					
12	1	2	3	4	5

屏風山縦走コース

■コースタイム（ツボ足・ワカン）

林道ゲート（4・40↓）珊内岳（1・50↓）屏風山（2・00↓）林道ゲート

獲得標高差　一〇八〇メートル

総登山時間八時間三〇分

■ガイド

屏風山まで

一部、岩場越えがあるので、岩登り練習経験者向きである。

体力（標高差）	A 40
登山時間加算	B 6
高山度（標高）	A 10
険しさ・危険度	A 20
ルート判断	B 12
総合点　90点（上級）	

珊内岳から、登りに使った尾根を戻る。一〇三一メートル標高点からさらに二五〇メートルほど進んだ地点からはガニマナコの両目が見える。

さらに稜線を歩き、地形図に記載のない一〇一四メートルピーク

989mの通過。画面左は崖、右は雪庇の急斜面

ガニマナコの稜線

草付きの斜面を２ｍ下り、岩を２ｍトラバース

1014mのガニマナコの右目を越え、余別岳を振り返る

（ガニマナコ右目）から九八九《メートル》ピークへ至る。左目は九八九《メートル》ピークの北端の崖である。九八九《メートル》ピークの南端はちょっとした崖になっているので、簡単に雪稜に下りられる場所はない。

西（右）面をブッシュにつかまりながら二《メートル》下り、三点確保で二《メートル》トラバース（ここが核心部）するルートがよいと思う。トラバースで墜落した場合、五《メートル》ほどの落差があるが、雪が腐っていれば大事にはならないだろう。一〇《メートル》以上の補助ロープがあれば心強い。難しいと思ったら引き返そう。五〇〇《メートル》ほど戻れば、登ってきた尾根に復帰できる。九八九《メートル》ピークを越えると屏風山は目の前で、最後の急登を九〇《メートル》登ると頂上に着く。景色も珊内岳とは違った角

屏風山の頂上直下最後の登り。中央は989m、右は右目1014mピーク

振り返る屏風山の西面は岩壁だ

屏風山の急な下り

度で見られるので新鮮だ。

下山

下山しながら振り返ると屏風山の西面が見える。切り立った岩壁が屏風山の名前の由来を納得させる。

南に三五〇《メートル》ほど下ると南東に延びる尾根があり、これを下る。標高七〇〇《メートル》で尾根が分かれるので南東側に下りる。気温が上がってきたらこのあたりでスノーシュー、ワカンを装着すると歩きやすい。あとは基本的に東に進むと林道に出るのでコンパスやＧＰＳを見ながら進む。くぼ地になっている標高点三六八《メートル》の一五〇《メートル》ほど南の丘を目指してコースを取ると下山しやすい。急斜面や沢地形には入らないように注意したい。

工藤治樹＠パッポ隊長出動

白いオコタンペ湖と支笏湖外輪山の大展望台

オコタンペ山《やま》

968m

地図上に山名はない。三等三角点名は大丹別《おおたんべつ》だが、オコタンペ湖のすぐ縁にあるためかオコタンペ山とも呼ばれ、一般にはこの名が通っている。登山口は漁岳の漁岳林道コースと同じである。山頂からは、恵庭岳、漁岳など支笏湖カルデラ外輪山の最高の展望が得られる。スノーシュー登山者にお勧めしたい。

支笏湖畔（千歳市支寒内）から見たオコタンペ山

1/25000 地形図	恵庭岳

登山適期					
12	1	2	3	4	5

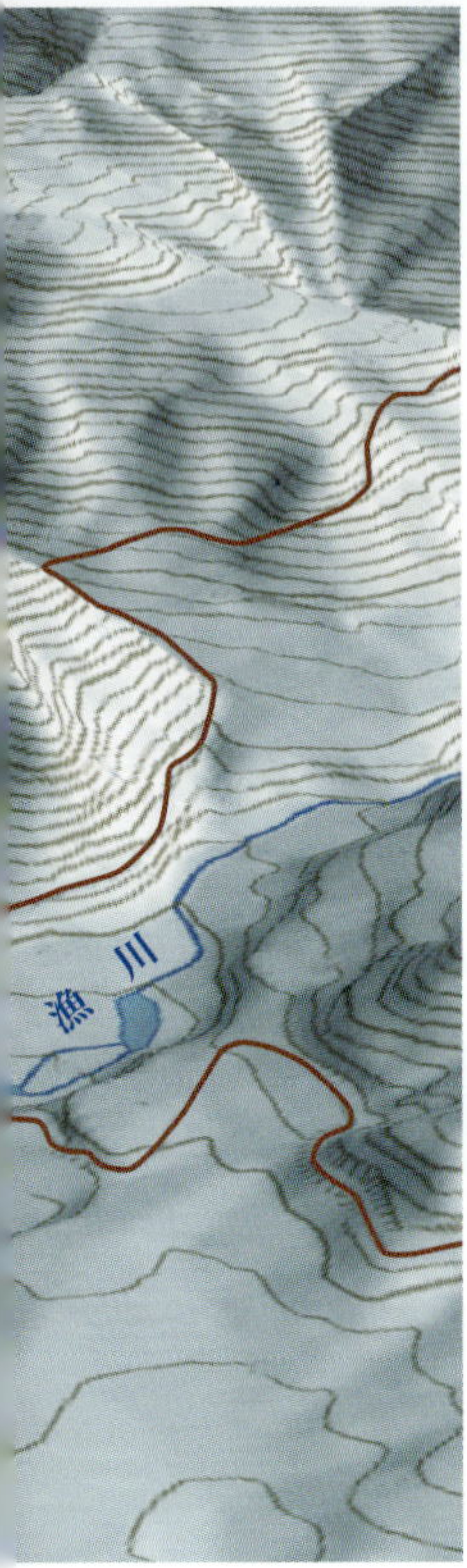

北東尾根コース

■ **コースタイム（スノーシュー）**

漁岳林道入り口（1・40↓）八八〇メートルコブ（0・40↓）オコタンペ山（0・30↓）八八〇メートルコブ（1・00↓）漁岳林道入り口

標高差　四四八メートル
登り　二時間二〇分
下り　一時間三〇分

■ **交通**

公共交通機関はない。

■ **マイカー情報**

マップに示したように数カ所に駐車可能場所がある。

■ **ガイド**

八八〇メートルコブまで

漁岳林道の入り口に標識があるが、真冬は雪に埋もれていることが多い。林道を一五〇メートルほど歩くと左手に「国有林治山施工地（漁川）」の看板がある。

これから登る北東尾根が樹木を通して小さな山として望める。この看板から五〇㍍ほど進むと、左側に木が込んでいない場所があるので、林道を離れて尾根へ向かう。尾根は最初は緩やかだが、徐々に急になり、スノーシューで登るのが大変な部分もあるが、がんばって登ると七四六㍍標高点手前の平坦な尾根上に出る。

右手には白い漁岳が望め、左手には支笏湖と堂々とした恵庭岳が迫り、高度を稼いだことが実感できる。ここからは顕著で平坦な尾根となる。尾根の南東側には北西の風で造られた典型

体力（標高差）	C 30
登山時間加算	C 3
高山度（標高）	B 6
険しさ・危険度	C 6
ルート判断	D 0
総合点　45点（初級）	

北東尾根は雪庇に注意

漁岳林道を進むと看板が見える

746mの手前から見る漁岳

北東尾根から880mコブ（左）とオコタンペ山（右）

的な雪庇が続くので注意して歩きたい。できるだけ樹木の近くを歩くか、樹林の中をたどるようにしたい。

尾根の途中でこれから目指す八八〇《メートル》コブの右にオコタンペ山が望める。八八〇《メートル》コブへは標高差六〇《メートル》の急坂を登る。これがこのコースの核心部。ジグザグを切って慎重に登ろう。平坦な八八〇《メートル》コブは樹木も少なく見晴らしが抜群。目指すオコタンペ山の雄大な景色に元気をもらう。ここからはオコタンペ湖は見えないので、あとひと踏ん張りだ。

オコタンペ山まで

八八〇《メートル》コブから南西に標高差三〇《メートル》ほど下るとコルとなり、右にターンするように登っていく。山頂に続く南東尾根にも雪庇があるので注意したい。コル

頂上から見下ろすオコタンペ湖と支笏湖。右に丹鳴岳、その左遠くにホロホロ山と徳舜瞥山

880mコブから見るオコタンペ山

746mの手前から見る恵庭岳

から標高差一一〇《メートル》ほど登ると円いオコタンペ山の山頂に着く。

山頂からは支笏湖外輪山を一望できる三六〇度の大パノラマが広がる。恵庭岳を抱く支笏湖と氷結したハート形の白いオコタンペ湖、丹鳴岳、小漁山、漁岳と続く雄大な景色を思う存分堪能しよう。

仲保善雄@YOSHIOの北海道山情報

オコタンペ山の山頂

夏と違って厳しさ一級。途中まででも楽しめる山

オロフレ山《やま》

1231m

オロフレ山はたくさんのシラネアオイやコイワカガミが咲き、眺望にも恵まれたやさしい山のイメージをもつ人が多いと思う。しかし冬は一変し、アイゼン・ピッケルがなければ登れない、とても厳しい山だ。それを知って意外に思う人も多いだろう。冬コースは三本あるが、その中でも、所要時間が短く変化に富んだ山スキーを楽しめるコースを紹介する。

カルルス温泉近くからオロフレ山

1/25000 地形図	カルルス温泉

登山適期					
12	1	2	3	4	5

大曲コース

■ **コースタイム**（スキー）

六七五メートル標高点（2・40→）九七〇メートルコル（0・50→）オロフレ山（1・30→）六七五メートル標高点

標高差　五五六メートル

登り　三時間三〇分

下り　一時間三〇分

■ **交通**

公共交通機関はない。

■ **マイカー情報**

駐車場所はない。六七五メートル標高点の少し登別側に登り追い越し車線があり、ここに邪魔にならないよう置くしかない。

■ **ガイド**

九七〇メートルコルまで

六七五メートル標高点から伐採道に入る。入り口は少し分かりにくいが、右手に浅い沢を見るように進むと、やや木がうるさいも

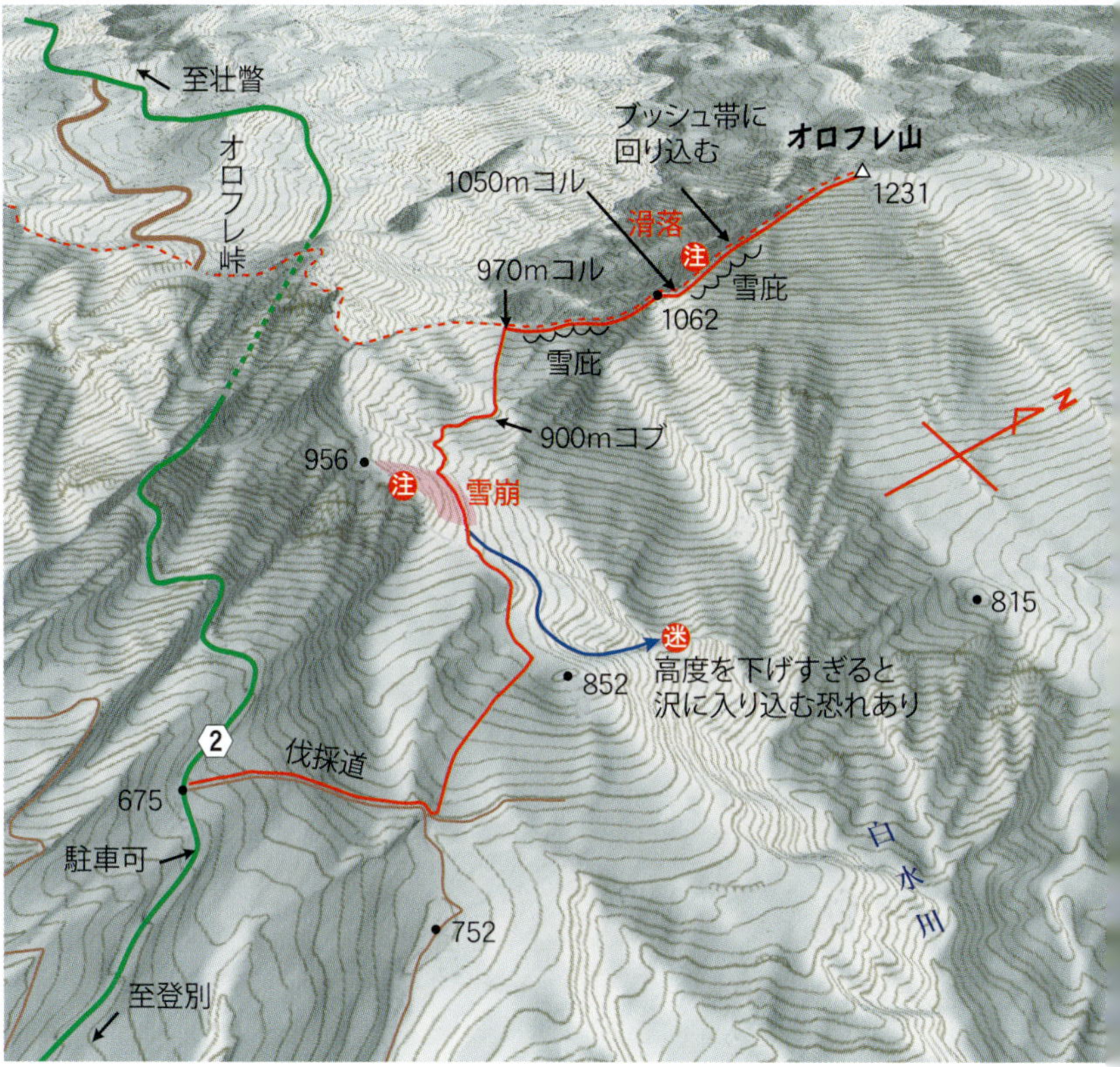

の伐採道らしくなってくる。五〇〇《メートル》ほどで沢にぶつかり、その左岸の広い尾根を登る。この辺りは疎林で下りの滑走に手頃な斜面が続いている。振り返ると加車山《かしゃやま》が見える。

八五二《メートル》ピーク横のコルに上がると実に景色がいい。正面にオロフレ山がドーンと立ちはだかり、右にはホロホロ・徳舜の山並みや樽前・風不死も見渡すことができる。噴火湾の向こうには駒ヶ岳も見える。

八五二《メートル》ピーク横のコルから先は、帰りにスキーを滑らせる傾斜を考えて、少し登り気味に

体力（標高差）	C 30
登山時間加算	C 3
高山度（標高）	A 10
険しさ・危険度	A 20
ルート判断	B 12
総合点　75点（上級）	

中央が900mコブ。右にオロフレ山

駐車場所はないので端に寄せるしかない

伐採道を進む

956mの腹をトラバースして進む

852mコルにて。左は956mピーク

九五六《メートル》ピークの腹（等高線八五〇《メートル》～九〇〇《メートル》の中間）をトラバースしていくと白水川源頭部にさしかかる。九〇〇《メートル》コブ経由で、夏道の通る九七〇《メートル》コルに出る。

オロフレ山まで

ここからはほぼ夏道をたどるが、季節風の吹きさらしで雪面が硬いことが多く、ここでスキーアイゼンを装着する。

次の一〇六二《メートル》ピーク周辺は背の低いかん木が多く、左斜面をうまく回り込んで一〇五〇《メートル》コルに出る。ここからは山頂まで一気の急登が続く。南斜面は二、三月は雪が安定していないので雪崩に注意が必要だ。頂上直下の登りはスキーでは難しいので無理しないでデポすることをお勧めする。斜面が氷化して

山頂への登りの途中から南望。来馬岳①、カムイヌプリ②、羅漢岩③

山頂。白い山はホロホロ山・徳舜瞥山

1050mコル。ここでスキーをデポする

いるときはここから引き返そう。山頂から羊蹄山、倶多楽湖などの眺めが加わり、道南の山の眺めも広がる。

下山

九七〇㍍コルまでは慎重に滑り下りたい。そこからはスキーに最適な斜面が登り口まで続く。コル手前の白老側に雪庇があり、登るときに夏道との分岐にコース旗を立てておこう。また、九〇〇㍍コブ付近から八五二㍍ピークまでの間は登りと同じラインをとること。低いラインをとると八五二㍍ピークの腹を巻いて白老側の沢に入り込んでしまう心配がある。八五二㍍から伐採道間は滑走が楽しめる。さらに道道への疎林も滑走が楽しめる。

泉田健一@風不死の番人

支笏湖と洞爺湖を見渡せる季節限定の登山

ホロホロ山《やま》

1322m

白老町と伊達市大滝区を結ぶ道道八六号は冬の間通行できない。例年四月二五日前後にゲートが開くので、その後二週間ほどの雪山登山となる。ホロホロ峠からは一カ所を除き、急斜面もない。スキーでもツボ足でも三時間半ほどで山頂に立つことができる。背後に支笏湖、山頂から西には洞爺湖が見えるという絶好のロケーションの山だ。季節的にラッセルもないから楽に登れるのがうれしい。

白老から見たホロホロ山

1/25000 地形図	徳舜瞥山

登山適期

12	1	2	3	4	5

ホロホロ峠コース

■ **コースタイム（スキー）**

ホロホロ峠駐車場（2・30↓）一二二〇メートルピーク（0・50↓）ホロホロ山（1・30↓）ホロホロ峠駐車場

標高差　七〇二メートル

登り　三時間二〇分

下り　一時間三〇分

■ **交通**

公共交通機関はない。

■ **マイカー情報**

道道八六号のホロホロ峠に駐車場がある。白老町市街から二三キロ、伊達市三階滝からは八キロ。

■ **ガイド**

一二二〇メートルピークまで

白老町と伊達市の境界沿いに登っていくのがこのコースだ。駐車場から西に五〇メートルほど進

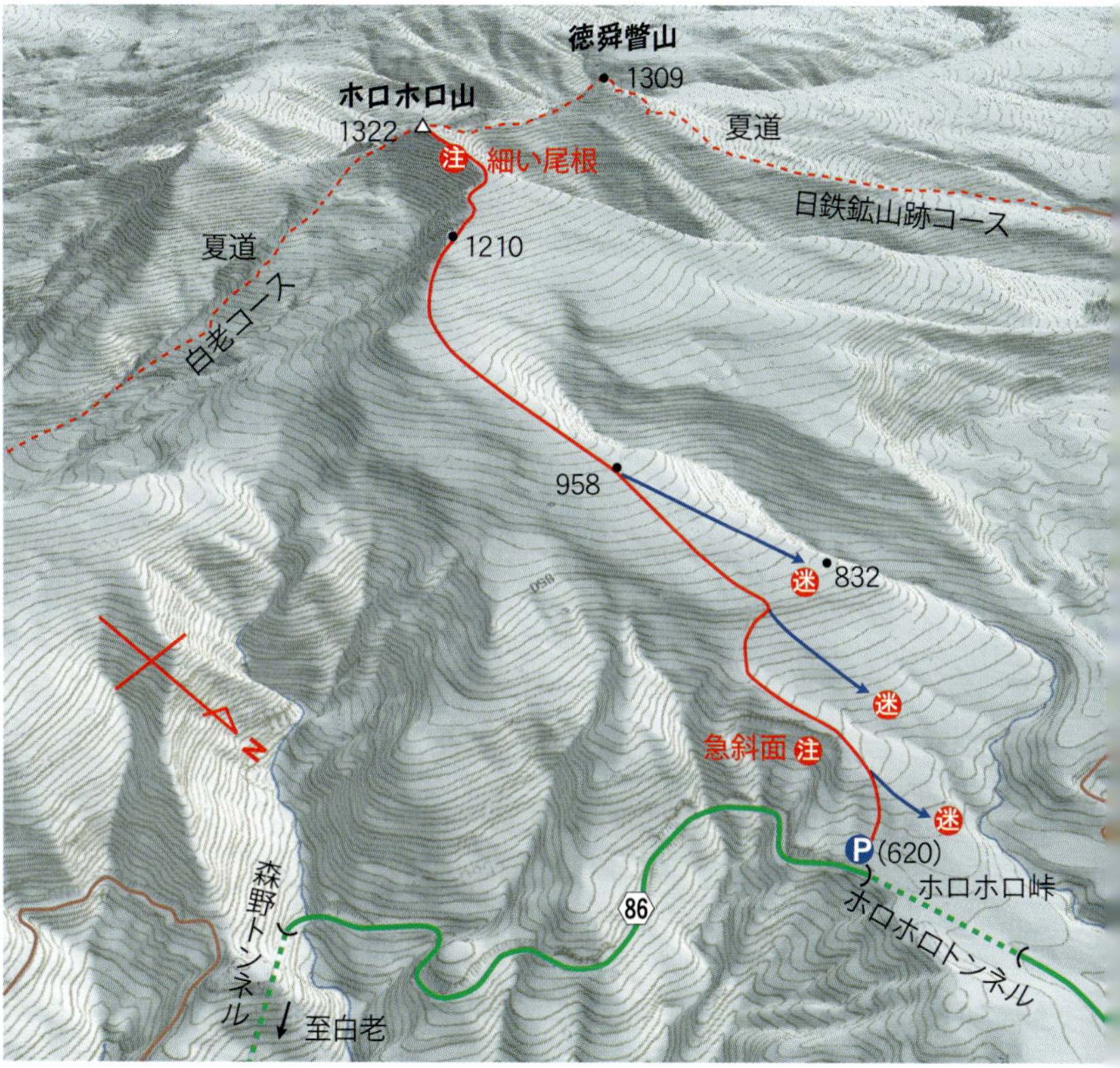

み、その後は緩い傾斜に沿って南方向へ進む。木々の間を縫うので若干うるさく感じるだろう。七〇〇㍍付近からは左手が急な落ち込みになっているので注意したい。

八〇〇㍍付近が一番の難所かもしれない。高さは三〇㍍ほどだが、三〇度前後ある急斜面だ。スキーでの直登はちょっと苦労する。右側に回り込んでから登ると幾分楽だ。だんだんと背後には支笏湖が見え出す。真後ろには南白老岳、東側には樽前山、風不死岳が、樽前山手前には平らな段丘があり、白老川支流が深く切れ込んでいて、地

体力(標高差)	B 35
登山時間加算	C 3
高山度(標高)	A 10
険しさ・危険度	C 6
ルート判断	C 6
総合点　60点(中級)	

1210mピークを目指して登る

駐車場脇からスタート

700m付近。左は急斜面だ

細い尾根の手前でスキーデポ

800mの急斜面はジグザグを切って登る

形には興味が尽きない。

　木々がうるさいのも一一〇〇メートル付近までだ。そこからは疎林となり、帰りのスキー滑降を思い浮かべるとよだれが出そうだ。見上げた先に見えるのは一二一〇メートルピークで、山頂ではない。南側は深く落ち込み、四月後半だとハイマツが出ていることが多い。

ホロホロ山まで

　一二一〇メートルピークから先は右側が広い雪原となり、羊蹄山が凛とした姿を現し、次第に洞爺湖も見えてくる。一三〇〇メートル付近でスキーをデポする。

　その先が第二の難所だ。距離はわずかだが、細い尾根となり、両側が切れ落ちている。雪の状態を確かめながら慎重に歩こう。三〇〇メートルで立派な看板の

森林限界を過ぎ、眺望がよくなる。背後に漁岳①、白老岳②、恵庭岳③、紋別岳④、風不死岳⑤

山頂には立派な標識がある

頂上へ延びる細い稜線。転落に注意

ある山頂に着く。

支笏湖、洞爺湖、それらを取り囲む山々、さらに道南の山々も見渡すことができる。

下山

ツボ足の場合は踏み跡をたどるので問題はないと思うが、スキーの場合は広い樹林帯の尾根での迷い込みに注意したい。GPSを使い、時々位置を確認するとよい。GPSを使わないなら九〇〇メートルぐらいまでは尾根の中央を外さないように意識し、それ以降は尾根の右端に沿うことを意識するとよいだろう。

岩村和彦＠ｇａｎさん

写真協力：加藤正義

山頂から支笏湖、洞爺湖、ニセコなどの大展望

徳《とく》舜《しゅん》瞥《べつ》山《やま》

1309m

隣のホロホロ山と双耳峰を成して遠くからも目立つ山だ。山名はアイヌ語で「アメマスのいる川」を意味する「トックシュンペツ」に由来するそうだ。特別に高い山ではないが、山頂付近は厳しい気象に見舞われることが多いので、本格的な冬山登山として臨むべきだ。山頂からは支笏・洞爺・ニセコ周辺の山々の大パノラマが三六〇度遮ることなく楽しめる。

大滝区本郷から徳舜瞥山

1/25000 地形図	徳舜瞥山・蟠渓

登山適期					
12	1	2	3	4	5

西尾根コース

■ **コースタイム**（スキー）

五五二メートル標高点（2・50↓）一〇五〇メートル台地（1・20↓）徳舜瞥山（0・30↓）一〇五〇メートル台地（1・20↓）五五二メートル標高点

標高差　七五七メートル

登り　四時間一〇分

下り　一時間五〇分

スノーシュー

登り四時間二〇分、下り三時間二〇分

■ **交通**

公共交通機関はない。

■ **マイカー情報**

上円山農免農道の五五二メートル標高点が除雪終点で、数台の駐車スペースがある。コンクリート製の建物（送水管施設）が目印になる。除雪の妨げにならないように駐車したい。

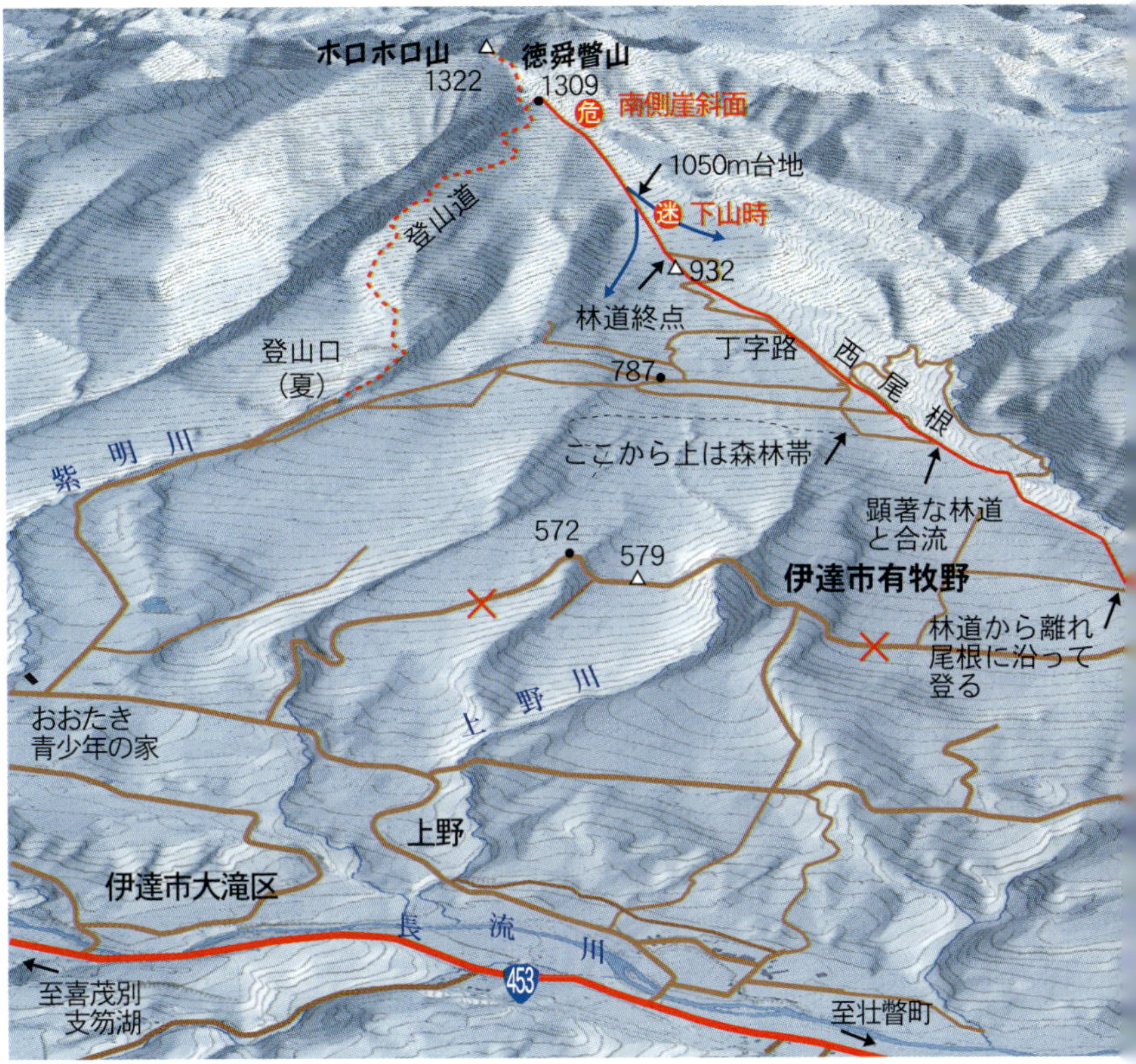

■ガイド

一〇五〇メートル台地まで

除雪終点から三〇〇メートルほど林道をたどってから、徳舜瞥山が見える牧野の広い西尾根に取り付く。牧野は樹木がないので見晴らしがよい。ここから先は尾根から離れることなく忠実にたどり、標高七二〇メートル付近で顕著な林道と合流する。ここで牧野は終わり、森林帯に入る。あとは適度に林道をショートカットしながら、林道終点の目印となる単管で組んだ古い監視台を目指す。標高一〇〇〇メートル付近からはダケカンバとエゾマツの大木が目立ち始め、気象条件によっては迫力あ

体力（標高差）	B 35
登山時間加算	B 6
高山度（標高）	A 10
険しさ・危険度	B 12
ルート判断	B 12
総合点　75点（上級）	

1050m台地の樹氷

552m地点の駐車スペース。建物が目印

市営牧野の広い西尾根を登っていく

1050m台地から見上げる徳舜瞥山と樹氷

林道終点付近の牧野監視台

る樹氷（スノーモンスター）を見ることができる。

一〇五〇㍍台地に出ると、森林限界となり、眼前に真っ白な徳舜瞥山がたちはだかる。

徳舜瞥山まで

緩やかな登りから徐々に急登となり、条件によってはクラスト斜面となる。さらに高度を上げるとハイマツ帯となり、少雪と強風の時は歩きにくい。

山頂直下の標高差五〇㍍は斜度がきつく、ハイマツが露出して登りにくい。ここでスキーやスノーシューをデポして、ツボ足で登る方が賢明である。斜面が氷化しているときはアイゼンやピッケルが必要になるので、滑落が心配なら無理をせずに引き返したい。

視界不良のときは、南側の崖

徳舜瞥山の山頂から見た漁岳①、恵庭岳②、南白老岳③、白老岳④、支笏湖⑤

山頂直下の急登

標高1200m付近のクラスト斜面

斜面に入り込まないよう注意する必要がある。最後の急登に耐えて頂上に着くと、三六〇度の大展望を楽しむことができる。隣のホロホロ山をはじめ、支笏湖とその周辺の山、札幌周辺の山、増毛山地、洞爺湖、羊蹄山、ニセコの山々を望むことができる。

下山は往路をたどるが、尾根の幅が広いので、視界不良のときは方向を見失いやすい。尾根の左端に沿うことを心掛け、コンパスやGPSで下る方向や位置確認をしよう。山スキーが楽しめるのは標高一〇〇〇メートル付近までで、それより下は傾斜が緩くて滑らなくなることがある。最後は緩やかな林道をたどり、広い西尾根の雪原を忠実に下るだけである。

宮野二嘉@宮王

白鳥湾の絶景に魅了される山

稀《まれっ》府《ぷ》岳《だけ》

702m

標高は七〇〇《メートル》にすぎないが、山から眺めた室蘭港や白鳥湾、それを跨ぐ白鳥大橋の景観が素晴らしい。室蘭駅付近の高台から眺めた姿は魅力的だが、下部に木立が多く、雪の少ない地域なのでスキーには向かず、スノーシューが最適だ。二〇一一年に夏道ができたので、冬のルートはそれに沿ったものになる。元来少雪の地域なので年間を通して楽しめる山だ。

稀府中心部から稀府岳

1/25000 地形図	稀府

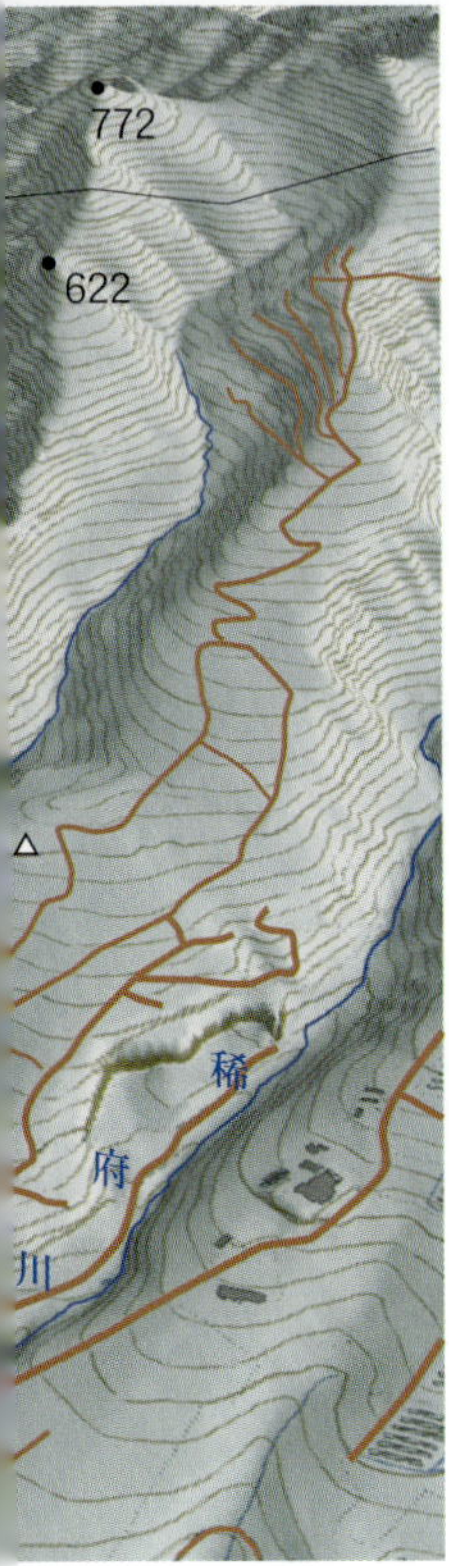

登山適期					
12	1	2	3	4	5

南西尾根コース

■ **コースタイム（スノーシュー）**

林道入り口（1・30↓）南西尾根四五〇《メートル》地点（1・30↓）稀府岳（1・30↓）林道入り口

標高差　五六〇《メートル》

登り　三時間

下り　一時間三〇分

■ **交通**

JR稀府駅下車。札幌駅前発洞爺湖温泉行きなどの道南バスで「南稀府」下車。駅から国道まで〇・五《キロ》、国道から林道入り口まで二・八《キロ》。

■ **マイカー情報**

養鶏場手前一〇〇《メートル》で右に入る林道が登山口。三、四

体力（標高差）	C 30
登山時間加算	C 3
高山度（標高）	C 3
険しさ・危険度	C 6
ルート判断	C 6
総合点　50点（初級）	

台の駐車が可能。

■ガイド

南西尾根四五〇㍍地点まで

林道入り口には入林届があるのでそれに記帳してから林道を進む。八〇〇㍍ほど進んだ標高二五〇㍍地点に養豚小屋跡のブロック壁が残っており、目印になる。その先の人工林を抜け、そのまま谷間に登山道は続くので、それに沿って進む。谷間がどん詰まりに近づくと、標高三五〇㍍付近で夏道は右手の斜面を行くのでそれに従う。少し急だが五〇㍍ほど高度を上げると四〇〇㍍付近の平坦な尾根に上がる。

以降も登山道に沿って進めばよいが、登山道を見失っても、尾根に沿って北東方向へ登って行くと、林を抜けて一面のササ原に出る。この雪原の登りは雪

左右の植生が非対称な上部の尾根。左は頂上

駐車場所

多雪時は早めに尾根に取り付いてもよい

雪庇のある尾根を登ると頂上は目前だ

尾根上は林の中を進む

が締まっていれば快適だが、深雪やモナカ状の雪のときは体力的にきつくなる。このササ原の雪原は室蘭方面から見ると冬は白く輝く尾根になって目立つ。なお、雪の多いときは人工林を抜けた先で右手の尾根に取り付いて北東方向へ向かうとよい。

稀府岳まで

ここからは右に室蘭岳が、振り返ると室蘭の街と伊達の街、そして噴火湾の景観が広がる。登るにつれて室蘭港の俯瞰角度が増して、斜め図から平面図に変わっていくように見える。噴火湾を挟んで駒ヶ岳がその背後にそびえ立つ。

標高六二一メートルピークが頂上のように見えるが、頂上はさらに先にある。六二一メートルピークから先もすっきりした稜線が続く。

樹林を抜けると広いササの斜面。後ろに室蘭港が広がる

山頂直下の下り。視界不良時は尾根の分岐に注意

高度感のある山頂

山頂手前の右側には小さな雪庇ができているので踏み抜かぬよう気をつけたい。山頂は南北に細長く、西側の眺望は木が邪魔をするが、東や北はすっきり見通せる。室蘭岳から伊達紋別岳まで続く雪稜線が見事につながっている。

下山

帰途の尾根歩きは、室蘭港に飛び込んでいくような錯覚に陥るほどだ。これもまたこの山の魅力の一つに違いない。東側は急に落ち込んでいるので気をつけよう。

この山はいつも風が強いので、降雪の可能性があるときは、吹雪で視界が悪くなる恐れがある。下山時に尾根の分岐でコースを間違えないために、コース旗を立てるのを忘れないように。

岩村和彦＠ｇａｎさん

写真協力：仲俣善雄

室《むろ》蘭《らん》岳《だけ》（鷲《わし》別《べつ》岳《だけ》）

初級者にも冬山が楽しめる人気の山

911m

夏山登山にとても人気のある山で、夏道コースは冬でも登山者が多く、ツボ足で歩けることが多い。冬期間だけに使える冬コースでは山スキーが使える。西尾根コースはスノーシューが面白い。山頂からの眺めがよく、室蘭港や噴火湾越しの駒ヶ岳の展望も素晴らしい。高速道路の室蘭ＩＣから近く、駐車場も十分に広くて便利だ。

地球岬展望台から見た室蘭岳

登山適期					
12	1	2	3	4	5

1/25000 地形図	稀府・鷲別岳

冬コース・夏道コース

■ コースタイム

冬コース（スキー）

公園駐車場（0・20↓）白鳥ヒュッテ（2・10↓）室蘭岳（0・30↓）公園駐車場

標高差　五一〇メートル

登り　二時間三〇分

下り　三〇分

※スノーシューは下り一時間

※夏道コースもスノーシュー使用で同時間

■ 交通

公共交通機関はない。

■ マイカー情報

山麓公園駐車場を利用する。

■ 白鳥ヒュッテ

通年利用可。無料。

体力（標高差）	C	30
登山時間加算	C	3
高山度（標高）	B	6
険しさ・危険度	D	0
ルート判断	C	6
総合点　45点（初級）		

管理人常住。二〇二一年三月で閉鎖予定

▼収容＝三〇人

▼設備＝ストーブ、少々の炊事用具あり。寝具なし。

▼管理＝室蘭市体育協会（☎〇一四三・四四・七五二一）

■ガイド

白鳥ヒュッテまで

駐車場から白鳥ヒュッテまでの約六〇〇メートルは夏道の登山道をたどる。たいてい明瞭なトレースがある。白鳥ヒュッテ前の登山届ボックスで手続きを済ませ、先行者がたどったコースを確認しておきたい。トイレはここが最終だ。

室蘭岳まで

ヒュッテから一五〇メートルほど進むと水神社があり、踏み跡が左右に分かれる。右は夏道、左は冬コースで、分岐が明確になる

冬コース。樹上に赤い目印がある

山麓公園駐車場

白鳥ヒュッテ。ここで登山届ができる

冬コース。尾根が広くなり、頂上は近い

冬コースは水神社の手前から左に入る

よう有志が踏み固めている。
　冬コースは尾根が広いため、時々ある標識物や赤テープが見つけられないと迷いやすい。吹雪の後などでトレースを見つけられないときには夏道コースに変えたほうが無難だ。
　夏道コースはスノーシュー向き。ガンバリ岩を越え、雪庇のある尾根を越えた後、標高六五〇《メートル》から七五〇《メートル》にかけて美しいダケカンバ林がある。ダケカンバ林を越えると木がまばらになり、吹雪くとトレースが消えやすい。尾根も広くて、下山時に迷いやすいので、吹雪でGPSを持っていないときには引き返したほうがよい。
　室蘭岳では二〇一二年一月・四月、一五年三月に道迷い遭難事故、一六年一月に大雪による遭難事故（後に死亡）があっ

山頂からの眺め。広がる室蘭市街、噴火湾をはさんで右遠くに駒ヶ岳が見える

山頂にはりっぱな標識がある

夏道コース。右に雪庇がある

た。低い山だがあなどってはいけない。山頂の南東九〇メートルに巨大な反射板がある。登頂時にここを目印にして下山する方角を確認しておこう。

山頂は眺めがよく、室蘭港、太平洋、噴火湾、駒ヶ岳、恵山などの道南の山々の連なりは圧巻だ。運がよければ下北半島まで望める。北西には有珠山、洞爺湖、羊蹄山などを望むことができる。

残雪期には夏山の西尾根コースにはっきりしたトレースがついていることも多い。スノーシューやワカンならこの西尾根コースから下山するのも面白い。その一方で、夏山の水元沢コースは迷いやすいうえに雪が深いことが多く、厳冬期は入山者もいないので入らないほうがよい。

小澤修司@シュウ

短時間の登りで眺めがよい

イワオヌプリ

1116m

山名はアイヌ語で「硫黄のある山」を意味する。かつては硫黄を採掘していた活火山である。登り始めがすでに標高七六〇㍍だから、比較的楽に山頂に達する。裸山で眺めも格別だが、雪崩が起きやすく、荒天時には方向感覚も失いやすい。斜面の状況には十分に気を付け、かつ天候の悪化に備えてGPSの準備もしたい。

倶知安町の国道393号から見たイワオヌプリ

1/25000 地形図	ニセコアンヌプリ

登山適期					
12	1	2	3	4	5

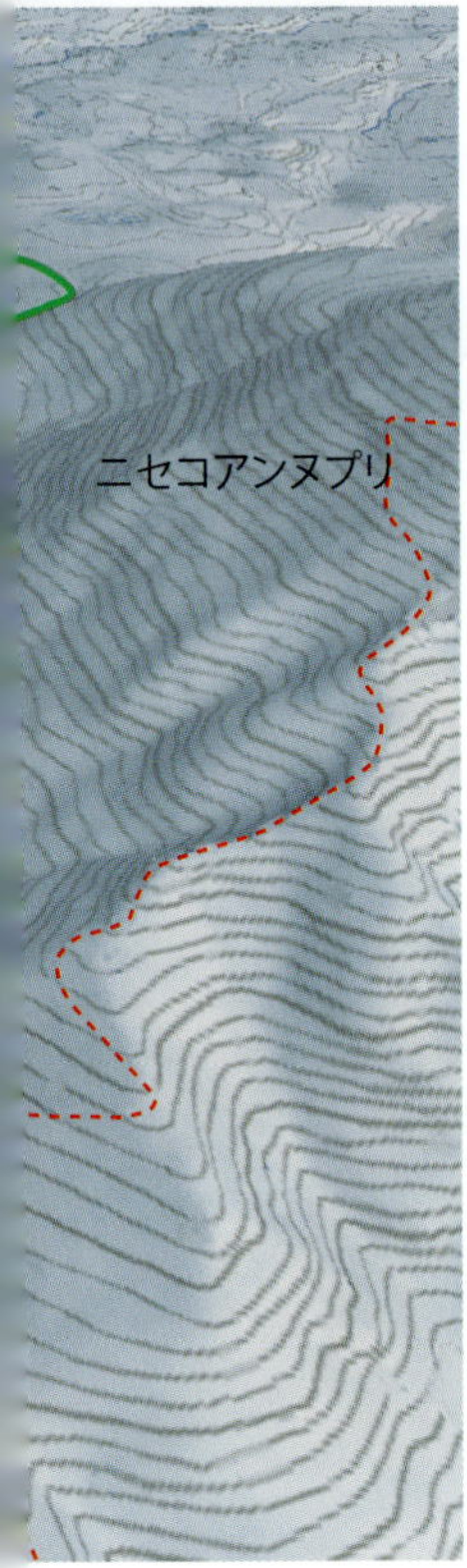

五色温泉コース

■コースタイム（スノーシュー）

駐車場所（0・20→）標高九〇〇㍍（0・50→）標識山頂（0・10→）標高点山頂（0・50→）駐車場所

標高差　三五六㍍
登り　一時間二〇分
下り　五〇分

■交通

冬期間、路線バスは運休している。

■マイカー情報

岩内町や倶知安町からの道は冬季閉鎖中なので、ニセコ町（昆布温泉）側から入る。五色温泉先の除雪終点が駐車場所となる。除雪などの妨げにならないよう左側雪壁に向けて止める。

■ガイド

標高九〇〇㍍地点まで

コースタイムは三月下旬以降

の残雪期ののものである。一月から二月のラッセルを伴う時期は登りで三〇分程度の余裕をみたい。

　駐車場所から虻田郡と磯谷郡の郡界線をたどる。まずは時速三〇《キロ》速度規制看板の左奥に見える尾根に取り付き、台地に登る。台地上を三〇〇《メートル》ほど進み、一〇六〇《メートル》から張り出す尾根へ向かう。尾根の右は急なボウル地形で、雪崩の危険がある。九〇〇《メートル》付近を境に傾斜が急になり、このコースの核心部にさしかかる。

体力(標高差)	C 30
登山時間加算	D 0
高山度(標高)	A 10
険しさ・危険度	C 6
ルート判断	C 6
総合点　50点(初級)	

標識山頂まで

　ニセコアンヌプリを背後に直

左の３人の正面の尾根を登る。頭は1060m地点

除雪終点の駐車スペース

赤線のように尾根に取り付く

1060m地点から標識山頂を見上げる

尾根に取り付いた様子

登またはジグザグを切りながらボウル地形の上部を目指す。

クラスト時には滑落の危険があるから、このコースより夏道のある南西尾根から登るとよい。

標高一〇六〇メートル付近で台地に達する。ここから山頂を目指して緩斜面をたどる。右側に雪庇が発達している時期があるから踏み抜きに注意したい。夏道では最終地点である標識のある山頂（標識山頂）からは、ニセコアンヌプリや倶知安町の町並みはもちろん、ニトヌプリやチセヌプリなどニセコ連峰が見渡せる。

標高点山頂まで

地形図に標高点が与えられている山頂（標高点山頂）へ行くには無雪期はハイマツこぎや岩場越えが必要だが、積雪期には

標識山頂。背後にチセヌプリなどが並ぶ

山頂標識とニセコアンヌプリ

標高点山頂に立つ

標識山頂から少し北を巻いて容易に達することができる。その少し下方に岩塔が見えるが、そこから始まる斜面は雪崩の多発地帯であり、スキー滑降は厳禁である。

下山

スキーの場合は短いながらも滑降によい斜面が多いが、標高点山頂や標識山頂からの斜面は雪崩の起きやすい急斜面である。安全第一に考え、最も安全度が高い夏道側の南西尾根斜面を下りたい。

なお、裸山であるために目印が少なく、荒天時には帰路を見失う心配があるし、滑落の危険もある。GPSを活用して、往路を忠実にたどりながら確実に下りたい。

杉下圭史@ぽっさん

遅くまでスキーを楽しめる定番コース

チセヌプリ

1134m

山名はアイヌ語で家（チセ）の形に似ていることから名付けられた。スキー場はキャット（雪上車）による営業がされており、世界中から来たバックカントリースキーヤー、ボーダーでにぎわっている。山頂付近の急斜面には雪崩斜面があるので十分に注意したい。昔から山スキーのメッカであり数多くのコースが取れるが、ここではスキー場内を通らないコースを紹介する。

蘭越町日出から見たチセヌプリ

1/25000 地形図	チセヌプリ

登山適期					
12	1	2	3	4	5

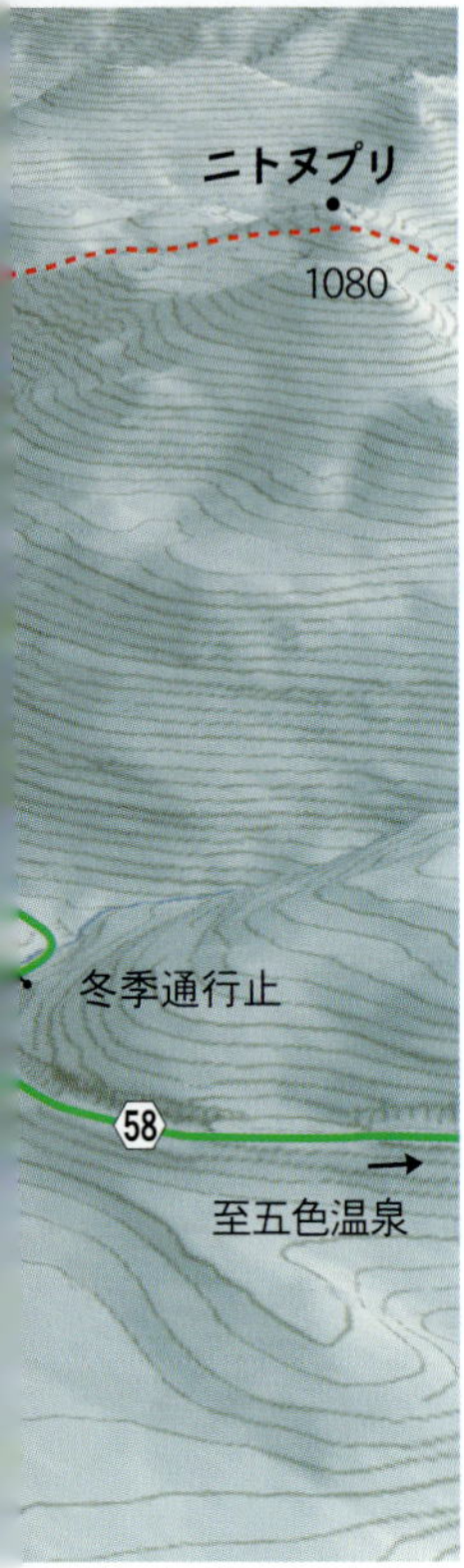

チセヌプリスキー場コース

■コースタイム（スキー）

駐車場（1・15↓）八五〇《メートル》台地（1・15↓）チセヌプリ（0・50↓）駐車場

標高差　五八四《メートル》
登り　二時間三〇分
下り　五〇分

■交通

JRニセコ駅で下車しタクシーを利用。ニセコバスは冬期間運休する。

■マイカー情報

スキー場の駐車場が除雪してあるが、駐車台数が少ない。併設のトイレも日中は使える。

■ガイド

八五〇《メートル》台地まで

駐車場からスキー場のコースと自衛隊の訓練施設のスロープの間を登っていく。スキー場は

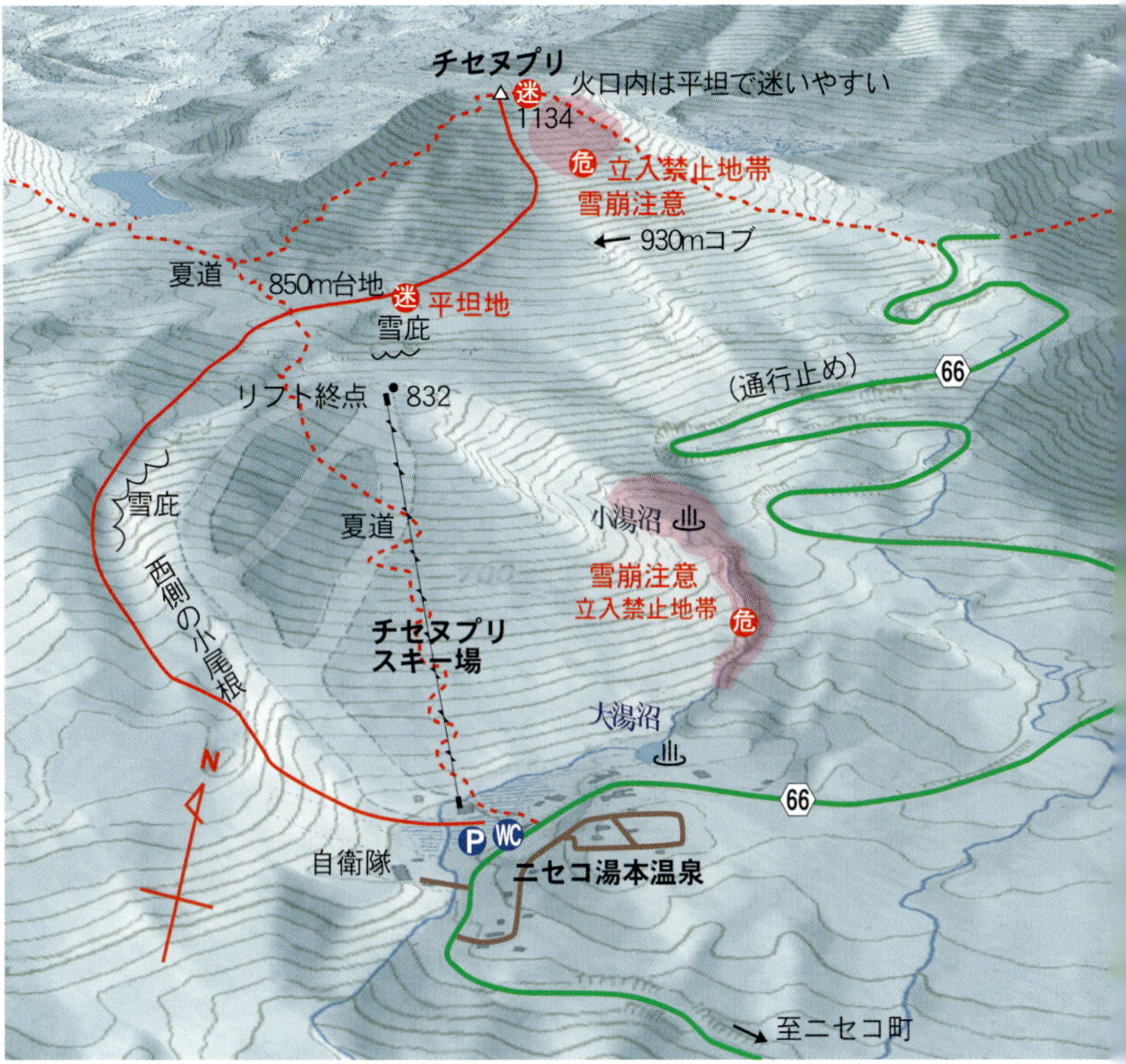

キャットスキーが営業中なので入らないようにしたい。

西側の小尾根に乗ったら、尾根上をほぼ真北に登る。登るにつれて小尾根の東側には雪庇が張り出してくるので入り込まないよう注意しよう。尾根を登りきると傾斜は緩くなり、八五〇メートル付近の広く大きな台地に出る。ここからは正面にチセヌプリの山頂部が大きく見え、また、左手にはシャクナゲ岳の真っ白で美しい三角すいのような山頂部が見える。

体力（標高差）	C 30
登山時間加算	C 3
高山度（標高）	A 10
険しさ・危険度	D 0
ルート判断	C 6
総合点　50点（初級）	

チセヌプリまで

　チセヌプリへは北東方面に雪原をしばらく行き、やがてチセ

チセヌプリの南面を緩い傾斜で登っていく

スキー場と自衛隊管理地の間を登る

チセヌプリを見ながら小屋根を登る

下に見える930mコブはよい目印になる

広くて平坦な850m台地に出た

ヌプリの南面を緩く登って行く。九三〇メートル付近に小さなコブが見えてくる。コブが眼下に見えるようなると、あとはそのコブの西側（左側）の斜面を登っていくとよい。このコブは悪天時にはよい目印になる。このコブ付近は森林限界で、樹木がないために標識類も取り付けられず、風でトレースも消えやすい。悪天時には地形の判断も難しいので、常に引き返しを念頭に入れて行動したい。

　コブの上は急斜面となり、ジグザグを切って登っていく。南東側は雪崩斜面なので右側に入り込まないようにしたい。ピーク直下は風が強くクラストしていることが多い。きつい場合には無理をせずに引き返すかスキーをデポしてツボ足で登るか判

山頂からの眺め

山頂標識の大きなエビノシッポ

山頂部の無樹木斜面

断したい。

山頂部は台地状で、クラストしていることが多い。山頂標識は大きなエビノシッポに覆われる。南には遠く駒ヶ岳を望み、東にはニトヌプリ、アンヌプリ、イワオヌプリ、羊蹄山が一直線に連なっている。

下山

下りはニトヌプリ方面に下りたり、大湯沼方面に下りたりとさまざまなルートを楽しめるが、雪崩斜面もあり、十分な注意が必要だ。南面の山頂直下で雪崩も発生している。ここでは往路をそのまま下山することをお勧めする。山頂直下の急斜面を降りればあとは比較的緩斜面が続く。パウダーや展望を楽しみながら滑走しよう。

松田幸三@まっさん

ニセコ連峰の中央にある円すい形の秀峰

シャクナゲ岳《だけ》

1074m

シャクナゲの群落があったことが名の由来とされる。小ぶりながら円すい形の山容が美しい山である。冬山登山ではチセヌプリと併せて登ることも多いが、単独で登っても変化に富んで楽しい。森林限界を超えた広い雪原を経て登るので、視界が悪いとルートファインディングが難しい。確実な読図力が求められる山である。

蘭越町日出付近から見たシャクナゲ岳

1/25000 地形図	チセヌプリ

登山適期					
12	1	2	3	4	5

チセヌプリスキー場コース

■ **コースタイム（スキー）**

駐車場（1・15→）八五〇《メートル》台地（1・15→）シャクナゲ岳（1・00→）駐車場

標高差　五二四《メートル》

登り　二時間三〇分

下り　一時間

■ **交通**

JRニセコ駅で下車しタクシーを利用。ニセコバスは冬期間運休する。

■ **マイカー情報**

スキー場の駐車場が除雪してあるが、駐車台数が少ない。併設のトイレも日中は使える。

■ **ガイド**

八五〇《メートル》台地まではチセヌプリの項を参照のこと。

八八一《メートル》のコルまで

八五〇《メートル》台地からはチセヌプ

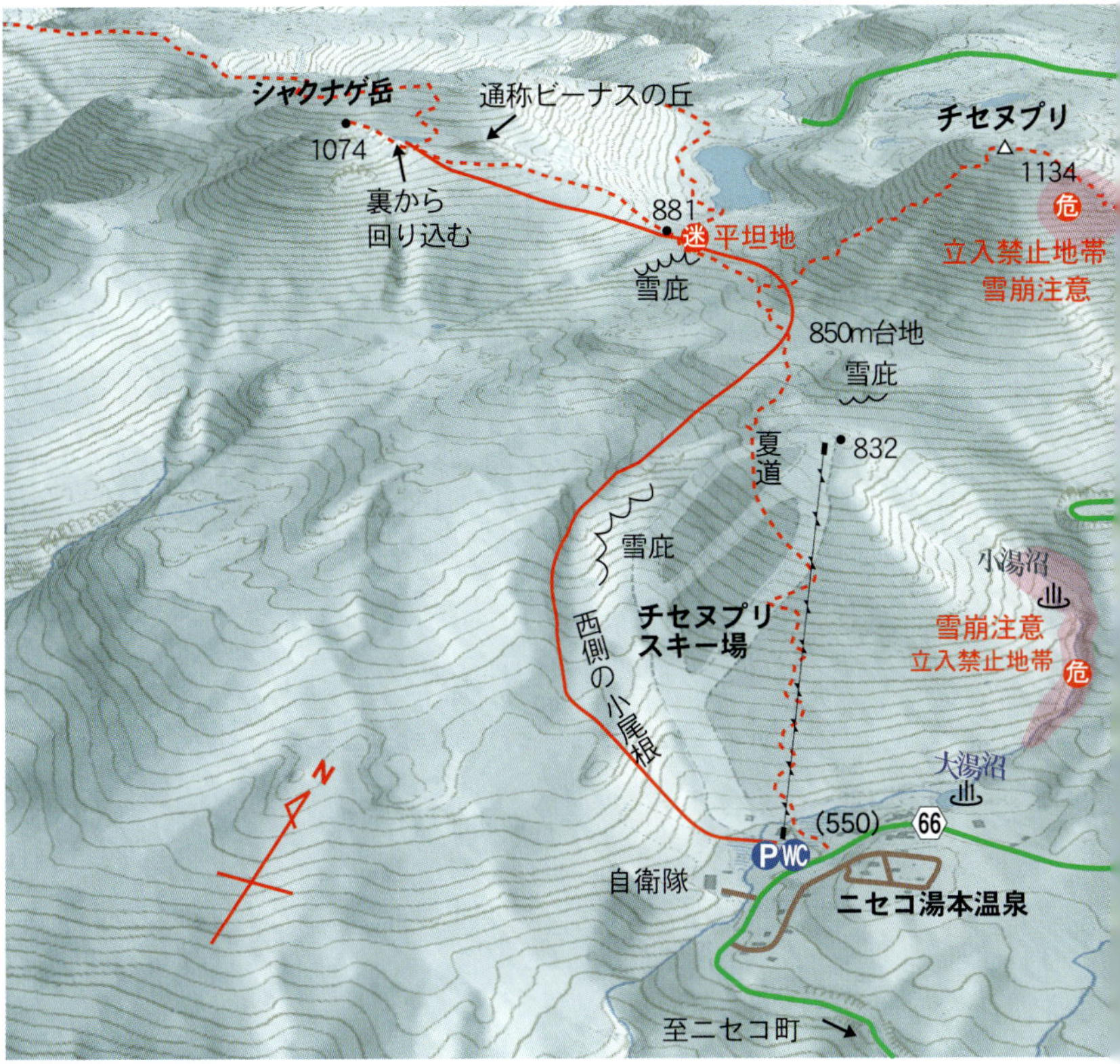

リの西側の裾野を水平に巻くように北北西に進む。天気がよければシャクナゲ岳とその右側のコブ（通称ビーナスの丘）の純白の姿が見える。八八一《メートル》コルがある広い台地の手前には雪庇が張り出している。大きくはないが越えるのは危ないので雪庇を右から回り込む。

雪庇を越えたら広い雪原となる。この辺りは悪天時にはルートを見失いやすい所だ。判断が難しいときは引き返そう。

体力（標高差）	C 30
登山時間加算	C 3
高山度（標高）	A 10
険しさ・危険度	D 0
ルート判断	C 6
総合点　50点（初級）	

シャクナゲ岳まで

天気がよければシャクナゲ岳を目指して通称ビーナスの丘とのコルを目指して登っていく。

山頂直下。背後に目国内岳、岩内岳が見える

850m台地から見るシャクナゲ岳

881mコルの手前の雪庇帯は右から巻く

山頂

ビーナスの丘（右）のコルへ向かう

コルからはシャクナゲ岳への最後の急登が待っている。特に東面から南面は急な斜面なのでコルから北側を回り込むようにらせん状に登ると楽だ。アイスバーンやシュカブラで登りにくいときは、無理をせずに山頂をあきらめるか、スキーをデポしてツボ足で登るのも方法である。

　山頂からはチセヌプリ、ニトヌプリ、ニセコアンヌプリ、その奥には羊蹄山が見える。

下山

　条件がよければどこでも滑れるが、雪崩の危険を十分判断しよう。登りと同様に北側から巻くようにビーナスの丘とのコルに降りるのが一番安全だろう。

　コルからは往路のコースを降りていく。このコースは森林限界の上の歩行が長く、地形が平

山頂からチセヌプリ、ニセコアンヌプリ、羊蹄山を望む。歩いてきたラインも見える

坦なので、視界不良時のルート決定は困難になる。進むべき方向をGPS、地図、コンパスでしっかり判断できなければ、悪天時には安易に進むべきではない。

松田幸三@まっさん

山頂からの滑降。奥はチセヌプリ

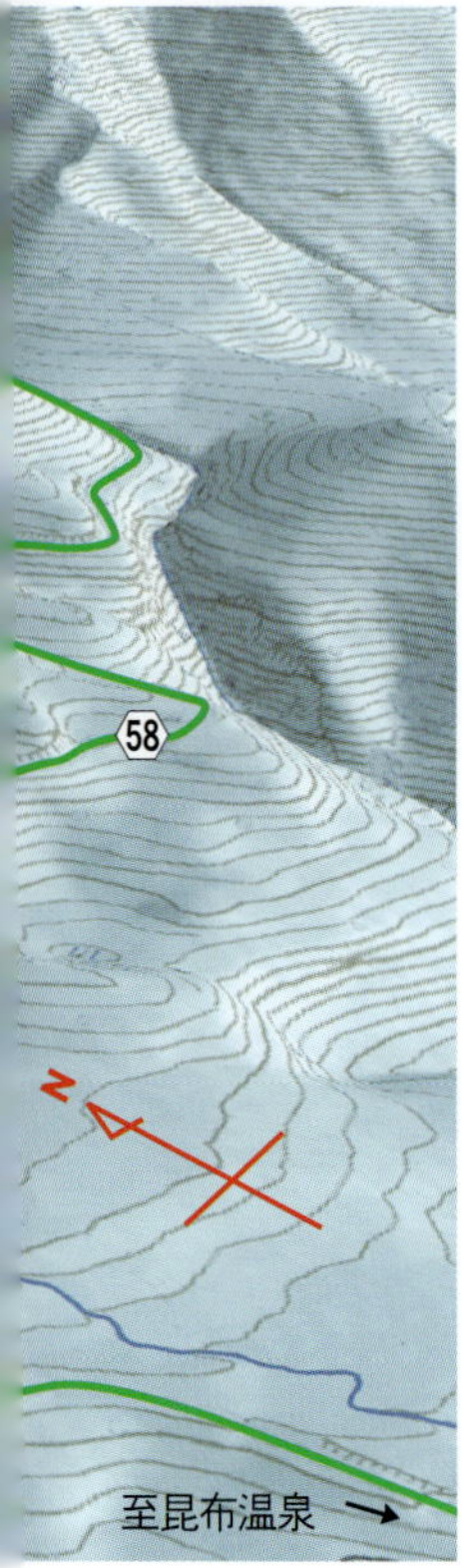

優しい山容に似合わず困難度の高い山

ニトヌプリ

1080m

ニセコ連峰のイワオヌプリとチセヌプリの間にあり、夏は登山者が少ないが、冬はニセコをよく知るバックカントリーフリークの穴場的な山だ。しかし、序盤は急斜面で雪崩のリスクがあり、上部はオープンバーンのクラスト斜面も出てくる。視界がないときのルート決定は難しいので、天気が安定したときにベテランと登りたい。

ニセコ町から見たニトヌプリ

1/25000 地形図	チセヌプリ

登山適期

12	1	2	3	4	5

南面コース

■ **コースタイム**（スキー）

スキー場駐車場（0・20↓）道道分岐（1・20↓）八七四メートル標高点台地（1・10↓）ニトヌプリ（1・00↓）道道分岐（0・20↓）スキー場駐車場

標高差　五三〇メートル
登り　二時間五〇分
下り　一時間二〇分

■ **交通**

公共交通機関はない。

■ **マイカー情報**

チセヌプリスキー場駐車場を使用。

■ **ガイド**

八七四メートル標高点台地まで

二〇〇九年に南西斜面で雪崩事故が発生している。また、全体が裸山であり、地形が不明瞭なため、見通しが利かないと遭難

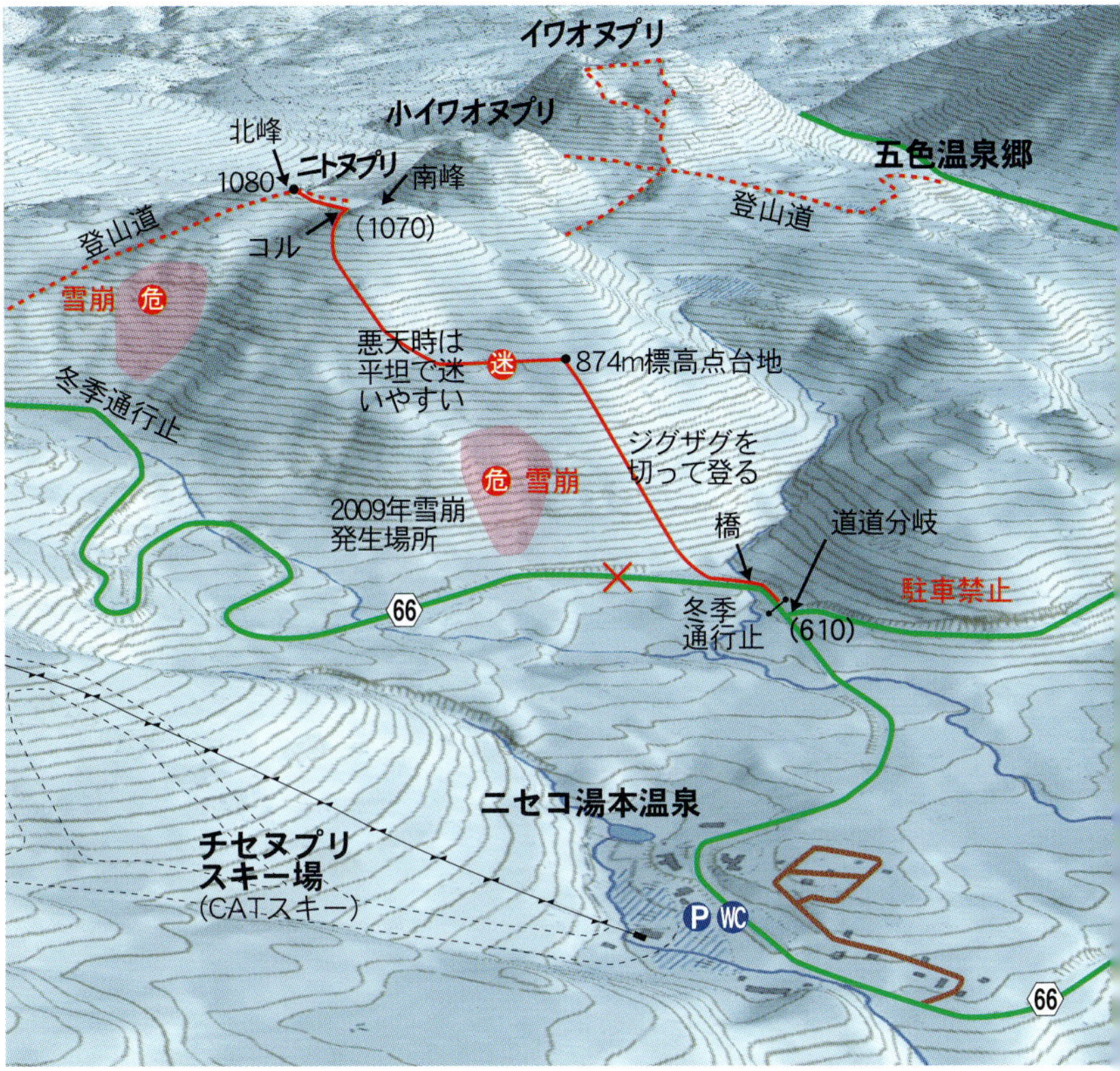

の危険がある。天候、雪面の状況、ルート判断などができることを前提としたい。

体力（標高差）	C 30
登山時間加算	C 3
高山度（標高）	A 10
険しさ・危険度	C 6
ルート判断	C 6
総合点　55点（中級）	

道道五八号から除雪されない道道六六号に入り、沢をまたぐ橋を渡った付近から取り付く。

尾根は初めから急な登りになる。登り始めの段階で雪崩発生の可能性をチェックしてから取り付きたい。人数が多いときは間隔を広めにして雪面に刺激を与えないようにする配慮も必要だ。標高差二〇〇メートルほど登ると視界は開け、八七四メートル標高点のある台地に出る。

ニトヌプリまで

八七四メートル標高点台地からは南

南西斜面930m付近

道道66号のゲート

道道から急な尾根に取り付く

1000m付近のなだらかな斜面

874m標高点台地。正面は1070m南峰

峰が見え、そのまま南峰に登っても面白い。南峰上部はクラストしていることが多いので、スキーアイゼンがあると安心だ。

台地で一休みしてからは北に進み西側の尾根に取り付く。尾根の上に出たらそのままトラバース気味に北東に進み、双耳峰のコルを目指すとよい。

標高九五〇《メートル》付近からは北西にチセヌプリが鎮座しているのが見える。天気がよいと、登っている人や滑っている人が見られる。その奥にはシャクナゲ岳も顔を出している。振り返ると尻別川と蘭越町の町並みや幌別岳の山塊がよく見える。

標高一〇〇〇《メートル》辺りからはなだらかになり、本峰がやっと見えてくる。コルまで登るとイワオヌプリ、ニセコアンヌプリを

写真協力：松田幸三

山頂からの眺望

山頂標識はエビノシッポに覆われている

南峰を右に見てコルに到着

望むことができる。残念ながら羊蹄山はアンヌプリの陰になり望むことはできない。

　コルから一七〇《メートル》ほど北に進むとニトヌプリ本峰に到着する。山頂標識は厳冬期に大きなエビノシッポが付いていることが多く、普段から風が強いということがよく分かる。

　ついでに南峰にも登ってみよう。南峰から見下ろす南斜面のオープンバーンは滑らずにいられない魅力がある。ニトヌプリはどこを滑っても楽しめるが、雪崩のリスクもある。危険を冒してまで急斜面に近付かない自制心をもちたい。自信がなければ登ったルートを戻ることをお勧めする。安易に人のトレースを追わないように注意したい。

工藤治樹＠パッポ隊長出動

写真協力：泉田健一

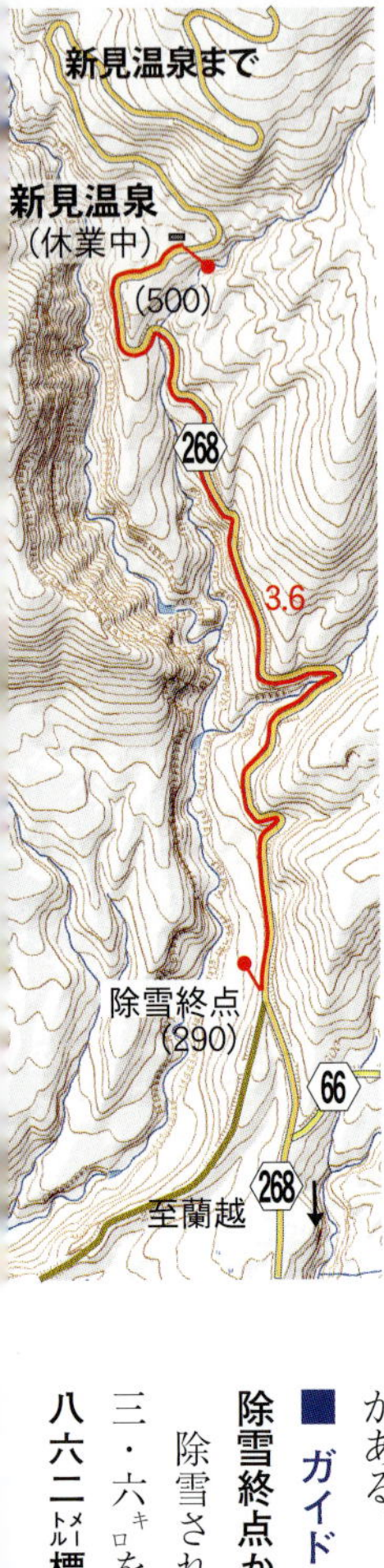

頂上南に広がる雄大な斜面が魅力

目《め》国《くん》内《ない》岳《だけ》

1220m

ニセコ連峰の中央部から離れた静かな山だ。頂上から遮るもののない大斜面と標高差三〇〇メートルの疎林内のパウダー滑走が魅力だ。新見温泉が長期休業のため、道道二六八号の山岳路が除雪されず、かなり麓からの登山となる。車道をショートカットした前目国内岳経由のルートもあるが、パウダー滑走が楽しめる沢渡りコースを紹介したい。

幌内山から見た目国内岳▼　前目国内岳▼

1/25000 地形図	チセヌプリ

登山適期					
12	1	2	3	4	5

沢渡りコース

■ コースタイム

除雪終点（1・30→）新見温泉（2・00→）八六二メートル標高点右肩（1・30→）目国内岳（0・30→）八六二メートル標高点右肩（1・00→）新見温泉（1・00→）除雪終点

獲得標高差　九三〇メートル

登り　五時間

下り　二時間三〇分

■ 交通

公共交通機関はない。

■ マイカー情報

除雪終点は駐車禁止だ。他に駐車可能な場所を見つける必要がある。

■ ガイド

除雪終点から新見温泉まで

除雪されない道道二六八号の三・六キロをスキーで歩く。

八六二メートル標高点右肩まで

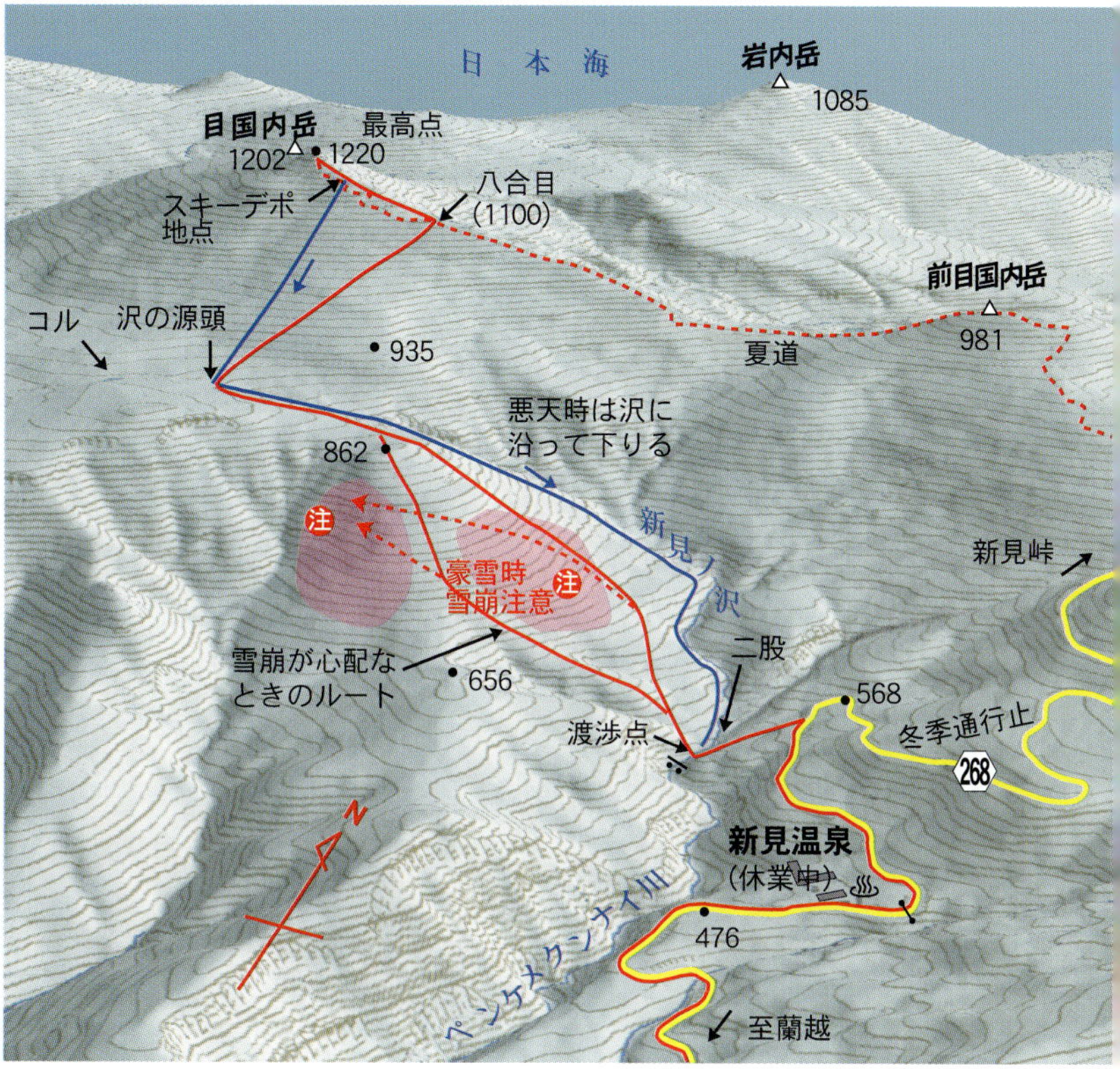

新見温泉からさらに道道を進む。五六八メートル標高点のある大曲の一〇〇メートル手前で車道から離れ、左手下の新見ノ沢に向かって緩斜面を下る。二股の下流、滝マークの上流二〇〇メートル付近にスノーブリッジを探して対岸に渡る（三月下旬〜四月上旬に限る）。左股源頭近くで再度ルートと合流するので覚えておくとよい。

太いダケカンバ林のやや急な斜面が標高差三〇〇メートル続く。この斜面は大量降雪後は雪崩れる可能性があるので、必ず弱層テストをしたい。雪崩が不安なら八六二メートル標高点から南東に下りる

体力（標高差）	A 40
登山時間加算	B 6
高山度（標高）	A 10
険しさ・危険度	C 6
ルート判断	C 6
総合点 70点（中級）	

右手の新見ノ沢が浅くなったら渡り、山頂の右肩へ

道道268号の除雪終点からスタート

新見ノ沢を渡る（滝マークの200m上流）

夏道のある稜線から山頂を目指す

862m付近。背後はシャクナゲ岳

尾根から登った方が安全である。

その斜面を少し右寄りにジグザグにルートを取りながら登ると八六二メートル標高点の右肩に着く。右に寄りすぎても沢に沿うので心配ないが、左に寄りすぎると八六二メートルの南側急斜面に入るので注意したい。

目国内岳まで

斜面はここから緩くなり、新見ノ沢源頭の浅くなったところから山に向かって渡る。頂上の右肩（約一一〇〇メートル）めがけて一直線に登るが、視界が悪いときは、目標物がなく方向を見失いやすいので、コンパスのセットやGPSによる位置確認が必要だ。自信がない場合はここから引き返そう。上部斜面は木がなく、風や日照のためにクラストしていることが多いので、ス

頂上の基部から岩内岳と日本海

山頂標識がある最高点ピーク

頂上基部でスキーをデポする

キーアイゼンはいつでも装着できるように準備しておくとよい。

頂上周辺は岩場になっているので、その手前でスキーをデポしてツボ足で登る。デポ地点からは、ニセコ連峰のほか、北方向に岩内岳が間近に見え、日本海を挟んで積丹の山塊が奥に見える。頂上は二つのピークで成っており、岩場を左から回り込んで登っていくと頂上標識がある最高点ピークだ。

下山

視界が悪いときは、頂上直下でコンパスを一六〇度にセットして、沢の源頭まで下りよう。その後、沢の右岸に沿って下りるとよい。右寄りにルートを取ると、湿原側に下り、ルートを見失うことがあるので要注意だ。

泉田健一＠風不死の番人

どっしりした山に刻まれる多彩なコース

雷電山《らいでんやま》 1211m 二国内《にこくない》 582m 三国内《さんこくない》 970m

日本海に面した雷電山は冬の季節風をまともに受けるため上級者でも厳しい登山となるが、純白の山頂と長距離滑走はとても魅力的である。厳冬期は長い林道のラッセルと駐車スペースの確保に苦労するため三月から四月のスキー登山が中心となる。また、出尾根上の二国内、三国内も素晴らしい滑走斜面をもち、手軽に楽しめる。

目名峠付近から二国内▼雷電山▼三国内▼

1/25000 地形図	雷電山

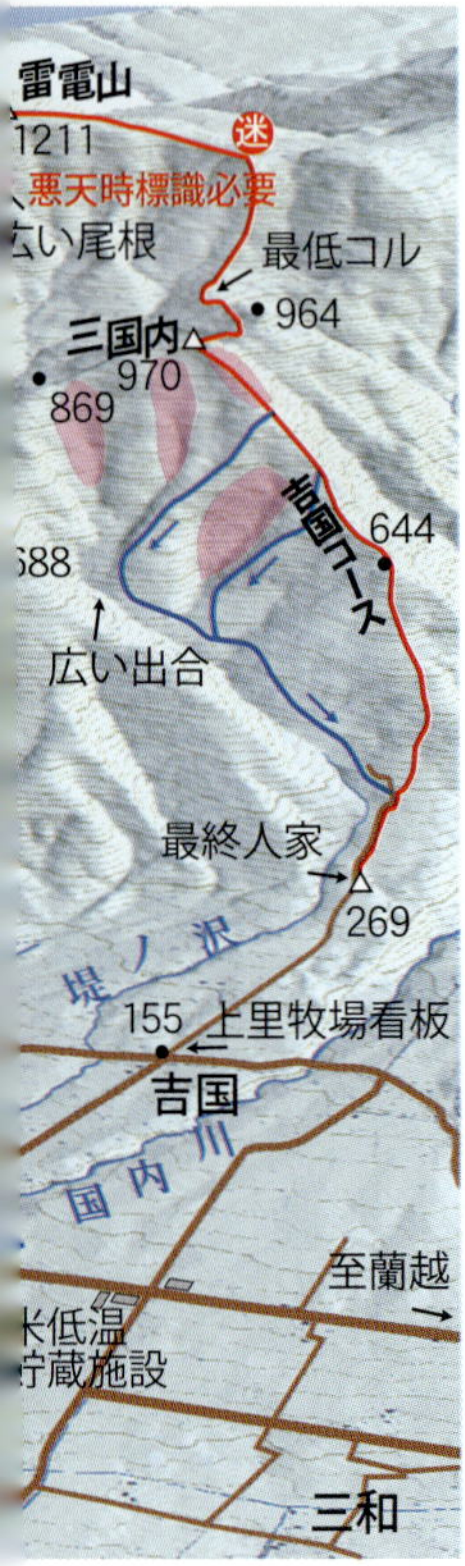

オサンナイ川コース

■ **コースタイム（スキー）**

上里駐車地点（1・10↓）オサンナイ川右岸台地（3・00↓）一〇四六メートルピーク（1・20↓）雷電山（0・50↓）一〇四六メートルピーク（0・40↓）オサンナイ川右岸台地（0・50↓）上里駐車地点

標高差　一〇二五メートル

登り　五時間三〇分

下り　二時間二〇分

登山適期					
12	1	2	3	4	5

■ **交通**

JR蘭越駅が最寄り駅だが、現地までの交通機関はない。

■ **マイカー情報**

上里の除雪終点に三、四台駐車スペースがある。

■ **ガイド**

一〇四六メートルピークまで

駐車地点から除雪されていな

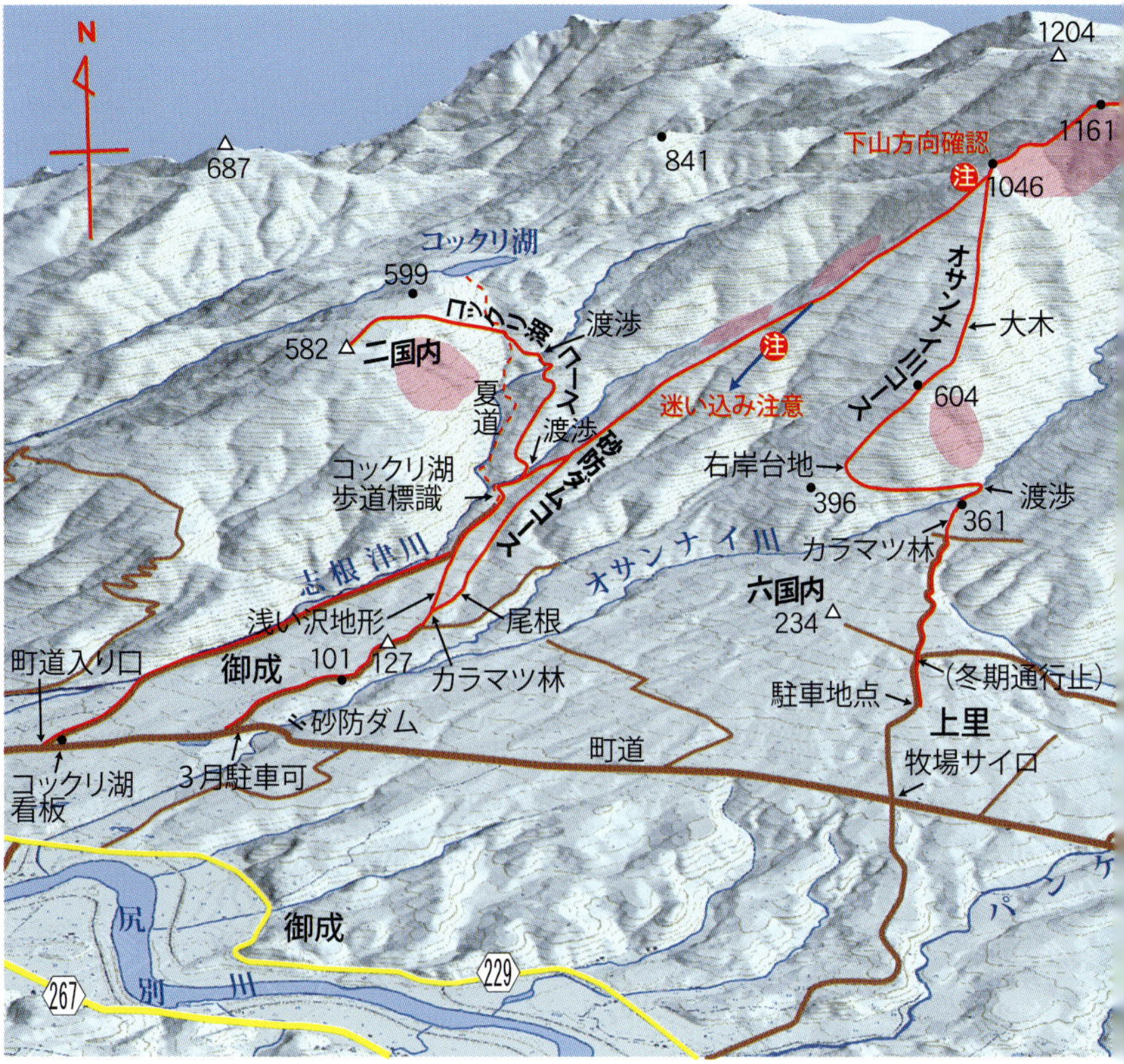

い道路を一キロ進むと丁字路にぶつかるので、正面のカラマツ林をそのまま突っ切る。下山時のスキー滑りを考え、登り傾斜で段丘の上(三六一メートル標高点)を目指し、オサンナイ川へ上流寄りに降りる。

川の正面斜面は急なので、下流側へ大きく回り込んで尾根に上がり、伐採跡地の開けた斜面を六〇四メートル標高点経由で登る。この先は滑降に適した斜面が続く。

標高七〇〇メートル付近の大きなダケカンバは、目立つ中継点となる。左右の視界がよく、右に三国内を見ながら登っていく。振り返ると蘭越の町の先に幌別岳の山塊が広がっている。

体力(標高差)	A 40
登山時間加算	A 10
高山度(標高)	A 10
険しさ・危険度	B 12
ルート判断	B 12
総合点 85点(上級)	

オサンナイ川のスノーブリッジを渡る

上里の除雪終点から登山開始

除雪されていない道路を進む

700m付近にあるダケカンバの巨木

丁字路からまっすぐカラマツ林に入る

九〇〇メートルの森林限界を過ぎると雪の下はハイマツだ。風を遮るものがなく、ここから一〇四六メートルピークに向かって、シュカブラが発達する。

　天候の悪いときは一〇四六メートルピークから先は視界不良になることが多いので、天候判断により進退を決めたい。

雷電山まで

　一一六一メートル手前の小ピークは左側を通過する。右側から回り込みたくなるが、雪庇があるので近づかないようにしたい。その上の登りは急でクラストしていることが多いので、斜面の手前でスキーデポか、シートラーゲン（スキーを担ぐ）するか判断したい。

　春先はハイマツが顔を出し登れなくなるので、雪が安定して

標高1000m付近から山頂方向の眺め

平坦な雷電山の山頂

1046mピークとその先のコブ

くれば、コルから一一六一メートルピークの南斜面を上部の雪田《せつでん》を見ながらトラバースし、ジグザグを切りながら登ることもできる。一一六一メートルピークに上がると広い平坦な地形となり、頂上台地が一段高く見えるが、その台地の上は山頂までさらに平らで、目標とするものが何もない。

一一六一メートルの先でハイマツが出ているときは、南斜面の際を回り込んで雪田をつなげて進む。一一六一メートルの下降口には念のため標識またはGPSのポイントを打っておきたい。頂上は、三月末だと分岐標識の頭が出ていることがあるが、正確な頂上に立ちたい人はGPSで確認しよう。平坦なので下山の出だしを間違わないように注意したい。

泉田健一@風不死の番人

カラマツ林を抜けると三国内が見える

最終人家前の除雪終点に駐車する

644m標高点付近。目国内岳が見える

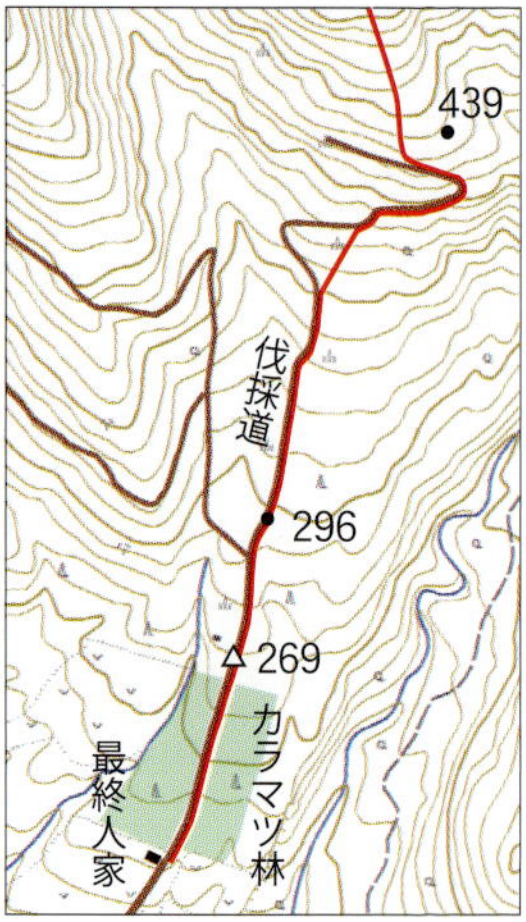

吉国コース（三国内まで）

■コースタイム（スキー）

最終人家（3・40→）三国内（1・00→）最終人家

標高差　七四〇メートル《メートル》
登り　三時間四〇分
下り　一時間

登山適期					
12	1	2	3	4	5

■交通

JR蘭越駅が最寄り駅だが、現地までの交通機関はない。

■マイカー情報

最終人家に駐車スペースが四、五台分あるが、除雪車の方向転換場所なので駐車位置に注意。降雪後は必ず除雪が入るので、除雪車を待ち、置き場所の指示を受けて

体力（標高差）	B 35
登山時間加算	B 6
高山度（標高）	B 6
険しさ・危険度	C 6
ルート判断	C 6
総合点　60点（中級）	

三国内の頂上付近からの眺め。目国内岳の右にニセコアンヌプリなどが並ぶ

雪庇の切れ目から頂上台地に上がる

一本の木の上に雪庇が張り出す

から出発する方が無難だ。

■ガイド

最終人家から尾根に取り付くまでは別図のとおり。四三九㍍付近は木が込んでいるが、その先に緩やかな広い疎林の尾根が続く。頂上までは一本尾根で視界が広く、気持ちよく登れる。頂上直下の無樹木の急斜面はジグザグを切って登るが、降雪後の登行は雪崩チェックをしよう。

尾根の頭に雪庇があり、右側の切れ目から稜線に上がるが、高いときはスコップなどで削る。

頂上平坦地の左側に三角点がある。頂上から見る雷電山の迫力には圧倒される。沢の下部は沢中央より左岸をトラバース気味に下りるとスタート時の二九六㍍標高点近くに出てくる。

泉田健一@風不死の番人

最低コルから見上げる雷電山

三国内から964mピーク方向への下り

1100m付近から964mピーク（手前）と三国内

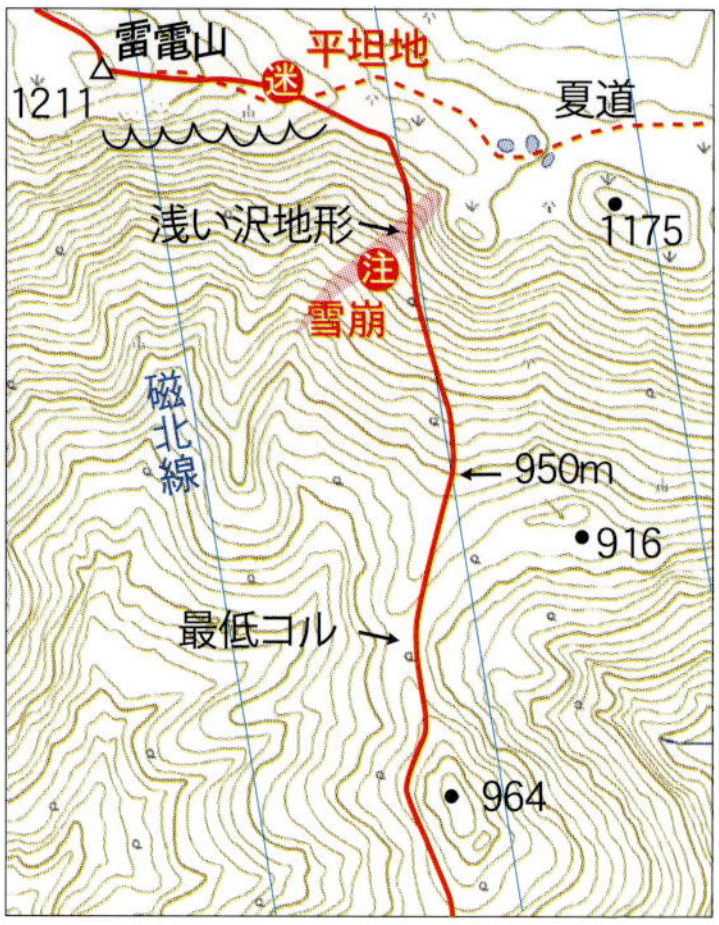

吉国コース（雷電山まで）

■コースタイム（スキー）

最終人家（3・40↓）三国内（2・30↓）雷電山（1・30↓）三国内（1・00↓）最終人家

標高差　一〇二五《メートル》
登り　六時間一〇分
下り　二時間三〇分

登山適期					
12	1	2	3	4	5

■ガイド

三国内から九六四《メートル》ピークの西側を回り込んで最低コルに下りる。緩やかな下りトレースを付けておくと帰りが楽だ。

最低コルからは正面の尾根の頭を目指し、斜度が急に増す九五〇《メートル》あたりから左上の稜線めが

体力（標高差）	A 40
登山時間加算	A 10
高山度（標高）	A 10
険しさ・危険度	B 12
ルート判断	B 12
総合点　85点（上級）	

主稜線に出ると平坦地の連続で、視界不良に備えてコース旗の取り付けが必須となる

主稜線のピーク

主稜線。無樹木の丘陵が続く

けてまっすぐ磁北方向に斜上する。主稜線に出る手前で浅い沢地形を横切るので、雪崩の発生を考え、一人ずつ間隔を空けて通過したい。新雪のラッセル時は雪崩の危険があるので、無理せず下山したい。

主稜線からは何も遮るものがない平坦地で、季節風を正面から受けることが多い。頂上までの南斜面側に雪庇の張り出しがあるので、あまり左寄りにならないように歩きたい。また、いつ視界不良になるか分からないので、尾根の下り口と山頂までの間に標識を付けて進みたい。

頂上は前述のとおりどこが最高点か分からない。三角点位置に立ちたい方はGPSの確認が必要だ。

泉田健一@風不死の番人

右に尾根を見ながら沢の中を進む

駐車位置。右奥に砂防ダムが見える

コックリ湖自然探勝歩道入り口からの登り

砂防ダムコース

■コースタイム（スキー）

砂防ダム林道口（1・00↓）コックリ湖歩道入り口（2・50↓）一〇四六メートルピーク（1・20↓）雷電山（0・50↓）一〇四六メートルピーク（0・50↓）コックリ湖歩道入り口（0・20↓）砂防ダム林道口

標高差　一一五一メートル

登り　五時間一〇分

下り　二時間

登山適期					
12	1	2	3	4	5

■交通

公共交通機関はない。

■マイカー情報

三月中旬頃から町道の路肩に駐車スペースができる。コックリ湖へ通じる林

体力（標高差）	A 40
登山時間加算	A 10
高山度（標高）	A 10
険しさ・危険度	B 12
ルート判断	B 12
総合点　85点（上級）	

1046mピークからの眺め。手前は三国内、遠くに羊蹄山、ニセコアンヌプリ

1046mピークへの登り

900m付近の登り

道は四月下旬にはかなり奥まで入れるが、最適な駐車スペースがないので注意。

■ガイド

コースの前半は図のように進む。コックリ湖入り口から作業道跡を利用して尾根に取り付くコース、または尾根をたどるコースがとれるが、やがて両コースは合流する。

その後、一〇四六メートルピークから延びる尾根を登っていく。初めは少しかん木がうるさいが、やがて滑走に適した疎林となる。

尾根に沿って地形図上の六二六メートル標高点、八〇三メートル標高点を経て登っていく。一〇四六メートルピークから先はオサンナイ川コースを参照のこと。

泉田健一＠風不死の番人

第１渡渉点

コックリ湖入り口標識

町道からコックリ湖方面への入り口

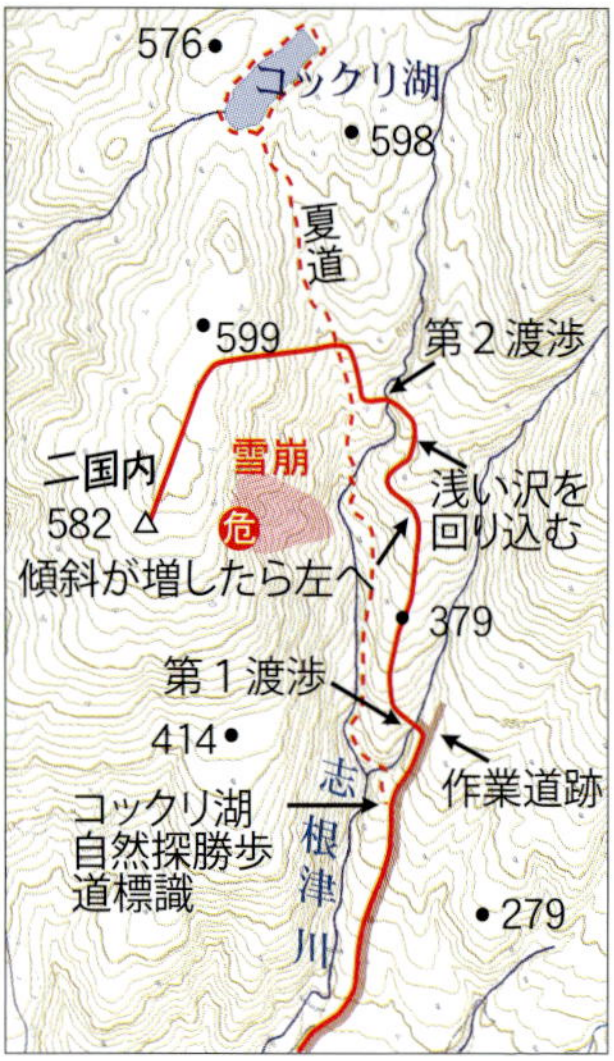

第２渡渉点

体力（標高差）	C 30
登山時間加算	C 3
高山度（標高）	D 0
険しさ・危険度	D 0
ルート判断	C 6
総合点　40点（初級）	

コックリ湖コース（二国内）

■**コースタイム（スキー）**

コックリ湖町道入り口（1・20→）歩道入り口（2・00→）二国内（0・40→）歩道入り口（0・30→）コックリ湖町道入り口

標高差　五六五メートル

登り　三時間二〇分

下り　一時間一〇分

■**交通**

蘭越町有の循環バスがあるが時間的に利用できない。

登山適期					
12	1	2	3	4	5

■**マイカー情報**

三月中旬を過ぎるとコックリ湖町道入り口に駐車可能な場所ができ、四月下旬には林道の奥まで入ることができる。

■**ガイド**

コックリ湖へ向かう道路を進むと約三キロでコックリ湖自然探勝歩道の入り口（以下「歩道入

二国内の主稜線は広い台地状。後ろは雷電山

三角点の位置は最高点から下がった林の中

599m標高点の尾根へ向かう

り口」）に着く。三月中旬頃までは標識が雪に埋まって位置が分からないことがあるので、そのときは志根津川の二股位置を確認したい。歩道入り口からは図のように作業道跡を使って浅い沢底に降り、スノーブリッジを渡る。そのまま尾根を登り、傾斜が増す頃、左に回り込み、左股の沢に下りてスノーブリッジを渡る。コックリ湖へ向かう夏道は沢の中を通っているが上部が狭いので左岸側を巻く。

　対岸の正面に二国内の尾根に登る疎林の大斜面が迫る。その疎林を登ると広い台地に出る。三角点は最高点からさらに密集したシラカバ林を下ったところにあるが、ＧＰＳがないと位置確認はできない。

泉田健一＠風不死の番人

季節風の影響を受けにくく眺望も楽しめる山

西《にし》昆《こん》布《ぶ》岳《だけ》

804m

昆布岳から南西に延びる尾根上のピークで、季節風を受けにくい位置にあるので、比較的登山条件が良く、よく登られる。噴火湾を隔てて道南の山を一望できる眺望の山でもある。行動時間が短いので、初級者でも登りやすいが、下りは地形判断が難しい不明瞭な尾根なので、トレースが消える条件のときはGPSを活用するのが安心だ。

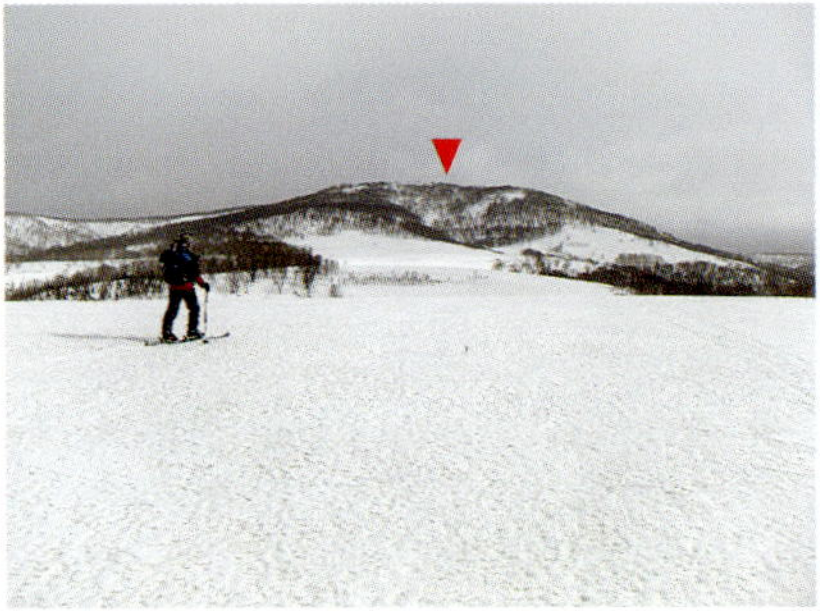

登山口付近から西昆布岳

1/25000 地形図	昆布岳・後志立川

登山適期					
12	1	2	3	4	5

南西尾根コース

■ **コースタイム（スキー）**

道道駐車地点（1・00→）林道交差地点（0・50→）西昆布岳（0・50→）道道駐車地点

標高差　四六五メートル

登り　一時間五〇分

下り　五〇分

■ **交通**

公共交通機関はない。

■ **マイカー情報**

現地に至るまでに、進入経路によっては通行止め区間があるので注意。登山口となる三三九メートルの峠での路上駐車は走行車から死角となるため避けたい。林道の入り口が広

体力（標高差）	C 30
登山時間加算	D 0
高山度（標高）	C 3
険しさ・危険度	D 0
ルート判断	C 6
総合点　40点（初級）	

郵便はがき

料金受取人払郵便

札幌中央局
承認

8373

差出有効期間
2020年12月31日まで
（切手不要）

0 6 0 - 8 7 5 1

801

（受取人）
札幌市中央区大通西3丁目6

北海道新聞社 出版センター
愛読者係
行

お名前	フリガナ	性別
		男・女
ご住所	〒□□□-□□□□ 都道府県	

電話番号	市外局番（　　） —	年齢	職業
Eメールアドレス			
読書傾向	①山 ②歴史・文化 ③社会・教養 ④政治・経済 ⑤科学 ⑥芸術 ⑦建築 ⑧紀行 ⑨スポーツ ⑩料理 ⑪健康 ⑫アウトドア ⑬その他（　　）		

★ご記入いただいた個人情報は、愛読書管理にのみ利用いたします。

愛読者カード　　最新版　北海道雪山ガイド

本書をお買い上げくださいましてありがとうございました。内容、デザインなどについてのご感想、ご意見をホームページ「北海道新聞社の本」https://shopping.hokkaido-np.co.jp/book/の本書のレビュー欄にお書き込みください。

このカードをご利用の場合は、下の欄にご記入のうえ、お送りください。今後の編集資料として活用させていただきます。

〈本書ならびに当社刊行物へのご意見やご希望など〉

■ご感想などを新聞やホームページなどに匿名で掲載させていただいてもよろしいですか。（はい　いいえ）

■この本のおすすめレベルに丸をつけてください。

高（5・4・3・2・1）低

〈お買い上げの書店名〉

都道府県　　市区町村　　書店

■ご注文について

北海道新聞社の本はお近くの書店、道新販売所でお求めください。
道外の方で書店にない場合は最寄りの書店でご注文いただくか、お急ぎの場合は代金引換サービスでお送りいたします（1回につき代引き手数料300円。商品代金2,500円未満の場合は、さらに送料500円が加算されます）。お名前、ご住所、電話番号、書名、注文冊数を出版センター（営業）までお知らせください。

【北海道新聞社出版センター（営業）】**電話**011-210-5744　**FAX**011-232-1630
電子メール　pubeigyo@hokkaido-np.co.jp
インターネットホームページ　https://shopping.hokkaido-np.co.jp/book/

目録をご希望の方はお電話・電子メールでご連絡ください。

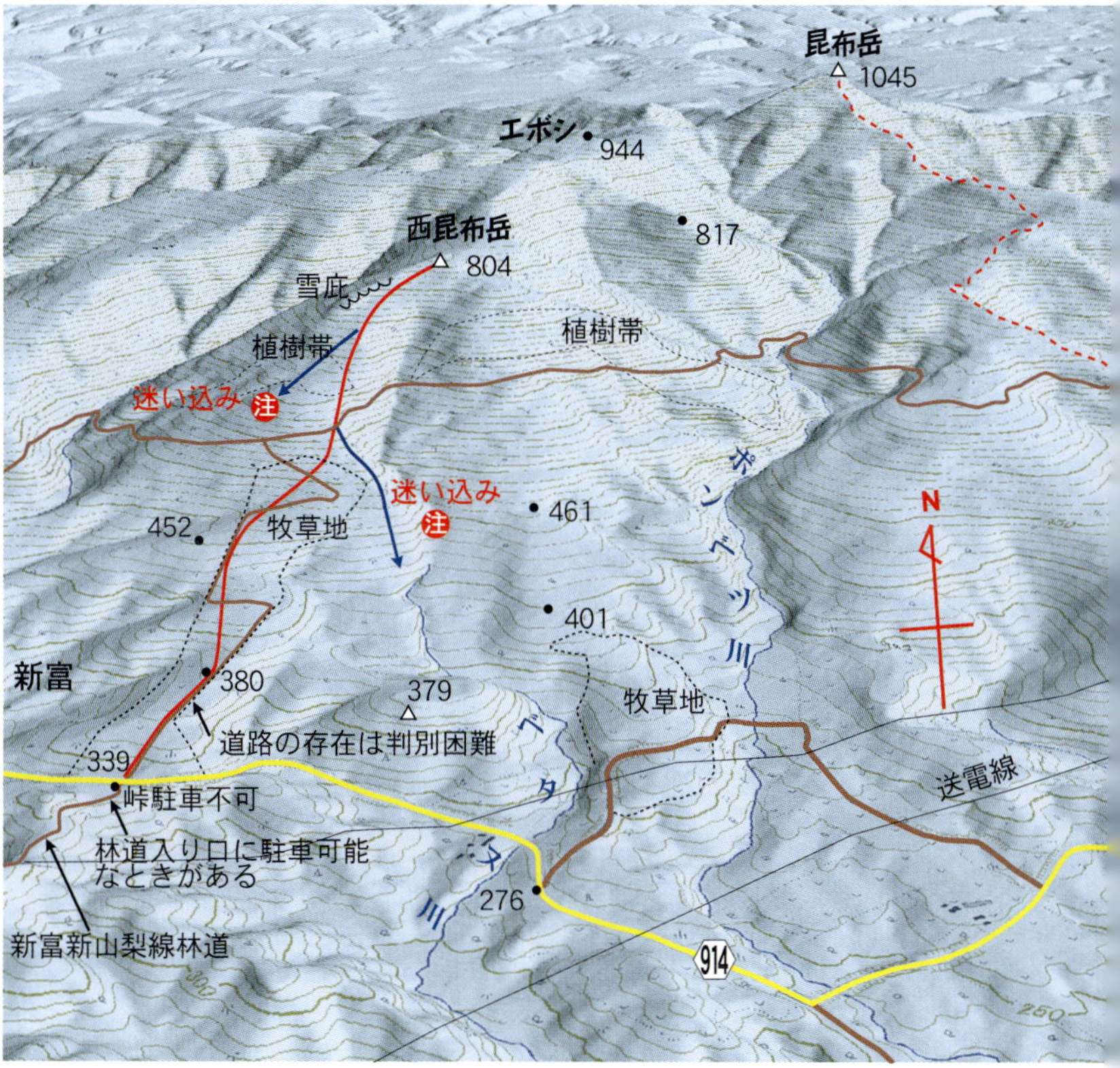

く除雪され、駐車可能なことが多い。

■ ガイド

林道交差地点まで

三三九《メートル》標高点から入山し、牧草地を約二《キロ》進む。道路の存在は積雪のために気づかない。

牧草地は三段の階段状で、単純に尾根の中央を進むと直登できない急斜面もある。先を見通して無駄なく進路を選ぶのが楽しい。わずかに登り下りやジグザグを切る場面もあるが、右手の並木状のダケカンバに沿って進むのもやさしい。

標高五二〇《メートル》ほどからダケカンバ林を進む。樹齢が似たり寄ったりで、降雪や濃霧で視界がないと方向を見失う。時期によっては樹上からの落雪にも注意を払いたい。

570m地点の林道を横切って登る

道道の駐車地点

牧草地を登る。正面に西昆布岳が見える

700m地点の雪庇

広い牧草地を進む

標高五六〇メートルで水平に走る林道を横切る。

西昆布岳まで

標高六五〇メートルあたりで開けた植樹帯を通るが、植樹されたエゾマツよりダケカンバが成長して列を成しているので、下りのときはコースから外れ、開けた方向に下りないよう注意したい。

標高七〇〇メートルから七五〇メートルにかけては左手に雪庇を見上げるが、距離をとって進めるので危険は少ない。雪庇のないところを登り越えると山頂は目の前である。

丸く広い頂からは東に洞爺湖を見下ろし、南に駒ヶ岳、狩場山などの道南の山々が遠望できる。羊蹄山も昆布岳の右肩ごしにチラリと見える。西昆布岳の

西昆布岳頂上から。右に昆布岳、その左にエボシが見える

丸く広い頂上

頂上直下の疎林帯

山頂に標柱はない。樹木もほとんどなく、展望はよいが、風の強いときは避ける場所がない。

さらに先、昆布岳を目指すには、雪に埋まったササ原と疎らなダケカンバ林を行く。行動時間が長いだけでなく、稜線の登り下りを繰り返すので、下りの滑降の楽しみが少し削がれる。滑降を考えるなら昆布岳北尾根から直接登る方がよいと思う。

日本海側の高山が強い冬の季節風で登れないときに、比較的条件がよいこの山を登る人が多い。視界の利くときは何の心配もないが、不明瞭な地形が続くので、視界が利かないときにはGPSを活用したほうがよい。

上村哲也@オコタンペ

写真協力：工藤治樹・野田孝幸

圧倒的な標高差の滑降が魅力

羊蹄山《ようていざん》

1898m

古くはアイヌ語でマッカリヌプリ、後に和人によって後方羊蹄山（しりべしやま）と呼ばれたが、現在は羊蹄山の名で親しまれている。その端正な姿から蝦夷富士とも呼ばれている。二〇〇〇㍍近い独立峰なので登山条件は厳しく、冬の上部はピッケルとアイゼンの世界である。本書はスキーだけで楽しめる範囲に限定しているので、森林限界を超える程度を上限として紹介する。

京極町更進から見た羊蹄山の朝焼け

1/25000 地形図	羊蹄山・倶知安

喜茂別コース

■ **コースタイム（スキー）**

喜茂別コース登山口（1・00↓）林道終点（0・50↓）標高七〇〇㍍付近（2・30↓）標高一三〇〇㍍付近（1・00↓）喜茂別コース登山口

標高差　約一〇〇〇㍍

登り　四時間二〇分

下り　一時間

登山適期					
12	1	2	3	4	5

■ **交通**

公共交通機関はない。喜茂別町、京極町にハイヤーがある。

■ **マイカー情報**

以前は倉庫として使われていた建物が羊蹄山側に建っている地点が登山口。二台程度の駐車スペースがあるが、除雪されている場合のみ利用可能。ほかの場合は道路脇に駐車することに

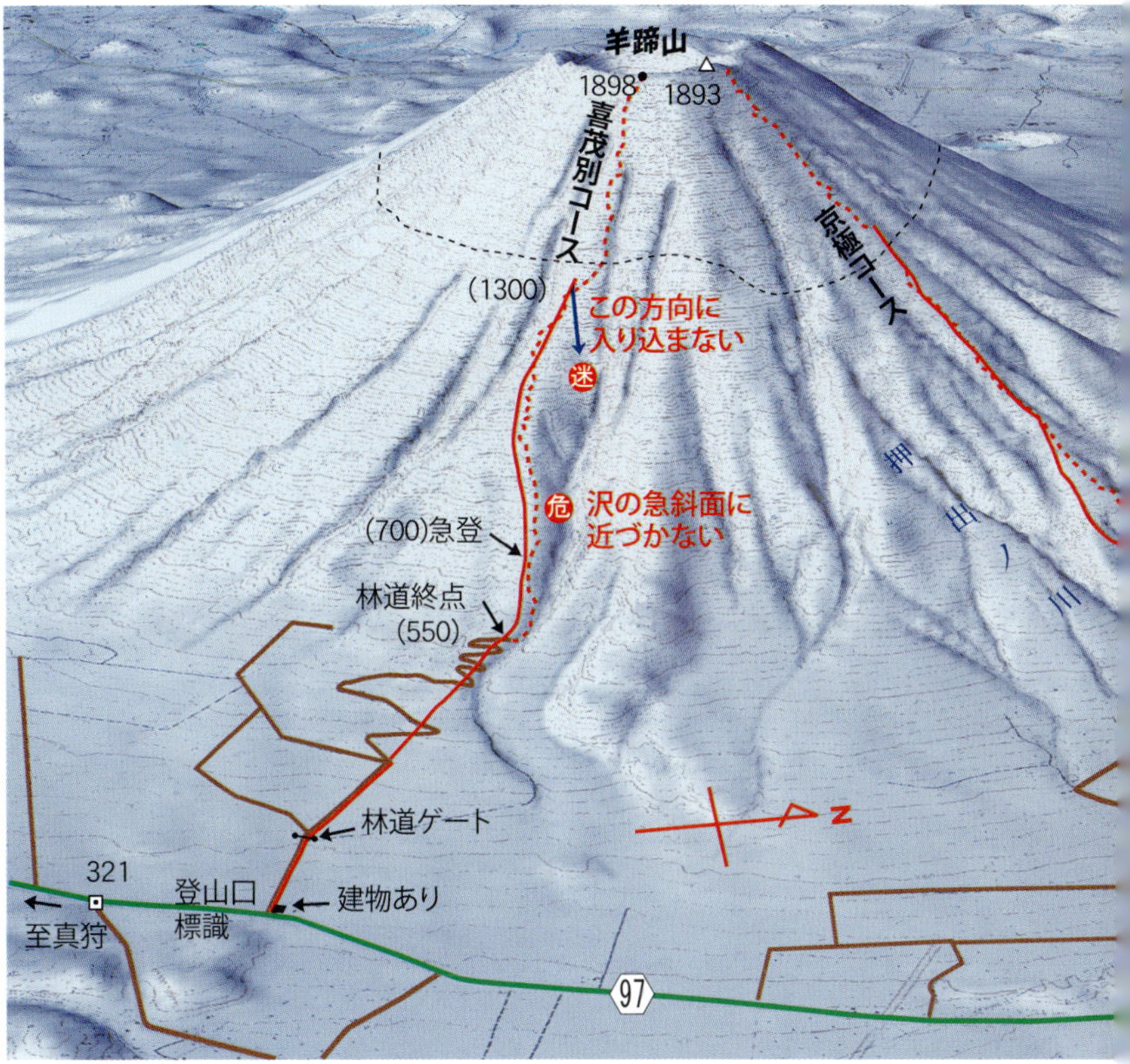

なる。

■ ガイド

標高七〇〇《メートル》付近まで

駐車地点に夏の登山口標識があるが、除雪の壁で見えないこともある。ここから五五〇《メートル》先に林道ゲートがあり、残雪期後半はここまで車で入れる。その先のつづら折りの林道をまっすぐ貫く空間が続くのでそこを登る。

標高五五〇《メートル》辺りで林道が終わり、本格的な登りにかかる。この辺りから目標となる標高一二〇〇～一四〇〇《メートル》地点も見え、その下に広がる大斜面も確認できる。うれしいことに伐採を免れたダケカンバの大木が多く残っていて、スキーに適した

体力（標高差）	A 40
登山時間加算	B 6
高山度（標高）	A 10
険しさ・危険度	D 0
ルート判断	C 6
総合点	60点（中級）

森林限界までの評価

600m付近の樹林を進む

駐車地点

ゲートを越え、林道を進む

傾斜を増す斜面を登る

450m付近の林道

斜面がここから始まっている。他の羊蹄山のコースと違い下部にかん木地帯の無いところがこのコースの魅力だ。

右側の深い崩壊の進む沢を見ながら登るが、壁のように急なため近づかない方がよい。標高七〇〇㍍付近に急登が控えているが、短い区間なので足場をしっかり固めて慎重に登りたい。

標高一三〇〇㍍付近まで

沢伝いに少し左に寄りながら標高八〇〇㍍辺りから始まる大斜面を目指して進む。後ろには尻別岳が大きく立ち上がり、その左には喜茂別岳、無意根山など札幌近郊の山が一望できる。

コース中盤の標高八〇〇㍍から一〇〇〇㍍にかけて樹木の間隔が広がり、森林限界に近づいたことを教えてくれる。またこ

最終到達地点。ここから一気の下りが始まる

1300m地点

尻別岳遠望

の辺りから斜度も徐々に増してくる。まだまだ続く大斜面のはるか上には、標高一四〇〇㍍付近から尾根が大きく盛り上がって見えるが、そこまで登る必要はない。技量・天候と相談し、標高一二〇〇～一四〇〇㍍の適当なところから滑ろう。

急斜面下のシール外し、上着を羽織る、スキー装着などの行為は十分注意したい。特にスキーは流れ止めを装着するまで流さないように細心の注意が必要だ。

下りに際しては、崩壊した沢に入り込まないよう幾分右寄りに下りるよう注意したい。標高八〇〇㍍辺りからはまっすぐ下りると夏道から南側へそれるため上りのトレースに沿うよう幾分左へ滑るとよい。

角田洋一@洋ちゃん

登山口標識

駐車スペース

林道を二度越える

登山口まで雪原を歩く

京極コース

■コースタイム（スキー）

駐車地点（0・20↓）京極コース登山口（0・40↓）林道二度目出合（1・40↓）標高九七〇メートルやせ尾根（2・00↓）標高一三五〇メートル（1・00↓）駐車地点

標高差　約一〇〇〇メートル

登り　四時間四〇分

下り　一時間

登山適期					
12	1	2	3	4	5

■交通

公共交通機関はない。京極町からハイヤー利用可能。

■マイカー情報

五、六台分の駐車スペースがある。

■ガイド

林道二度目出合地点まで

夏道登山口までは雪原を歩く。視界を遮るものがないので山容がよく分かる。これからた

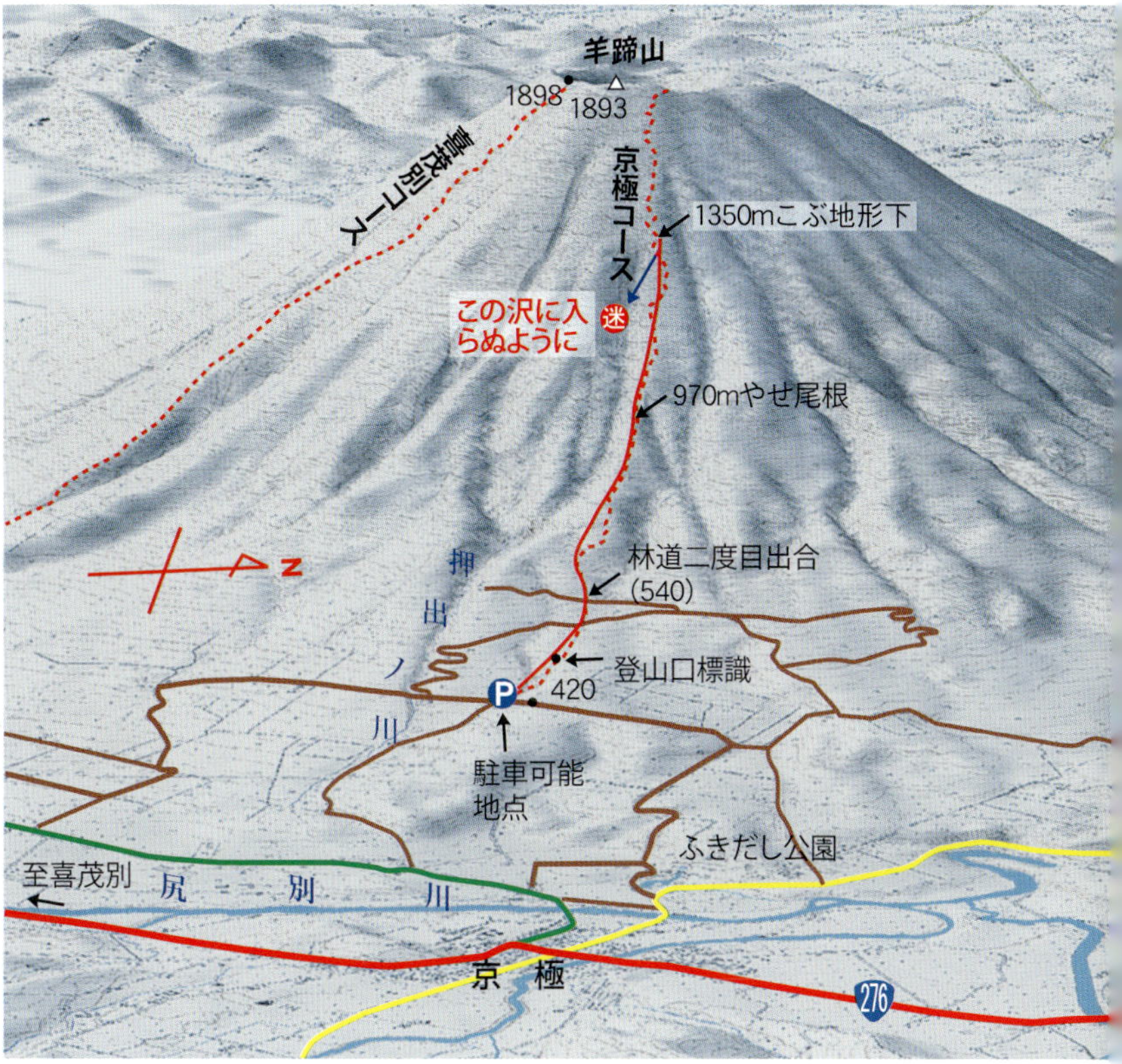

どるルートをイメージしながら登山口標識までのひと歩きである。

登山口からはカラマツ林に夏道が延びており、それに従う。標高五四〇㍍で二度目に林道と出合うまでは緩斜面を登るだけだ。

標高九七〇㍍やせ尾根まで

その後もほぼ夏道どおりに登るが、標識が見えないので夏道上をたどっている感覚はない。標高六〇〇㍍付近には顕著な沢形が現れる。ここは左右どの尾根に取り付いても上部で合流するのでどちらを選んでも構わない。傾斜が緩やかな左側を選んで登ると、標高六八〇㍍辺りで

体力（標高差）	A 40
登山時間加算	B 6
高山度（標高）	A 10
険しさ・危険度	D 0
ルート判断	C 6
総合点　60点（中級）	

森林限界までの評価

←680m地点

やせ尾根の登り

深い押出ノ川

木のない空間が広がり、上部をのぞき見ることができる。左側に押出ノ川上流部の大きく深い沢地形を伴ったルートであることがよく分かる場所だ。上部の木々が途切れたその先、広く白い斜面が最終目標となる標高一三五〇《メートル》付近の大斜面である。

　標高九七〇《メートル》付近のやせ尾根に着くころには、尻別川が田園を縫うようにうねりながら流れ、京極町の町並みが広がり、さらに余市岳、積丹半島の山々や、東側の尻別岳後方に徳舜瞥山、ホロホロ山などが姿を現し、標高を上げた実感が湧き出てくる。

標高一三五〇《メートル》付近まで

　すでにかなり木の少ない地帯まで高度を上げてきているが、ここから上はさらに疎林とな

森林限界を超えると広大な斜面が広がる

1350m付近で滑降の準備

1100m付近

り、広大な斜面が待ち受けて森林限界が近いことを教えてくれる。斜度も三〇度前後に達し、下りの粉雪滑降が楽しみな地点だ。

標高一三五〇㍍から盛り上がるように立ちはだかるコブ地形の下にたどり着けば、登山口からは標高差一〇〇〇㍍近くを登ったことになる。この先はハイマツ帯で滑降には不適なのでここから滑ることを勧める。

下りは距離一〇〇㍍ほど続く細尾根までは快適に滑ることができるだろう。細尾根の左右は急な沢なので、ショートターンができなければ横滑りを多用して安全に降りてほしい。

角田洋一＠洋ちゃん

写真協力：白井康永・吉住琢二

夏道の登山口標識

駐車場が用意されている

南コブを左手に見て進む

真狩コース

■**コースタイム（スキー）**

羊蹄山自然公園（1・00↓）南コブ分岐（1・00↓）標高七五〇《メートル》（1・00↓）標高一〇〇〇《メートル》（1・00↓）標高一二〇〇《メートル》（1・00↓）羊蹄山自然公園

登り　四時間
下り　一時間
標高差　約一〇〇〇《メートル》

登山適期

12	1	2	3	4	5

■**交通**

JR倶知安駅発ルスツリゾート行き道南バス「羊蹄自然公園入口」下車。駐車場まで徒歩一五分。

■**マイカー情報**

羊蹄山自然公園内に登山者用駐車場が設置され、広く除雪されている。

■**ガイド**

南コブ分岐まで

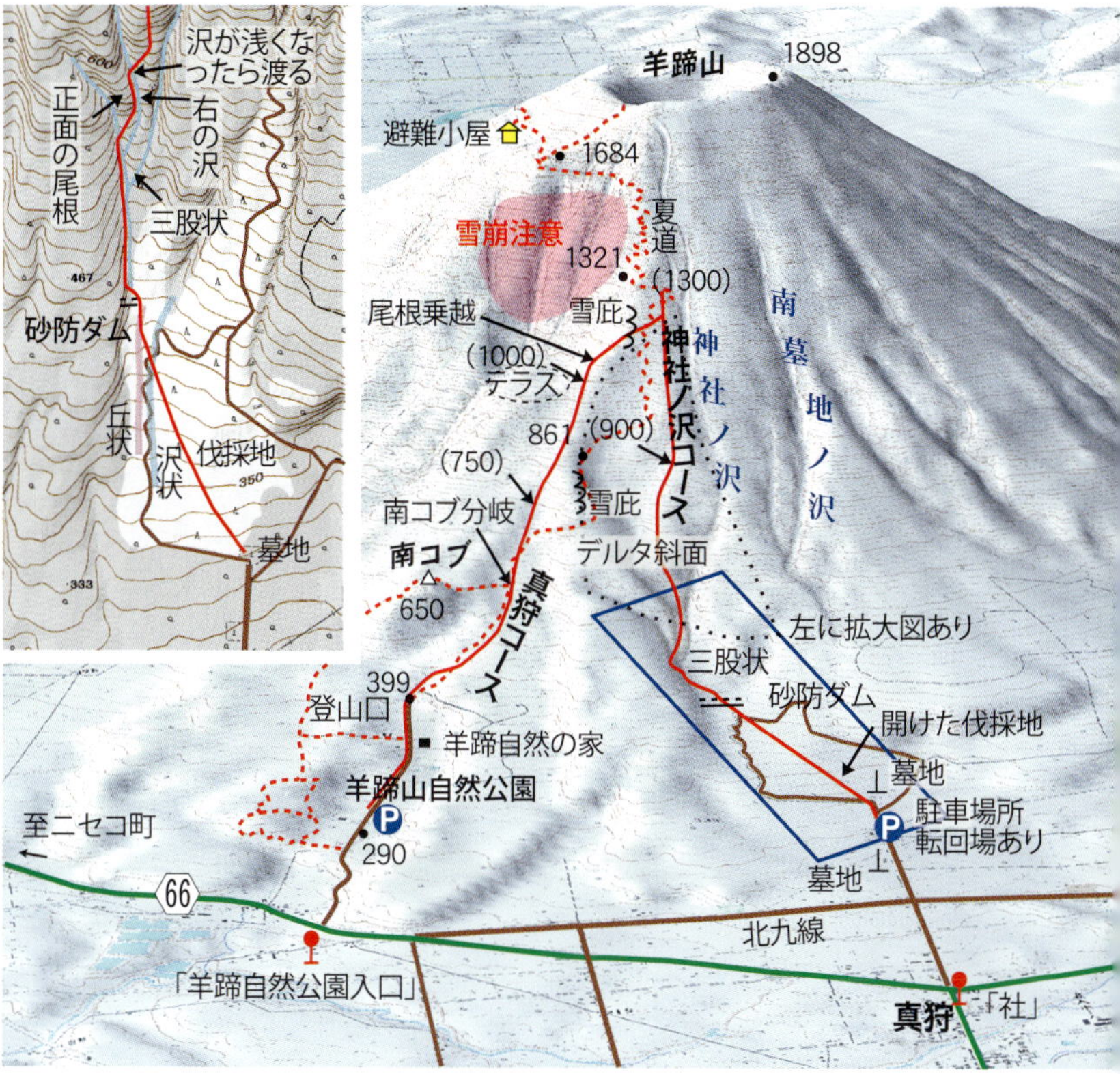

以前より下に移された駐車場から公園内を六〇〇《メートル》ほど登ると羊蹄山登山口標識となる。その先の林内をまっすぐ進み、沢最奥から尾根に上がる。この辺りは小木が多く、下りでは木々のすき間を見つけて滑ることになる。とても快適とはいかないが南コブに沿う沢地形を下ると間違いなく登山口に戻ることができる。

標高六〇〇《メートル》ほどでようやく滑れそうな空間が広がってくる。木々の間から昆布岳も見え始めると、いつの間にか南コブ山も左後方に同じような高さで見えている。

体力（標高差）	A 40
登山時間加算	B 6
高山度（標高）	A 10
険しさ・危険度	D 0
ルート判断	C 6
総合点　60点（中級）	

森林限界までの評価

1100m付近で神社ノ沢コースと合流する

前半の尾根を進む

1000mテラスの下を登る

標高一〇〇〇《メートル》付近まで

標高七〇〇《メートル》辺りから右側に見えてくる尾根の向こう側は神社ノ沢コースである。夏道はこの尾根を右に回り込むが、冬は沢を直上する。この尾根上は大きな雪庇が発達し、硬雪と吹きだまりが続いて歩きにくい。

標高一〇〇〇《メートル》の緩い台地は通称一〇〇〇《メートル》テラスと呼ばれている。この辺りまで登ると樹林帯を越え、視界が広がる。真下にキャンプ場、洞爺湖周辺、昆布岳、狩場山、噴火湾の向こうに駒ヶ岳も見える。

標高一二〇〇《メートル》付近まで

テラスの先は傾斜が増して雪崩の恐れもあり、滑りには不適なので近寄る人はいない。右へ寄り、尾根を越えると神社ノ沢コースと合流する。この尾根越

1050mから1200mへの尾根越え

1000mテラスの上部

上部の雪庇

えは厳冬期では標高一〇五〇《メートル》付近が斜面もなだらかで歩きやすい。残雪期は尾根上をさらに登ってもかまわない。

またこの尾根上の標高一一〇〇《メートル》から一二〇〇《メートル》付近にも大きな雪庇が発達するので、尾根の下をトラバースするときには十分注意したい。

尾根を越えてさらに上部から滑走するときは、早めに真狩コースに戻ることを勧める。降りすぎると戻ることが困難になる。下部でのトラバースは高い尾根と深い沢に阻まれてかなり大変だ。一〇〇〇《メートル》テラスからの滑走は滑りを楽しめる斜度で、初級者にもやさしい極上の林間コースとなる。

角田洋一@洋ちゃん

写真協力：白井康永

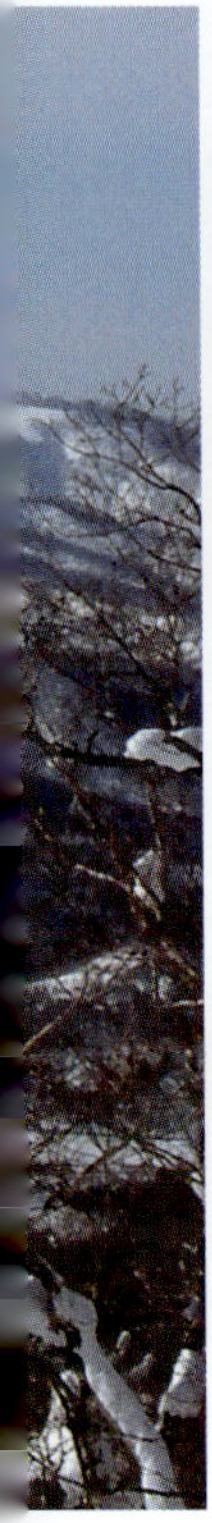

除雪終点の駐車場所

砂防ダム地点

神社ノ沢コース

■**コースタイム（スキー）**

共同墓地（1・00↓）砂防ダム（0・40↓）三股状（1・00↓）標高九〇〇メートル（1・20↓）標高一三〇〇メートル（1・00↓）共同墓地

標高差　約一〇〇〇メートル

登り　四時間

下り　一時間

登山適期					
12	1	2	3	4	5

■**交通**

ＪＲ倶知安駅からルスツリゾート行き道南バスで「社」下車。駐車場所まで徒歩二〇分。

■**マイカー情報**

真狩村共同墓地までの道路はしっかり除雪されている。除雪車の転回場所でもあるので、迷惑にならないよう駐車したい。

■**ガイド**

三股状まで

従来は墓地から林道をたどっ

800m付近から見える昆布岳

たが、一帯が広く伐採されたので、南コブを目標に、北西方向に斜上する。ここから目指す中腹の大デルタ斜面がよく見える。

体力（標高差）	A 40
登山時間加算	B 6
高山度（標高）	A 10
険しさ・危険度	D 0
ル ー ト 判 断	C 6
総合点　60点（中級）	

森林限界までの評価

伐採地終点付近まで来たら林道の通る浅い沢地形から離れ、すぐ左手の丘状地形に上がる。さらに一〇〇メートルほど登ると神社ノ沢の小さな砂防ダムに出る。ダムの下か上で対岸に渡り沢沿いにやや右方向に登ると開けた斜面が現れ、三股状（三股に見える場所）の下部に出る。

標高九〇〇メートル付近まで

標高五〇〇メートル付近の三股は正面の尾根に取り付きたくなるが

砂防ダムを越える

デルタ大斜面と呼ばれる地形

羊蹄山避難小屋

2013年に建て替えられた。木造２階建て、40人収容。真狩コースとひらふコースを九合目間で結んだ途中にある。冬期間は、管理人不在で正面入り口は封鎖されるので、外はしごを使い２階から出入りする。利用時は利用者名簿に記入し、利用料金（大人1000円）を料金箱に入れること。

右側の沢沿いに進み、次に現れる尾根を登ったほうが傾斜は幾らか楽である。

すでに後方には真狩村の全貌が眼下に広がり、洞爺湖、有珠山、昆布岳が望めるようになる。

標高七〇〇メートルほどになると、滑りの邪魔になる木々も少なくなる。この辺から標高一四〇〇メートルにかけては、下部から見ると疎林の大きな三角形に見えることからデルタ大斜面と呼ぶ人もいるが、この間の疎林の大斜面は一気の滑降が楽しめて最も魅力のあるところだ。

標高一三〇〇メートル付近まで

ダケカンバの大木が多くなる標高九〇〇メートルからは、遠く狩場山、噴火湾の向こうに駒ヶ岳も見えてくる。これより上の森林限界に近い標高一二〇〇メートルから

1000m付近で滑降の準備

標高一四〇〇メートル辺りまでは三〇度程度の斜度で滑降にとても適している。

さらに上は斜面が氷化し、アイゼンとピッケルの世界だ。ここから滑降を始めよう。

残雪期にはさらに上までスキーで登ることができる。ただし、斜度が増して滑落の危険があるのと、落石の発生もあり、十分に注意したい。スキーでの登りが難しく感じたら、無理せずスキーを担いだ方が安全だ。

スキーを山頂まで担ぎ上げるとお鉢（火口）の底まで滑るオマケが付くが、これを目当てに登る人も多い。お鉢滑降は登り返し二〇分が必要だが、底から見上げる丸い空はここでしか体験できない異空間だ。

角田洋一＠洋ちゃん

写真協力：川辺マリ子

羊蹄・ニセコを眺め、三キロのダウンヒルを楽しむ

蘭《らん》越《こし》幌《ほろ》内《ない》山《やま》

842m

幌内山の名は他にもあるので、ここでは蘭越幌内山とする。ニセコ連峰の南に山塊がある。登山道があるのは昆布岳だけなので、登山者のなじみは薄い。道のない幌内山は冬だけが登山の対象だが、山頂からの展望は一級品で、ニセコ連峰、羊蹄山、ホロホロ山、オロフレ山、さらに日本海と太平洋が見える。東に延びるなだらかな尾根斜面はスキー初心者にも安心して楽しめるスロープだ。

西昆布岳から見た蘭越幌内山

1/25000 地形図	後志立川

登山適期					
12	1	2	3	4	5

東尾根コース

■ **コースタイム**（スキー）

林道入り口（1・30↓）林道最終地点（2・30↓）蘭越幌内山（1・00↓）林道入り口

標高差　六七二メートル
登り　四時間
下り　一時間

■ **交通**

公共交通機関はない。

■ **マイカー情報**

駐車スペースはない。林道口か道路脇を除雪して駐車する。

■ **ガイド**

林道最終地点まで

近付きやすい東側の道道から入り、前半に林道を利用できる東尾根コースは、下りも楽しめ面白い。北海道電力の看板から昆布林道に入る。緩やかな坂道をウォーミングアップしながら

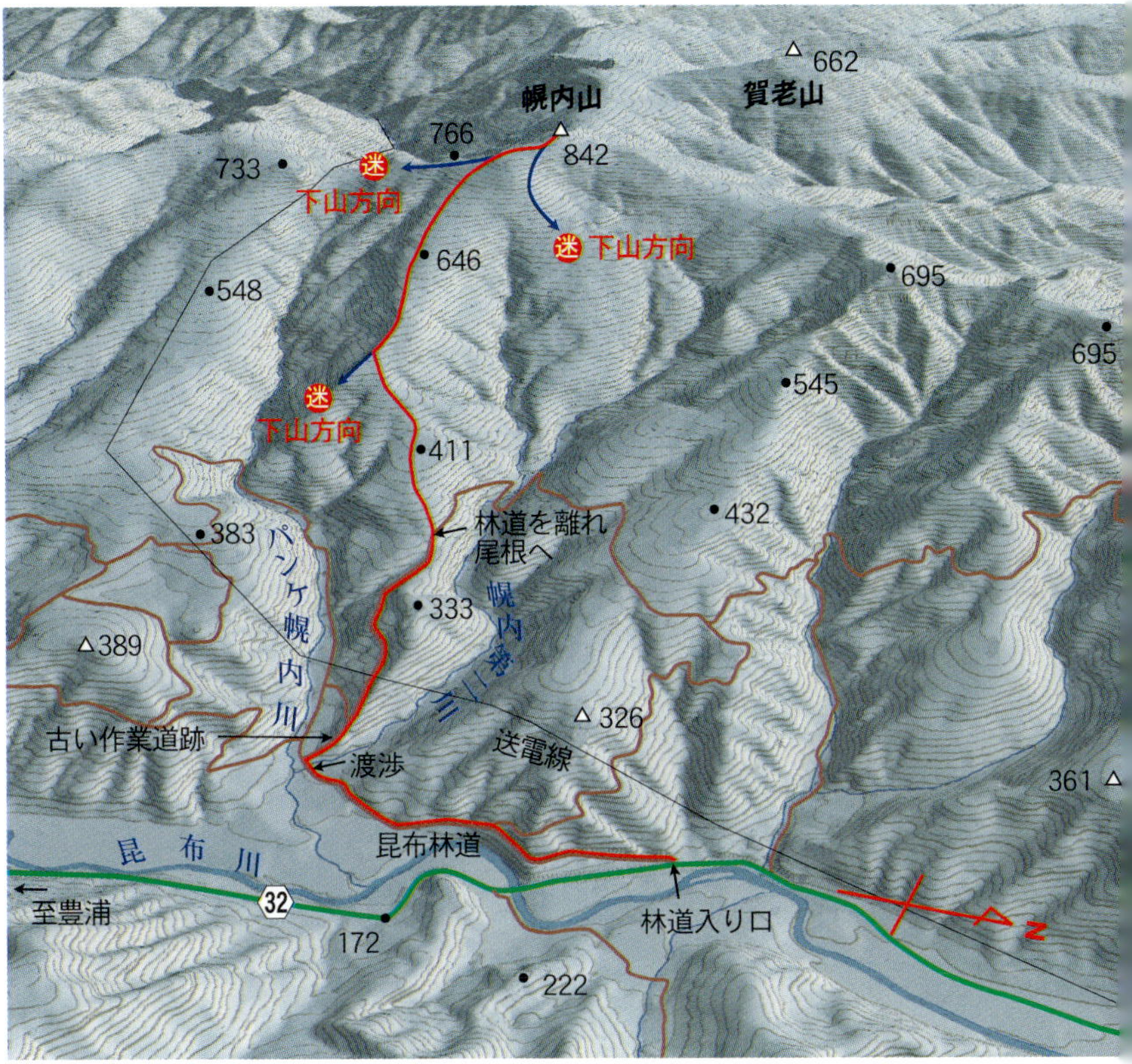

登っていく。右に分かれる林道の分岐から下り坂になり、平坦な地形に入る。この辺りは林道が不明瞭だが、そのまま道なりに進み、幌内第二川のスノーブリッジか、砂防ダムのえん堤上を渡る。すぐに尾根取り付きとなり、古い作業道跡を利用して林道に出る。

林道の左側は暗い針葉樹の人工林で、送電線下を通り、三三三《メートル》ピークの裾を巻いて林道を進むと尾根上に出る。ここでやっと疎林帯に移行し、視界が開けて地形判断もしやすくなる。

標高三三〇《メートル》付近で右斜面に移る林道と別れを告げ、東尾根

体力（標高差）	B 35
登山時間加算	B 6
高山度（標高）	C 3
険しさ・危険度	D 0
ルート判断	B 12
総合点　55点（中級）	

林道から分かれて尾根に上がる

林道入り口を除雪して駐車

411m標高点の先の広い斜面

渡渉して尾根に取り付く

に取り付く。振り返れば羊蹄山と昆布岳が望め、気分が高揚してくる。

蘭越幌内山まで

四一一《メートル》標高点の南側を通り、広い斜面を登っていくと、東南東に尾根が分岐している地点になる。ここは視界不良時の下りに注意しなければならない箇所なので、テープを付けたほうがいいだろう。六四六《メートル》標高点を経由し、開放的な広い尾根の滑りを想像しながら進んでいくと、やっと山頂が姿を現し、長い登りもあと一息となる。

山頂部はなだらかな丘のような地形で、木がまったくない。視界が利かないときは帰路を見失いやすいので、悪化しそうな条件ならコース旗を使おう。最後の白い雪田を登り切ると三六

羊蹄山と昆布岳を背に、山頂到着

頂上直下でようやく頂上が見える

500m付近。背後に昆布岳

〇度の大展望が広がる山頂に到着する。最も目を引くのがニセコ連峰だが、狩場山、遊楽部岳、駒ヶ岳、遠くは恵山まで見える。さらに昆布岳、羊蹄山と豪華な景色を堪能できる。

下山

さて、準備ができたら林道まで三キロの大滑降が待っている。この山は頂上まで伐採されているので、ブッシュのない疎林帯が長く続き、滑るにはとても気持ちがいい。尾根が広いのでコースを間違えないよう気を使う。視界が悪い場合はコンパスを使って方向を確かめながら下りよう。さらに標高五〇〇メートル付近では尾根が分岐しているので左寄りにルートを取ることを忘れないように。

菅原規仁@清田区

写真協力：坂口一弘

絶好の羊蹄山ビューポイント

本《ぽん》倶《く》登《と》山《さん》

1009m

倶知安町と京極町のほぼ境界にある、南西面が急な山である。国道からは頂部が少し見える程度で目立たない。赤井川村と倶知安町を結ぶ国道三九三号の樺立トンネル付近から登られることが多いが、本倶登山の急な南西斜面のトラバースがあるのが難点だ。そのため、倶知安町と京極町の境界線地点からの緩やかで安全なルートを開拓したので紹介する。

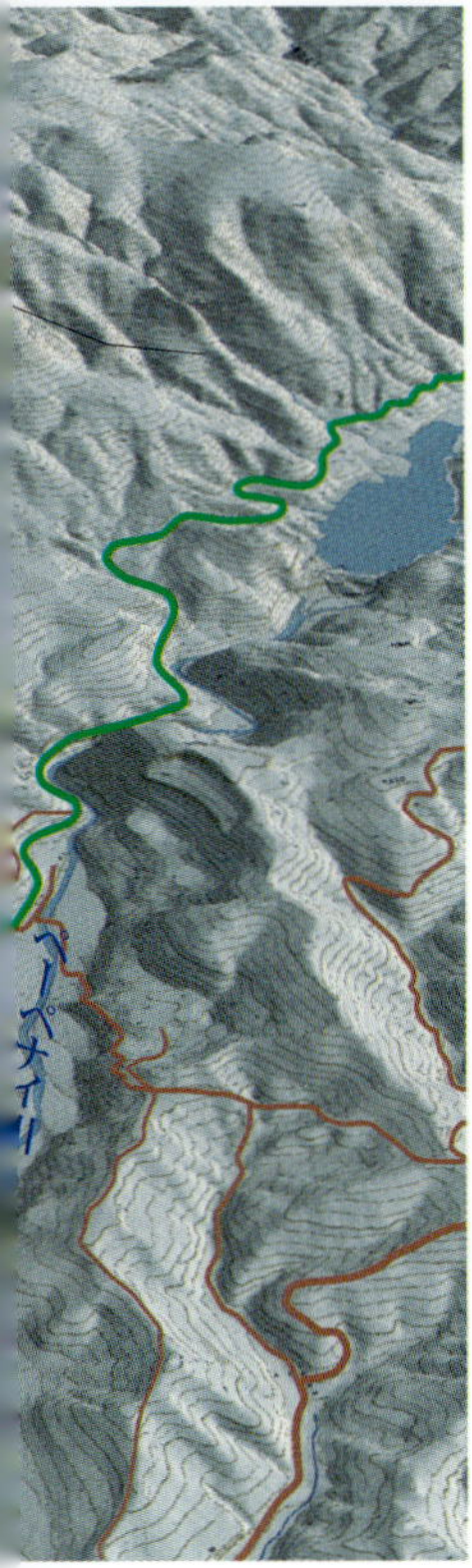

倶知安町扶桑地区から見た本倶登山

1/25000 地形図	本倶登山・倶知安・瑞穂

登山適期					
12	1	2	3	4	5

倶知安コース

■ コースタイム（スキー）

二六八メートル標高点（1・20↓）五〇八メートル平原（1・00↓）六七〇メートルピーク（0・40↓）八五九メートルピーク（1・00↓）本倶登山（1・00↓）二六八メートル標高点

標高差　七四一メートル

登り　四時間

下り　一時間

■ 交通

道南バス（倶知安駅前・伊達駅前間）の便がある。

■ マイカー情報

国道二七六号、ヌップリ寒別川交差点から二六八メートル地点の大きな車庫の前までは除雪されている。車庫への雪上車の出入りに迷惑にならないよう駐車したい。

■ ガイド

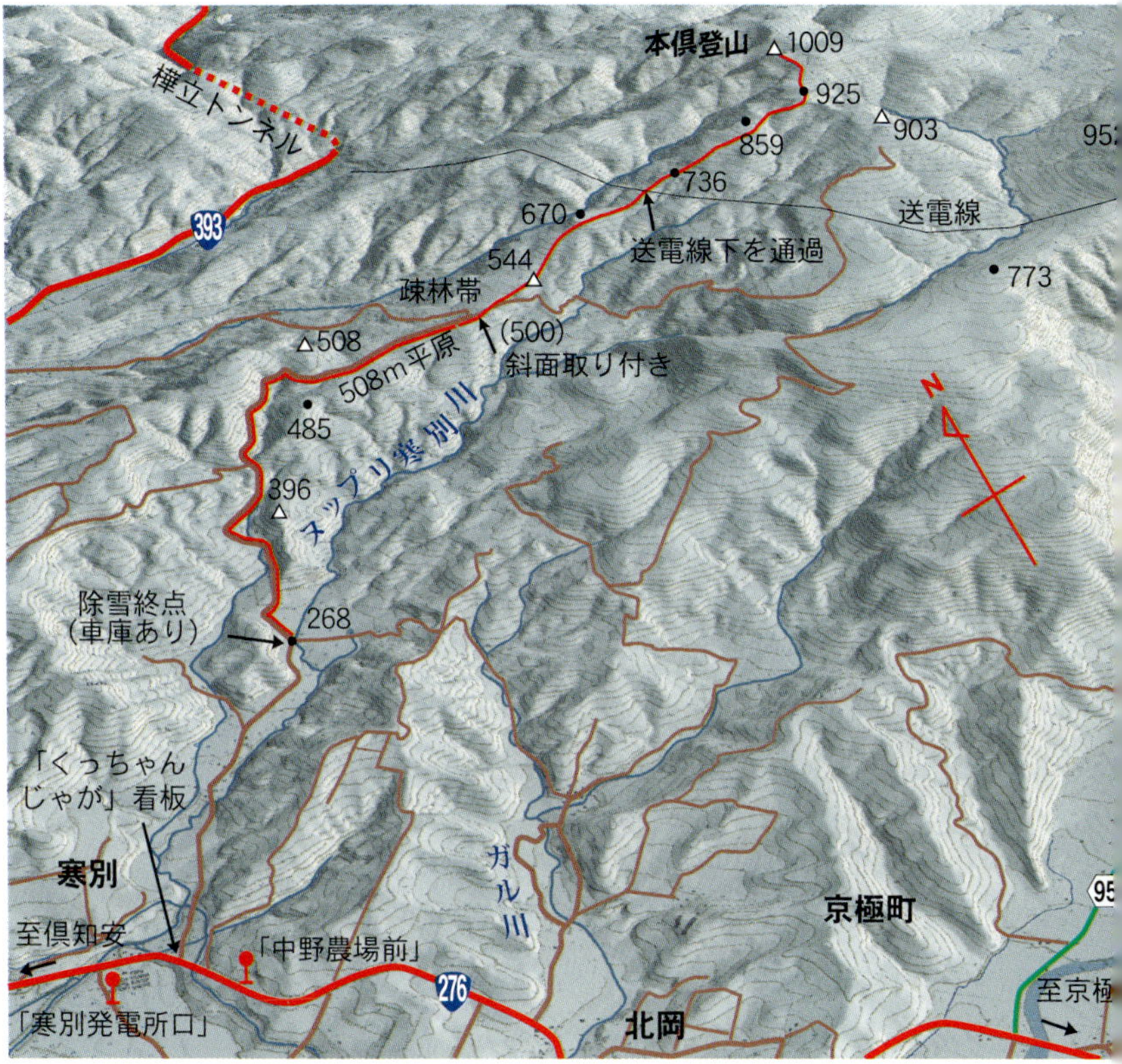

六七〇㍍ピークまで

平らな林道を道なりに北に進むと、五〇八㍍三角点付近で道は東へ方向を変え、台地の広々とした平原に出る。これから登る本倶登山が見え、羊蹄山の上半分が雪原上に見える素晴らしい場所だ。

この平原は山頂方向に向かって下り傾斜となっているので、帰りは登り返しとなる。尾根へまっすぐ進みたいところだが、北から谷が食い込んでいるので、それを避けて南から巻いて進む。四〇〇㍍ほど進むと林道は九〇度左へ方向を変える。ここで林道を離れ、広い

体力(標高差)	B 35
登山時間加算	B 6
高山度(標高)	B 6
険しさ・危険度	D 0
ルート判断	C 6
総合点 55点(中級)	

508m平原から羊蹄山の上半分が見える

国道からはこの看板が目印になる

大きな車庫が除雪終点

林道を離れて緩やかな尾根を登る

508m平原から頂上が見える

680mで送電線下を通る

尾根の斜面取り付きとなる。

　正面の六七〇メートルピーク（岩山）に向けて小ぶりの松とシラカバの小木の疎林を進む。六七〇メートルピークは右側を通過し、六八〇メートルで送電線の下を通る。

本倶登山まで

　七三六メートルピークの右側を抜け

頂上から見る羊蹄山はとても美しい。右にニセコ連峰が見える

ゆったり広い頂上。奥に無意根山が見える

頂上へ最後の登り

ると平らになる。八五九メートルピークは右から巻いて上がる。この辺りは大きな木の林の中なので見通しが利かない。地図とコンパス、GPSで進行方向、位置を確認する必要がある。

　九五〇メートルで森林限界となり、少し急な斜面を登りきると、左手奥が本倶登山の頂上である。頂上は広く、展望は素晴らしい。羊蹄山、ニセコ連峰、余市岳、無意根山など三六〇度の大展望をゆっくり満喫したい。

　下りは疎林の間を縫って慎重に滑走したい。五〇八メートル平原の登り返しは距離が長いので再度シールを張るのがお勧めだ。あとは緩やかな林道をノンストップでゴールまで滑ることができる。

古田雄一＠冬市

増毛山地の展望台。尖った黄金山に驚き

察《さっ》来《くる》山《やま》

590m

新十津川町と当別町の境界にあり、標高が五九〇㍍と低いが、特徴のある山頂部は目を引く。山頂からは増毛の山々が展望でき、特に尖った黄金山は印象的だ。夏道はないので積雪期登山に限られるが、行程の三分の二は林道を歩くので分かりやすい。登りやすく満足を得られる山だろう。ただし上部の南東斜面に亀裂が入る部分があるので十分に注意したい。

国道451号の幌加から見た察来山

1/25000 地形図	四番川・南幌加

登山適期					
12	1	2	3	4	5

四番川コース

■ **コースタイム**（スキー）

国道（1・40↓）尾根取り付き（0・50↓）察来山（0・30↓）尾根取り付き（1・00↓）国道

標高差　三九〇㍍
登り　二時間三〇分
下り　一時間三〇分

■ **交通**

公共交通機関はない。

■ **マイカー情報**

駐車場はない。四番川端近くに除雪車転回場所があるが、転回の邪魔にならないよう注意。

■ **ガイド**

尾根取り付きまで

国道からスタートすると、すぐ右側の林に「察来山登山口」の標識があるが夏道はない。送電線鉄塔の横を通り、四番川に沿った林道をたどる。途中で察

来山が見え期待も高まる。細かいアップダウンもあるが概ね緩やかな登りだ。

体力（標高差）	C 30
登山時間加算	C 3
高山度（標高）	D 0
険しさ・危険度	C 6
ルート判断	C 6
総合点　45点（初級）	

スタートから一・八《キロ》で右手に大きな沢が見え、三連続の砂防ダムが架かる。そこは林道が分岐する二五〇《メートル》地点で、左の四番川沿いに直進する林道は地形図に記載されていない。ここを右の道へ進み四番川から離れる。雪が多いときは砂防ダムが埋まって分かりづらいことがある。

少しずつ傾斜が増し、途中林道が崩壊して道が狭くなっている部分があるので、復路のスキー滑降の際は注意が必要だ。標高三五〇《メートル》で林道が左右に分かれ

林道から離れて尾根に取り付く

除雪車の邪魔にならないよう駐車

林道を進むと察来山が見えてくる

頂上へ延びる稜線。右斜面の雪庇に亀裂が走る

3連砂防ダムの横を進む

る。正面の尾根に取り付いてもよいが、左側の林道を進み標高四〇〇メートル地点から右側の尾根に取り付いた方が緩やかで登りやすい。

察来山まで

　尾根に取り付いてから疎林となり展望もよくなってくる。右手に神居尻山やピンネシリが見えて気分も高まる。斜面が急になり、尾根が細くなってくる。尾根の南東側に雪庇が発達し、クラックが入っていることがあるが、安全のため左の林側を進むようにしたい。登りきると山頂部の全貌が見える。あと一息だ。ただ最後の斜面は風に吹かれて硬くなっていることがあるので慎重に登ろう。

　山頂からは北西に増毛山地の山々が一望でき、幌天狗から連

頂上間近。後ろにピンネシリと神居尻山が見える

頂上から見た黄金山

山頂はもうすぐだ

なる群別岳や奥徳富岳、暑寒別岳、南暑寒岳などが出迎えてくれる。左にはひときわ目立つ鋭く尖った黄金山が見える。南東には樺戸山地のピンネシリ、神居尻山が間近に見え、増毛・樺戸山地の展望台のような位置にあることに気付く。

下山

帰りは雪庇を過ぎた地点から尾根取り付き点までがこの山一番の快適なスキー斜面だ。林道が崩壊している部分は急カーブになるので十分に注意したい。

林道は快適にスキーで下れるが、二五〇〇メートル林道分岐からは傾斜がなくなるので、その分、時間がかかる。微妙な下りに苦労しながら送電線の鉄塔が見えると国道はもうすぐだ。

今野聖二@kon

写真協力：齋藤幸市・川辺マリ子

低山ながら眺めがよく、スキーも楽しい

当別町丸山《とうべつちょうまるやま》

500m

丸山の名は数多く、地名を頭に付けて呼ぶのが普通だが、当別丸山は道南の北斗市（旧上磯町）にもある。ここでは便宜的に当別町丸山とする。国道が近いので、車で容易に接近できる点がありがたい。低い山だが展望がよく、増毛山地や樺戸山地の山々がよく見える。樹木が密生していないために滑りがよいのが魅力で、初級者に最適の山である。

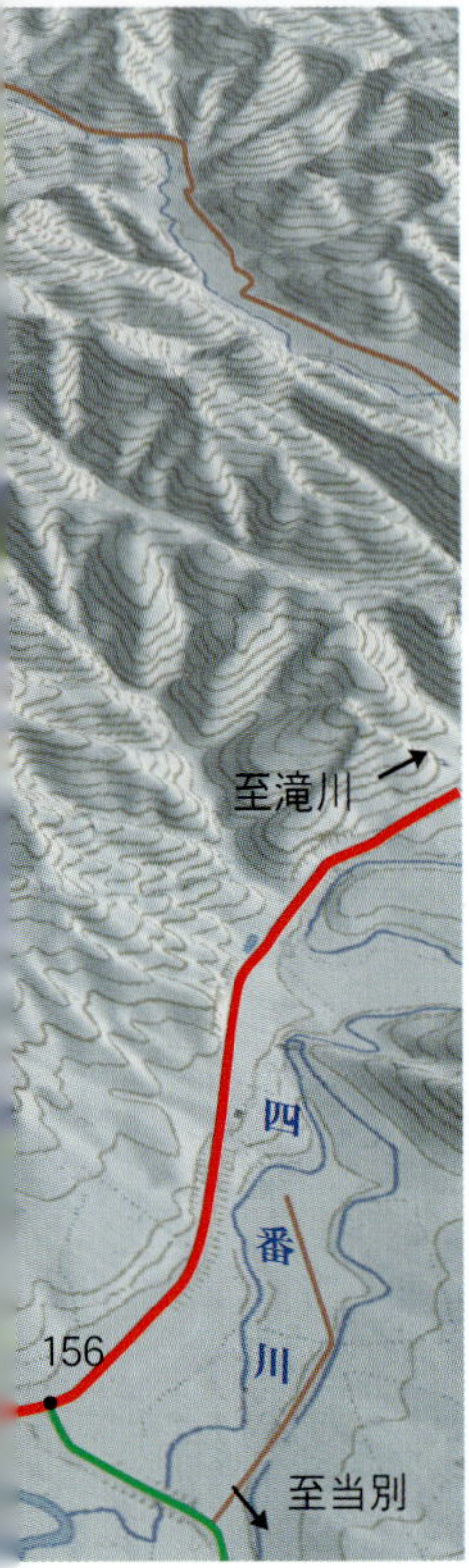

当別町四番川地区の国道から見た丸山

1/25000 地形図	四番川

登山適期

12	1	2	3	4	5

南西尾根コース

■ コースタイム（スキー）

国道（0・50→）林道交差（1・10→）丸山（1・00→）国道

標高差　三〇九メートル

登り　二時間

下り　一時間

■ 交通

公共交通機関はない。

■ マイカー情報

駐車場はない。国道の林道入り口付近の路肩に止める。

■ ガイド

林道交差地点まで

林道が駐車地点から頂上近くまで延びている。スノーブリッジで渡れないときはこの道を歩くが、スノーモービルの騒音を避けるために、これを離れて尾根に取り付き、山頂を目指す。なお林道の入り口が分かりにく

いので、当別川を渡る橋の位置を地形図でしっかりと確認しておきたい。

体力（標高差）	C 30
登山時間加算	C 3
高山度（標高）	D 0
険しさ・危険度	C 6
ルート判断	C 6
総合点　45点（初級）	

国道から林道をたどり、当別川を渡る。少し先で山地に入り、沢に砂防ダムが現れる。このあたりでスノーブリッジを見つけて左岸に渡り、尾根に取り付く。

通常スノーブリッジは一月中旬から三月中旬の間はしっかりしているが、強度を確かめたい。

尾根の取り付きは急斜面だが七〇《メートル》ほどの標高差を稼ぐと二六九《メートル》ピークに出、快適な緩斜面の尾根が始まる。ミズナラ、トドマツなどの疎林となり、青空に映えるシラカバの美しさに

当別川の橋を渡って林道に入る

国道の路肩に駐車

急な山頂斜面をう回して登ると緩斜面になる

急な山頂斜面。左に巻いて山頂へ向かう

目を見張るうち、林道を横切る。

当別町丸山まで

尾根を忠実にたどり、標高を上げていくと、ピンネシリ、神居尻山が見えてくる。とりわけ神居尻山はどっしりとしたたたずまいを見せてくれる。

目の前に山頂斜面が壁のように見えてくると頂上は近い。ここは地形図では崖記号となっているが、その印象ほど急しゅんではない。ただ、かなりの急斜面で雪崩れる心配もあるので、大きく西に回り込んで山頂を目指そう。この辺りから、鋭く尖った黄金山や真っ白な増毛山地の山々が姿を見せてくれる。

登りきった山頂一帯は平坦地だ。地形図上の三角点付近からは、樺戸山地の山々から石狩平野、そして別狩岳に連なる山を

山頂からの増毛山地の眺め

山頂から見たピンネシリ（左）神居尻山（右）

沢を下りても林道に出る

一望することができる。山頂を示す特別の標識はないから、気に入った場所で休むといい。
　下りは、壁下のう回地点まで戻り、そこからほぼ西方向に滑るとよい。傾斜の緩やかな疎林で、快適に滑り降りることができる。尾根を外れ、沢筋に入っても、いくらか傾斜は急になるだけで安心して滑ることができる。いずれ林道に合流するから、後はそのまま駐車地点に戻ることができる。

三野裕輝@北海道の山好きィ

小さな山だが眺めも斜面もよい

別狩岳《べっかりだけ》

726m

石狩市厚田区の別狩地区にちなむ山名だが、わずか七キロ南にも同名の山がある。紹介するのは北側の七二六メートル峰だ。尾根の取り付きまで三キロほど平地歩きがあり、川を渡る必要もある。しかし山頂への斜面は広く緩やかで、上部はスキーを楽しめる斜面も多く、眺めもいい。標高の割には気象条件も厳しいから安易な気持ちで向かわないようにしたい。

丸山から見た別狩岳。正面の尾根が登路

1/25000 地形図	四番川

登山適期					
12	1	2	3	4	5

五番川コース

■ **コースタイム（スキー）**

国道（1・30→）尾根取り付き（1・40→）別狩岳（0・40→）尾根取り付き（1・30→）国道

標高差　五四一メートル

登り　三時間一〇分

下り　二時間一〇分

■ **交通**

公共交通機関はない。

■ **マイカー情報**

駐車場はない。通行車両のじゃまにならないように、林道入り口周辺の路肩に止める。

■ **ガイド**

尾根取り付きまで

林道入り口から別狩岳の尾根に取り付くまで約三・五キロだ。ところどころアップダウンがあるが、概ね平坦地を林道が続いている。吹雪くと現在位置や進行

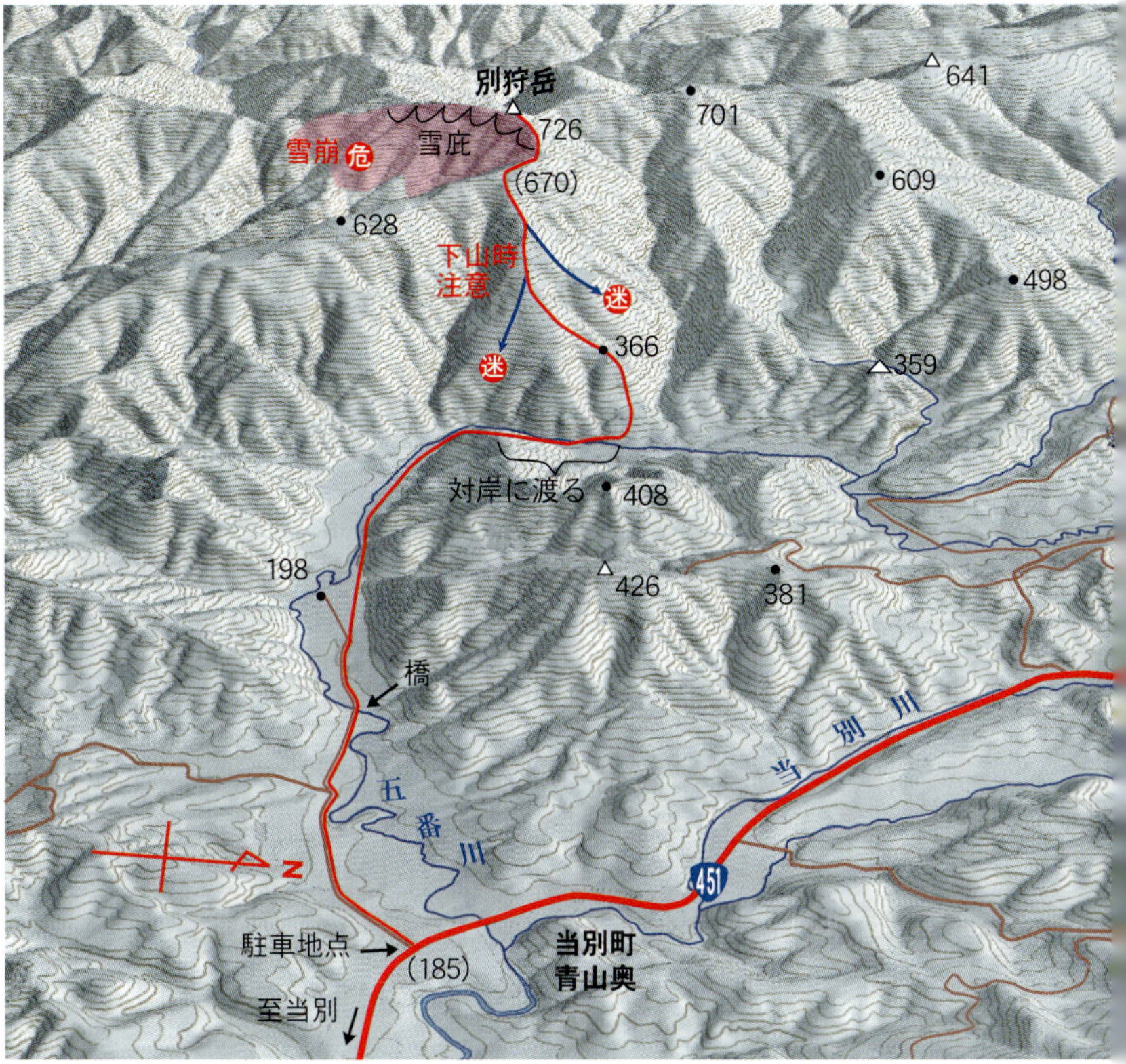

方向が分からなくなるので、地図とコンパスによる進路確認を忘れずに。条件が悪いときには戻る決断も必要だ。

途中、五番川の橋を渡り、しばらく進むと林道は消えるが、そのまま左岸を進む。

川は大きく右にカーブし、取り付き地点にさしかかる。五番川を渡るためのスノーブリッジを探すが、通常は一月中旬から三月中はしっかりとしたものがある。ここを渡って尾根に取り付くが、踏み抜いて川に落ちないよう注意したい。橋を渡らず、すべて右岸を歩く方法もあるが、川への急斜面をトラバー

体力（標高差）	C 30
登山時間加算	C 3
高山度（標高）	C 3
険しさ・危険度	C 6
ルート判断	C 6
総合点　50点（初級）	

邪魔にならぬよう道路脇に駐車する

スノーブリッジを渡り尾根に取り付く

林道終点辺りから正面に別狩岳を望む

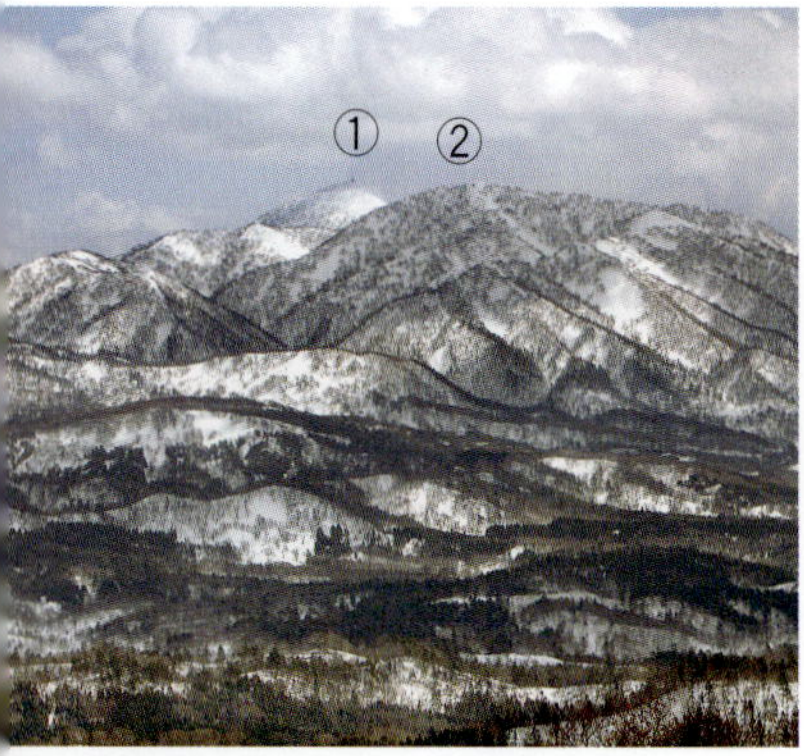

尾根からピンネシリ①、神居尻山②

スする箇所があり危険だ。また、地図に現れない小沢が多数あり、遠回りになる。

渡渉地点周辺の尾根は急で木が密生し、登るのには適していない。川沿いにしばらく歩くと、やや急な斜面が現れ、次に緩やかな斜面が現れるので、ここから取り付こう。

別狩岳まで

尾根は登るにつれて疎林とな

別狩岳山頂から北の眺め。黄金山①、幌天狗②、群別岳③

山頂直下の登り

間もなく山頂手前のピークだ

り、広々とした斜面が広がってくる。初級者でも思う存分シュプールを描ける素晴らしいゲレンデである。神居尻山、ピンネシリが雄大な姿を見せてくれる。また、暑寒別の巨大な山塊もその圧倒的な存在感をもって見えてくる。

渡り廊下のような、いくらか幅の狭い斜面を経て、頂上は奥まったところにあるが、その東側に雪庇が発達しており、踏み抜かぬよう注意したい。

頂上からは、これまで見えなかった黄金山や厚田周辺の山、遠く札幌の山々も見渡すことができる。山頂周辺にはスキーを楽しめる斜面があるが、雪崩の恐れのある斜面には近づかないようにしたい。

三野裕輝@北海道の山好きィ

増毛の山が一望できるスノーシュー向きの山

濃昼岳《ごきびるだけ》

621m

濃昼の集落から五キロ山奥に離れ、国道からは見えない低山である。山名はアイヌ語で「岩と岩の間、山の陰」を意味する「ゴキンビル」に由来するといわれる。大半が林道歩きだが、低山の割に山頂からの眺めは素晴らしく、黄金山、暑寒別岳、浜益岳など増毛山地の山々の展望台である。このコースは樹林の尾根を登るので、スノーシューが最適だ。

石狩浜から南暑寒岳の手前に見える濃昼岳

1/25000 地形図	柏木・濃昼

登山適期					
12	1	2	3	4	5

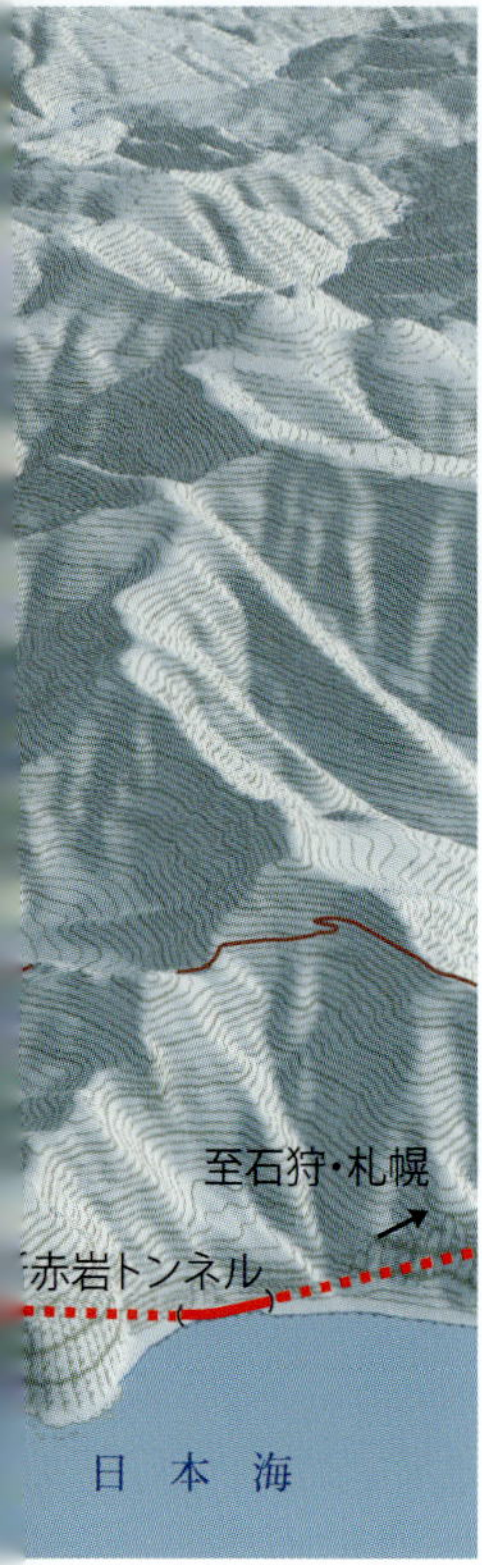

濃昼川林道コース

■ **コースタイム**（スノーシュー）

林道入り口（1・40↓）林道分岐（1・00↓）五五〇メートルピーク（1・00↓）濃昼岳（0・50↓）五五〇メートルピーク（0・40↓）林道分岐（1・20↓）林道入り口

標高差　五八〇メートル

登り　三時間四〇分

下り　二時間五〇分

■ **交通**

北海道中央バス、沿岸バスの便があるが、日帰り登山可能な便はない。

■ **マイカー情報**

濃昼川林道入り口に数台駐車できるが除雪状況による。六〇〇メートル離れた新赤岩トンネル近くに駐車帯がある。

■ **ガイド**

五五〇メートルピークまで

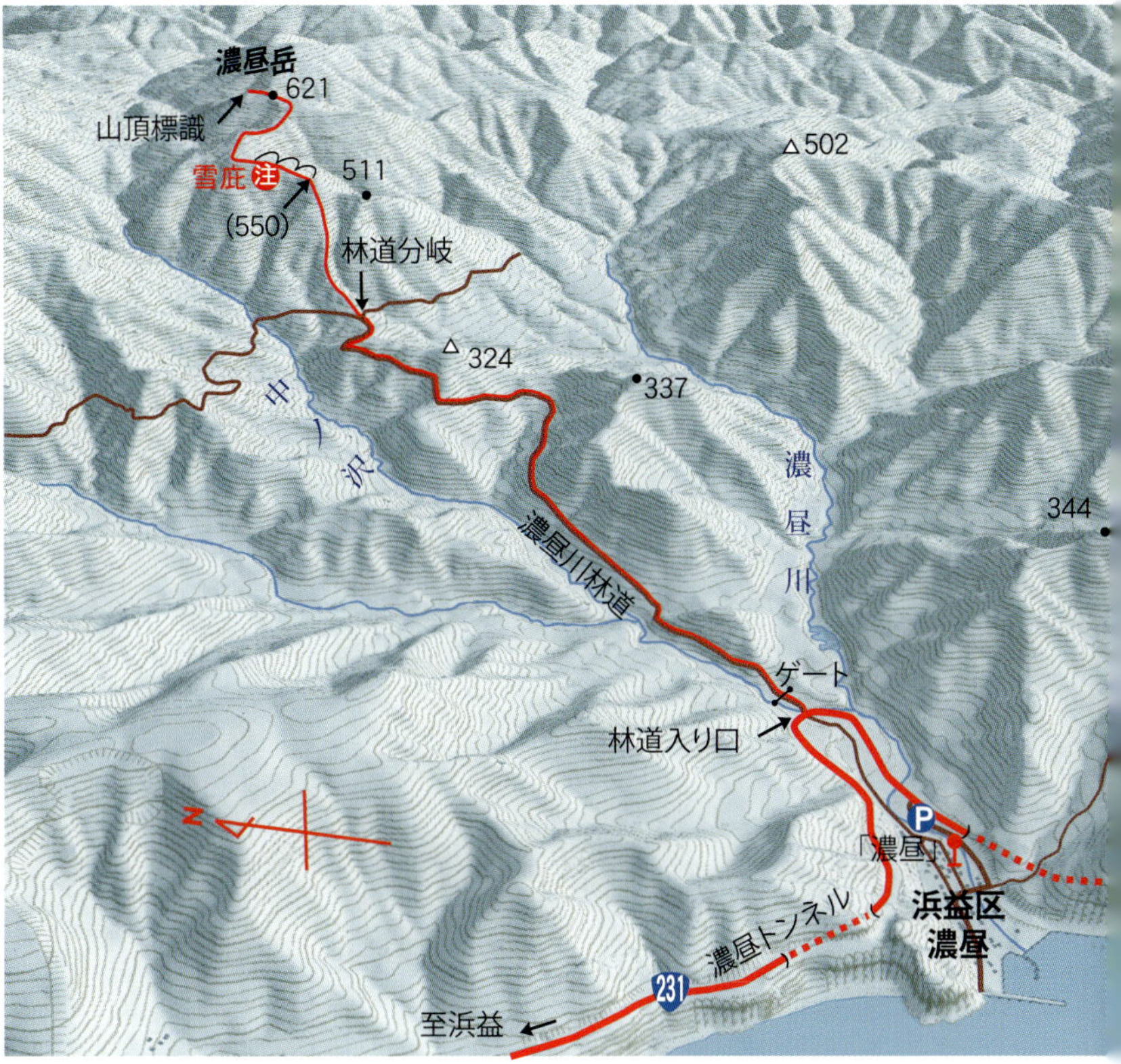

国道の大きなヘアピンカーブの突端に濃昼川林道入り口がある。

そこから登山開始となるが、歩き始めてすぐに濃昼橋手前の左手のかん木に取り付けられている濃昼岳の標識を見ながら、中ノ沢に架かる橋を渡る。

さらに三〇〇《メートル》ほど奥に閉鎖された林道ゲートがある。ゲートから林道分岐まで三・六《キロ》ほど登り返しの少ない緩やかな林道を歩く。

時折、中ノ沢の対岸に三角錐の端正な白い山肌が目立つ六七〇《メートル》ピークが見え隠れする。顕著な林道を忠実にたどり、右

体力（標高差）	C	30
登山時間加算	B	6
高山度（標高）	D	0
険しさ・危険度	C	6
ルート判断	C	6
総合点　50点（初級）		

550mピークから濃昼岳。頂上は左端

林道入り口の駐車スペース

林道から670mピークが目を引く

550mピークから馬蹄形の山頂稜線へ向かう

林道分岐から尾根に取り付く

手に大きな広場に差し掛かるとすぐに林道分岐である。分岐は五五〇《メートル》ピークへ向かう尾根の取り付きにあたり、取り付き地点のかん木に濃昼岳の標識が取り付けられている。ここから標高差二五〇《メートル》の登りとなる。

初めは緩やかな尾根から始まり、五五〇《メートル》ピークまでの急登を一気に登り切ると、谷の対岸に平坦な濃昼岳が見えてくる。

濃昼岳まで

五五〇《メートル》ピークから山頂までは、雪庇の張り出した広い尾根が馬蹄形に延びている。稜線上は雪庇の踏み抜きに注意しながら、緩い起伏を上り下りしながら歩く。気持ちのよい尾根歩きだ。

山頂が近づくにつれ、尾根上にはダケカンバなどの大木が増

濃昼岳頂上から増毛山地の山々の眺め

頂上から200m離れた肩に山頂標識がある

頂上の肩から見た円錐峰。右遠くにピンネシリ

え、みごとな枝ぶりに圧倒される。平坦な山頂が見え始めると左手の樹間越しに白い頂の暑寒別岳などの山も見え、ほどなく濃昼岳山頂となる。

　山頂は樹木が少なく、牧場のような広い雪原が広がっている。最高点は樹木も山頂標識もない雪原の中だが、北北東に二〇〇メートルほど離れた肩付近の樹木に山頂標識が掛けられている。この肩付近からの眺めが素晴らしく、山座同定を楽しむには絶好である。

　北の方向に黄金山、暑寒別岳などの増毛山地の山々が見え、反対方向には、安瀬山《やそすけやま》など厚田の山々、樺戸山塊のピンネシリも望むことができる。

宮野二嘉＠宮王

増毛山地の主峰。残雪期が適期だがかなりハード

暑寒別岳《しょかんべつだけ》

1492m

日本海から激しい冬の季節風が吹き付ける厳冬期の増毛山地は容易に人を寄せ付けない。低い標高まで純白の姿であることは、樹木の生育が許されない厳しい自然条件を示している。一般登山者がスキー登山を楽しめるのは、暑寒荘まで除雪される四月中旬からだ。山頂を踏むなら、増毛側のコースが最短だが、それでも長時間登山を強いられる。

手稲山から暑寒別岳▼群別岳▼

1/25000 地形図	暑寒別岳・暑寒沢

登山適期					
12	1	2	3	4	5

暑寒荘コース

■コースタイム（スキー）

暑寒荘（1・10→）三合目（1・30→）滝見台（1・30→）暑寒別岳（1・30→）暑寒荘

標高差　一一九〇メートル
登り　四時間一〇分
下り　一時間三〇分

■交通

公共交通機関はない。

■マイカー情報

冬は暑寒荘の五キロ手前までの除雪。小屋までの除雪は四月中旬となる。駐車場は狭いので、止め方に配慮が必要。

■ガイド

三合目まで

コースは赤円盤に白番号のスキーツアー用標識がついた林道をほぼたどる。標高四二〇メートルの平坦地で山頂方向の視界が開け

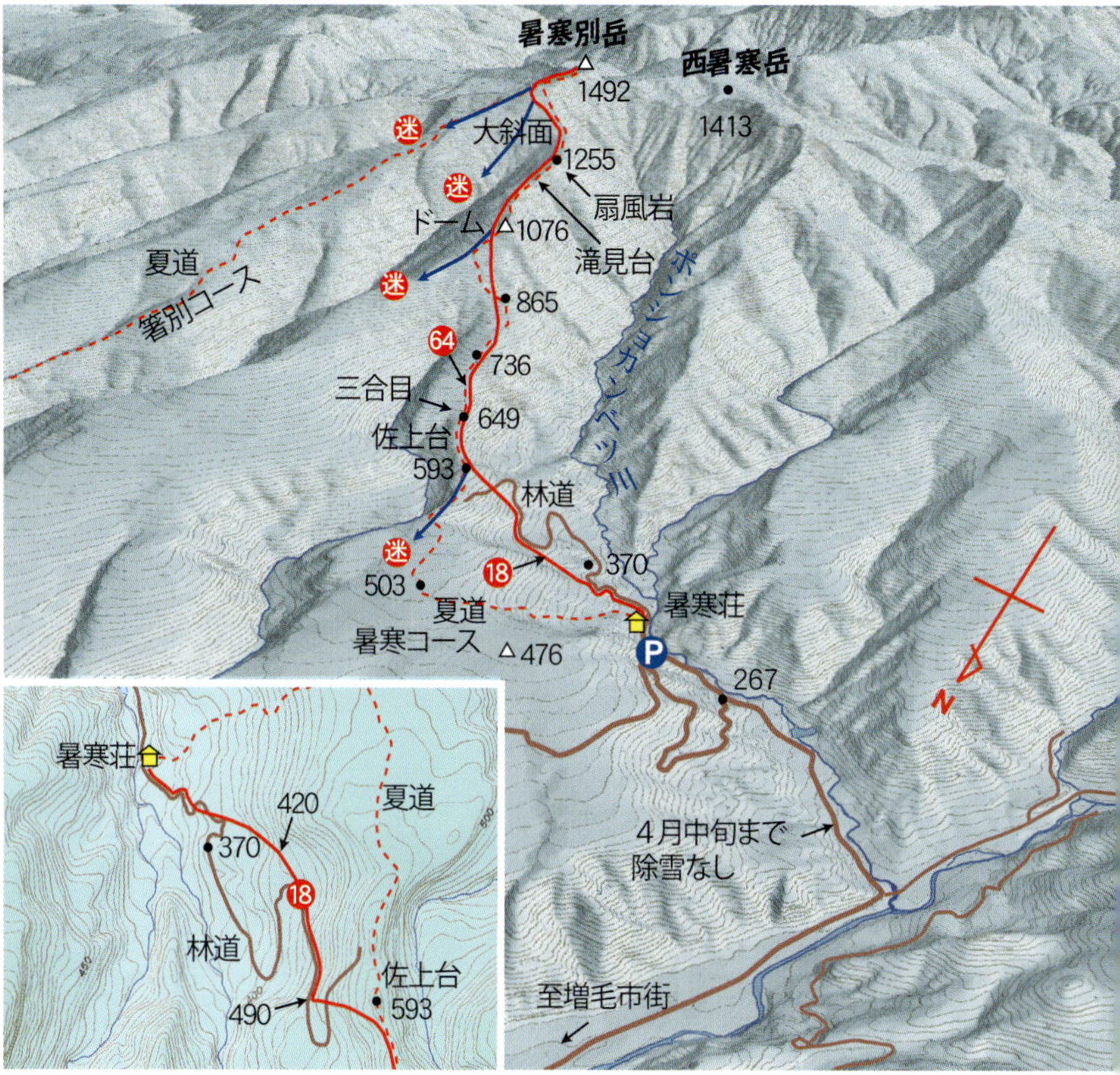

る。手前が一〇七六㍍ドーム、奥が頂上台地から続く大斜面で、山頂はその陰にある。その後五〇〇㍍林道をたどり、標高四九〇㍍地点で林道と別れて尾根を目指し、標高差九〇㍍を登れば佐上台と三合目の中間コルに着く。

体力（標高差）	A 40
登山時間加算	B 6
高山度（標高）	A 10
険しさ・危険度	C 6
ルート判断	B 12
総合点 75点（上級）	

滝見台まで

ドーム下部までは軽い起伏を繰り返しながら緩やかな傾斜の尾根上を登る。よい目標物となるダケカンバの番号札はドーム直下の一〇〇番まで続いている。

この付近で視界が悪いときや風が強いときは、登山を中止したほうがよい。ここからは目標

暑寒荘と駐車場

18番標識から1076mピーク、扇風岩（右）

滝見台から扇風岩（右）大斜面（中央奥）

三合目からドーム方向を見上げる

物が少なく風は予想をはるかに超える強さで吹くことも珍しくない。背後には留萌市街の西方海上に天売島、焼尻島が見える。条件がよければ北の洋上に利尻山も見える。ドームの東側斜面をトラバースした後、滝見台に登ると西暑寒岳が北東面の荒々しい姿を見せる。

暑寒別岳まで

扇風岩は登らず東斜面をトラバースし、大斜面基部のコルに出る。ここは日本海から強風が吹き抜け、突風が吹きやすいので稜線上に出たら気をつけたい。

上部のハイマツ帯に夏道と思われる切れ目が見えるが目指すのは大斜面の左肩、登り切ると南暑寒岳が視界に飛び込んでくる。その左には真っ白な平原状の雨竜沼湿原も見える。

暑寒別岳頂上からの眺め

大斜面を登る

扇風岩は登らずに左斜面をトラバース

頂上台地から山頂までは六〇〇メートルほど。遅い時期にはハイマツを漕ぐこともあるが東側をう回した方が下りでも効率がよい。山頂に立って初めて奥徳富岳、群別岳、浜益岳、雄冬山の勇姿が見える。

下りは標高差約二〇〇メートルの大斜面を楽しもう。素晴らしい一枚バーンで、登り返しての滑走を勧めたいところだ。またこの斜面は、北斜面のため、ひどいクラストになることは少ないようだ。視界が悪いときは箸別コース側へ降りないように左側へ滑り降りること。また降りすぎて沢へ向かわぬように注意しよう。ドームから佐上台までは長い緩斜面が続き、楽しい滑りが楽しめる。

角田里津子@里っちゃん

浜益御殿を起点に浜益岳・雄冬山へ

浜益岳《はますだけ》 1258m 浜益御殿《はますごてん》 1039m 雄冬山《おふゆやま》 1198m

札幌方向から増毛山地を見ると、暑寒別岳付近の山々は重なり合って判然としないが、浜益岳、浜益御殿、雄冬山の山並みはとてもよく目立つ。これらの山には登山道がなく、登頂は主に、気候が安定し、雪が締まる残雪期に行われる。しかし長時間の登山はかなりの体力が必要で、広い雪原地帯では悪天時に迷いやすく、上級者向きである。

浜益区から見た浜益岳▼、浜益御殿▼、雄冬山▼

1/25000 地形図	浜益・雄冬

登山適期					
12	1	2	3	4	5

浜益岳・浜益御殿

幌(ぽろ)コース

■ **コースタイム**（スキー）

幌神社（1・00↓）林道交差地点（3・00↓）浜益御殿（1・30↓）浜益岳（1・00↓）浜益御殿（1・10↓）林道交差地点（0・20↓）幌神社

獲得標高差一二九七メートル
登り　五時間三〇分
下り　二時間三〇分

■ **交通**

登山に適した交通機関はない。

■ **マイカー情報**

雪解け状況次第で、車で林道を上れる。

■ **ガイド**

浜益御殿まで

残雪期を前提にガイドする。

幌神社前から延びる林道を進むと、標高三三〇メートルで交わる。

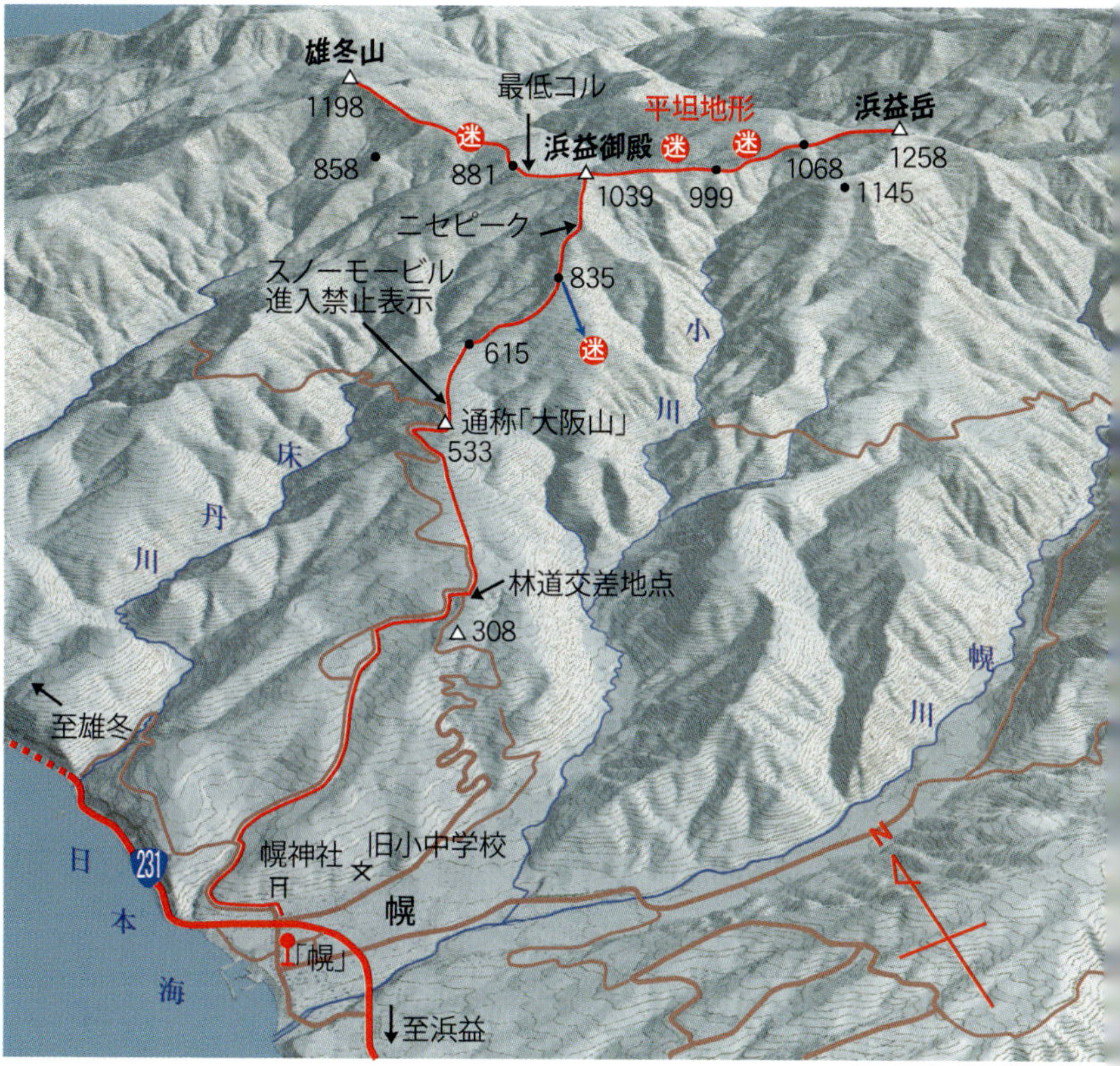

さらに林道を進むと、浜益岳と群別岳が見えてくる。

大阪山の手前は林道がつづら折りに延びるが、残雪期はショートカットできる。大阪山を回り込むと、浜益御殿へ向かう尾根と浜益岳の前峰（一一四五メートル）が見える。ここで林道から離れて広い尾根を進み、スノーモービル進入規制の横断幕を通過する。この先、八三五メートル標高点までは尾根が広く、下りでは尾根が分かれるので、必要に応じてコース旗を設置すべき箇所だ。浜益御殿に向かう尾根は樹木が少なく、下りは気持ちのよいスキー滑降が楽しめる。稜線

体力（標高差）	A 40
登山時間加算	A 10
高山度（標高）	A 10
険しさ・危険度	C 6
ルート判断	A 20
総合点　85点（上級）	

750m付近で視界が開け、浜益岳が見える

幌神社前から林道が始まる

林道を離れて緩やかな尾根をたどる

ニセピークから左斜面を浜益御殿へ向かう

スノーモービル進入禁止地点の表示

に出てから浜益御殿までは意外と長く感じるだろう。浜益御殿手前の肩が頂上のように見えることからニセピークと呼ばれるが、そこから頂上まで一キロある。この区間は急斜面とハイマツを避けて左斜面を進み、最後の詰めを登りきると浜益御殿の山頂だ。山頂からは、雄冬山、暑寒別岳、浜益岳が連なり、白い雄大な眺望に圧倒される。

浜益岳まで

浜益岳へは、稜線の広大な雪原地帯を進む。好天時は気持ちよく歩くことができるが、視界が悪いと増毛側へ迷い込みやすい。視界不良時はここで引き返すしかない。一〇六八メートル標高点を経由して、浜益岳への顕著な尾根に取り付く。急斜面の尾根を少し登ると、鋭く尖った群別

浜益岳頂上付近から群別岳の眺め

浜益御殿から雪原を浜益岳に向かう

浜益御殿の頂上。正面に浜益岳

岳のピークが現れる。最後の急な尾根を登ると山頂だ。山頂には木彫りの標識があり、どっしりした暑寒別岳から尖った群別岳へ、そして幌天狗と続く白い大パノラマが展開する。

　下りは楽しい滑降が待っている。浜益岳山頂付近の細い尾根は慎重に下りたい。最低コルから浜益御殿への標高差は約七〇《メートル》。シールなしで何とか登れる傾斜だ。浜益御殿では下りる方角を確認したい。八三五《メートル》標高点からは尾根が広がり進路を誤りやすい。まっすぐ下りると尾根から外れて小川に入ってしまうので、広い尾根の右側に沿うように下り、大阪山へ続く尾根に入る。

仲俣善雄＠ＹＯＳＨＩＯの
北海道山情報

写真協力：荒木卯三郎・川辺マリ子

浜益御殿から見た雄冬山

最低コルでシールを取り付ける

体力（標高差）	A 40
登山時間加算	A 10
高山度（標高）	A 10
険しさ・危険度	C 6
ルート判断	A 20
総合点 85点（上級）	

雄冬山

幌(ぽろ)コース

■ **コースタイム**（スキー）

幌神社（4・00→）浜益御殿（1・30→）雄冬山（1・00→）浜益御殿（1・30→）幌神社

獲得標高差一三三七メートル

登り　五時間三〇分

下り　二時間三〇分

■ **ガイド**

浜益御殿までは前項参照。

浜益御殿でシールを外し、最低コルまで滑降する。とても快適な斜面を堪能できる。八六〇メートル付近の最低コルで再びシールを付けて登り始める。緩やかなアップダウンを進むが悪天候時は迷いやすいので、しっかりと方向を確認しよう。

北に向かって緩やかな尾根を進むと一〇〇〇メートル付近で急斜面

雄冬山の頂上から見た暑寒別岳①、奥徳富岳②、群別岳③、浜益岳④

1130m付近の岩コブ

スキーをデポし、細い尾根を登る

が現れる。そこを登ると細い尾根が見えてくるので、その手前でスキーをデポしよう。

細い尾根は慎重に越える。かん木が出ている場合は木につかまりながら進む。一一三〇メートル付近で岩稜のコブが現れるので東側を巻く。斜度が緩やかになってくると広い頂上はすぐ先だ。

頂上からは圧巻の展望で、北には増毛天狗岳、東には暑寒別岳から奥徳富岳、ひときわ尖っている群別岳などが一望できる。

帰りはデポ地点からコルまでひと滑り。シールを貼り直して浜益御殿までひと登りだ。浜益御殿への登りは近道をしようと西側に進むとかなりの急斜面になるので、降りたルートを確認してしっかりと回り込もう。

今野聖二@kon

写真協力：内藤　誠

増毛の奥深い名峰を間近に見る

幌《ぽろ》天《てん》狗《ぐ》

1222m

幌天狗は地形図に名がなく、三角点名が山の名称になっている。群別岳の南西尾根上の一ピークだが、天狗と呼ばれるほど尖った山ではない。浜益の街から見ると群別岳と肩を並べて堂々とした山容が素晴らしい。登山道がなく麓からの距離が長いので、雪が締まる三月下旬以降の残雪期が登山適期。緩やかな広い尾根は上りも下りも迷いやすい。読図力を求められる山である。

浜益区柏木から幌天狗▼群別岳▼奥徳富岳▼

1/25000 地形図	浜益・雄冬

登山適期					
12	1	2	3	4	5

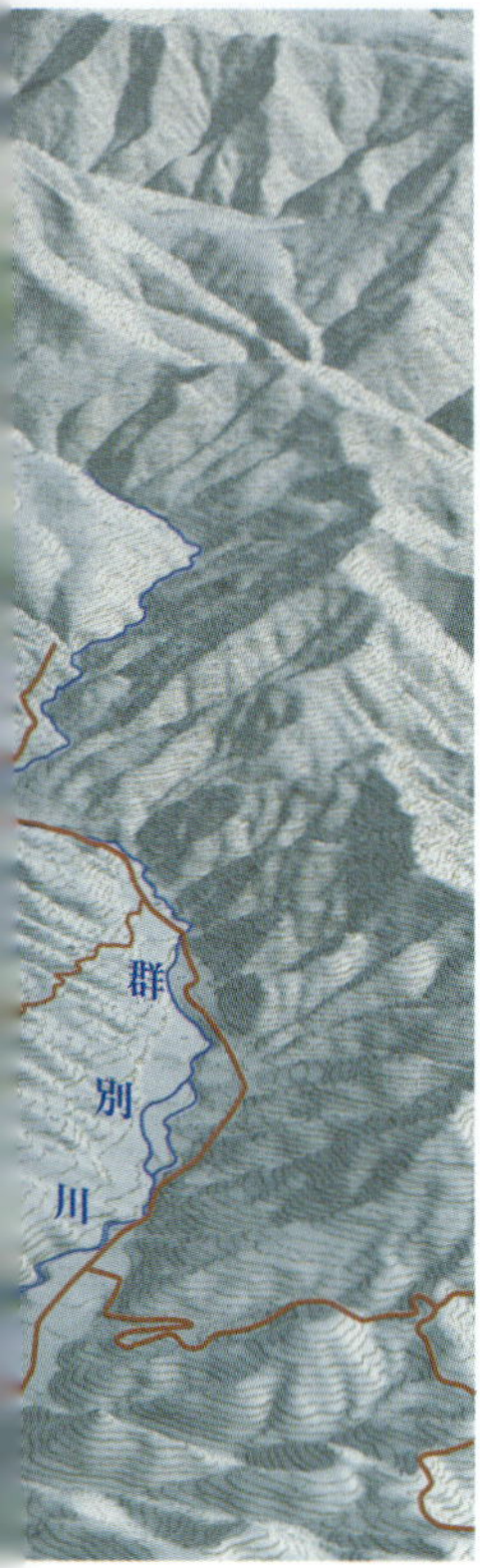

南西尾根コース

■ **コースタイム**（スキー）

林道ゲート（1・40↓）五五〇メートル標高点（1・00↓）七四五メートル標高点（1・50↓）幌天狗（1・30↓）林道ゲート

標高差　一一一〇メートル

登り　四時間三〇分

下り　一時間三〇分

※スノーシュー、ツボ足の場合は下り三時間

■ **交通**

登山に適した交通機関はない。

■ **マイカー情報**

幌川沿いの浜益岳林道は国道から三キロ入った果樹園まで除雪される。Uターンの邪魔にならないように駐車する。雪解けが進めば一五〇メートル先の林道ゲート前に数台駐車できる。

■ **ガイド**

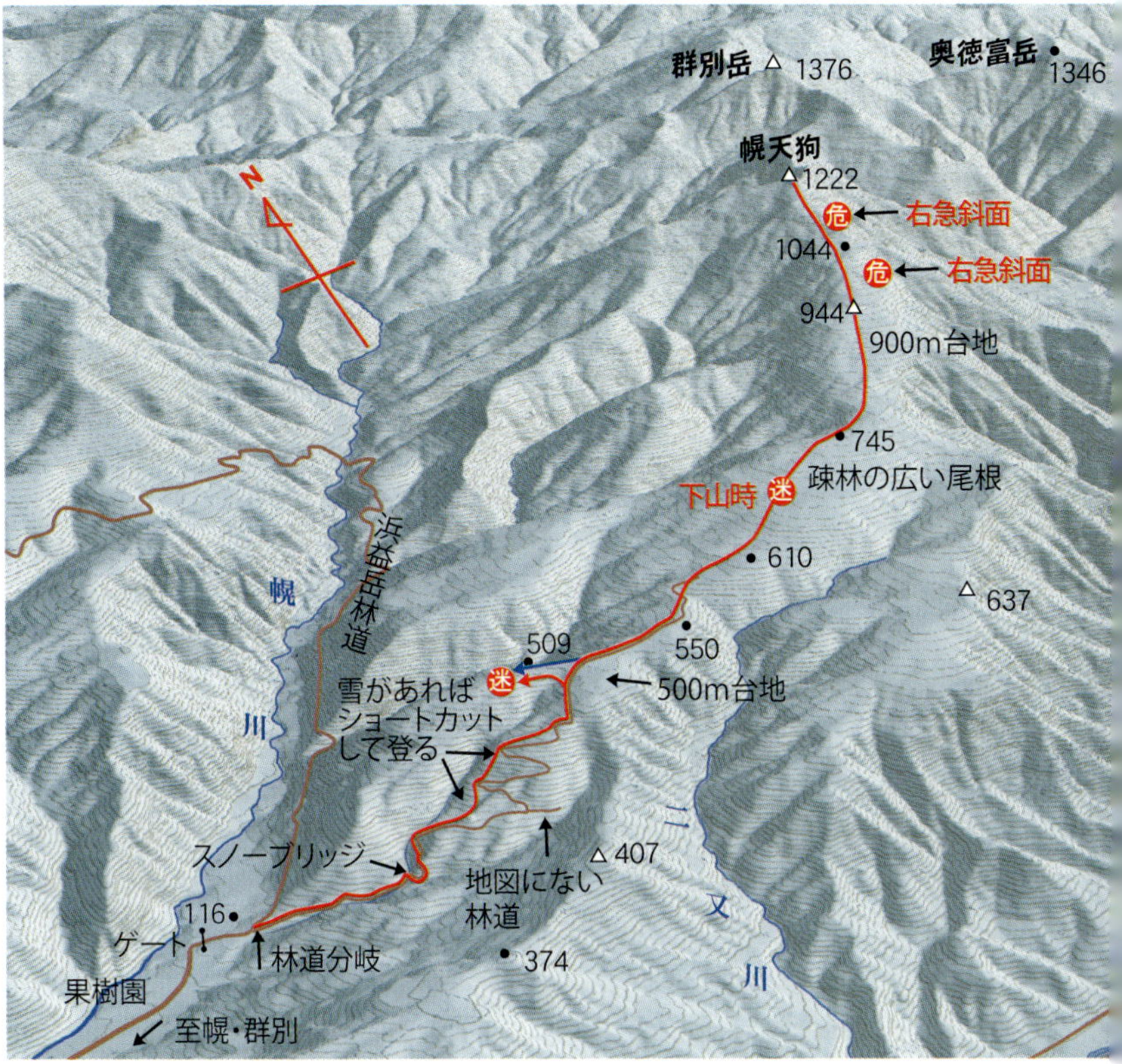

五五〇メートル標高点まで

ゲートの一〇〇メートル先で林道が分岐する。左へ延びる幌川沿いの林道ではなく、薮の多い正面の林道へ進む。

標高二〇〇メートルで道は川を横切る。スノーブリッジで渡るが、雪がないときは飛び石伝いになる。さらにつづら折りで延びる林道を進む。斜度が緩いところは林道をショートカットして雪上を進むと時間短縮になる。

地図にない林道や、ブッシュで林道が分かりづらいところもあるので、地図とコンパスで確認しながら登る。

標高五〇〇メートルを超すと尾根が

体力（標高差）	A 40
登山時間加算	B 6
高山度（標高）	A 10
険しさ・危険度	C 6
ルート判断	B 12
総合点 75点（上級）	

500m台地。帰路は滑降方向に注意したい

浜益岳林道のゲート前からスタート

左カーブする林道と別れて正面に進む

1044m標高点から見上げる幌天狗

スノーブリッジを渡る

平たんになり、迷いやすい地形だ。右に二又川があることを意識しながら登ると正しく尾根を進める。左の沢を意識すると五〇九メートル標高点のある尾根の方に迷い込む心配がある。

幌天狗まで

左側には樹林越しに浜益岳が見える。確かな目標物がないダケカンバ林の平たんな広い尾根を進み、七四五メートル標高点に上がる。視界が大きく開け、目指す幌天狗が前方に見え、左には浜益岳が大きく見える。

さらに標高を上げると奥徳富岳、黄金山が特徴的な姿で見えてくる。広々して気持ちのいい尾根歩きだが、視界がないときはコース旗・標識テープなどの対策が必要だ。

九四四メートル三角点を越すと、こ

780m付近から見たピンネシリ①、神居尻山②、黄金山③、別狩岳④

山頂から見た西暑寒岳①、暑寒別岳②、群別岳③、奥徳富岳④

の山一番の急斜面が目の前に見えてくる。標高差三〇メートルほどだが、南斜面なので、氷化して硬いことが多い。スキーアイゼンがあると安心だ。

急斜面を登り切り、一〇四四メートル標高点に上がると、山頂も近い。この辺りから風が強くてクラストしていることが多いが、急斜面もなく山頂に導かれる。

山頂の奥に名峰の群別岳が奥徳富岳と並んで迫力ある姿を見せる。群別岳の左肩には暑寒別岳、さらに左に浜益岳、振り返ると日本海、飽きない景色が広がる。

帰りのスキーは、広い穏やかな尾根の滑りが楽しみだが、派生尾根に迷い込まないよう注意して滑り降りよう。

川辺マリ子@marikka

幌《ほろ》向《むい》岳《だけ》

836m

岩見沢市の最高峰。白い夕張山地の大展望

岩見沢市を流れる幌向川の源頭にあり、山頂が岩見沢市・夕張市・三笠市の三市の境界点となる珍しい山。岩見沢市の最高峰である。国土地理院の地形図には幌向岳の表示はない。過去には夏にも登っていた記録もあるが、現在は林道から先に夏道はなく、登山は冬期間に限られる。広く緩やかな山頂からは間近に夕張山地の山々が見え、その迫力に感動を覚えるだろう。

岩見沢市上志文から見た幌向岳

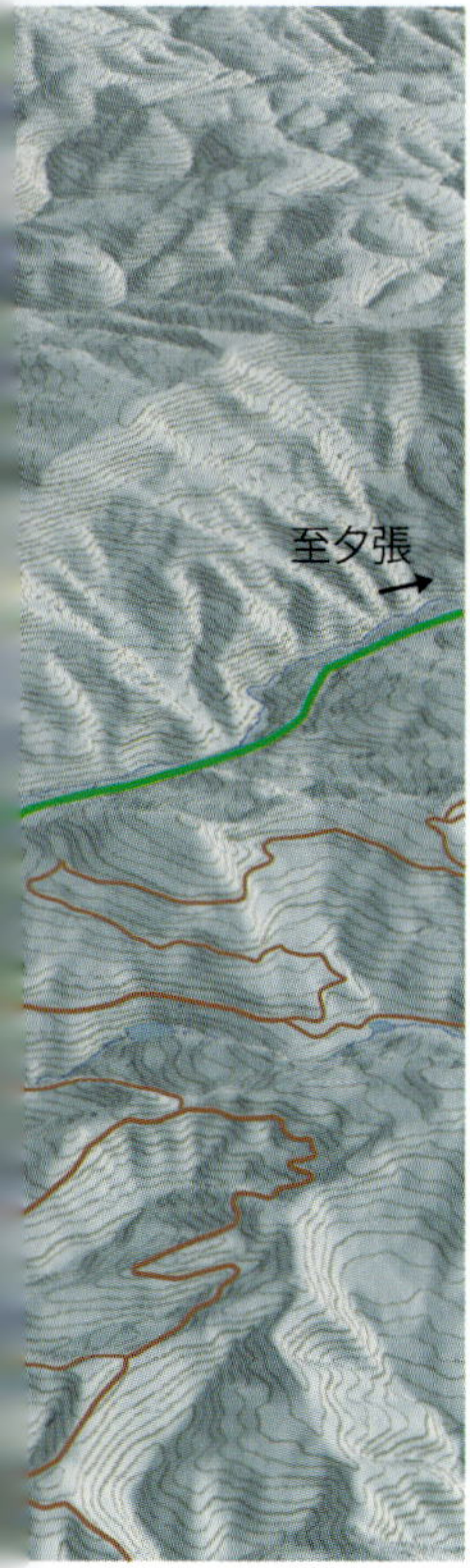

1/25000 地形図	夕張川上流・美流渡

登山適期					
12	1	2	3	4	5

万字コース

■ コースタイム（スキー）

郵便局前駐車場（1・10↓）林道交差地点（1・10↓）尾根取り付き（1・40↓）幌向岳（0・40↓）尾根取り付き（0・30↓）林道交差地点（0・30↓）郵便局前駐車場

標高差　六三七メートル
登り　四時間
下り　一時間四〇分

■ 交通

登山に適した公共交通機関はない。

■ マイカー情報

道道三八号を岩見沢から夕張方向に進む。万字の入り口の、菊人形で有名な万念寺の看板を左折し、五〇〇メートルほど行くと右側に万字仲町郵便局の前に広い駐車スペースがある。バスの転

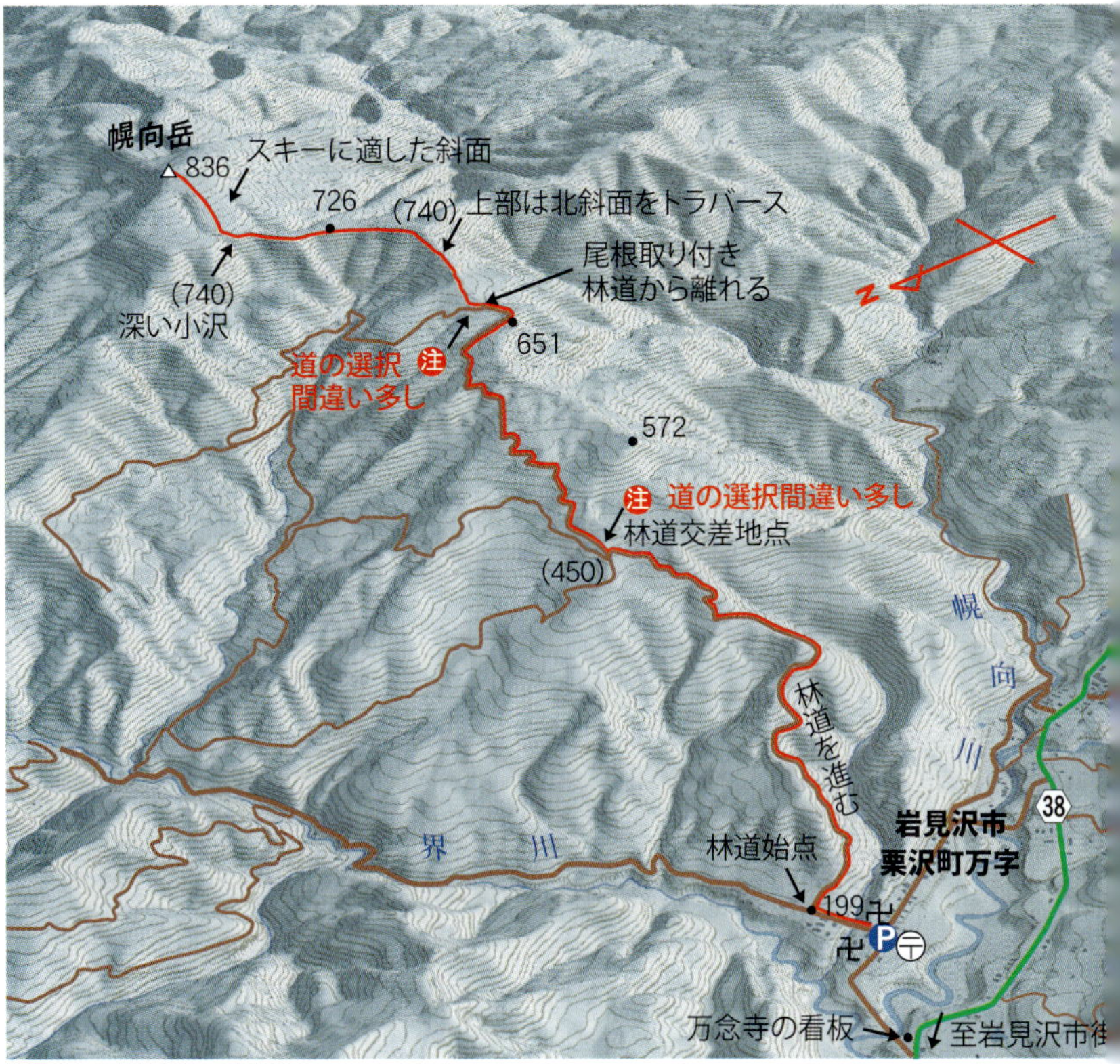

回場所でもあるので邪魔にならないように端に寄せて止める。

■ガイド

尾根取り付きまで

郵便局から東に向かう小路を二〇〇《メートル》ほど進むと右側に林道が見えてくる。林道入り口から針葉樹林帯の中を走る林道を徐々に高度を上げながら林道交差地点までひたすら進む。スキーで降りられるくらいの適度な斜度があり、帰りが楽しみだ。標高約四五〇《メートル》で林道交差地点だが変則的で分かりづらい。一番右側の道に進む。

林道交差地点から尾根取り付きまで約二《キロ》の林道を進む。や

体力(標高差)	B	35
登山時間加算	B	6
高山度(標高)	C	3
険しさ・危険度	D	0
ルート判断	C	6
総合点 50点(初級)		

郵便局前の駐車場。バスの転回スペースに注意

林道の始点から歩き始める

林道交差地点では右端の道に入る

尾根への取り付き地点

細く急になった西尾根を登る

はり展望の利かない林道だが、時折見える遠くの山々は、高度が上がるにつれて雄大さを増してくる。長い直線を過ぎ六五一《メートル》ピークを右に見て大きな左カーブを曲がったところで林道と別れ、西尾根に取り付く。ここは通り過ぎると明らかに下りになるので、行き過ぎに気付いたら戻って尾根に取り付こう。

幌向岳まで

西尾根は最初なだらかだが、二〇〇《メートル》ほど進むと尾根が狭くなり、徐々に傾斜が急になるが距離は短い。次の急斜面は左へトラバース気味に進む。尾根上から若干のアップダウンがあるが、緩やかな登り斜面を進む。標高七四〇《メートル》付近で深い小沢が入ってルートが狭くなっている部分があるが問題ない。そこか

山頂から芦別岳方向の山々

山頂は緩やかな台地状で眺めがよい

一本松が見えると山頂は近い

ら方向を東方向に変え、緩やかな疎林の斜面を登っていく。大きな松が見えてくると山頂はもうすぐだ。

　広くて平坦な山頂に着くと北に桂沢湖、右に視線を移すと芦別岳や夕張岳が雄大な姿で迎えてくれる。長い林道歩きの末に雄大な景色を見ながらの食事も格別だ。

　帰路は頂上直下の広大な緩斜面を快適に滑り降りる。林道に合流する前の急斜面は北側をトラバース気味に降りていくと楽だ。林道は長いが標高差があるので、ほとんど漕ぐことなく快適に滑り降りることができる。

　標高約四五〇《メートル》の林道交差地点は直進しやすいので注意。あとは約二・三《キロ》を下るとゴールだ。

今野聖二@kon

写真協力：菅原規仁・仲俣善雄・世古　勇

芦別岳の北側に点在する奥深い三山を踏破

松籟山《しょうらいさん》 1284m 御茶々岳《おちゃちゃだけ》 1331m 槙柏山《しんぱくやま》 1184m

芦別岳と布部岳の間にアイヌ語由来でない名の三山が並ぶ。いずれも切り立つ崖を巡らせた厳しい山だが、極楽平という高層湿原もあり、興味をそそられる山域である。十八線川林道から登り、稜線上の三山を巡る春山限定のハードルートを紹介する。もちろん槙柏山だけを目標に登り、芦別岳の荒々しい本谷の眺めを楽しんでもよいだろう。

十八線川林道入り口から槙柏山▼御茶々岳▼松籟山▼

登山適期					
12	1	2	3	4	5

1/25000 地形図	布部岳

十八線川コース

■ **コースタイム（スキー）**

林道ゲート手前（3・00↓）槙柏山と御茶々岳のコル（2・00↓）極楽平（1・00↓）松籟山（1・50↓）御茶々岳（0・50↓）槙柏山（1・30↓）林道ゲート手前

獲得標高差一一五〇《メートル》

登り　六時間

下り　四時間一〇分

■ **交通**

JR山部駅下車。十八線川林道入り口まで徒歩約五《キロ》。

■ **マイカー情報**

林道ゲート付近には駐車スペースがないので、三〇〇《メートル》手前の適当なスペースに止める。

体力（標高差）	A 40
登山時間加算	A 10
高山度（標高）	A 10
険しさ・危険度	A 20
ルート判断	B 12
総合点　90点（上級）	

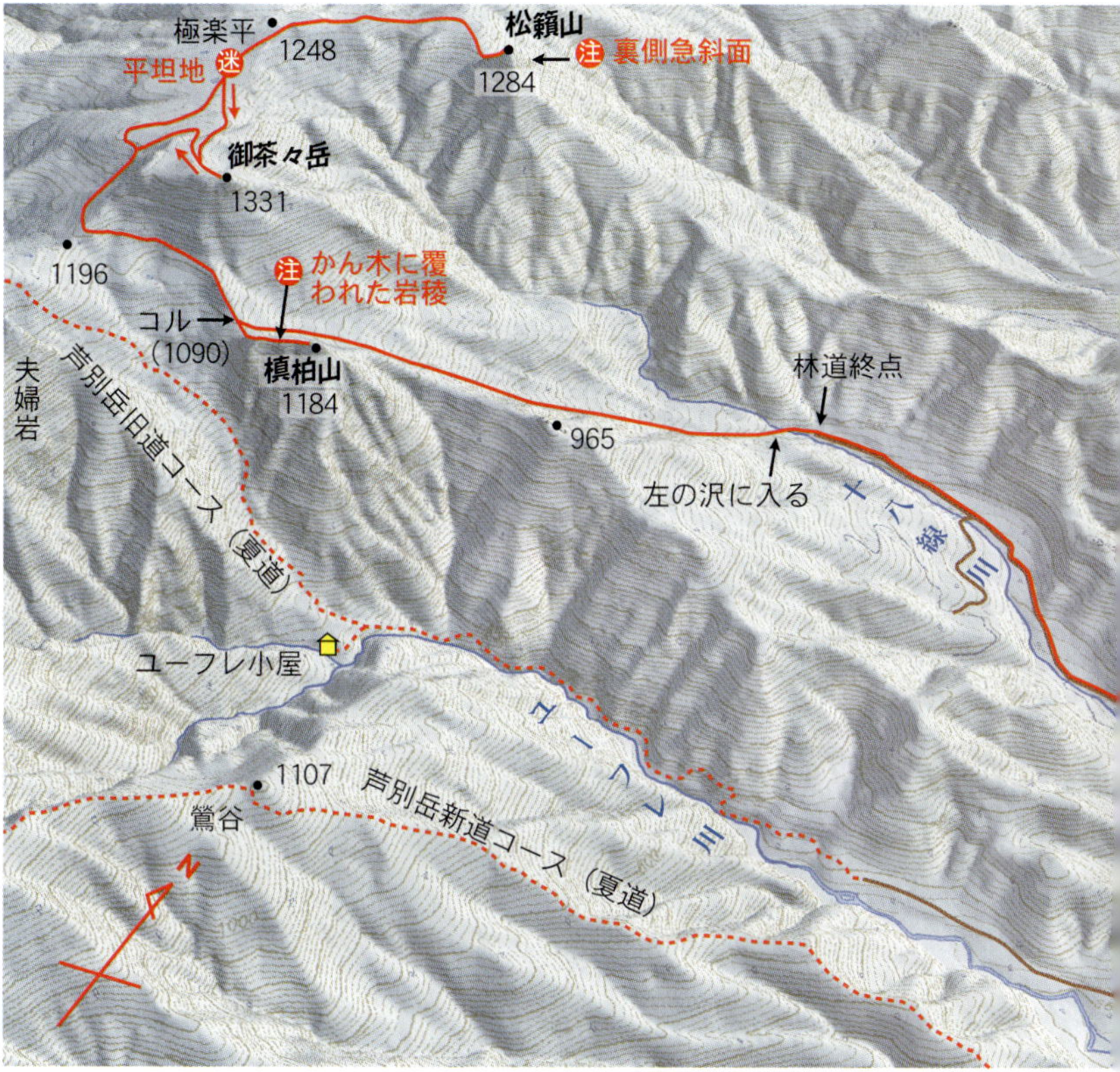

■ ガイド

松籟山まで

ゲートを越えて十八線川沿いの林道を進む。ゲートから二キロで林道は終わり、そこで十八線川と別れて槙柏山と御茶々岳のコルへ突き上げる沢地形に入る。林道終点から六二〇メートルの標高差を登り切ったコルに立つと、眼前に夫婦岩がそびえ、その迫力につぶされそうだ。その奥に芦別岳も見える。

槙柏山と御茶々岳は後で登ることにして、まず松籟山を目指す。御茶々岳の南側を巻き、国境稜線を越えて、極楽平を目指す。極楽平は背の低いアカエゾマツが生える高層湿原のようだ。まさに名前通りの静かな楽園のような雰囲気が漂う。ただし、悪天候のときは目標物がないので、目印の旗などを残すことが必要だ。

コルから見上げる松籟山の急斜面

十八線川の源流部を登る

槙柏山コルの下から御茶々岳を見る

松籟山の頂上から夕張中岳

極楽平ごしに見える中天狗

極楽平から続く尾根の先に尖った松籟山が見える。最後のコルからの登りは崖状で、かん木につかまって登る。雪面が凍っていたらアイゼン・ピッケルなしには登れない。コルから一五分ほどで尖った頂上に立てる。腰を伸ばして立つのが怖いほどの高度感がある。

三六〇度遮るもののない展望がみごとで、復路に登る御茶々岳をはじめ夕張中岳など尖峰が並ぶ。

御茶々岳まで

帰りは残りの二山を目指す。極楽平まで戻り、ゲレンデのような広く緩やかな御茶々岳の北尾根に取り付く。頂上直下までスキーで快適に登ることができる。頂上は芦別岳の展望台のようだ。松籟山の尖った頂上と岩壁の迫力もすごい。対岸に見える槙柏山の細い稜線も怖そうだ。

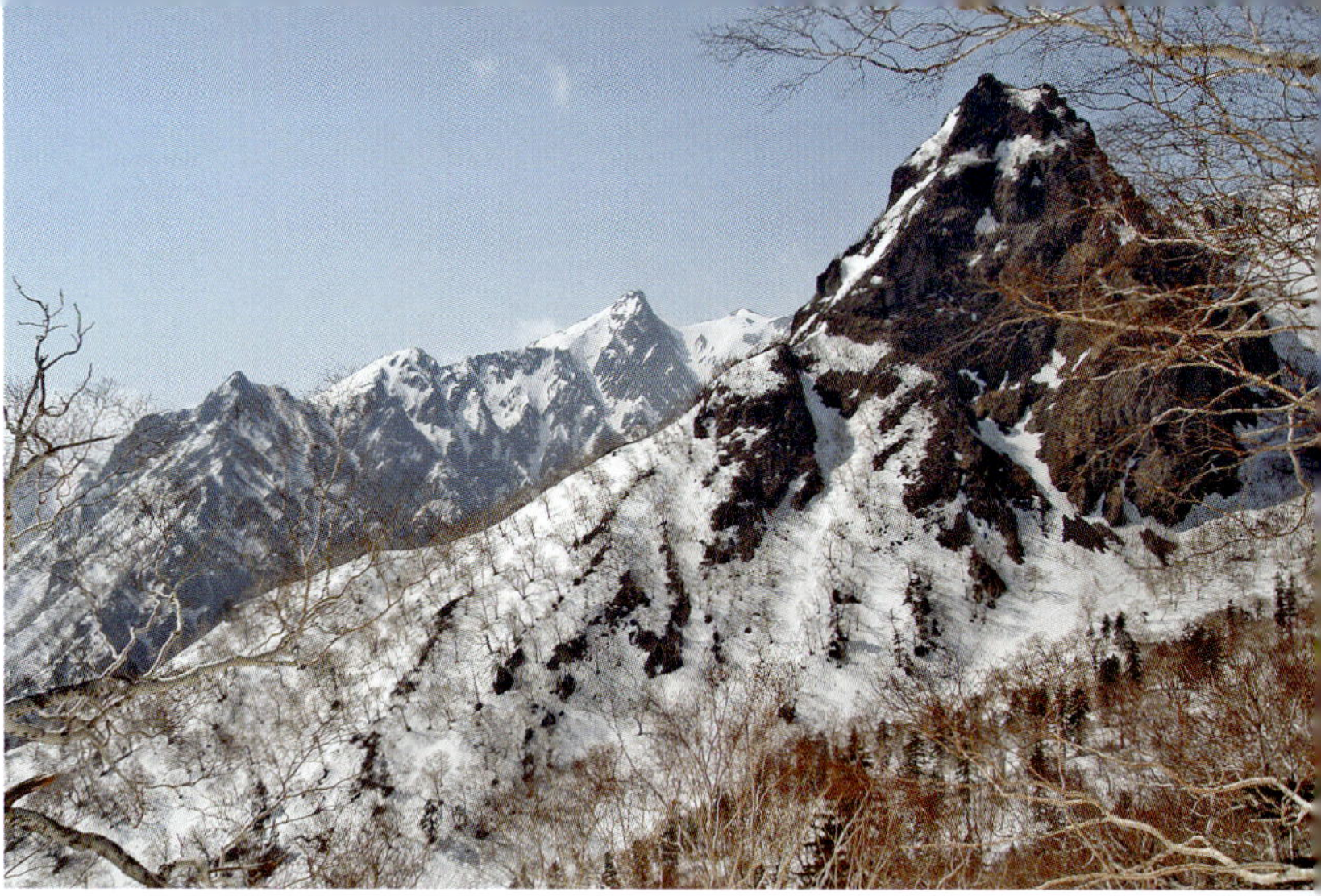

槙柏山のコルに立つと夫婦岩がどんとそびえ、左には芦別岳が見える

松籟山から布部岳（左）富良野西岳（右）

槙柏山への登り

御茶々岳の山頂

槙柏山まで

御茶々岳から極楽平方面へ下り、来たときのトレースをたどる。御茶々岳の南尾根を乗越して、槙柏山とのコルに着く。急斜面と岩稜帯なのでスキーを脱ぐ。北斜面に取り付き、稜線を目指して直登する。稜線は細くて特に反対側は切れ落ちている。途中に立ちはだかる鋭い岩峰の根元を巻いて通過し、ようやく頂上へ。

御茶々岳は反対側から見るのとでは同じ山とは見えないほど厳しい山容である。南側には芦別岳旧道を挟んで、本谷コースを下から上まではっきりと眺めることができる。コルまで戻ったら、シールを外して、あとは往路のトレースをたどって滑りを楽しもう。

坂口一弘@函館・一人歩きの北海道山紀行

富良野盆地と芦別岳周辺の大展望を楽しむ

布《ぬの》部《べ》岳《だけ》

1338m

富良野西岳の南西隣に岩壁を巡らせた台形の山。夏道はないので、積雪期だけの登山となるが、富良野スキー場のゴンドラとリフトを利用すれば比較的楽に登ることができる。北の峰から富良野西岳への夏道尾根をたどる。時間に余裕があれば富良野西岳にも登ることができる。両山ともに芦別岳の豪快な姿を楽しむことができる。

富良野市郊外から望む布部岳▼と富良野西岳▼

1/25000 地形図	布部岳

登山適期					
12	1	2	3	4	5

富良野スキー場コース

■コースタイム（スキー）

リフト終点（1・00→）富良野西岳北西コル（1・00→）一二二四メートル沼（1・00→）布部岳（2・00→）リフト終点

標高差　二七八メートル
登り　三時間
下り　二時間

■交通

旭川駅前、富良野駅前から富良野プリンスホテル行きバスが運行している。

■マイカー情報

ゴンドラ乗り場駐車場を利用。

■ガイド

富良野西岳北西コルまで

富良野スキー場（北の峰ゾーン）のゴンドラとリフトを乗り継ぎ、標高一〇六〇メートルのリフト終点から出発。なおスキー場の営業は

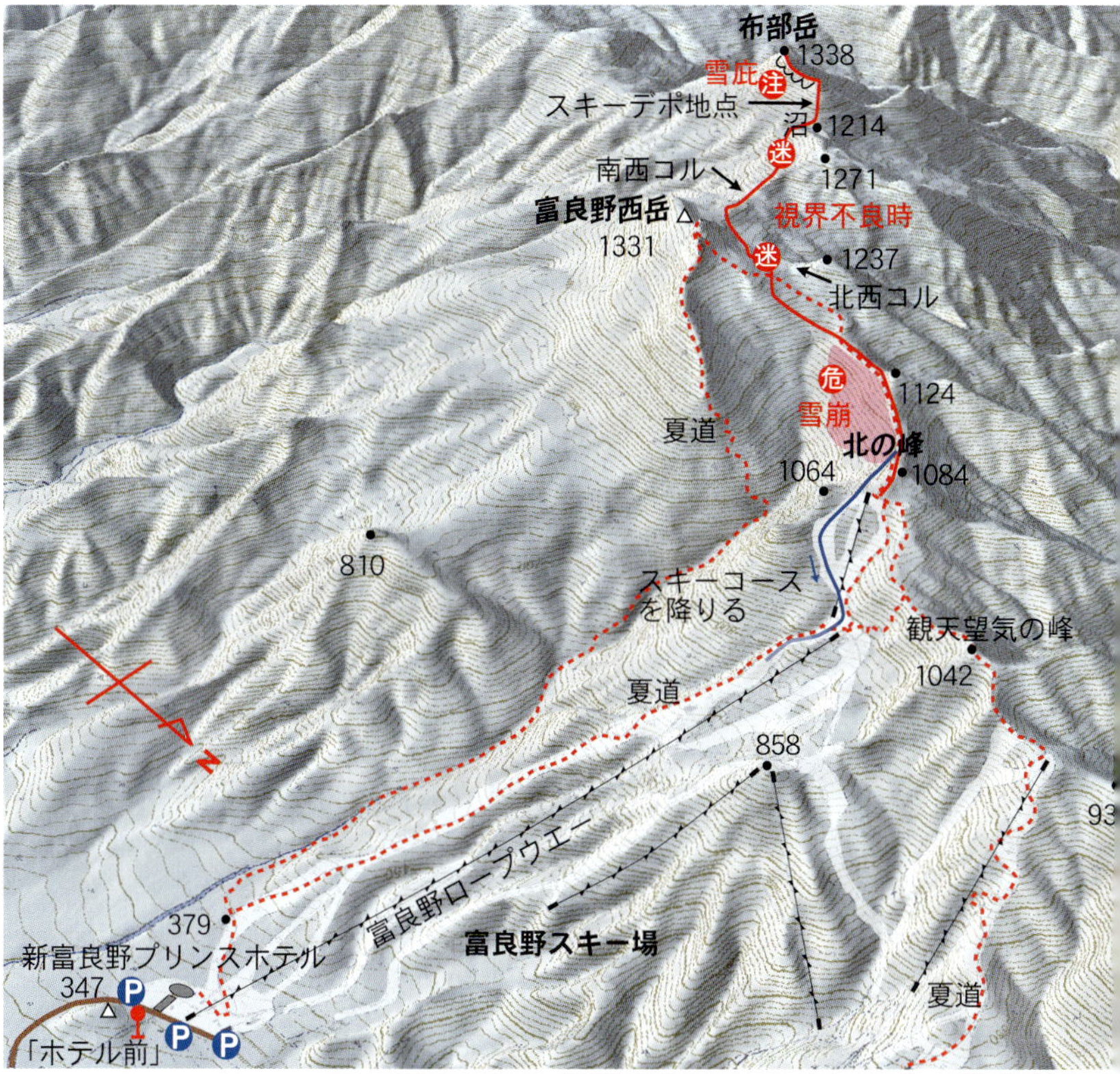

ゴールデンウイーク終了まで。入山する旨をリフト係員に告げ、所定用紙に記入して出発。悪天時は止められることもある。

まずは北の峰の最高点を踏んでほぼ尾根上を進み、富良野西岳の北西コルを目指す。コルからは黒い岩壁を巡らせた布部岳と対面できる。

布部岳まで

ここで夏道コースと別れ、富良野西岳の西面を一二〇〇㍍等高線をなぞるように、疎林帯を一二七一㍍ピーク下の南西コルへ向かう。この付近から沼までの間は視界不良時には進路確認

体力（標高差）	D 25
登山時間加算	C 3
高山度（標高）	A 10
険しさ・危険度	B 12
ルート判断	B 12
総合点　60点（中級）	

東方には富良野の街と十勝連峰が見える

北の峰ピークから富良野西岳を望む

布部岳北尾根から富良野西岳を振り返る

富良野西岳へ向かう夏道上を進む

が難しくなる。

コルを越えると芦別岳が目に飛び込んでくる。岩稜や岩峰を巡らせた姿は大迫力で、感嘆の声を上げること間違いなしだ。

目指す布部岳の全容も見えてくる。頂上は稜線上の左奥なので、北側の尾根を登るのが最適なようだ。沼の上を通過して、北側の尾根頭を目指して急斜面に取り付く。頂上稜線はやせた藪尾根なので、スキーは適当なところでデポし、ツボ足で登った方がよい。ゴールデンウイーク頃になると全層雪崩のクラックが入るので、危険を感じたら右から巻いて登りたい。

頂上稜線は非常に狭く、特に東側は断崖絶壁で、雪庇が発達している。北側の尾根頭から頂上までの距離は三五〇メートル。厳冬

布部岳の頂上から望む芦別岳と夕張中岳（右端）

沼のある地点。この尾根の奥にある山頂を目指す

富良野西岳の斜面を横切って進む

期は無理しない方がよい。春山シーズンならハイマツなどを頼りに南奥の頂上を狙うことができるが細心の注意が必要だ。コル付近の垂直な壁の上を通過するところが一番怖い。そこを越えると、雪庇も広くなって歩きやすい。

頂上は狭くて落ち着かないが、富良野盆地の向こうに十勝連峰や大雪連峰が見え、鋭い山容の芦別岳の岩稜や岩峰、それに負けず劣らず天を突くような夕張中岳、松《しょう》籟山《らいさん》、御茶々《おちゃちゃ》岳、槙柏山《しんぱくやま》などの大パノラマが眼前に展開する。

下山は、来たときのトレースをたどるが、アップダウンが多いので、シールを外すことはできない。リフト終点まで戻ったら、思いきりスキーの滑りを楽しもう。

坂口一弘@函館・一人歩きの北海道山紀行

広大な十勝平野に向かって大斜面を滑る

オダッシュ山《やま》

1098m

新得町市街地の西にそびえる一〇〇〇メートル超の山である。夏道があって、手軽に登れる割に眺めがよい人気の山だ。十勝平野の広がり、ニペソツ山などの東大雪や表大雪、十勝連峰、北日高の山々まで見渡せる。冬も夏道とほぼ同じ北東尾根を登る。十勝平野を背に登り、帰りは大斜面や広い尾根の滑降を楽しむことができる。

新得町から見たオダッシュ山。左は前峰

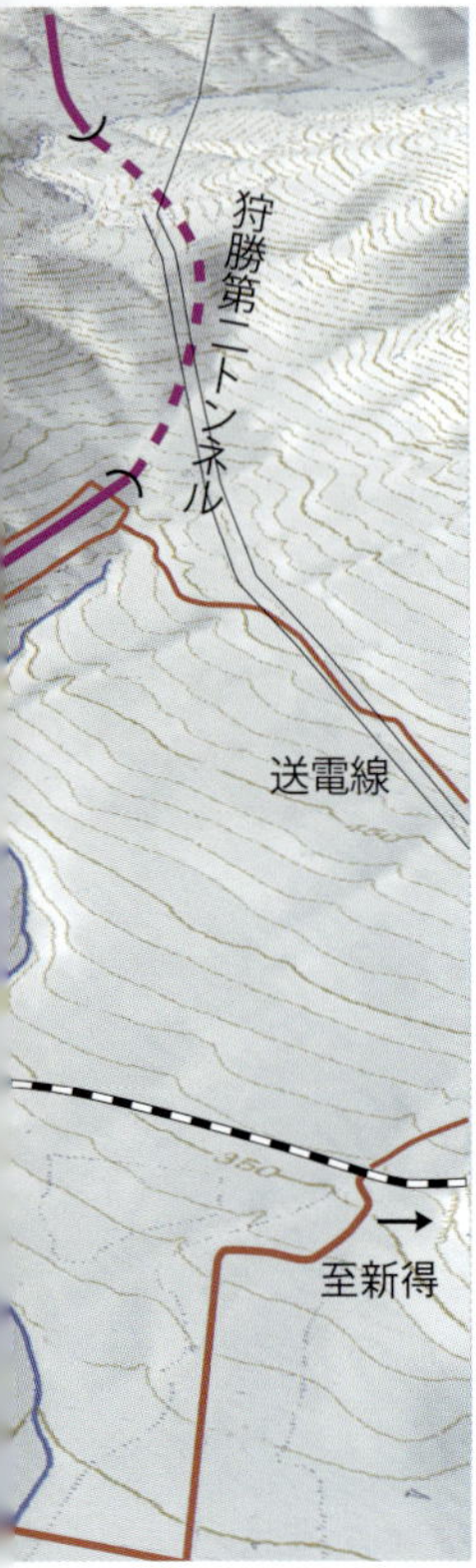

1/25000 地形図	新得・上トマム

登山適期					
12	1	2	3	4	5

北東尾根コース

■コースタイム（スキー）

最終除雪地点（2・00↓）北東尾根七四〇メートル地点（1・00↓）オダッシュ山（1・50↓）除雪終点

標高差　八一八メートル

登り　三時間

下り　一時間五〇分

■交通

JR新得駅下車。登山口まで徒歩五・五キロ。

■マイカー情報

高速道路二キロ手前の畜産試験場前が除雪終点。

■ガイド

北東尾根七四〇メートル地点まで

除雪終点から二キロほど未除雪道路を進み、夏道登山口先の高速道路下をくぐり、カラマツ林の中を進む。

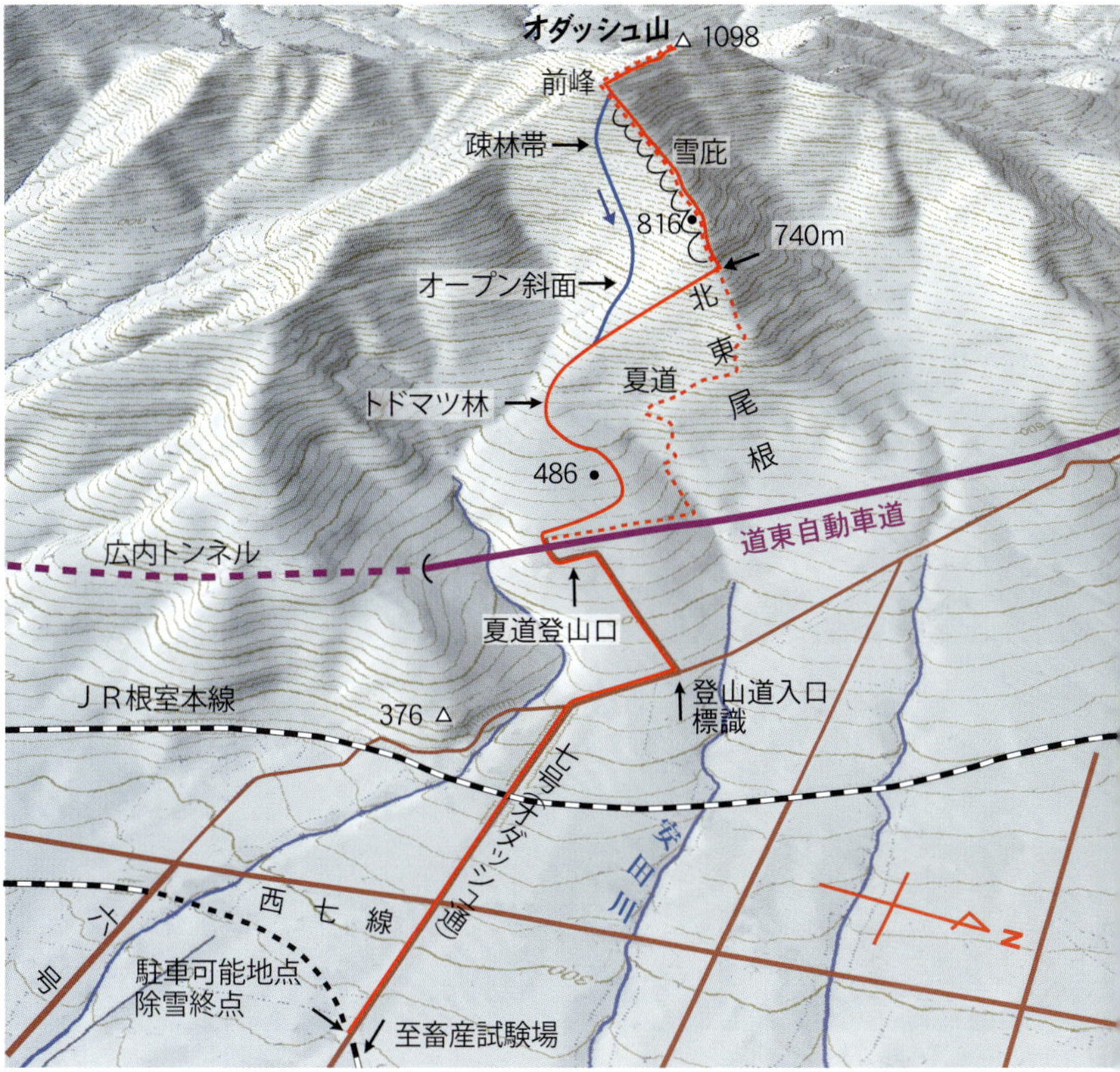

標高五〇〇メートル付近で安田川の源頭からその先の広い尾根を進む。やがて、前峰から延びる北東尾根と直角に合流する広い尾根沿いに細長く延びるトドマツ林がある。その手前のオープン斜面をジグザグを切りながら登っていくと雪庇の発達の弱い七四〇メートル付近で北東尾根に出る。この斜面も、帰りは滑りを楽しめる斜面である。

体力（標高差）	B 35
登山時間加算	C 3
高山度（標高）	A 10
険しさ・危険度	C 6
ルート判断	C 6
総合点 60点（中級）	

オダッシュ山まで

夏道のある北東尾根は前峰まで樹木の生えていない広い道路のような尾根で、非常に歩きやすい。しかし、左手の大斜面側に雪庇が発達しているので気を

高速道路を越えてカラマツ林を進む

前峰と大斜面を見ながら北東尾根へ向かう

新得の町を背に北東尾根を登る

付けよう。振り返ると十勝平野が広がり東大雪の山々も見える。

前峰に近づくと斜度が増し、ジグザグを切って登る。前峰は小さな岩峰だ。冬でも岩と標識が雪から露出している。前峰からはかん木の尾根を進むと、すぐに真っ白な頂上が目の前に現れる。その樹木のない急斜面を登り切ると頂上である。

頂上からは素晴らしい眺望が広がる。西にトマム山と落合岳、その奥に夕張山地の山々、南西方向には狩振岳と通称・双珠別岳、南には北日高の山々が連なり、北には東大雪、表大雪、十勝連峰も見える。

下山

前峰までは登りのトレースをたどる。前峰からは登ってきた広い尾根を滑り降りても、目の

オープン斜面を滑る

頂上までの最後の登り

前に広がる大斜面に飛び込んでもよい。しかし、大斜面の上の方は樹木の密度が高いので、尾根を少し下って、雪庇の切れているところから入った方が疎林帯で滑りやすい。疎林帯を抜けると広いオープン斜面に出る。パウダースノーならまさに天国である。沢に向かって滑り降りたいところだが、登りのトレースとの合流が難しくなるので、北東側へトラバース気味に滑り降りた方がよい。トドマツ林の下を通り、登りでジグザグを切って登ったオープン斜面の下の六五〇メートル付近で登りのトレースに合流する。

坂口一弘@函館・一人歩きの北海道山紀行

湖越しの眺めと、タケノコ山の滑降が素晴らしい

社《しゃ》満《まん》射《しゃ》岳《だけ》

1063m

社満射岳はかなやま湖の南側に連なる山の最高峰であり、夏の登山道はない。山頂からは眼下に雪に覆われたかなやま湖、その向こうには富良野平野が広がり、遠くには十勝連峰も望める。東隣にある一〇三九《メートル》ピークは、地元でタケノコ山と呼ばれており、その北東の開けた斜面はスキー滑降に絶好である。この斜面を滑る目的のみで訪れるスキーヤーも多い。

樹海峠下から。タケノコ山▼社満射岳▼

1/25000 地形図	幾寅

登山適期					
12	1	2	3	4	5

タケノコ山北東尾根コース

■ **コースタイム**（スキー）

道路除雪終点（2・10↓）タケノコ山（0・30↓）社満射岳（0・30↓）タケノコ山（1・00↓）道路除雪終点

獲得標高差　七〇七《メートル》

登り　二時間四〇分

下り　一時間三〇分

■ **交通**

JR幾寅駅から零号道路除雪終点まで約二・二《キロ》、徒歩約四〇分。

■ **マイカー情報**

幾寅市街から零号道路の最終民家までは確実に除雪されている。その先の林道が除雪されてい

体力（標高差）	B 35
登山時間加算	C 3
高山度（標高）	B 6
険しさ・危険度	C 6
ルート判断	C 6
総合点 55点（中級）	

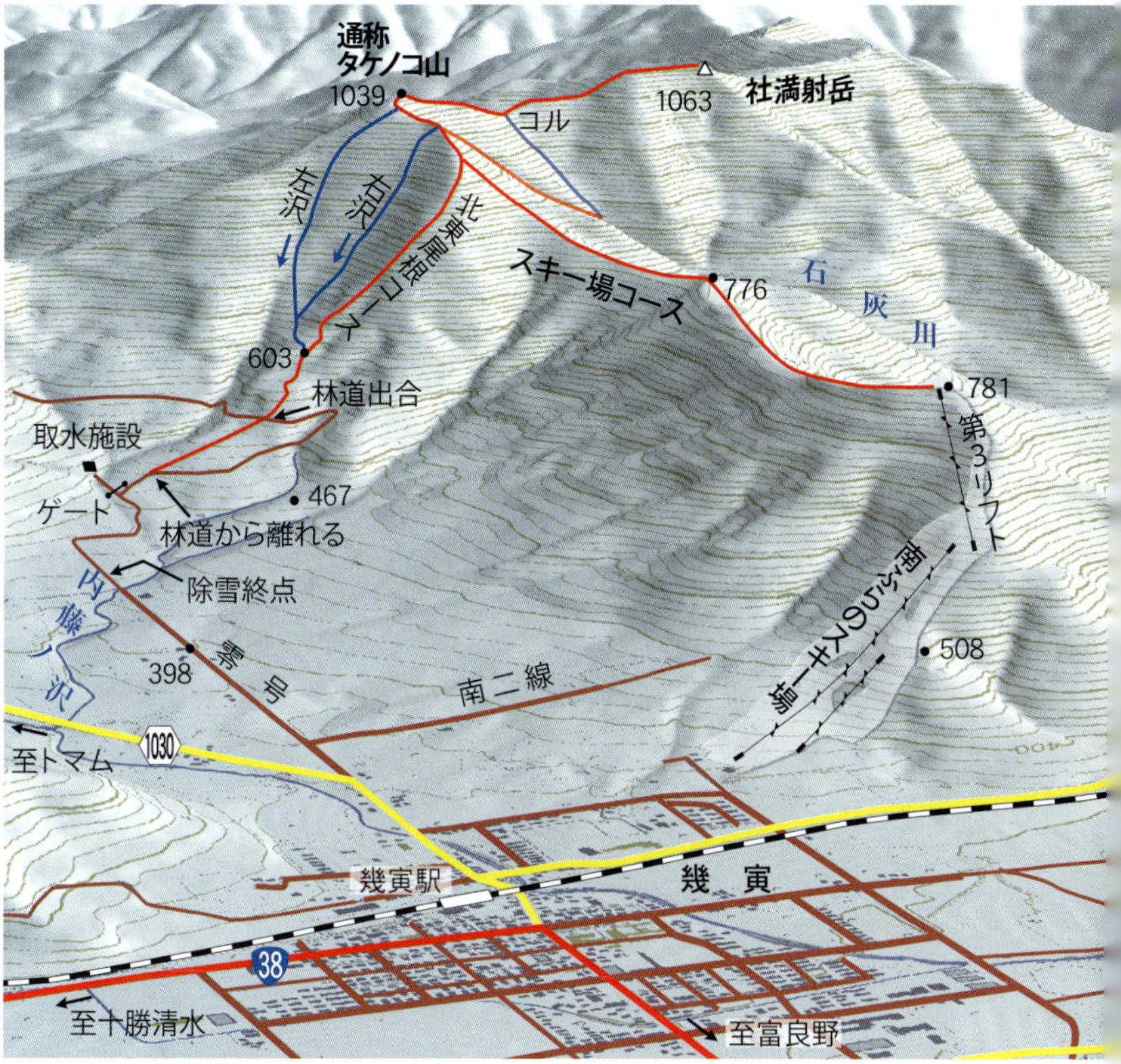

ることもあるが不確実。除雪状況によるが、除雪終点は数台の駐車スペースしかない。五〇メートルほど手前に八台くらい駐車できるスペースが除雪されている。

■ ガイド

タケノコ山まで

タケノコ山北東尾根に向かう林道を道なりに進み、標高四八〇メートル付近で右に折れる林道から離れて直進して尾根に取り付く。標高五二〇メートル付近で再び出合う林道を横切って進むと針葉樹林帯に入る。斜度がきつくなってくるので斜面をジグザグに登ってゆく。

針葉樹林帯を抜けてダケカンバが多くなってくると視界が開け、背後に幾寅の市街が見え、南ふらのスキー場リフトの頂上駅舎がある七八一メートルピークがよ

タケノコ山稜線

除雪終点からタケノコ山

タケノコ山北東尾根の登り

タケノコ山からコルへ下って社満射岳へ

タケノコ山中腹から幾寅市街方向

く見える。

　稜線に上がると尾根が狭まり、北から吹きつける風のために雪庇ができていることがある。数本のダケカンバが立つタケノコ山の頂上からは南方に落合岳とトマム山が望まれる。

社満射岳まで

　タケノコ山から少し下って社満射岳への登りになる。広い尾根に上がりきってからしばらく進むと頂上だ。頂上からは北方面の展望がよい。眼下に凍結したかなやま湖が見え、富良野平野をはさんで左側に芦別岳や布部岳、右側に十勝連峰が見える。

　帰りはタケノコ山とのコルまで滑り降りてからシールをつけてタケノコ山まで五〇メートルを登り返す。ここはいっそのこと社満射岳の北側斜面を石灰川に向け

タケノコ山左沢上部斜面

タケノコ山右沢上部斜面

山頂から北方、かなやま湖を見渡す

て滑り降りた方が面白い。ダケカンバの疎林斜面を高度差二〇〇メートルほど滑降できる。沢の傾斜が緩くなったところでシールをつけてタケノコ山に登る。

タケノコ山からは内藤ノ沢支流の源頭まで標高差四〇〇メートルの滑降ができる。樹木の少ない開けた斜面は、北寄りの右沢と東寄りの左沢にある。斜度は同程度で、幅は右沢の方が広いが、上部の藪がやや濃い。標高六〇〇メートル付近から沢が狭くなるので、六〇三メートル標高点付近までトラバースしてから尾根を滑り降りるルートがよい。

スキー場リフトを使って尾根伝いにタケノコ山に至ることもできるが、二〇一五年現在、山頂への第三リフトは運休中だ。

佐藤しんり@サトシン

日勝峠近く、展望の国境稜線めぐり

熊見山《くまみやま》 1175m 無名峰《むめいほう》 1328m

日勝峠近くにあり、スタート地点が一〇〇〇メートル近いので、容易に国境稜線に立てる。熊見山からは十勝平野と日高山脈が、一三二八メートルの無名峰からは、東大雪から十勝連峰、芦別岳・夕張岳の眺望が楽しめる。楽に登れるが、標高は高く、厳冬期は気象条件が厳しいことが多いので、あなどれない。三月から五月にかけての安定期がお勧めだ。

清水町から遠望。熊見山▼無名峰▼

1/25000 地形図	十勝石山

登山適期					
12	1	2	3	4	5

熊見山・無名峰縦走コース

■コースタイム（スキー）

路側帯（0・50→）熊見山（0・50→）無名峰（0・30→）路側帯

獲得標高差　四二三メートル

登り　一時間四〇分

下り　三〇分

■交通

公共交通機関はない。

■マイカー情報

日勝トンネルの日高側入り口一・八キロ手前の路側帯に駐車可能。

■ガイド

熊見山まで

路側帯から道路を渡り、国道の山側から登り出す。国道を右に見

体力（標高差）	C 30
登山時間加算	D 0
高山度（標高）	A 10
険しさ・危険度	B 12
ルート判断	C 6
総合点　60点（中級）	

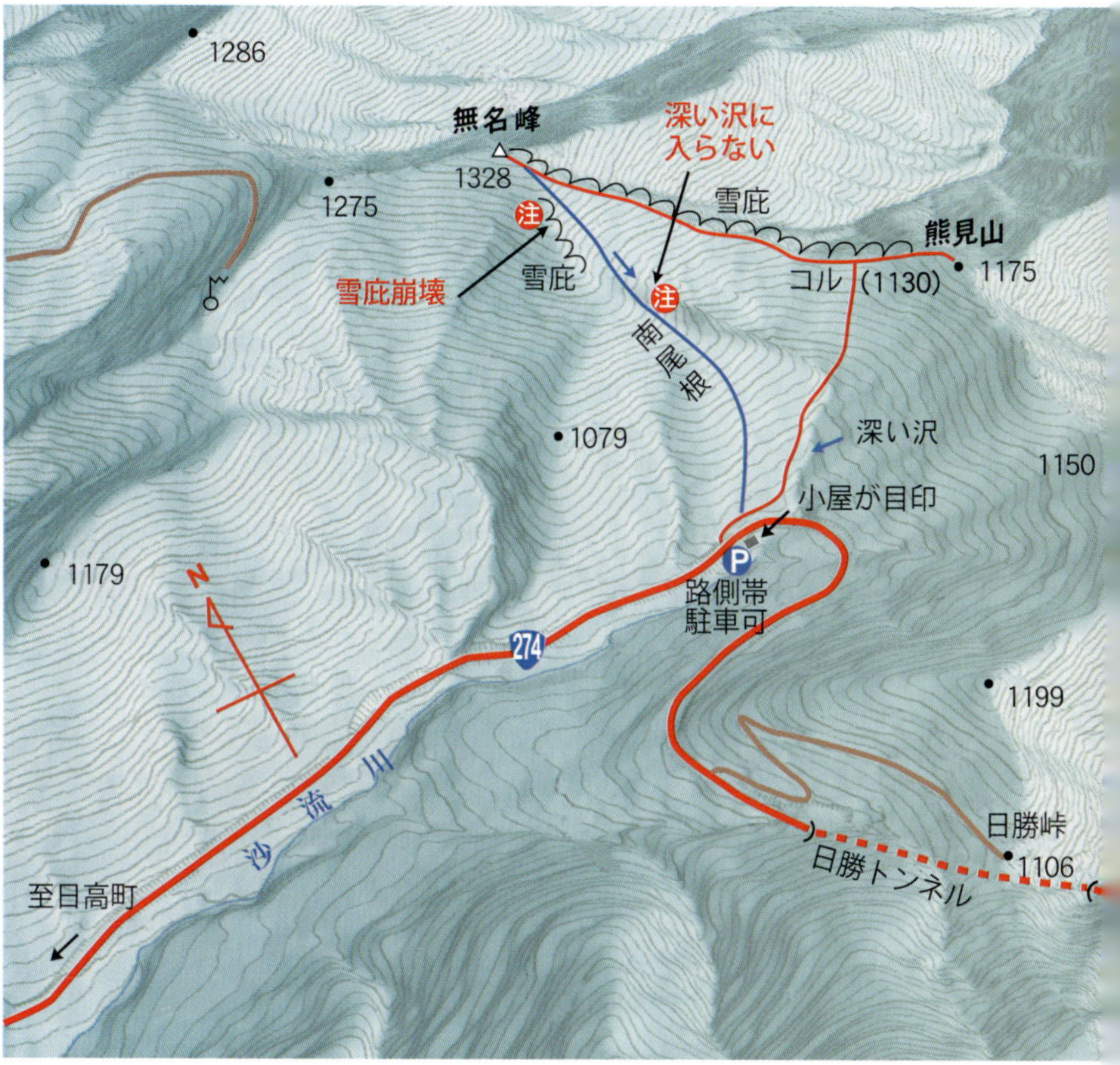

て進むと、樹林のない雪面が開け、正面に熊見山が見える。熊見山頂の下にはブッシュが濃い部分があるので直登はできない。一三二八《メートル》無名峰（以下「無名峰」）と熊見山のコル経由で登ることにする。

まずは沙流川源流の右岸を進む。この沢は深いので、上流へ登りながら対岸に渡りやすいところを探す。渡った後、コルまでは気持ちのよい樹林帯の登りだ。次第に傾斜が緩くなり、コルに到着する。

熊見山から無名峰へかけての稜線は、日高山脈から大雪山に続く国境稜線である。前方には十勝平野の展望が広がる。ただし、この稜線には季節風による大きな雪庇が発達している。端に寄ると崩落する危険があるの

熊見山から無名峰へ続く国境稜線

出発地点の路側帯と小屋

国道を右に見て熊見山へ向かう

コルを目指し、樹林帯を登る

で、下をのぞき込むようなことは避けよう。

熊見山へはこの稜線を伝えば間もなく到着する。十勝平野はもちろん、正面には北日高の展望が広がる。

無名峰まで

ここで登山を終え、一気に樹林帯を滑ることも楽しいが、ぜひ無名峰まで足を延ばしたい。

無名峰へ行くにはコルまで戻り、そのまま国境稜線を北西に進む。国境稜線とはいっても、この辺りの尾根は日高山脈の核心部と違って比較的広いので登りやすい。ただし、北東側には大きな雪庇ができるので、できるだけ樹林帯近くを通る。

急な尾根を登りきり、傾斜が緩くなると無名峰は近い。右手に東大雪、前方にトムラウシ山

熊見山から見える日高山脈北部の山

無名峰からの十勝連峰

無名峰からの滑降

から十勝連峰が広がる。左には芦別岳・夕張岳も見える。

下山

下りは尾根を少し戻り、南斜面を下る。樹木のない広い斜面が広がり、熊見山、日勝ピーク、沙流岳が見える。そのまま下ると深い沙流川に入るので、傾斜が落ちたところで南尾根に移る。南尾根上部にも雪庇が発達していることがあるので、気温が高い日は崩落に注意したい。

南尾根の先に広がる南斜面を滑ると、比較的傾斜も緩く、広い斜面で滑りやすい。

真っすぐ滑ると深い沢の方に入りやすい。右寄りを意識して下ると国道が見えてくる。国道を横断するときは、車に十分気をつけたい。

島田　亙＠テレマーカー

沙《さ》流《る》岳《だけ》

1422m

日勝峠近く、展望の国境稜線を経て山頂へ

沙流岳は日勝峠近くの三角すいの山で、日高山脈の山らしく鋭角の山容である。二〇〇三年に夏道ができたが、冬は以前から魅力ある山スキーの山として人気がある。国道から近い点も魅力だ。なお、厳冬期には、氷点下二〇度以下、猛烈な風の吹く日高の山の一部であることを心してほしい。天候が安定し穏やかになってくる三月以降がお勧めである。

日勝峠七合目から見た沙流岳

1/25000 地形図	沙流岳・十勝石山

登山適期					
12	1	2	3	4	5

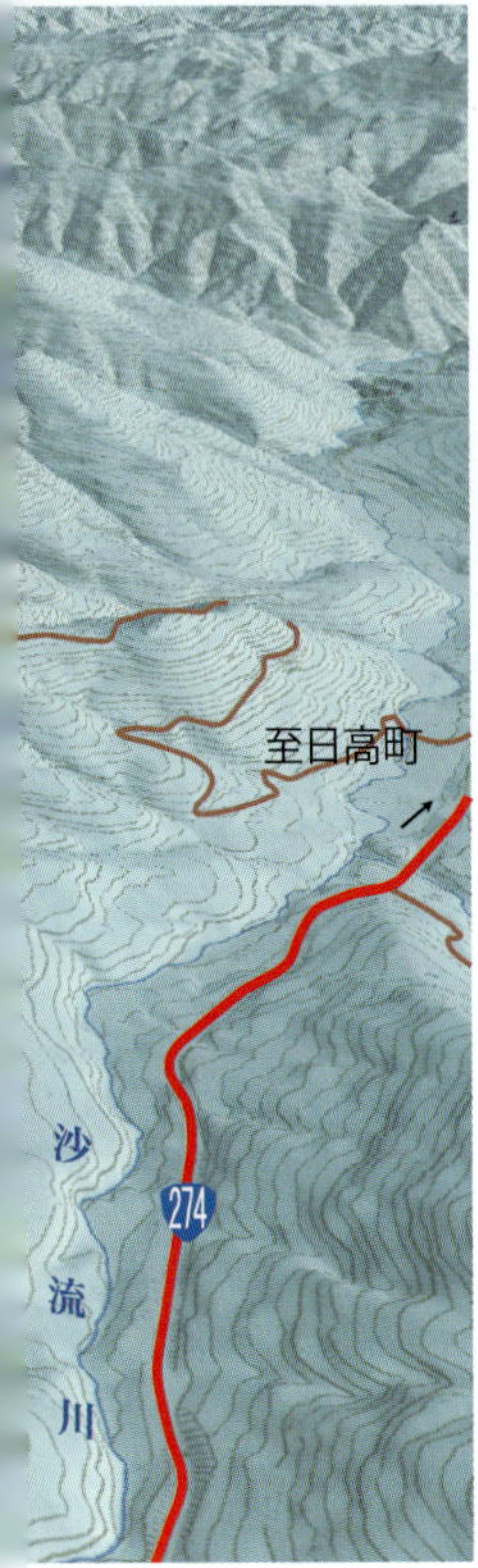

日勝峠コース

■コースタイム（スキー）

駐車場（1・20→）日勝ピーク（1・50→）沙流岳（1・30→）日勝ピーク（0・20→）駐車場

獲得標高差　六三〇メートル

登り　三時間一〇分

下り　一時間五〇分

■交通

公共交通機関はない。

■マイカー情報

日勝トンネル日高側の入り口の横に広い駐車場がある。

■ガイド

日勝ピークまで

駐車場から尾根に取り付く。この尾根の幅は広く、一四四五メートル峰（通称・日勝ピーク）まで一直線であるため、難しいところはない。そして帰途のこの一枚バーンの滑走が楽しみであ

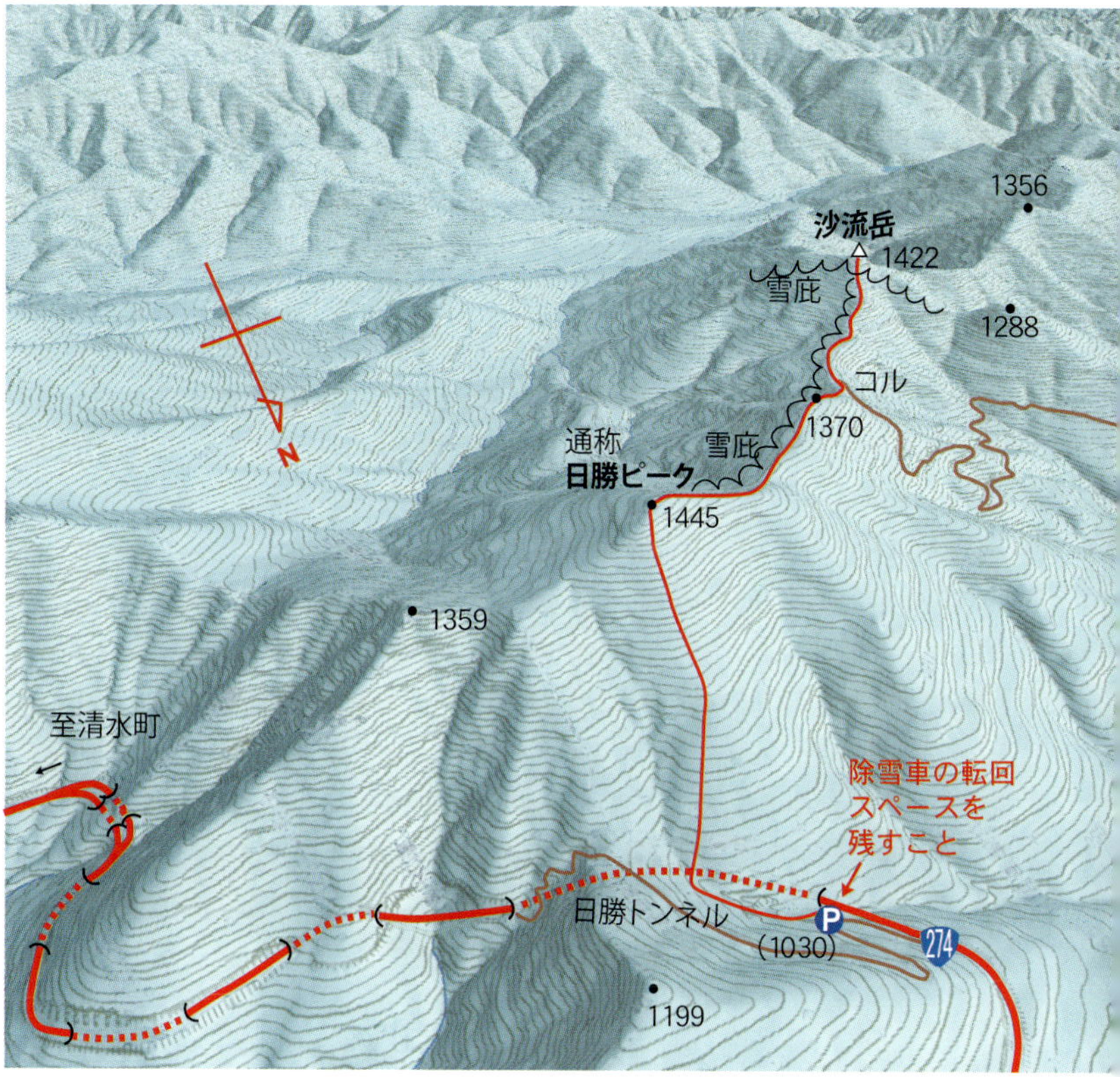

る。ただし、時期によってはハイマツが顔をのぞかせていたり、雪がクラストしていたりもする。

体力（標高差）	B 35
登山時間加算	C 3
高山度（標高）	A 10
険しさ・危険度	C 6
ルート判断	C 6
総合点　60点（中級）	

登り始めは斜面も緩やかだが次第に急になってくるので、キックターンでジグザグをきって登る（ピークを踏まずに沙流岳に向かう場合は日高側の斜面をトラバースすることになる）。

振り返ると、日勝トンネルの奥に一一九九メートル峰、熊見山、一三二八メートル無名峰が見える。これらの山々が地平線の下になってくるとピークは近い。細くなった尾根の急斜面を一気に登り切ると日勝ピークである。

登山口から日勝ピークへの登り

日勝トンネル手前の駐車場

1370mピークを越えると雪庇地帯だ

日勝ピークの中腹から十勝平野を見下ろす

東には広大な十勝平野が広がり、北には東大雪の山々が見える。日高の主稜線沿いにはペケレベツ岳、芽室岳などの北日高の山々も見える。目指す沙流岳の白い山頂も際立つ存在だ。

沙流岳まで

ここから稜線歩きが始まるので、天候の変化には十分注意したい。特に強風が吹き荒れるときは潔く引き返したい。

日勝ピークと一三七〇《メートル》ピークのコルまでは稜線の日高側斜面を歩く。尾根は広く、樹林のなかを歩くため稜線が分かりづらいが、地図とコンパスで確認して歩こう。

ピークの位置がはっきりしない平坦な一三七〇《メートル》を過ぎると尾根は狭くなり、沙流岳のコルまでの緩やかな下りでは雪庇が

頂上への最後の登り

沙流岳山頂

1370mピーク周辺から振り返る日勝ピーク

発達している。稜線から降りて樹林帯に沿って歩く選択もあるが、雪庇の崩壊に注意が必要だ。

コルから頂上まで約一八〇《メートル》の登りとなる。傾斜はきついが目的地への最後のアルバイトだ。ただ、頂上直下は雪庇が発達しており、その雪庇に向かっての直登は難しい。回り込んでスキーをデポし、ツボ足で登る選択もある。

沙流岳頂上からはチロロ岳、ペンケヌーシ岳、芽室岳など北日高の山がいっそうはっきりと見える。その神々しいまでの姿に息をのむほどである。

来たコースをその通り戻るのもいいが、滑りに適した斜面を見過ごす手はない。存分に滑降を楽しみたい。

三野裕輝@北海道の山好きィ

日高山脈随一の大展望が望める山

十勝幌尻岳《とかちぽろしりだけ》

1846m

平野から仰ぐ姿は雄大で、十勝のランドマークとなっている。日高山脈最高峰の幌尻岳と区別するために十勝幌尻岳（通称カチポロ）と呼ばれている。この山はアプローチに恵まれているが、一二月から一月は過酷なラッセルを強いられる。三月から四月の締まり雪の季節を前提にガイドするが、一四〇〇メートルの標高差を登る体力が必要なので、日帰りするには好条件でないと苦しい。

東戸蔦付近から見た十勝幌尻岳。右側の尾根が北尾根

1/25000 地形図	拓成・札内岳

登山適期					
12	1	2	3	4	5

北尾根コース

■コースタイム（スノーシュー）

オピリネップ林道入り口（2・00→）八二六メートル標高点（2・30→）一四七二メートルピーク（2・00→）十勝幌尻岳（1・00→）一四七二メートルピーク（1・00→）八二六メートル標高点（0・40→）オピリネップ林道入り口

標高差　一四〇六メートル
登り　六時間三〇分
下り　二時間四〇分

■交通

公共交通機関はない。

■マイカー情報

通常、戸蔦別林道は最終人家まで除雪される。最終人家前には三、四台の駐車スペースがある。オピリネップ林道まで除雪されていた場合は林道入り口か幌後橋手前の駐車となるが、いずれも待避ス

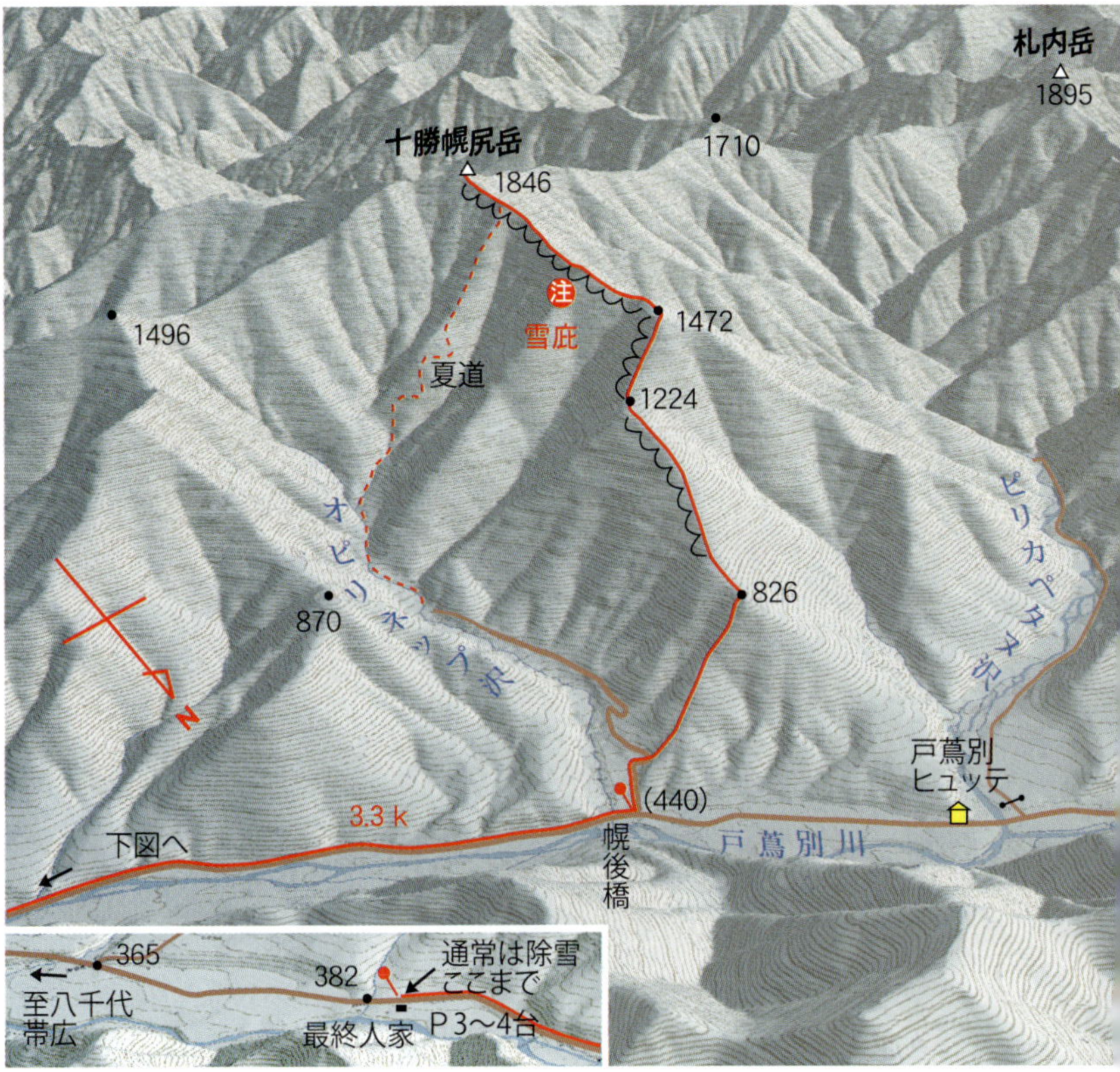

ペースなので各一、二台が限度である。

■ガイド
八二六メートル標高点まで

オピリネップ林道入り口を登山口としてガイドする。最終人家までしか除雪されない場合は、片道一時間ほど標高差のない単調な林道歩きがプラスされる。

オピリネップ林道に入り、最初のヘアピンカーブにあるカーブミラーから尾根に取り付く。最初は急斜面をひたすら登っていく。雪が少なく、ササが出ていると苦労する。作業道を探して活用する方法もあるが、とにかく上を目指すつもりで進もう。

尾根上の八二六メートル標高点直下の

体力（標高差）	A 40
登山時間加算	A 10
高山度（標高）	A 10
険しさ・危険度	C 6
ルート判断	B 12
総合点　80点（上級）	

826m標高点付近

最終人家

オピリネップ林道入り口

1550m付近から山頂を見上げる

カーブミラー↓地点から尾根に取り付く

山頂直下

最後の登りが急なので、スキーやスノーシューの場合はジグザグを切って登った方がいいだろう。稜線に出ると幅広い尾根が延々と続いている。

十勝幌尻岳まで

幅広い尾根をオピリネップ沢側に張り出す雪庇に注意しながら登っていく。本書は日帰り設定だが、一四七二メートルピーク付近はテントを張るのには最適な場所なので、一泊の余裕をもった行程の際

頂上から西を望む。カムイエクウチカウシ山①、シュンベツ岳②、札内岳③

登ってきた北尾根と北方の山々。芽室岳①、久山岳②、剣山③

にはこの場所までテントを担ぎ上げたい。

この先からは尾根も狭くなり、雪庇がさらにオピリネップ沢側に張り出し、細心の注意が必要だ。不安定な稜線上を行くより、ピリカペタヌ沢側の樹木の中を巻く方が結果として時間も早く、安全である。氷化しているときや風が強いときは足元がふらつかないよう一歩一歩確実に進もう。

山頂からは日高山脈随一の展望が広がる。北は大雪山から南は楽古岳まで望むことができる。主稜線から離れていることと標高一八四六㍍という条件が重なり、この展望は飽くことがない。午前中の早い段階のほうが光の加減もあり、より多くの山々を望むことができる。

高柳昌央＠秘境日高三股へようこそ！

襟裳岬と南日高の山々を望む循環縦走

豊《とよ》似《に》岳《だけ》 1105m　オキシマップ山《やま》 895m

豊似岳は日高山脈の主稜線の南端に位置する。山頂までの夏道はない。同名のトヨニ岳は野塚トンネル北西にある別の山だ。この地域一帯は積雪が少ないので、三月末には山麓は雪がほぼ消え、アプローチを短縮できるので、この時期の往復登山を紹介する。豊似岳までの往復登山もよいが、南日高の山々を眺めながら縦走できるオキシマップ山経由の循環縦走コースを紹介する。

襟裳岬付近から見た豊似岳▼　オキシマップ山▼

1/25000 地形図	えりも

登山適期

12	1	2	3	4	5

肉牛牧場循環コース

■**コースタイム**（スノーシュー）

肉牛牧場建物跡（0・20↓）登山口（2・20↓）稜線（1・20↓）豊似岳（1・30↓）オキシマップ山（1・50↓）肉牛牧場建物跡

獲得標高差一〇一一メートル

登り　四時間

下り　三時間二〇分

■**交通**

バスなどの交通機関はない。

■**マイカー情報**

国道三三六号追分峠のえりも町側、北海道襟裳肉牛牧場の看板から入る。五〇〇メートルで施錠ゲートがある。あらかじめ、えりも町役場に連絡した上で、鍵を借りる（えりも町産業振興課農産係☎〇一四六六・二・四六二四）。積雪状況によってはゲートまでも入れないことがある。

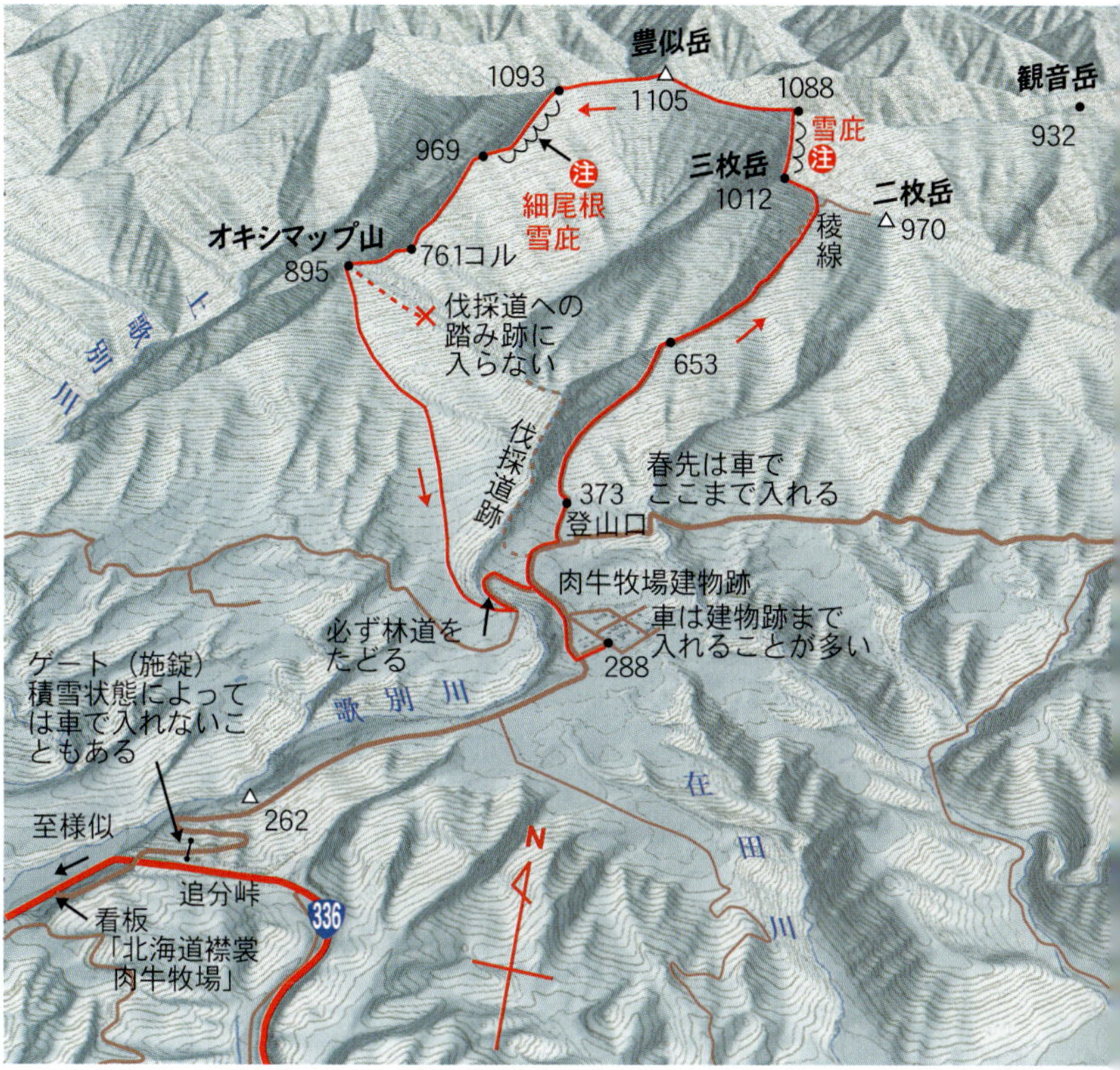

■ガイド

稜線まで

肉牛牧場建物跡から登山口まで林道を八〇〇《メートル》。登山口には入山ポストがある。短い林道歩きの後、尾根に取り付く。夏道が見えればそこを歩くが、六五三《メートル》標高点から先は尾根の右側に樹木のない斜面が現れるので、そちらを歩いたほうがよい。襟裳岬や百人浜の景色をバックに気持ちのよい登りになるだろう。

えりも町一帯は非常に強い風が吹くことで知られるが、山はなおさらである。状況を分析し、決して無理をせずに撤退を含めた判断が必要である。稜線から

体力（標高差）	A 40
登山時間加算	B 6
高山度（標高）	B 6
険しさ・危険度	B 12
ルート判断	B 12
総合点　75点（上級）	

1012mから1088m（右）と豊似岳（奥）

国道からの進入路と目印の看板

登山口

1088mから豊似岳

653mから稜線への登り

は、これから循環縦走するルートがぐるりと見渡せる。

豊似岳まで

通称三枚岳と呼ばれる一〇一二メートルピークを経て、顕著な稜線をたどる。一〇八八メートルピークまでは所々がやせ尾根で東側が急斜面である。雪庇の踏み抜きや滑落に注意したい。

一〇八八メートルピークから豊似岳までは広くなだらかな稜線歩きだ。豊似岳山頂からの眺望は素晴らしく、日高山脈の主稜線の南端にいることを実感できる。

オキシマップ山まで

豊似岳山頂から先も明瞭な稜線をたどる。一〇九三メートルピークから九六九メートルまでは、西側にアポイ岳からピンネシリの稜線が見える。所々がやせ尾根なので東側の雪庇の踏み抜きや滑落に

豊似岳頂上から北望。楽古岳①、広尾岳②。さらに奥に神威岳、ピリカヌプリなどが見える

オキシマップ山の下り。↓辺りめがけて下山

豊似岳からオキシマップ山

注意したい。また九六九㍍から七六一㍍のコルまでは地形が少し複雑で急な下りもあるから、足元に注意したい。七六一㍍のコルからは、最後の登り返しがある。標高差一三〇㍍を登り切ればオキシマップ山頂である。循環したルートを目でたどることができる。

肉牛牧場建物跡まで

たまに東斜面を下りる踏み跡があるが、歌別川沿いの伐採道路へ急斜面で向かい、渡渉の可能性があるので下りてはいけない。山頂から低いササの斜面を、眼下に見える牧草地に下りる。遠回りだが正面の林道出合までがまんして進む。林道を道なりに進めば、スタート地点の建物が見えてくる。

杉下圭史@ぽっさん

大雪山系と道北の山を見渡せる冬山の名山

チトカニウシ山《やま》

1446m

チトカニウシ山の名前の由来はアイヌ語で「チ・トカン・イ・ウシ」（我ら・射る・いつもする・所の意）で狩猟の際、ここで豊猟を占って矢を放ったとされている。国鉄石北本線の上越駅があった一九七五年頃までは、列車を利用した山スキーヤーでにぎわった。チトカニと短い愛称でも呼ばれる。登山道がない山なので、雪のある時期だけが登山のチャンスとなる。

北見峠付近の国道から

1/25000 地形図	北見峠

登山適期					
12	1	2	3	4	5

北見峠コース

■ **コースタイム（スキー）**

北見峠駐車場（0・50→）林道終点（1・20→）一二五八メートル（0・40→）チトカニウシ山（1・50→）北見峠駐車場

標高差　六〇六メートル

登り　二時間五〇分

下り　一時間五〇分

■ **交通**

公共交通機関はない。

■ **マイカー情報**

旭川紋別自動車道が延びて、札幌・旭川方面からのアクセスもよくなった。浮島ICから国道三三三号に入り北見峠へ。除雪はしっかりさ

体力（標高差）	B 35
登山時間加算	C 3
高山度（標高）	A 10
険しさ・危険度	B 12
ルート判断	C 6
総合点　65点（中級）	

れているが、急カーブも多いので慎重に走行したい。スタート地点にも駐車可能だが、北見峠駐車場が広く利用しやすい。

■ガイド

林道終点まで

標高九五〇《メートル》にある無線施設の保守用林道が、北見峠から二〇〇《メートル》上川寄りの地点から分岐していて、ここがスタート地点となる。上川町と遠軽町の町界を示すカントリーサインの看板もあり分かりやすい。林道沿いには電柱があり、よい目印になる。尾根沿いに行くことも可能だが、途中に小さなコルもあり、アップダウンを伴うため林道沿いに行くのが無難である。

無線施設のすぐ下まで来ると施設まで登らずに平坦な尾根に向けて直線的に移動する。この

1000m地点からは疎林の登り

北見峠の駐車場

峠から200m先で林道に入る

1258m標高点から山頂を望む

林道に沿い電柱が並ぶ

平坦な尾根はしばらく続く。

チトカニウシ山まで

標高一〇〇〇メートルから顕著に登り傾斜となり高度を上げていく。疎林の尾根は広く、美しい霧氷が見られるポイントだ。一二五八メートル標高点で斜度が緩くなる。平坦な尾根の南側には雪庇ができやすい。晴れていれば、正面に山頂部が、振り返れば登ってきたルートも見渡せるので、休憩ポイントとしてもお勧めだ。

山頂が近づくにつれて傾斜も緩くなり、雪が飛ばされてクラストしている所が出てくる。そのままスキーで行ける場合も多いが、デポするかスキーアイゼンを利用するケースも考えられるので、それなりの装備や対応が必要だ。

頂上から北大雪の眺め

頂上から1258m標高点への下り方向

頂上から天塩岳（中央左）と前天塩岳（右）

山頂からは三六〇度の展望が広がり、表大雪・北大雪の山々が正面に見え、天塩山地・オホーツク方面の山も一望できる。

いよいよ下りだが、山頂付近のクラスト部やハイマツにスキーを取られないように慎重に滑り出そう。一二五八メートル標高点からは無線施設を目指して下るが、尾根が放射状に広がり、思わぬ方向に下りる可能性があるので、視界が利かないときはしっかりとルート確認をしてからスタートしたい。もし登り返しをして楽しむ余裕があれば、右側の斜面がくせが無く広いため、のびのびと滑りを楽しめるのでお勧めだ。忠実に無線施設を目標に斜面を下ると、平坦な広い尾根上となる。

菊地宏治@江別市

写真協力：渡辺　朗

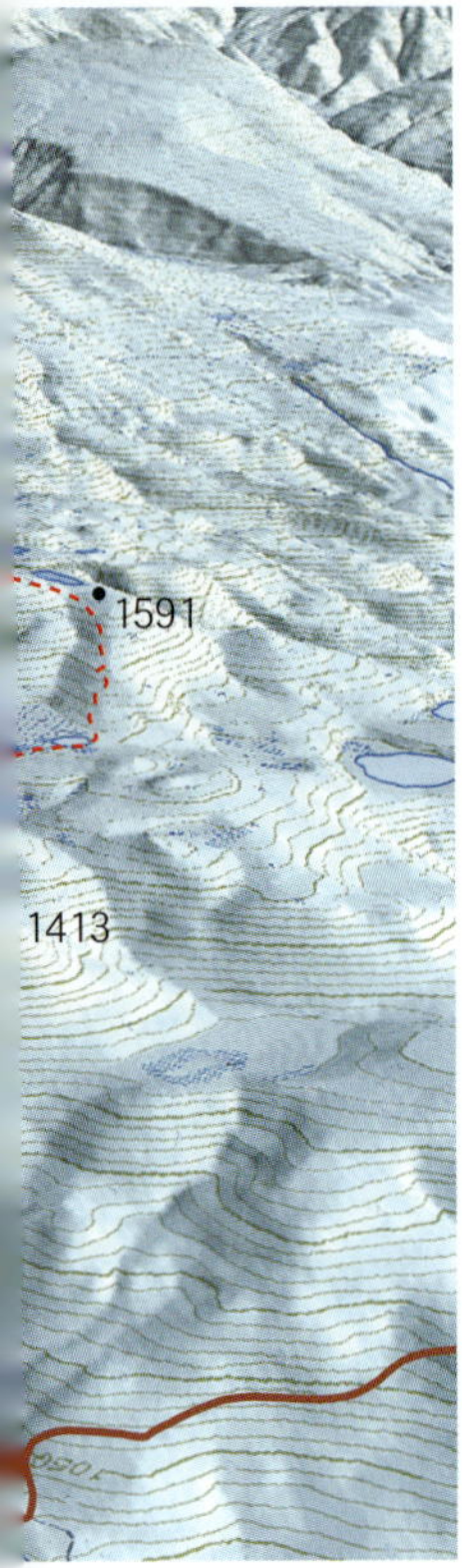

愛山渓温泉が開く春に登る残雪の大雪山

安《あん》足《たろ》間《ま》岳《だけ》

2200m

愛山渓温泉を登山基地とする表大雪西部の主要な山だが、意外にも地形図では山頂に標高点が与えられておらず、一〇〇㍍ほど北の安足間岳分岐近くに二一九四㍍標高点がある。春まで愛山渓温泉の道も宿も開かないため、道が開いてからの春山登山として紹介する。山容にも厳冬期の厳しさはないが、安定した天気で爽快な登山が楽しめる。

旭川市の突哨山から安足間岳

1/25000 地形図	愛山渓温泉

登山適期					
12	1	2	3	4	5

沼ノ平コース

■**コースタイム**（スキー）

愛山渓温泉（1・40↓）イズミノ沢渡渉点（3・10↓）安足間岳（0・40↓）イズミノ沢渡渉点（0・30↓）愛山渓温泉

標高差　一一九〇㍍
登り　四時間五〇分
下り　一時間一〇分

■**交通**

公共交通機関はない。

■**マイカー情報**

愛山渓までの道道が開通するのは五月上旬以降である。開通日は上川総合振興局か上川町役場に確認すること。例年開通時間は七時～一八時。駐車は愛山渓温泉の駐車場を利用する。

■**ガイド**

イズミノ沢渡渉点まで

愛山渓温泉からイズミノ沢に

架かる橋を渡り、そのすぐ先で尾根に取り付く。トレースがかなりあるはずなので分かると思う。尾根上部に見える沼ノ平の端を目指す。

小一時間汗を流すと尾根が平坦となり、木々が疎らになり、沼ノ平の末端に着く。白一色の広大な斜面が広がり、東に愛別岳から永山岳、正面には当麻岳が望める。

どこでも歩ける斜面だが、イズミノ沢に付かず離れず進むとよいだろう。イズミノ沢左岸には大きな雪庇ができるので沢には近づかないほうがよい。

永山岳へ

体力(標高差)	A 40
登山時間加算	B 6
高山度(標高)	A 10
険しさ・危険度	C 6
ルート判断	C 6
総合点 70点(中級)	

1470m下降点から村雨ノ滝方向の眺め。雪庇が見える

愛山渓温泉

右側が切れ落ちた1750mから始まる崖↓を目印に登る

沼ノ平

永山岳にも簡単に寄れる

イズミノ沢に降り立つ

1470m付近の目印になる岩

向かうにはイズミノ沢を渡らなければならないが、夏道がある村雨ノ滝近辺は雪庇のため渡ることができないので、イズミノ沢左岸上を一四七〇《メートル》あたりまで進むと、少し上に大きな岩が見える。この辺りは傾斜はかなり急だが雪庇はなく、スキーのまま何とか沢底へ降りることができる。滑落しても雪で埋まった沢床で自然に止まるので心配は無用だ。

安足間岳まで

渡渉点からの最初の目標は一七五〇《メートル》から始まる崖で、右側が切れ落ちている。崖の上付近は風が強く、夏道が出ていることが多い。

この上はゲレンデのような広大な斜面が広がり、距離感がつかめないほどだ。帰りの滑りが

安足間岳分岐から愛別岳。背後は天塩岳

安足間岳山頂付近

永山岳から国立峰（岩峰）と安足間岳（右奥）

楽しみな斜面である。途中、永山岳へ寄ってもよく、斜面が平坦になれば安足間岳頂上である。頂上からは愛別岳の迫力ある山容、たおやかな北鎮岳、そして旭岳、白雲岳など、表大雪の主な山が指呼の範囲である。

下山

たっぷり眺めを堪能したらいよいよシールを外してお楽しみの滑走だ。イズミノ沢まではあっという間に着く。ここでスキーを担ぎ、ツボ足で沼ノ平に上がり、沼ノ平からは愛山渓温泉まで一気に滑降し、山行は終わる。なお、標高一六〇〇メートル付近からイズミノ沢上部まで滑り、斜滑降で沼ノ平に戻ることもできる。

児玉博貴＠TAMA北見

表大雪で一番の鋭峰を安全なコースから登る

愛別岳《あいべつだけ》

2113m

登山基地となる愛山渓温泉への道道は冬期間通行止めのため、開通する五月上旬以降の登山となる。残雪期の愛別岳へのルートは白川尾根が一般的だが、上部で岩場になるため難度が上がる。ここで紹介する北西尾根コースは、岩場が無く、スキーもかなり上まで使え、条件がよければ頂上から直接滑ることができるお勧めのコースである。

旭川市内から見た愛別岳▼

1/25000 地形図	愛山渓温泉

登山適期					
12	1	2	3	4	5

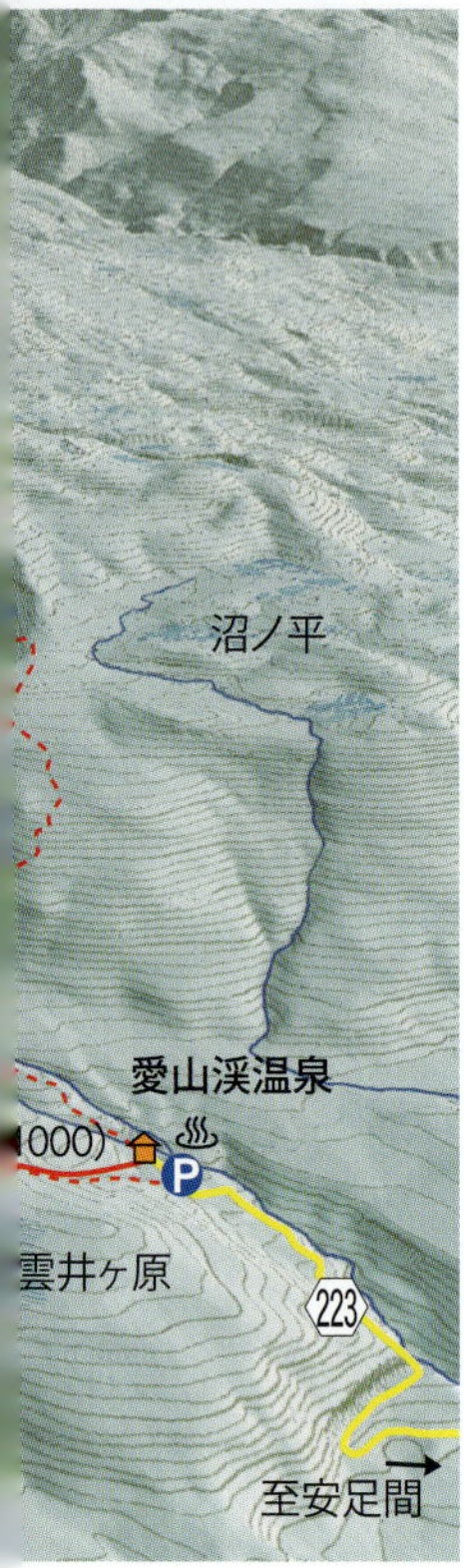

北西尾根コース

■コースタイム（スキー）

愛山渓温泉（1・30↓）白川・愛別岳沢合流点（4・30↓）愛別岳（1・20↓）白川・愛別岳沢合流点（1・20↓）愛山渓温泉

獲得標高差一二五三メートル

登り　六時間

下り　二時間四〇分

■交通

公共交通機関はない。

■マイカー情報

愛山渓までの道道が開通するのは五月上旬以降である。開通日は上川総合振興局か上川町役場に確認すること。例年開通時間は七時～一八時。駐車は愛山渓温泉の駐車場を利用する。

■ガイド

白川・愛別岳沢合流点まで

見通しが利かない樹林帯なの

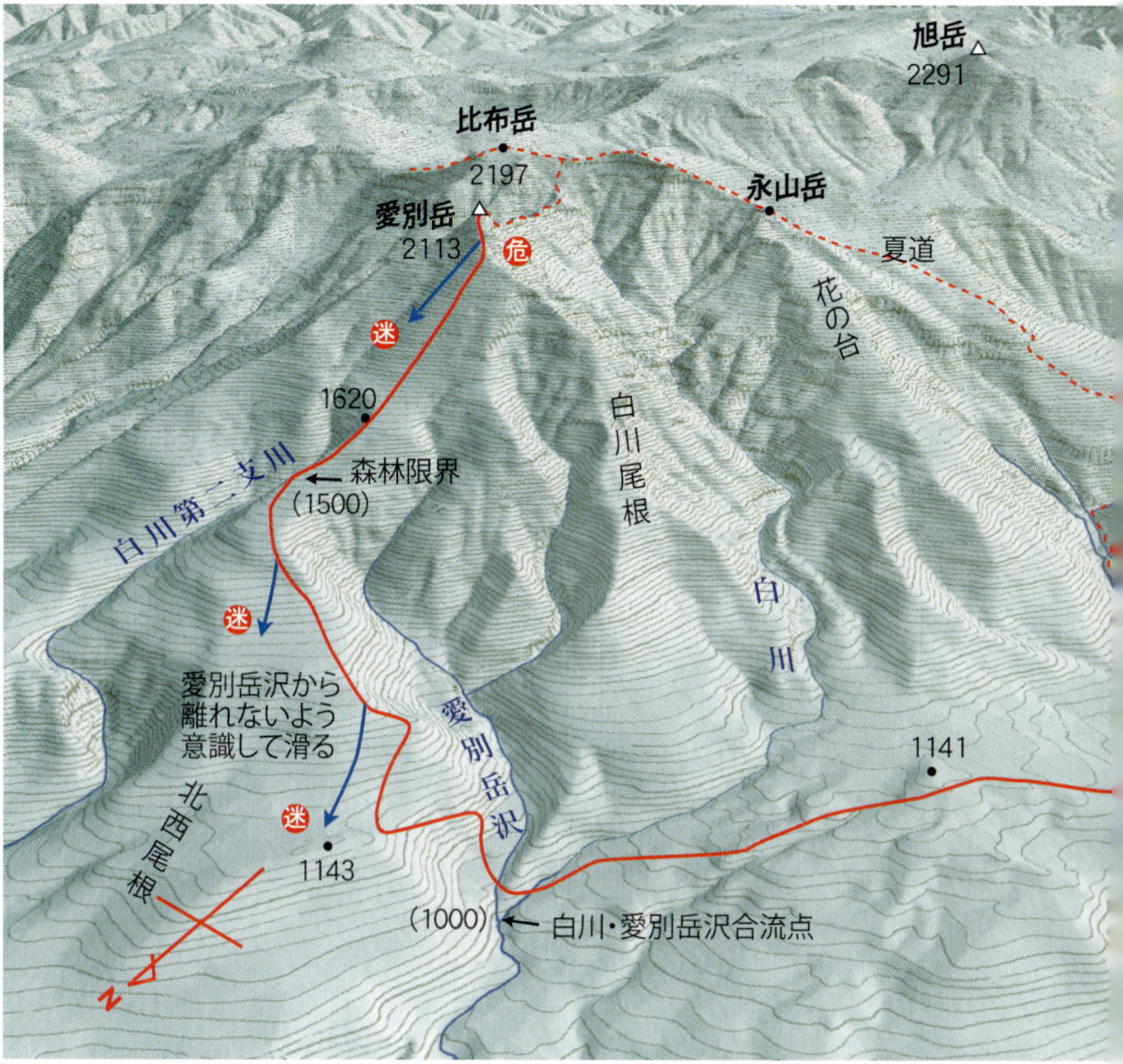

でコンパスを北東に合わせて進む。しばらくすると右手に永山岳の花の台からの北西尾根が確認できる。

白川と愛別岳沢の合流点をGPSのウェイポイントに登録しておくとよい。合流点の東側は開けた平坦地形で、すぐそれと分かる。この辺りは通常は雪で埋まっており、対岸に渡るのは容易だ。すぐ北側に見える尾根が、北西尾根の末端である。ここから上部に愛別岳の鋭い山頂が見える。

体力(標高差)	A 40
登山時間加算	A 10
高山度(標高)	A 10
険しさ・危険度	B 12
ルート判断	B 12
総合点　85点(上級)	

愛別岳まで

少しかん木がうるさいが、一三〇〇メートルほどの標高差を登ると

白川と愛別岳沢の合流点付近。沢は完全に埋まっている

1500m付近から平坦な北西尾根を振り返る

1450m付近から見上げる愛別岳

台地上の尾根に出る。しばらくは正面の頂上を見ながら緩やかで広い尾根をたどる。右には岩場が露出した荒々しい白川尾根が見える。

標高約一五〇〇メートルで森林限界となり、斜面も急になってくる。左前方にはニセイカウシュッペ山が大きい。この辺りからクラストが始まるのでスキーアイゼンがあると楽だ。尾根は広く雪庇もないので、順調に高度を上げられる。スキーは何とか二〇〇〇メートルまで使えるが、ダケカンバ帯の一七〇〇メートルから斜度が急になるので、適当な所でスキーを担いでツボ足で登った方がよい。二〇〇〇メートルで岩場の白川尾根と交わり、斜面がなだらかになってきたら頂上は近い。

頂上は意外に広くて平坦だ。

頂上から見渡す山々。凌雲岳①、北鎮岳②、比布岳③

鋭鋒だが頂上は意外に広い

急登が始まる1700m付近の斜面

黒岳から凌雲岳、北鎮岳がよく見え、比布岳の壁のような斜面が印象的だ。ただ、旭岳など表大雪方面の眺めは愛別岳の標高が低いので見ることができない。

下山

いよいよ北斜面の大滑降だ。しばらくは急斜面なので慎重に滑ろう。まっすぐ北へ降りると上川方面に向かうので、標高一七〇〇メートル辺りから北西尾根に入る。視界が利けば問題はないが、注意が必要だ。尾根は広いので左の愛別岳沢から離れないよう意識して滑る。川の合流点まではあっという間である。ここからは微妙なアップダウンがあるので、シールを付けてトレースをたどる。

児玉博貴@TAMA北見

ふかふかパウダースノーを堪能できる北尾根

有《あり》明《あけ》山《やま》

1635m

白滝天狗岳と尾根続きの山で、夏道でつながっている。紹介する北尾根は若干傾斜が緩いものの、一様な斜面が三キロ続き、素晴らしい深雪スキーを楽しめる。なお、前巻で紹介していた白滝天狗岳からのコースは、北大雪スキー場が安全確保を理由に冬山登山者の入山を禁止したため登山ができなくなった。他コースからの紹介も考えたが、駐車場も使えないので断念した。

チトカニウシ山から天狗岳▼有明山▼

1/25000 地形図	平山・北見峠

登山適期					
12	1	2	3	4	5

北尾根コース

■**コースタイム（スキー）**

林道入り口（1・10↓）北尾根取り付き（3・40↓）一四八八メートル標高点（1・10↓）有明山（2・00↓）北尾根取り付き（0・40↓）林道入り口

標高差　一〇三五メートル

登り　六時間

下り　二時間四〇分

■**交通**

公共交通機関はない。

■**マイカー情報**

国道のカーブ地点が林道の入り口で、ここに車を止める。

■**ガイド**

北尾根取り付きまで

駐車地点から湧別川沿いの林道を七〇〇メートル進むと橋があり、林道は右岸に移る。ここから七六二メートル標高点辺りの左側は急

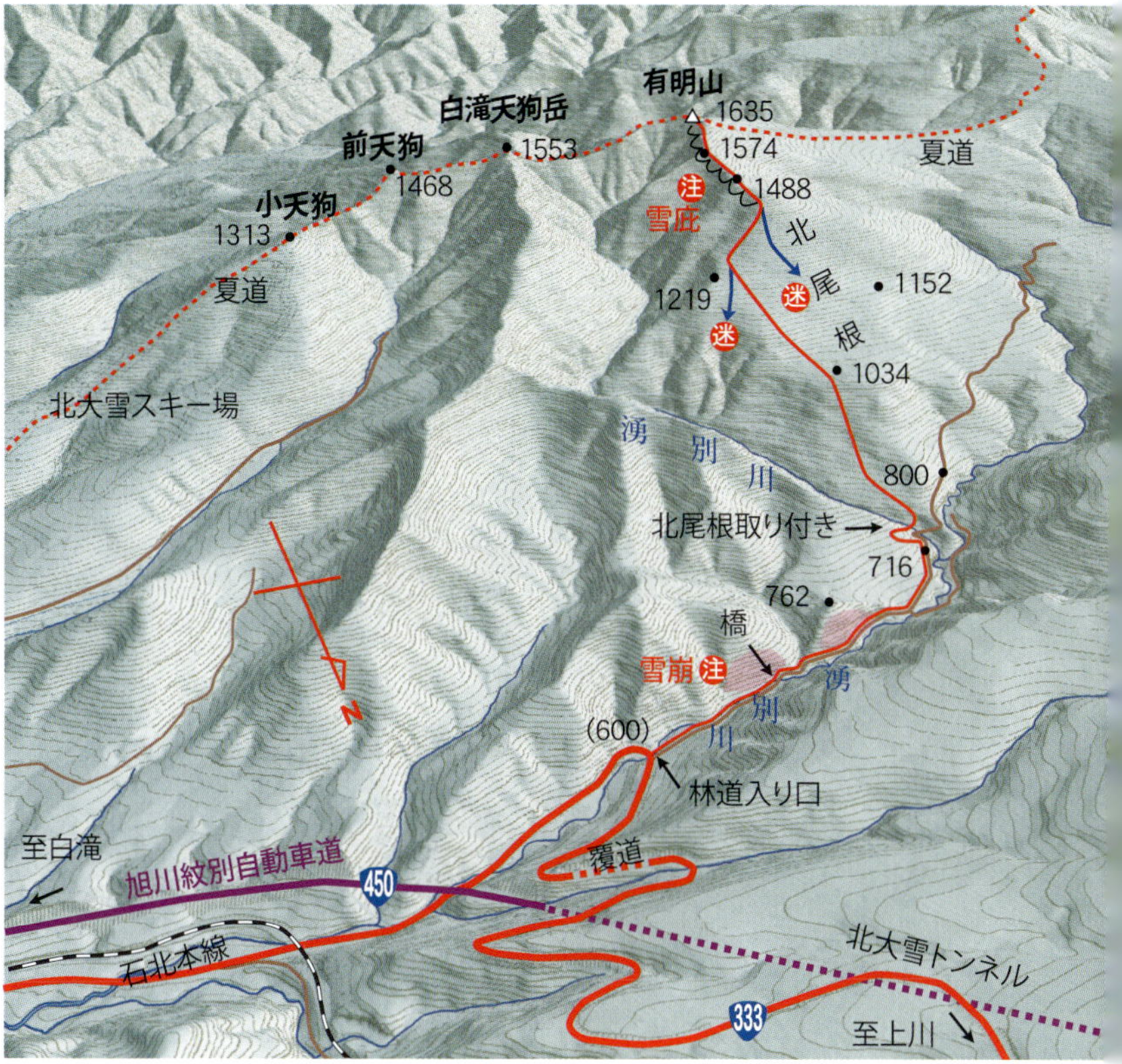

斜面となっており、雪崩れている箇所があるので斜面の状態に注意が必要だ。

小一時間で北尾根の末端に到着する。湧別川を渡って尾根に取り付くが、急斜面なので林道沿いにいったん西側へ回り込んで尾根に取り付いた方がよい。

一四八八㍍標高点まで

ここから広大な北尾根が始まる。厳冬期のラッセルはきつく膝上まであることは珍しくない。尾根は広大で目標となる地形もないのでコンパスを南に合わせ、GPSのウェイポイントは一四八八㍍標高点を登録しておけばよいだろう。

体力(標高差)	A 40
登山時間加算	A 10
高山度(標高)	A 10
険しさ・危険度	B 12
ルート判断	A 20
総合点　90点(上級)	

北尾根1300m地点の風景

国道のカーブ地点。右に林道が延びる

1000m付近の状態

1450m付近から1488mを見上げる

1450m付近の無樹木斜面

針葉樹林帯を過ぎ、傾斜がきつくなってダケカンバが目立ってくると傾斜が緩くなり、一四八八メートル標高点である。ここからは見通しが利くようになり、白滝天狗岳もよく見え、背後にはチトカニウシ山が控える。

有明山まで

ここから風当たりが強くクラストしてくる。上部へ向かうほど強くなるので、防寒衣類は万全を期したい。湧別川に切れ落ちた東側斜面は雪庇が発達しているので注意が必要である。一五七四メートル標高点は西側を巻くとよいだろう。

一五七四メートル標高点を越えて尾根を六〇〇メートル歩けば平坦な有明山の頂上に到着する。

下山

一四八八メートル標高点までは、あ

有明山から通称アンギラス①とニセイカウシュッペ山②

いつも風が強い有明山の山頂

1488mから見上げる1574mピーク

まり滑りを楽しめる斜面はない。それ以降は北斜面であり、厳冬期はこの寒冷地ならではのフカフカの深雪斜面が楽しめる。広い尾根だが東に寄りすぎると沢に入ってしまうので、GPSに一〇三四メートル標高点をウェイポイント登録して目指すのがよいだろう。

なお、標高一六〇〇メートルを超える登山なので、厳冬期にこのコースを登る場合は寒冷対策を十分にとり、気象条件によっては無理しないこと。また、厳冬期はラッセルのため頂上までは三、四人のパーティで六、七時間はかかる。深雪滑降を楽しむのなら一四八八メートル標高点あたりで引き返すのがよいだろう。

児玉博貴@TAMA北見

パウダースノーの聖地

三《さん》段《だん》山《やま》

1748m

望岳台方向から見ると三段に見えるのでこう呼ばれているが、樹林帯の一段目を含めると四カ所の急斜面をもつ山だ。標高が高いため条件がよければ、まるで雲の上を滑るようなパウダースノーを楽しむことができる。一方、森林限界より上は視界のよい日に限定した方がよい。登りの途中から富良野岳や遠くに大雪山が、頂上からは上ホロカメットク山などの展望が素晴らしい。登山口の白銀荘まで車で入ることができる。

上富良野町富原から三段山▼。左端は十勝岳

1/25000 地形図	白金温泉・十勝岳

登山適期					
12	1	2	3	4	5

白銀荘コース

■コースタイム（スキー）

白銀荘（1・20→）二段目上（1・00→）三段目上（0・40→）三段山（1・10→）白銀荘

標高差　七三一メートル

登り　三時間

下り　一時間一〇分

■交通

JR上富良野駅前発、上富良野町営バス、十勝岳温泉行きに乗り「白銀荘」下車。

■マイカー情報

白銀荘前に駐車場がある。建物側は宿泊者用である。

■ガイド

二段目上まで

駐車場奥の一段上った夏のキャンプ場が登山口だ。入林届は白銀荘の入り口にある。広い国設三段山スキー場を進むと、正

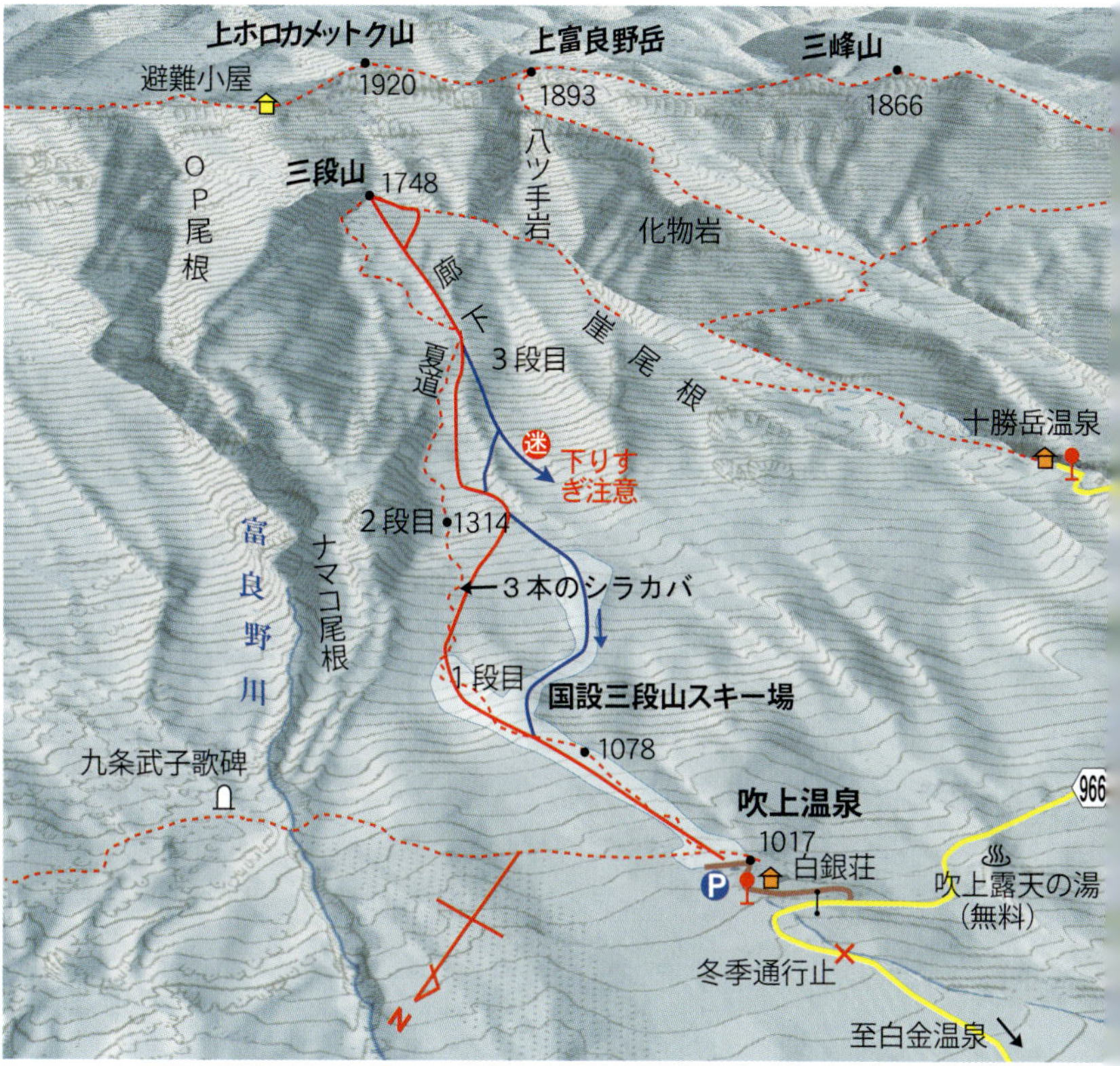

面の前十勝岳が美しく見える。やがて行く手に一段目の斜面が見えてくる。急斜面を登り振り返ると、眼下に白銀荘が小さく見える。

エゾマツの林に入り、左手の崖に近づきすぎないように進むと二段目の斜面が見えてくる。樹林が疎らな二段目の途中には三本のシラカバがあり、目印にするとよい。ここから夏道は直登しているが、風により氷化していることが多いので、右手の森林限界に沿って進み、小さな沢地形付近で登るとよい。

体力（標高差）	B 35
登山時間加算	C 3
高山度（標高）	A 10
険しさ・危険度	B 12
ルート判断	B 12
総合点　70点（中級）	

三段山まで

二段目上から高木はなく、ハ

1段目から振り返る

白銀荘前の駐車場。▼が三段山

スキー場を進む

2段目途中の3本のシラカバは目印になる

1段目の急斜面が見えてきた

イマツやナナカマドの埋もれた雪原となる。滑降時はスキーを引っ掛けないように注意したい。ここから頂上までは吹きさらしで、ガスや地吹雪時はルートを見失う恐れがある。天候の悪い場合はここで引き返そう。たとえ好天であっても帰りのためにコンパスを合わせておくこと。天候がよければ、ここからルートの全容が見える。三段目は夏道の尾根沿いに登るが、上部が氷化している場合は右または左の谷筋を登るとよい。

　三段目を登りきると廊下と呼ばれるわずかな沢地形の緩斜面が続く。廊下の突き当たりからは最後の急登である。頂上へ直登する方法と、右手の小尾根からいったん崖尾根へ登って頂上へ向かう方法がある。稜線の南

頂上直前で崖尾根稜線に出る。頂上は目の前だ。左端に十勝岳が見える

頂上から上ホロ（左）と上富良野岳（右）

2段目を登りきると頂上へのルートが見える

は崖なので、転落しないよう気をつけたい。スキーをデポして頂上へ向かうのも一つの手である。山頂からは、十勝岳から上ホロカメットク山、富良野岳へと続く山並みが素晴らしい。

下山

頂上直下は氷化していたり、硬い雪面と深雪がまだらになっていることもあり、注意が必要だ。わずかに頭を出したハイマツや岩での転倒にも注意したい。三段目はハイマツが多い尾根を避け、夏道のすぐ西に並行する谷筋を行くのがよい。ただし、樹林帯に入る手前の一三五〇㍍あたりで右手の尾根上に戻らないと別方向に下ってしまう。二段目上からは、スキー場のルートでもよい。

島田　亘@テレマーカー

噴煙上げる山頂は秀峰十勝岳の眼前

前十勝《まえとかち》

1790m

十勝岳の前衛峰。白銀荘からは美しい三角形の姿で、周囲の火口から昇る噴煙が一層迫力を添える。深雪が一夜で露岩帯に変わることもあり、積雪は安定しない。一般的には二月中旬以降がよい。また、樹林がないので目標物が少なく、天候に恵まれることがカギとなる。十勝岳は活火山なので、活動状況について気象庁ＨＰや、入山口の白銀荘で確認したい。

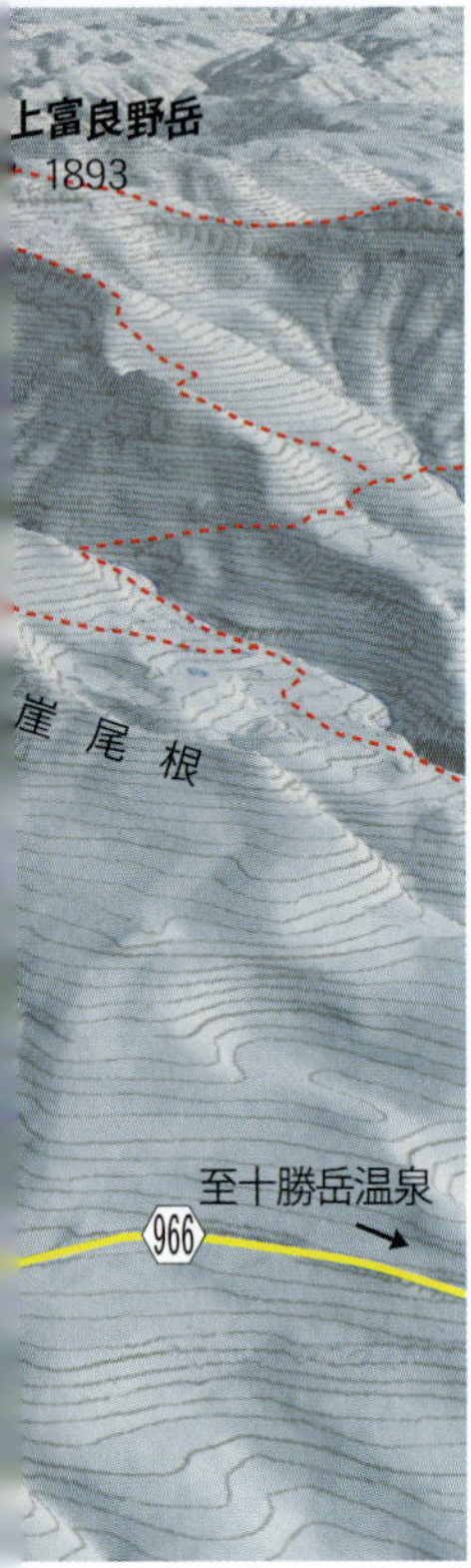

白銀荘から前十勝

1/25000 地形図	十勝岳・白金温泉

登山適期					
12	1	2	3	4	5

カバワラ尾根コース

■ **コースタイム（スキー）**

白銀荘（3・00→）前十勝（1・00→）白銀荘

標高差　七七〇メートル

登り　三時間

下り　一時間

■ **交通**

上富良野町営バス、ＪＲ上富良野駅前発十勝岳温泉行き「白銀荘」下車。

■ **マイカー情報**

白銀荘前に駐車場がある。建物側は宿泊者用。

■ **ガイド**

白銀荘で登山届後、望岳台方向へ向かう夏道に沿い、富良野川を

体力（標高差）	B	35
登山時間加算	C	3
高山度（標高）	A	10
険しさ・危険度	B	12
ルート判断	B	12
総合点　70点（中級）		

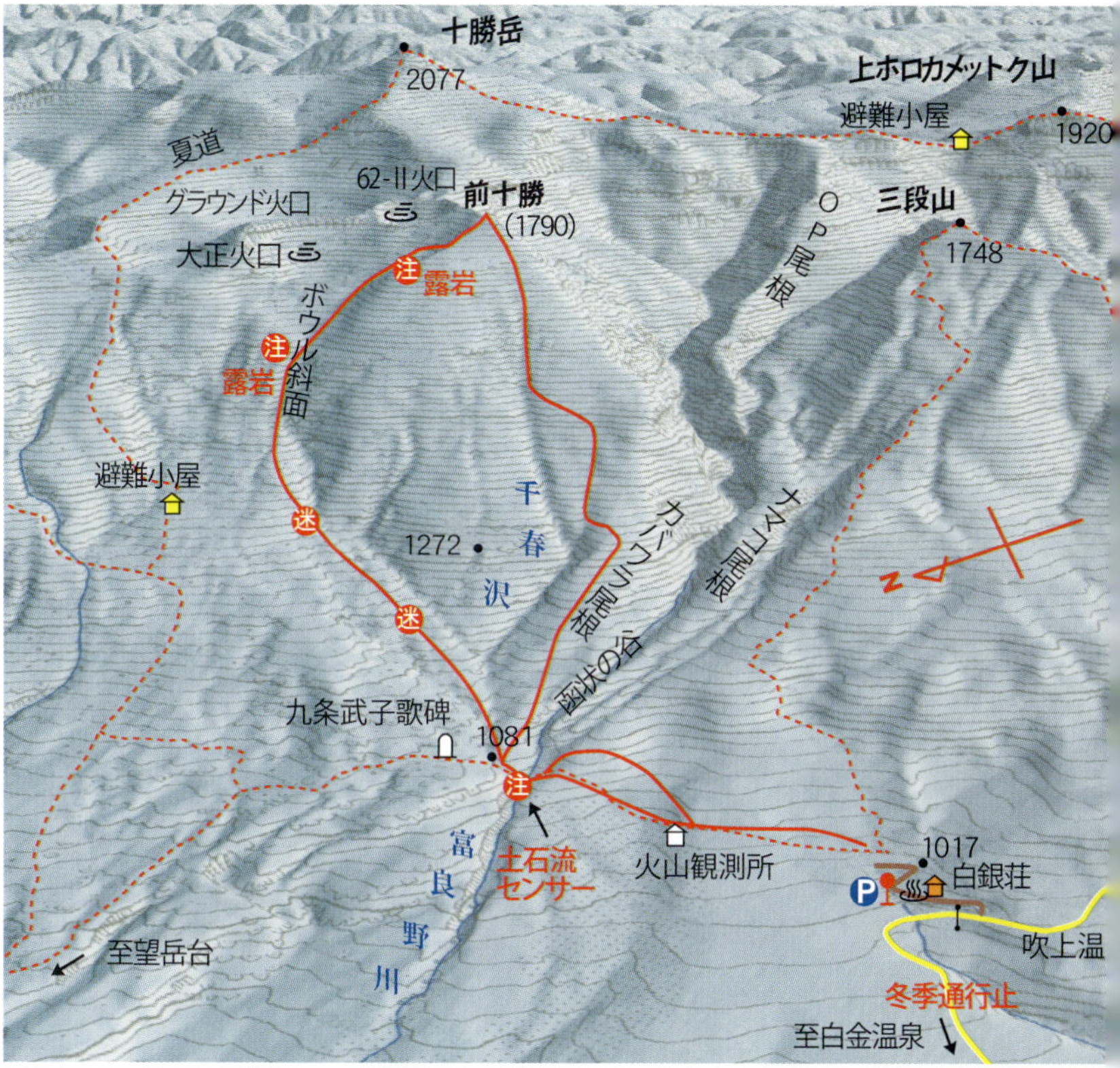

目指す。帰りを考え、少し上り気味にラッセルする。

火山観測所から先は好みで二コースに分かれる。富良野川は函状で水量も多く、渡れる箇所は限られる。スノーブリッジの安全性は十分確認したい。

川を渡ると、目標物のない雪原が広がる。コース旗で帰りのコースを確保したい。カバワラ尾根と呼ばれる、噴火で枯れたダケカンバの幹だけが残る尾根を登る。徐々に傾斜が増すが、尾根を忠実に登る。尾根の傾斜が緩くなると、前十勝の正面スロープが現れる。ハイマツ斜面は風が強いと雪が飛ばされ、登降に苦労することがある。雪が少ないときは沢筋を詰め、雪がなくなった地点でスキーをデポし、ツボ足で頂上を目指す。ア

上部のハイマツ帯は雪の多い沢筋を進む

白銀荘から山裾を巻いて進む

富良野川のセンサー↓からカバワラ尾根へ

富良野川を越えてボウル斜面を目指す

枯れたシラカバのカバワラ尾根を登る

イゼンが必要なほど硬い場合は沢筋の終点で引き返すとよい。

　頂上からは十勝岳、上ホロカメットク山などの展望が素晴らしく、眼下に溶岩帯と樹林が広がり、富良野盆地も見える。

　帰りは沢筋を滑降するが、ハイマツや露岩には十分注意を。左手のカバワラ尾根へトラバースし、尾根を滑る。条件がよければ千春沢を滑るのも楽しいが、雪崩には十分注意したい。

島田　亙＠テレマーカー

ボウル斜面コース

■コースタイム（スキー）

白銀荘（4・00↓）前十勝（1・30↓）白銀荘

標高差　七七〇メートル
登り　四時間
下り　一時間三〇分

■ガイド

大正火口を直前にひと休み。右の尾根続きが前十勝

ボウル斜面の上部は大きな岩がゴロゴロ

ボウル斜面コース。登るにつれ噴煙が迫る

富良野川を越え、大正火口に突き上げる沢に沿って登る。上部は大正火口の半球状地形になる。大きな岩があるので、石を避けてトレースをつけると下りに安全だ。

大正火口からの噴煙は有毒ガスを含み危険だ。正面からガスが流れるときは、早めに引き返すこと。頂上を目指せる場合は、前十勝の尾根に取り付いて登るとよい。

下りは、大正火口からボウル斜面にかけての露岩に注意するほか、下部では望岳台方向へ迷い込まないよう注意したい。

島田 亙@テレマーカー

体力（標高差）	B 35
登山時間加算	B 6
高山度（標高）	A 10
険しさ・危険度	B 12
ルート判断	B 12
総合点 75点（上級）	

極寒ゆえの抜群の雪質。十勝連峰・大雪の眺望

富良野岳《ふらのだけ》

1912m

花の名山として有名で、冬山では古くからホコ岩（北尾根）コースが知られるが、山頂を目指す登山者は少ない。ジャイアント尾根は季節風を和らげる針葉樹の巨木が多く、雪が飛ばされないため、深いパウダースノーを楽しむバックカントリー愛好者が多い。富良野盆地のシバレもあって厳冬期の雪質は群を抜く。上部はアイゼン・ピッケルの領域なので、標高一五〇〇メートル付近までを紹介する。

上富良野町から。▼富良野岳▼ホコ岩

1/25000 地形図	十勝岳・白金温泉

登山適期					
12	1	2	3	4	5

ジャイアント尾根コース

■コースタイム（スキー）

砂防ダム（1・00↓）ベベルイ川越え地点（2・00↓）標高一五〇〇メートル（1・00↓）砂防ダム

標高差　五〇〇メートル

登り　三時間

下り　一時間

■交通

JR上富良野駅前発、上富良野町営バス、十勝岳温泉行き「翁公園前」下車。

■マイカー情報

富良野思惟林向かいに七、八台分の駐車場がある。道路にはみ出さないよう気をつけたい。

■ガイド

体力（標高差）	C 30
登山時間加算	C 3
高山度（標高）	A 10
険しさ・危険度	B 12
ルート判断	B 12
総合点　65点（中級）	

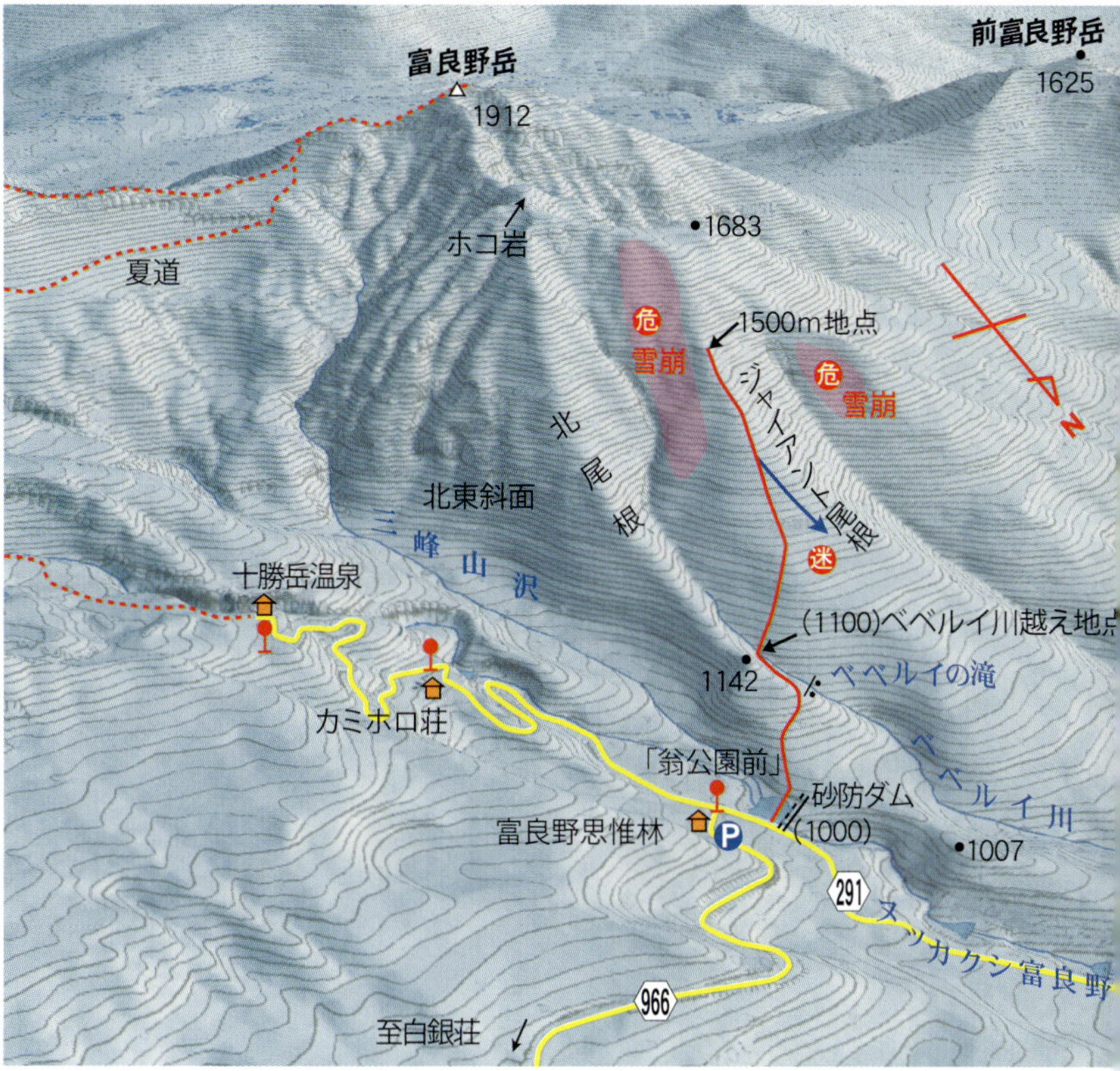

ベベルイ川越え地点まで

駐車場から道道を一五〇メートル下り、除雪の雪山を越えると砂防ダムが見える。温泉水の影響で完全に川面が覆われることはない。例年流れが二カ所あるので渡渉も二度必要だが、水量は少ない。ブーツは滑りやすいので渡渉は慎重にしたい。対岸正面の尾根は北尾根の末端だ。

北尾根の登り出しは一〇〇メートルほどの急な段差だが、すぐに斜度は落ちる。段差を登ったら一一四二メートル標高点方向に二五〇メートルほど進み、標高一〇五〇メートル辺りで右側に回り込み、北尾根の西斜面に出る。まっすぐ登りすぎて北尾根の細い稜線や反対側の北東斜面に入り込まないようにしたい。

徐々に標高を上げ北尾根の西

ジャイアント尾根↓と1142mピーク↓

富良野思惟林前の駐車地点

1160m付近の登り

砂防ダム上流側での渡渉

斜面をトラバースするが、右下がりの片斜面で斜度もあるので注意が必要だ。標高一一〇〇《メートル》辺りでベベルイ沢を越えてジャイアント尾根に取り付く。

ジャイアント尾根上部まで

針葉樹林帯を標高一二〇〇《メートル》辺りまで素直に真上を目指す。次第に樹林が疎らになり、視界が開けてくると左手後方には三段山の崖尾根と噴煙を上げる前十勝が見えてくる。どこまで登るかは時期と天候によるが、厳冬期は疎林地帯から風が強いことが多く、気温も氷点下一五度以下が普通だ。

風が強い場合は体感温度が下がるので、強風時は一三〇〇《メートル》付近で引き返すのが無難だ。天候が許せばさらに上を目指すが、稜線上はシュカブラができ

1500m付近から北尾根ごしに十勝岳方向を見る

1300m付近を滑る

1450m付近。雪面がクラストしてきた

ていたり、クラストしていることが多いので滑走に好条件になることは少ない。

下山

右手のベベルイ川や左手の沢へと滑降したい衝動に駆られると思うが、雪崩の危険が付きまとう。基本的には登ってきたルートを戻るのがよい。ジャイアント尾根は下るに従い斜面が広くなる。また登ってきたルートは斜面右手のベベルイ川方向となるので右へ右へと滑ることが必要だ。登ったルートから外れると下り過ぎやすい。高度計やGPSなどで現在位置を把握しながら滑りたい。ベベルイ川越え地点からの北尾根斜面は登ったルートを下りよう。

角田洋一@洋ちゃん

写真協力：荒木卯三郎

地元山岳会の愛情が伝わる山

長万部岳《おしゃまんべだけ》

973m

一〇〇〇メートルに満たない山だが、山容が険しく、積雪も多い。技術的にも体力的にも上級のものが求められる山である。しかし、ツアースキー用の標識が整備されているので、天気に恵まれれば、楽しい登山ができそうだ。中腹にあった山小屋が老朽化のために取り壊されたのは残念だ。山頂からは、太平洋と日本海、さらに羊蹄山、狩場山や駒ヶ岳などが見渡せる。

長万部町二股からの長万部岳

1/25000 地形図	大平山・二股温泉

登山適期					
12	1	2	3	4	5

鉱山川コース

■ **コースタイム**（スキー）

旧新英温泉（2・00→）鉱山跡台地（2・20→）長万部岳（1・00→）旧新英温泉

標高差　八一五メートル

登り　四時間二〇分

下り　一時間

■ **交通**

公共交通機関はない。

■ **マイカー情報**

除雪終点の旧新英温泉前に駐車する。

■ **ガイド**

鉱山跡台地まで

林道を所々ショートカットしながら、うすゆき荘跡までたどる。長万部山岳会のこの小屋は老朽化のために二〇〇九年に取り壊され、冬は目印になるものは何もない。スノーモービルも

多く、騒音は迷惑だがラッセルは助かる。

　小屋跡からはスキーツアー用標識に従って進む。夏道を二度ほど大きくジグザグを切った後、適当に尾根の斜面を進む。標識があるので、よほどの吹雪でない限り迷うことはないだろう。

　やがて鐘がつり下げられた鉱山跡の台地に着く。この安全登山を願う鐘は、職人の手作り品で、長万部山岳会員が総出でポールやセメントなどを担ぎ上げ、コンクリートを練り、一九九二年七月に完成したものである。ここからは真っ白な双耳峰の長万部岳の全容が見え、ますます登

体力(標高差)	B 35
登山時間加算	B 6
高山度(標高)	B 6
険しさ・危険度	B 12
ルート判断	B 12
総合点　70点(中級)	

鉱山跡の台地に立つ鐘。後ろ右は長万部岳

駐車地点

林道をショートカットしながら進む

コル付近の雪庇

標識を頼りに進む

山意欲をかきたてられる。

長万部岳まで

鉱山跡の台地から急斜面を登り、大きなブナの林の中を進んでいくと木々の間から長万部岳の急な北側斜面が見える。

標識を頼りに、いったん沢地形に入って進んでいくと八四八メートルピークの左側に、大きいときで四〜五メートルも張り出した雪庇が見えてくる。雪庇の手前から左側に進み、長万部岳側のコルに出る。コルの西には地元が利別岳と呼ぶ一〇二一メートル峰が雄大な姿を見せてくれる。

ここからがこの山のクライマックスで、頂上までの急斜面を大きくジグザグを切りながら登っていく。十分過ぎるほどの高度感が味わえ、背後には羊蹄山がそびえる。中間付近からさら

頂上から利別岳①、メップ岳②、狩場山③

頂上直下の急斜面

コル手前からの長万部岳

に傾斜はきつくなるが、東側に発達した大きな雪庇を避け、西側の木の生えた側を登っていく。

積雪期は最後までスキーを使えるが、残雪期は雪が硬くてスキーアイゼンを付けても無理な場合がある。そのときはスキーをデポし、ツボ足で登ることになる。ピッケル・アイゼンが必要な硬さならあきらめよう。

急登を終えると間もなく山頂だ。強烈な風、左側の急斜面と雪庇を避け、右側を慎重に進みたい。山頂からは羊蹄山のほか狩場山や大平山も見える。

一〇〇〇メートルに満たない山だが、積雪期は体力と判断力が求められる山である。

瀬川恒広@函館「腰痛おじさんの山歩き」

津軽海峡・道南の山の眺望を楽しむ

横《よこ》津《つ》岳《だけ》

1167m

函館の北に緩やかに連なる山が袴腰岳と横津岳である。昔から山スキー登山のメッカであるが、基点となる函館横津岳スキー場が閉鎖され、日帰りで往復できるのは、北斜面に位置する函館七飯スノーパークからのみとなった。樹氷が輝く雪原と三六〇度の眺望がこの山域の魅力である。ただし、頂上付近一帯は広い雪原なので、悪天候のときは迷いやすく、注意が必要である。

函館市郊外から見た横津岳

1/25000 地形図	横津岳

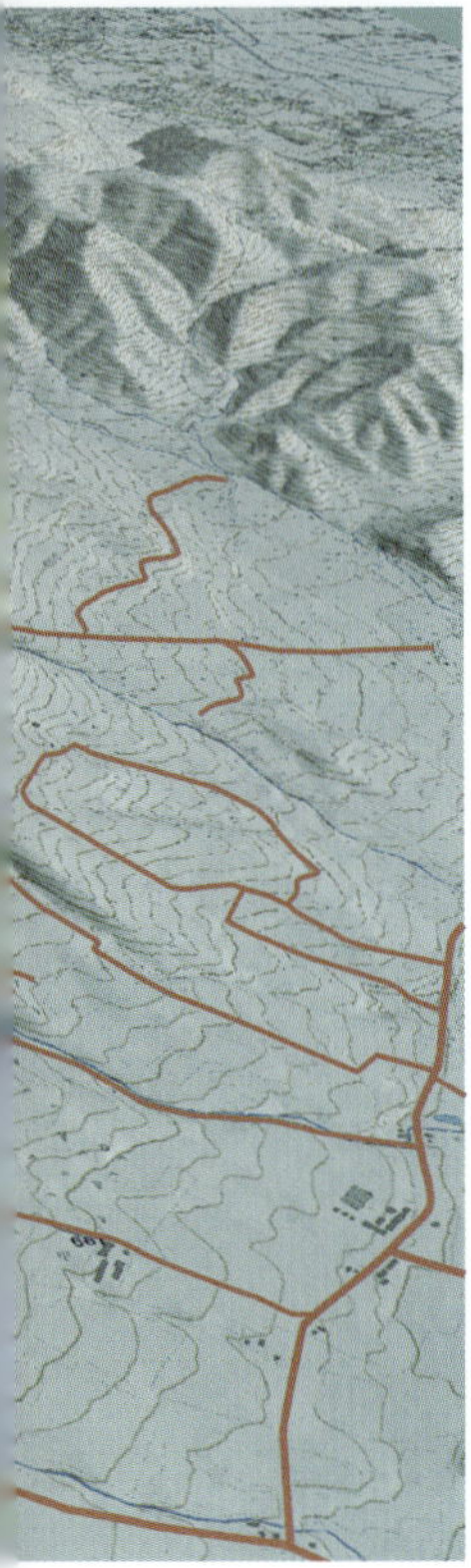

登山適期

12	1	2	3	4	5

ゴンドラ運行中

七飯スノーパークコース

■**コースタイム**（スキー）

ゴンドラ終点（1・00↓）森林限界（0・50↓）横津岳（0・30↓）ゴンドラ終点

標高差　二四七メートル

登り　一時間五〇分

下り　三〇分

■**交通**

JR大沼駅からスキー場の無料送迎バスあり。

■**マイカー情報**

スキー場の駐車場を利用。

■**ガイド**

森林限界まで

稜線のスキー場から外に出る場合は許可が要る。まず、函館七飯スノーパークのリフト券売り場で登山届に記入し、許可を受けてからゴンドラに乗る。標高九二〇メートルにあるゴンドラ終着

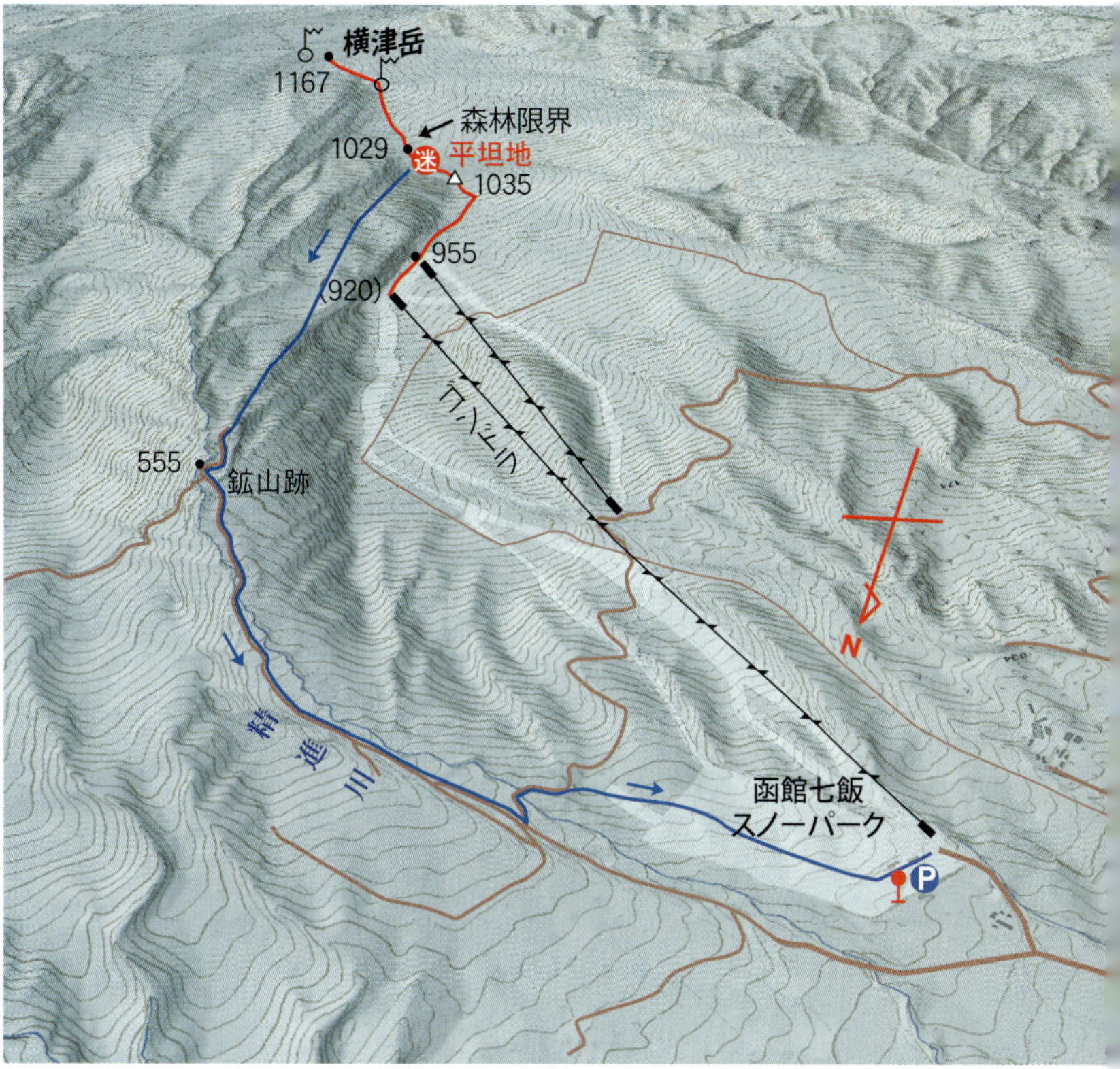

駅からスキーを履き、ゲレンデを歩いて九五五《メートル》標高点の四人乗り高速リフト終着駅へ。リフト係員に登山届を提出している旨を伝えて、ゲレンデの規制ロープから出させてもらう。頂上へ続く緩やかな尾根上のダケカンバ林へと入る。厳冬期には大木のダケカンバの樹氷が美しいところである。間もなく一〇三五《メートル》ピークへの急斜面となるが、ジグザグを切って登り切ると北東側に開けた急斜面の上に出る。

体力（標高差）	D 25
登山時間加算	D 0
高山度（標高）	A 10
険しさ・危険度	D 0
ルート判断	B 12
総合点　45点（初級）	

横津岳まで

太平洋側には、横津連山を形成する鹿部丸山、熊泊山、泣面

ゲレンデからダケカンバ林へ

ゴンドラ終着駅から山頂を望む

頂上から函館山を望む

頂上から500m手前の小ピークへ向かう

山などが見える。南に進路をとって少し下ると、再び緩やかな登りになる。少しずつ細くなる緩やかな尾根を登っていくと、山頂の五〇〇メートル手前の小ピークに巨大なレーダー関係の施設がエビノシッポに覆われているのが見え、その左奥の頂上にはエメラルドグリーンの巨大な球形のドームが見える。

一〇五〇メートル付近で樹林帯を抜けると少し急な登りとなる。常に北西の強風が吹き抜けているので、雪面は三月末まではガリガリ状態のことが多い。

手前のレーダー施設の横を通り、最後の急な斜面を登り詰めると航空レーダー基地に占拠された感のある頂上である。

振り返ると、駒ヶ岳や大沼、噴火湾沿いに羊蹄山やニセコ連

山頂のドームと、発達したエビノシッポ

頂上から見える駒ヶ岳

避難所になるドームの出入り口

峰などの山々が連なって見える。ドームの建物の南側に回ると津軽海峡対岸の下北半島や、函館山、恵山、大千軒岳までの眺望が広がる。

ドームの出入り口は、立ったままなら四、五人が入れる屋根付きの空間で、北西の風が強いときには、ここに避難するとよい。頂上から来たコースを戻っても、スキー場の四キロのロングコースと合わせると、結構滑りを楽しむことができる。天候に恵まれれば、帰りに、一〇三五メートルピークから精進川鉱山跡へのオープン斜面を滑り降り、林道を下って、スキー場駐車場へ下ることもできる。ただし、経験者との同行が望ましい。

坂口一弘@函館・一人歩きの北海道山紀行

山上の牧場から津軽海峡を見下ろす

七《なな》飯《え》岳《だけ》

779m

七飯町市街地の東側にそびえる樹木の生えてない山が七飯岳である。この山一帯は、一九二〇年から村有牧野・野草放牧地として利用されてきた。現在は一六〇《ヘクタール》を草地造成し七飯町営城岱《しろたい》牧場となっている。山の随所から函館平野や津軽海峡、駒ヶ岳、噴火湾、後ろには横津連峰などが一望できる展望の山である。また、牧場となっている頂上の西斜面一帯は快適な山スキーを楽しめる。

七飯町大川付近から見た七飯岳

1/25000 地形図	七飯・大沼公園

登山適期					
12	1	2	3	4	5

鳴川砕石場尾根コース

■ コースタイム（スキー）

スカイライン入り口（2・00↓）七飯岳（0・20↓）牧場下スカイライン（0・30↓）ゲート

標高差　六一九《メートル》
登り　二時間
下り　五〇分

■ 交通

国道五号の函館バス「七飯役場通」下車。徒歩一・五《キロ》。

■ マイカー情報

スカイライン入り口のカーブ手前に一〇台以上駐車可。

■ ガイド

七飯岳まで

冬期間閉鎖されている城岱《しろたい》スカイライン入り口に近いカーブ手前から右に分岐する杉林沿いの林道に入る。五〇〇《メートル》ほど先で道が左へカーブするが、その

手前で右側の植林地の作業道を利用して尾根に取り付く。尾根の南側一帯は大規模な砕石場である。

このコースは、地元の登山愛好家たちが二〇〇三年から二年ほど掛けて少しずつ整備した夏道である。採石場の西側の尾根や縁を通り、六二九《メートル》標高点を経て頂上に向かう。冬コースとしても尾根一本のシンプルなラインで登りやすい。

木が一本もない牧場斜面に出たところが六二九《メートル》標高点。視界を遮るものがないので、眼下に函館平野の眺望が広がる。さらにこの真っ白な広い斜面を標

体力(標高差)	B	35
登山時間加算	C	3
高山度(標高)	C	3
険しさ・危険度	D	0
ルート判断	D	0
総合点　40点(初級)		

林道カーブ手前で右の尾根に取り付く

尾根の夏道に沿って林を登る

砕石場の縁を通り尾根へ

高差一五〇メートル登ると、小屋の建つ頂上へ到着する。

これまで見えなかった北側から東側の眺望が一気に広がる。大沼と駒ヶ岳、噴火湾と羊蹄山・ニセコ連峰、横津岳から函館平野、津軽海峡と津軽半島、遠く大千軒の山まで、三六〇度の展望を楽しむことができる。

スカイライン経由で下山

下山は、カンジキやスノーシューは同じコースを戻るのが楽である。スキーは西南西にまっすぐ延びる標高差三〇〇メートルほどの牧場斜面の大滑降を楽しもう。クラストしている場合は少し北側から巻くようにすると雪は軟らかい。下部も右手の沢に近い方が雪も軟らかく快適な滑降を楽しむことができる。

その一番下まで滑り、林の中

頂上から見える駒ヶ岳と大沼

北海道新幹線の鉄路が走る函館平野をバックに

牧柵沿いに頂上を目指す

を抜けると標高四七〇メートル付近でスカイラインへ下りることができる。あとは、スノーモービルで踏み固められた道路をゲートまでのんびりと滑り降りる。途中、送電線の下から植林地の中をショートカットすることも可能である。

帰路はスカイラインをのんびり下る

坂口一弘@函館・一人歩きの北海道山紀行

大沼を挟み駒ヶ岳と横津岳、海峡に浮かぶ函館山

二《ふた》股《また》岳《だけ》

826m

北斗市（旧大野町）と森町の境界稜線上の最高峰。函館市内からも見え、夏道があるので近隣住民に親しまれている。山腹は植林されたトドマツ林や天然のブナ林で覆われ、標高六五〇メートルを超えるとササ原となり、眺望が非常によくなる。頂上からは凍結した大沼の両側に駒ヶ岳と横津連峰、その奥に羊蹄山が見える。島のように浮かぶ函館山の眺めも素晴らしい。

北斗市萩野付近から見た二股岳

1/25000 地形図	木地挽山

登山適期

12	1	2	3	4	5

南西尾根コース

■コースタイム（スキー）

二股岳登山道入り口（1・20→）林道分岐（1・30→）七五四メートルピーク（0・20→）二股岳（1・30→）二股岳登山道入り口

標高差　五九六メートル
登り　三時間一〇分
下り　一時間三〇分

■交通

公共交通機関はない。

■マイカー情報

「二股岳登山道入口」の標識向かいに一〇台ほど止められる駐車帯がある。

■ガイド

林道分岐まで

このコースは、途中まで登山道と同じ下二股沢林道を進むが、その一つ手前の尾根から七五四メートルピーク経由で登る。登山道の

尾根は狭く急で、山スキーには適さない。

国道二二七号沿いの「二股岳登山道入口」の標識が立つ林道入り口から歩き始める。一《キロ》ほど先のゲートを越え、二股沢に架かる橋を渡る。正面には頂上手前の真っ白な七五四《メートル》ピークが見える。

さらにその一・二《キロ》先の右手に砂防ダムが続く沢があり、その先のヘアピンカーブ（標高三七〇《メートル》付近）で山頂方向へ分岐している林道に入る。

二股岳まで

七五四《メートル》ピークを目指して尾根を登るが、一帯はトドマツの

体力（標高差）	C 30
登山時間加算	C 3
高山度（標高）	C 3
険しさ・危険度	C 6
ルート判断	C 6
総合点　50点（初級）	

ヘアピンカーブから右の道をたどる

上部はブナの疎林帯になる

ゲートから754mピーク

国道にある標識

754mピーク横から見る山頂

国道脇の駐車スペース

人工林なので、林道をうまく利用するのが得策だ。標高四五〇《メートル》付近の分岐は右、五〇〇《メートル》分岐は左を選び、トドマツ林を抜けると明るい雑木林の尾根に出る。尾根の中央部を少し登ると林道終点で昔の土場跡と思われる広く平坦な場所に出る。

その先の尾根はブナの疎林帯である。このコースで最も急な斜面をジグザグを切りながら登り切ると、かん木帯の平らな狭い尾根に乗る。この尾根は南側に雪庇が発達しているので右側へ寄ると危険である。

左手には頂上が、その右手前に七五四《メートル》ピークが見える。右手には函館山、毛無山などが見えるようになる。

ここから上は、吹きさらしで雪の付きが悪く、ササが頭を出

山頂から南の方角。函館山が左にかすんで見える。右端は毛無山。右手前は754mピーク

駒ヶ岳（左）、大沼（中）、横津岳（右）

している。七五四メートルピークの西側をトラバースして頂上への尾根に取り付く。ここも東側に雪庇が発達しているので、近寄らない方がよい。七五四メートルピーク下から距離にして五〇〇メートルほどで、マイクロウエーブの反射板の横を抜け、標識が頭を出す頂上に着く。眺望はとてもよく、凍結した大沼を挟んで駒ヶ岳と横津連峰の眺めが魅力的である。大沼越しに噴火湾も見え、遠くには羊蹄山も見える。

下りは、上部のササ斜面はクラストしていることが多いのでスキーの場合は慎重に下る。ブナ林へ入ると、疎林帯の急斜面でもあり、雪も軟らかく快適な滑りを楽しむことができる。

坂口一弘@函館・一人歩きの北海道山紀行

吊り尾根で結ばれた端正な兄弟山

カスベ岳《だけ》 1050m メップ岳《だけ》 1148m

両山は狩場山塊の南東に位置し、四キロ弱の吊り尾根でつながっている兄弟のような山で「カスベ・メップ」とセットで呼ばれることが多い。山名の由来は不明である。登山者の注目を集める姿のよい山だが、両山ともに登山道はない。積雪期が登山の好機で、ここで紹介するコースが利用されるが、体力的にも精神的にもかなりハードだ。

今金町神丘地区から望むカスベ岳▼とメップ岳▼

1/25000 地形図	カスベ岳・メップ岳

登山適期

12	1	2	3	4	5

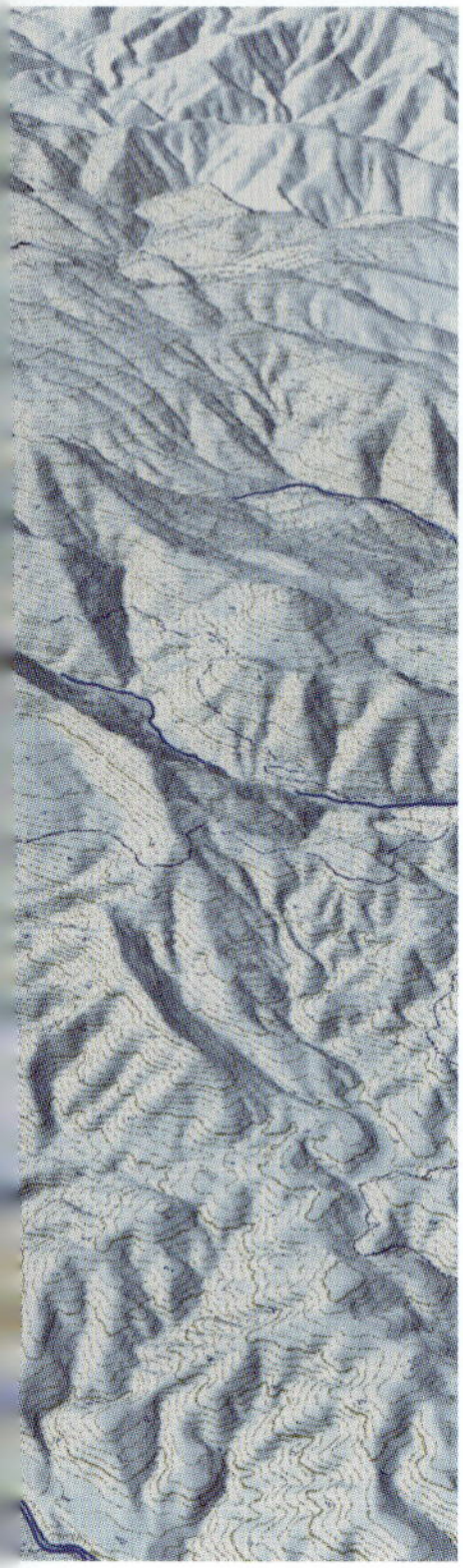

吊り尾根コース

■ **コースタイム（スキー）**

ゲート（1・30→）名水橋（2・00→）南尾根の頭（1・00→）カスベ岳（0・30→）南尾根の頭（2・00→）メップ岳（1・20→）南尾根の頭（1・40→）ゲート

獲得標高差一三〇一メートル

登り　七時間

下り　三時間

■ **交通**

公共交通機関はない。

■ **マイカー情報**

林道入り口のゲートが除雪終点のことが多い。

■ **ガイド**

南尾根の頭まで

ゲートから利別目名川右岸に続く林道を進む。車は入れないが除雪されていることもある。

右手にメップ岳を見ながら四キロほど進むと、カスベ沢出合いの名水橋に着く。

カスベ沢左岸の林道跡を少し進み、トドマツ林の急斜面に取り付く。狭い木立の中をジグザグを切って登り、南尾根に乗る。尾根の上はブナ主体の疎林帯で、幅広で斜度も緩く、気持ちよく歩ける。高度を上げると展望が開け、源頭部を挟み、メップ岳とカスベ岳が見えてくる。標高七〇〇メートル付近で森林限界を超え、南尾根の頭に出る。北に狩場山、南に遊楽部岳が見える。

カスベ岳まで

まずは、西側のカスベ岳を目

体力（標高差）	A 40
登山時間加算	A 10
高山度（標高）	A 10
険しさ・危険度	B 12
ルート判断	C 6
総合点　80点（上級）	

南尾根の頭からカスベ岳（左奥）

利別目名川沿いの林道。正面はメップ岳

最低コルから雪庇の吊り尾根をメップ岳へ

南尾根を登る

指す。細い吊り尾根の南側は雪庇が発達しているので、尾根の北側をトラバースしながら進むのが無難。標高八五〇㍍から頂上までは広く急な尾根となる。ジグザグを切りながらカスベ岳の頂上へ。振り返る吊り尾根の先には、この後目指すメップ岳があるが、意外に遠く感じる。

メップ岳まで

大展望を楽しんだら、登りのスキートレースをたどって、南尾根の頭まで戻り、さらに吊り尾根上を標高七四〇㍍付近の最低コルまで滑り降りる。

この先の上り下りの続く尾根は、細い上に、雪庇が交互に発達しているので、踏み抜かないように、尾根の頭の位置を推定して進まなくてはいけない。そんな緊張のやせ尾根を通過し、

メップ岳山頂から狩場山を望む

メップ岳山頂

カスベ岳山頂からメップ岳

標高九七〇メートル付近で、頂上へ続く広く急な斜面が始まるところに着いてホッとする。

頂上まではかなりの急斜面で、雪が軟らかいときはスキーでも登れるが、クラストしてピッケル・アイゼンが必要なときもある。頂上からは、狩場山、大平山、長万部岳、遊楽部山塊などのパノラマが広がる。

眺めを満喫したら下山開始。南尾根の頭までのやせ尾根は気が抜けないし、上り下りもあるので、シールを付けたままの方が無難だ。南尾根の下りでは上の方は少し滑りも楽しめる。ラッセルが深いときに両山の日帰り登山は難しく、三月から四月上旬が最適である。

坂口一弘@函館・一人歩きの北海道山紀行

渡島半島中央部にある道南の山々の展望台

砂《さ》蘭《らん》部《べ》岳《だけ》

984m

八雲町市街地の後ろにゆったりとそびえる一〇〇〇メートル弱の山。南側は荒々しく、存在感のある山である。バブルの頃は、北斜面にスキー場と麓にゴルフ場の一大リゾート計画が持ち上がったことがある。この北斜面の緩やかな尾根はスキー登山に快適なコースである。山名は砂蘭部川の源流にあることによるが、アイヌ語の意味は明確でない。

八雲町市街地付近から望む砂蘭部岳▼と横山▼

1/25000 地形図	春日・砂蘭部岳

登山適期					
12	1	2	3	4	5

北尾根コース

■コースタイム（スキー）

除雪終点（2・00→）林道終点（1・30→）九六一メートルピーク（1・00→）砂蘭部岳（2・30→）除雪終点

標高差　八五〇メートル

登り　四時間三〇分

下り　二時間三〇分

■交通

公共交通機関はない。

■マイカー情報

大新地区の最終人家の先が除雪終点となっている。

■ガイド

林道終点まで

送電線下の標高点一三四メートル付近の除雪終点から、その先の林道を進む。一キロ先の林道分岐で左の「民有林林道大新線」へ進む。林道は沢沿いに続き、橋を渡って北尾根へと登っていく。

北尾根上の三六九メートル三角点ピークの西側までは地形図にも林道が記載されている。その先で下から続く別の林道と合流する。

さらに、北尾根上の林道跡を忠実にたどって進む。標高四二〇メートル付近でその林道の痕跡がなくなり、両側にトドマツ林が点在する。

体力（標高差）	B	35
登山時間加算	B	6
高山度（標高）	B	6
険しさ・危険度	C	6
ルート判断	B	12
総合点	65点（中級）	

砂蘭部岳まで

その先のダケカンバ帯を抜けると、標高五三〇メートル付近で再び密度の濃いトドマツ林にぶつかる。ここは、その左側の縁を巻くように尾根の端を通り、まっすぐ進む。あとは、雑木林の斜面となり、七二六メートル標高点を通

961mピークを越えたコルから頂上を望む

大新林道入り口

北尾根に続く林道（450m付近）

頂上から小鉾岳①と紋内岳②

961mピークから尾根続きの横山

過する。展望が利くようになり、左側には横山のピークが見え、九六一メートルピークへつながる稜線がのぞく。九六一メートルピークまでの斜面は、斜度も林の込み具合も帰りの滑降が楽しめそうである。斜度は最短距離を直登できる程度に緩い。しかし眺望はほとんどなく、ただ黙々と登る。

　横山と九六一メートルピークを結ぶ稜線に出ると、ようやく頂上との対面である。緩やかな北尾根とは対照的に南東斜面が急で、眼下には桜野の広い牧場が広がり、小鉾岳が砂蘭部岳の左に顔をのぞかせている。

　頂上に延びる尾根には雪庇が発達しているので、近づかないよう西側の林の急斜面側を進む。やがて、細いダケカンバが三本生えているだけの広い頂上斜面

頂上から遊楽部岳方面の眺め

駒ヶ岳と噴火湾

木に取り付けられた小さな頂上標識

に飛び出る。

　最初に目に飛び込むのは、南隣の鋭い小鉾岳である。さらに駒ヶ岳、乙部岳、雄鉾岳など、渡島半島中央部の大展望を欲しいままにできる。

　下山は、九六一メートルピークへの登り返しに備えてシールをはがさない方がよい。九六一メートルピークから七二六メートル地点までは、適度な斜度で、広い北斜面の疎林帯だけに、雪質がよければ気持ちよい滑降を楽しむことができる。あとは、登りのトレースをたどるだけだが、悪天候のときは、七二六メートル地点から左の尾根へ下らないように注意する必要がある。時間に余裕があれば横山へ寄っても面白い。

坂口一弘＠函館・一人歩きの北海道山紀行

温泉から手軽なコースで屈斜路湖を眺望

コトニヌプリ 952m オサッペヌプリ 860m

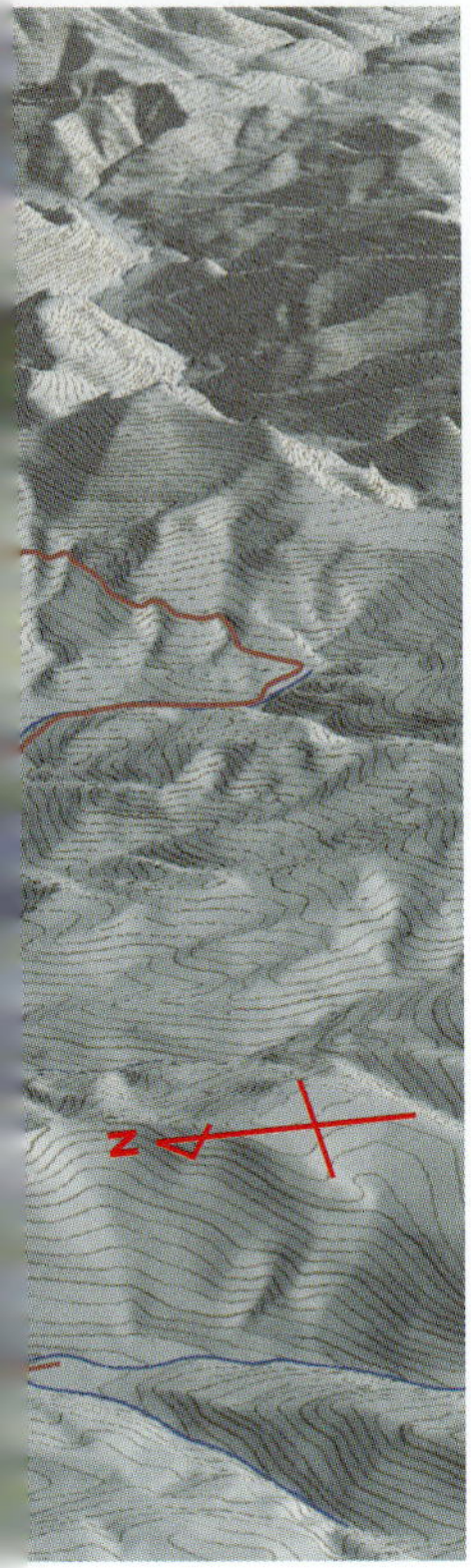

両山は屈斜路カルデラの外輪山で、すぐ北には津別峠があり、その北にはかつて津別スキー場があった。夏道はないが、景色がよく比較的手軽に登れ、スキーも楽しめるので地元の人たちにはよく登られている山である。ここでは尾根上の二つのピークを巡る縦走コースを紹介する。出発地点が温泉というのもうれしい。

ポンサマッケヌプリからコトニヌプリ▼　オサッペヌプリ▼

1/25000 地形図	コトニヌプリ

登山適期					
12	1	2	3	4	5

津別温泉コース

■**コースタイム（スキー）**

津別温泉（0・50↓）林道終点（1・40↓）オサッペヌプリ（0・40↓）コトニヌプリ（1・10↓）津別温泉

獲得標高差　五七二メートル

登り　三時間一〇分

下り　一時間一〇分

■**交通**

公共交通機関はない。

■**マイカー情報**

津別町中心部から道道五八八号を津別温泉のランプの宿・森つべつを目指して走る。途中、冬季通行止めの津別峠へのゲートを左に見ると津別温泉はすぐである。ホテルの裏は広く除雪されているのでここに駐車する。

■**ガイド**

オサッペヌプリまで

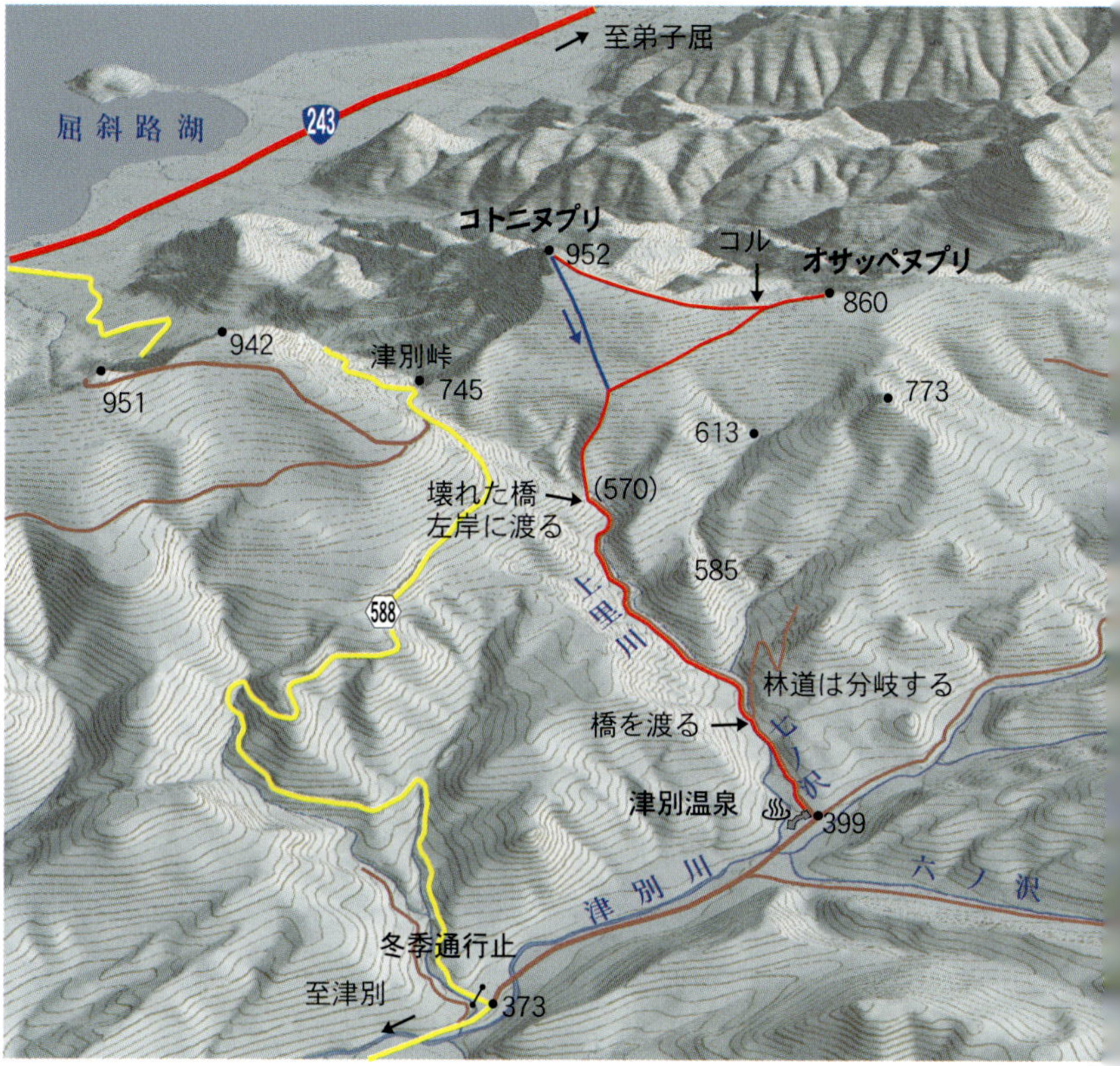

津別温泉のランプの宿・森つべつから七ノ沢沿いの林道へ入る。

林道は六〇〇㍍先で分岐しているので、橋を渡って左股の林道に入る。地形図では五三〇㍍が林道終点だが実際にはさらに延び、五七〇㍍で左岸に渡るが橋が壊れているのでスノーブリッジを探して渡る。そこで尾根に取り付き、東方向のオサッペヌプリとコトニヌプリのコルを目指す。

傾斜は特に急な箇所もないので順調に高度を稼げるだろう。頭上が明るく、傾斜が緩やかになったら、もうそこはダケカンバが点在する外輪山の一角である。

体力（標高差）	C	30
登山時間加算	C	3
高山度（標高）	B	6
険しさ・危険度	D	0
ルート判断	C	6
総合点　45点（初級）		

700m付近の斜面を登る

ホテルの駐車場を利用する

駐車場前の林道を進む

オサッペヌプリからコトニヌプリを望む

沢沿いの林道から尾根に取り付く

ここから針路を南に変え、しばらくすると平坦でどこが頂上か分からないオサッペヌプリの頂上である。オサッペヌプリの頂上からは尾根はなだらかに下っているので行き過ぎたら分かるだろう。頂上は樹木が多いが、樹間から屈斜路湖、摩周岳を望むことができる。

コトニヌプリまで

コトニヌプリまでは稜線を北上する。地図から分かるとおり、コトニヌプリは平坦なテーブル状の山で東端に頂上がある。周りはダケカンバ帯で、頂上からは屈斜路湖を挟んで藻琴山がよく見える。

下りは頂上からほぼ真西にコンパスを切ってスキーを滑らすと往路のトレースに出合うはずだ。樹林で見通しが悪いが、小沢に下り込まないように注意すればよい。

林道終点からの林道は適度な傾

コトニヌプリから屈斜路湖と藻琴山

オサッペヌプリから屈斜路湖と和琴半島①

コトニヌプリからカムイヌプリ①と西別岳②

斜があり、ほぼストックで漕ぐことなく出発地点の温泉に戻ることができる。

児玉博貴@TAMA北見

ポンサマッケヌプリ

931m

深い原始の森と湖を楽しみ、粉雪も満喫

この山（基準点名は本様毛）は、阿寒カルデラの外輪山で、地図上は標高のみである。夏道はないが踏み跡はあり、ホーストレッキングの対象となっている。冬期間は、林道歩きが長いが、登るルートは北斜面であるため雪質もよく、趣のある深い樹林帯歩きが魅力である。出発地点が温泉ということもあり、地元の人達にはよく登られている。

雄阿寒岳からオンネトー越しにポンサマッケヌプリ

登山適期					
12	1	2	3	4	5

1/25000 地形図　コトニヌプリ・雄阿寒岳

津別温泉コース

■ コースタイム（スキー）

津別温泉（1・10↓）林道終点（1・40↓）八〇二メートル標高点（1・00↓）ポンサマッケヌプリ（1・20↓）津別温泉

標高差　五三二メートル

登り　三時間五〇分

下り　一時間二〇分

■ 交通

公共交通機関はない。

■ マイカー情報

津別町中心部から道道五八八号を津別温泉のランプの宿・森つべつを目指して走る。途中、冬期間通行止めの津別峠へのゲートを左に見ると津別温泉はすぐである。ホテルの裏は広く除雪されているのでここに駐車する。

■ ガイド

八〇二メートル標高点まで

津別温泉から津別川の里見八ノ沢林道に入る。林道の長さは二・五キロで、林道終点からスノーブリッジを伝って沢を渡ると八〇二メートル標高点へ延びる尾根の末端となる。ここから伐採跡もある斜面を登る。この登りがコース最大の傾斜部で、上部は木がまばらに生えるかなりの急傾斜である。降雪後は雪崩に注意が必要だ。スキーでキックターンを繰り返しながら登り、傾斜が緩くなると八〇二メートル標高点のすぐ南の平坦なコルに出る。

体力(標高差)	C	30
登山時間加算	B	6
高山度(標高)	B	6
険しさ・危険度	D	0
ルート判断	C	6
総合点　50点(初級)		

ポンサマッケヌプリまで

ここからは地図からも分かるとおり、見通しが利かない広大で傾

750m付近からコトニヌプリ（右）を振り返る

八ノ沢沿いの林道に入る

林道を進む

820m付近は樹林の中

802m標高点へ向かって急斜面を登る

斜の緩い尾根となり、地形の判断が難しくなる。地図とコンパスを使って、行く方向を正しく定めたい。頂上をGPSのウェイポイントに登録しておくと役に立つ。

とりあえず八二九《メートル》標高点のコルを目指すが、尾根全体としては緩やかな登りで微妙なアップダウンがあるので、地形をよく観察し、帰りの滑り傾斜を考えながらトレースをつけよう。うまくトレースをつけると頂上からシールを使わず八〇二《メートル》標高点まで戻ることができる。

八二九《メートル》標高点のコルからは頂上を目指して直線的に進んでも問題はない。木が空いてきて見通しが利くようになると、まもなくドーム状の頂上である。頂上は少し木が邪魔になるが雄阿寒岳や雌阿寒岳を望むことができる。頂上か

頂上近くから阿寒湖とフップシ岳。その左に白い雌阿寒岳がうっすら見える

頂上は平坦だ

頂上に到着

ら西側へ少し下がると雄阿寒岳や阿寒湖、パンケトーを望む休憩場所がある。厳冬期は樹氷が美しい。

下りは、頂上でシールをはがし、八〇二メートル標高点からは深雪滑降を楽しめる。時間があれば良い斜面があるので登り返して滑るのも面白いだろう。そのあとは林道を滑って温泉到着となる。

児玉博貴@TAMA北見

頂上は樹氷が美しい

最果てのシレトクの原生林から白く輝く頂へ

知《しれ》床《とこ》岳《だけ》

1254m

知床岳はオホーツク海に突き出た知床半島の先端部にある。標高はあまり高くないが、特異な気象条件のため、風の強い日が多く、厳冬期の登山はとても厳しい山だ。夏道はないので、登山は春先の短期間に限られ、天候や条件に恵まれれば山頂に立つことができる。上部の地形が不明瞭なこともあり、経験、判断力、読図力が必要な上級者向きの山といえる。

羅臼方向から見る知床岳

1/25000 地形図	知床岳

登山適期

12	1	2	3	4	5

カモイウンベ川コース

■**コースタイム**（スキー）

相泊《あいどまり》（1・50↓）一七〇〇メートル二股（3・30↓）知床台地（1・00↓）知床岳（4・00↓）相泊

標高差　一二四八メートル

登り　六時間二〇分

下り　四時間

■**交通**

冬期間はバスの便がない。

■**マイカー情報**

相泊の道道八七号終点に駐車する。この先の番屋へ行く車があるので邪魔にならないように駐車すること。

■**ガイド**

一七〇〇メートル二股まで

相泊の駐車地点から海岸沿いを一キロ歩くとカモイウンベ川に着く。小さな橋を渡り、川の左岸の高さ三〇メートルの急斜面を登る

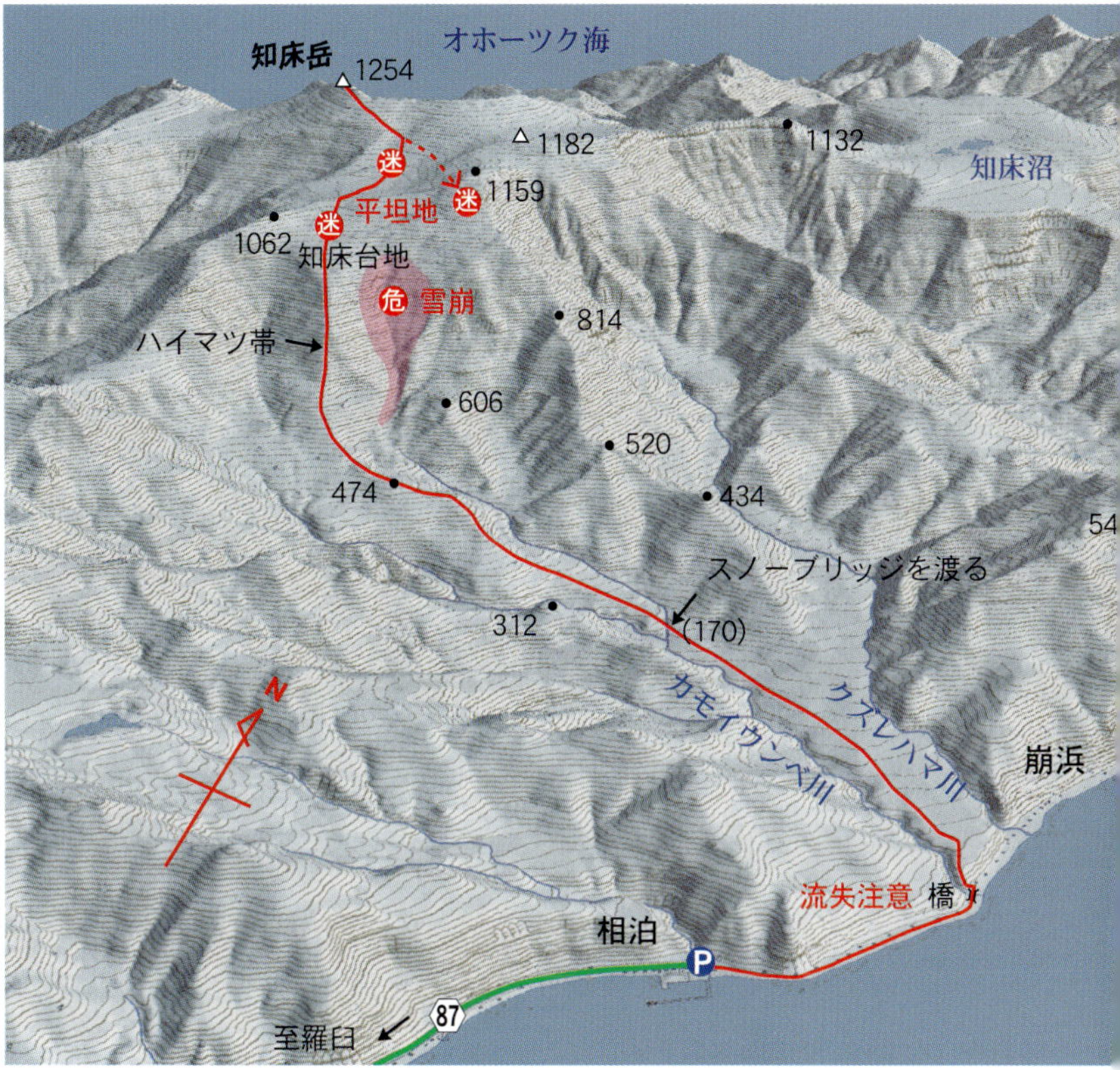

と傾斜の緩やかな地形に出る。この急斜面は雪解けが進むとササが起きて登りづらい。海岸は崖状の斜面が多いので、目印をつけて海岸への降り口を見失わないようにしよう。

ここから先は緩やかな登りが続くが、樹林帯のため目印になるものはない。カモイウンベ川を左に確認しながら標高一七〇《メートル》二股まで歩く。その二股の少し上、標高一八〇《メートル》付近でスノーブリッジを渡り尾根に取り付く。スノーブリッジが落ちているときはさらに上流で渡ることができるが、木が多くなる。

体力(標高差)	A 40
登山時間加算	A 10
高山度(標高)	A 10
険しさ・危険度	B 12
ルート判断	A 20
総合点　90点(上級)	

750m付近のハイマツ帯の急登

カモイウンベ川を渡って左の斜面に取り付く

170m二股上のスノーブリッジ

知床台地から知床岳。平坦な地形に注意

登るにつれ背後に国後島が見えてくる

知床台地まで

登るにつれて背後に根室海峡や国後島が望めるようになってくる。四七四《メートル》標高点を過ぎると疎林となり、これから登る尾根や知床岳手前のピークが見えてくる。右側の沢地形では数年に一度発生する大きな雪崩の痕跡を見ることがある。雪崩リスクがあるので常に細心の注意を払おう。ここから明瞭な南東尾根に取り付き、忠実に登る。

標高六五〇《メートル》付近から知床台地までダケカンバやハイマツの急斜面が続き、雪の状態次第では露出して登りにくいこともある。知床台地までスキーを使うこともできるが、天候が悪いときやクラストして登りにくい場合は無理をせず適当な所にスキーをデポすることをお勧めす

頂上から硫黄山方向を見る

山頂の馬蹄形稜線

山頂への最後の登り

る。また状況によっては引き返す判断をしてほしい。

知床岳まで

傾斜が緩くなり知床台地に出る。天気がよければ右前方に目指す知床岳を間近に望むことができる。ただし、視界の悪いときは平坦な台地のため目標物がない。GPS、コンパス、コース旗などを使いルートを見失わないようにしたい。

知床台地からは山頂まであと一息の距離である。最後の急斜面を登ると手前にニセピークがあり、その向こうが山頂である。山頂からは知床の山々や知床岬はもちろんのこと、遠くの国後島・択捉島も見渡せ、「地の果て」の山に来たことを実感することができる。

渡辺　陽@あっき

写真協力：菊地宏治・菱川泰大

流氷を見ながら標高差一四〇〇メートル以上の大滑降

知円別岳《ちえんべつだけ》
1544m

東岳《ひがしだけ》
1520m

両山ともに知床半島先端近くにあり、標高一五〇〇メートルを超える。下部は尾根が広く、上部は尾根が不明瞭なので、視界不良時はGPSの活用が必須だ。一～三月の厳冬期は季節風が強く、八五〇メートル台地程度までが限界だが、スキー滑降は楽しめる。春は気象が穏やかになるが、入山口付近は標高が低いので雪の消える時期は比較的早い。

標津町海岸から知円別岳▼東岳▼

1/25000 地形図	硫黄山

登山適期

12	1	2	3	4	5

岬町コース

■コースタイム（スキー）

駐車場（3・00→）標高八七〇メートルモセカルベツ川支流（2・30→）知円別岳・東岳（0・50→）標高八七〇メートルモセカルベツ川支流（1・00→）駐車場

標高差　知円別岳　一四八四メートル

東岳　一四六〇メートル

登り　五時間三〇分

下り　一時間五〇分

■交通

羅臼発阿寒バス知円別線「コミセン前」下車。

■マイカー情報

旧知円別小中学校は災害時の避難場所であり周辺は常に除雪されている。非常時、迷惑にならないよう配慮して利用したい。

■ガイド

モセカルベツ川支流まで

旧小中学校の門柱の辺りから入山する。民家の前を避けて、右手の林縁に沿って進む。登りルートとしては、まず一二九《メートル》標高点の西で緩やかな尾根に乗り、次に二七三《メートル》標高点を目指す。その後は、ケンネベツ川の支流である浅い谷を右手に見ながら登る。六三八《メートル》標高点付近や、その南側の尾根上はアイスバーンになることが多いので避けた方がよい。

標高八〇〇《メートル》を超える頃、ほとんど平坦な台地にでる。ここから東岳へ直登することもできるが、標高一一〇〇《メートル》から一二〇〇《メートル》にかけては傾斜が急で登

体力（標高差）	A 40
登山時間加算	A 10
高山度（標高）	A 10
険しさ・危険度	C 6
ルート判断	A 20
総合点　85点（上級）	

870m地点は顕著な尾根末端の赤矢印位置

旧知円別小中学校の駐車スペース

600m付近。背後に流氷と国後島が見える

986m標高点から見る東岳の急斜面

630mから。中間の尾根が850m台地

りづらい。知円別岳、東岳とも、西方のモセカルベツ川支流の標高八七〇《メートル》地点を目指す。ここは最も沢地形を渡りやすく、ほとんど下ることなく谷を渡れる。手前に張り出す顕著な尾根の麓を巻くように行く。

知円別岳・東岳まで

対岸に取り付くと傾斜が増し、ぐんぐんと標高を上げていく。振り返れば、登ってきた尾根の先には海が広がり、時期によっては流氷が見られる。

標高一二〇〇《メートル》を超え、再び傾斜が緩んだら、主稜線が見えてくる。場合によっては、この高さまで登ると全面アイスバーンのこともある。これ以上スキー登行が困難なら引き返そう。ここからでも標高差一〇〇〇《メートル》以上の大滑降を楽しむことがで

知円別岳山頂から見た羅臼岳方面

1430m付近から見る東岳山頂

1430m付近から見る知円別岳山頂

きる。ここから知円別岳、東岳のどちらにも行ける。傾斜は緩いが距離はあるので、意外と時間がかかる。あせらずに登ろう。

知円別岳の頂上直下五〇メートルは凸凹の急斜面なので、条件が悪いときは無理をしないこと。また、東岳の西側は絶壁なので近づかないように。いずれの山頂からも、北西と南東は海、北東と南西は知床岳や羅臼岳などの山々と、広大な展望が得られる。

下山は、往路を引き返す。東岳の急な東斜面を滑ることもできるが、雪崩の危険もあるので、雪が安定しているときに限られる。標高差は登り口まで一四〇〇メートル余りある。視界が悪いときはGPSをチェックしてコースを外れないよう注意したい。

関口ただゆき＠yuki

知床横断道路が開通する春限定の登山

知《ち》西《にし》別《べつ》岳《だけ》

1317m

羅臼岳の南隣に位置する山だが、厳冬期は強い季節風やラッセルで登山条件が厳しいので、知床横断道路が開通する春だけ登れる楽なコースを紹介する。ゲートの開通時間内に戻る必要があるので時間の制約があるが、たいていは大丈夫なはず。羅臼岳などの知床連山や洋上に浮かぶ国後島の眺めを楽しむことができる。

羅臼湖手前から

1/25000 地形図	知床峠

登山適期					
12	1	2	3	4	5

羅臼湖コース

■ **コースタイム（スキー）**

六八八メートル地点（0・40↓）羅臼湖北岸（2・40↓）知西別岳（0・40↓）羅臼湖北岸（0・40↓）六八八メートル地点

標高差　六二九メートル
登り　三時間二〇分
下り　一時間二〇分

■ **交通**

春山登山時期に路線バスの便はない。

■ **マイカー情報**

知床横断道路は例年四月下旬から通行可能で、開通時間は午前一〇時から午後三時半まで。詳細は釧路開発建設部☎〇一五四・

体力（標高差）	B 35
登山時間加算	C 3
高山度（標高）	A 10
険しさ・危険度	C 6
ルート判断	C 6
総合点　60点（中級）	

二四・七〇〇〇。

ゲート前には三〇分前でも好天時には五〇台以上の車が並ぶ。登山口となる六八八《メートル》地点は路側帯があるので駐車は可能だが、駐車禁止地帯なので、三《キロ》先の知床峠が正しい駐車場所となる。

■ ガイド

羅臼湖北岸まで

六八八《メートル》地点から車道を二〇〇《メートル》知床峠側に進んだ地点から入る。ここから知西別岳が見える。ダケカンバとハイマツ帯の見通しのよい平坦な地形を進む。天頂山から延びる尾根の末端に沿って進むと、間違わずに凍結した羅臼湖に着く。

湖の上は歩かず、北岸を回り込むように進む。小さな川を越えるが、例年なら五月中旬まではスノーブリッジが落ちることはない。

知西別岳まで

目指すのは正面に見える大沢である。羅臼湖から山頂までの標高差は約六〇〇メートル。大沢の上部は斜度がきつく三〇度以上となる斜面であるが、通常はキックターンの連続で何とかクリアできる。しかし、状況によってはスキーを背負った方が速い。振り返ると羅臼岳が大きい。

羅臼湖越しに見る知西別岳。正面が大沢

取り付き地点

羅臼湖の北岸を進む

スタート地点。背後に羅臼岳が見える

大沢の上部

頂上から見た羅臼岳。後ろの左端が硫黄山

頂上から見た遠音別岳。奥に海別岳が見える

大沢900m地点

登り切った所が知西別岳の肩であるが、雪が少ない年はここからハイマツが現れることがある。

晴天であればドーム形の羅臼岳、怪鳥のような姿の遠音別岳、その後ろに見える海別岳など、知床連山の眺めが素晴らしい。また、左右に海が見え、国後島が目の前に見えるというのも知床連山独自の景色である。

頂上からの下りはゲレンデのような大沢を一気に滑り、羅臼湖北岸まではあっという間である。羅臼湖からは歩きがあるが登山開始地点までは、シール無しで大丈夫である。

なお、ゲート閉鎖時刻に間に合わせるために、午後一時三〇分までに頂上に到着しない場合は引き返した方がいい。

児玉博貴@TAMA北見

眺望絶佳。知床の山々と流氷のオホーツク海

海《うな》別《べつ》岳《だけ》

1419m

海別岳は、斜里岳の隣に白鳥が羽根を広げたような形でそびえる知床半島末端の山である。この山は、なだらかな裾野を持ち、古くからスキーの山として知られている。オホーツク地方は、少雪で風の強い日が多いため、残念ながらパウダースノーを楽しむというわけにはいかないが、オホーツク海の流氷に向かって滑るのはこの山独自の醍醐味である。

斜里町から見た海別岳

1/25000 地形図	朱円・海別岳

登山適期					
12	1	2	3	4	5

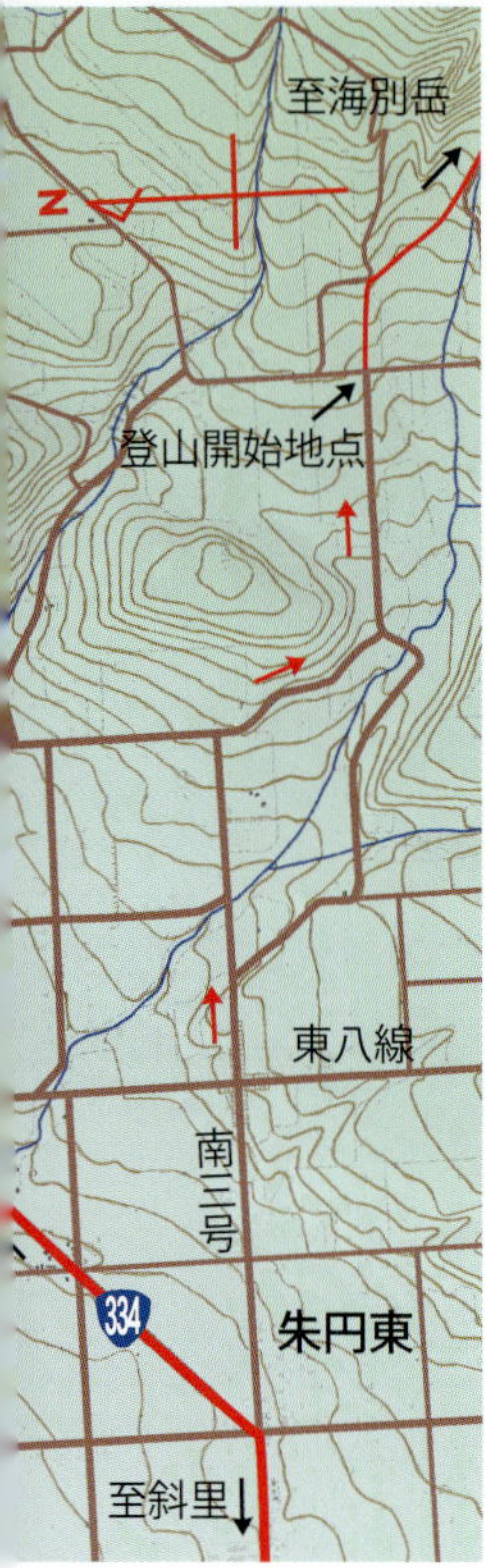

朱円の尾根コース

■ **コースタイム**（スキー）

丁字路（1・00↓）砂防ダム（2・30↓）一一五五メートル標高点（1・20↓）海別岳（1・30↓）丁字路

標高差　一二二五メートル
登り　四時間五〇分
下り　一時間三〇分

■ **交通**

登山に適した公共交通機関はない。

■ **マイカー情報**

駐車場はない。一九四メートル標高点丁字路付近の道路脇に止める。

■ **ガイド**

砂防ダムまで

海別岳の登山コースは幾つかあるが、最も利用者の多い砂防ダムから朱円の尾根を登るコースを紹介する。

駐車地点から東へ三〇〇メートルほ

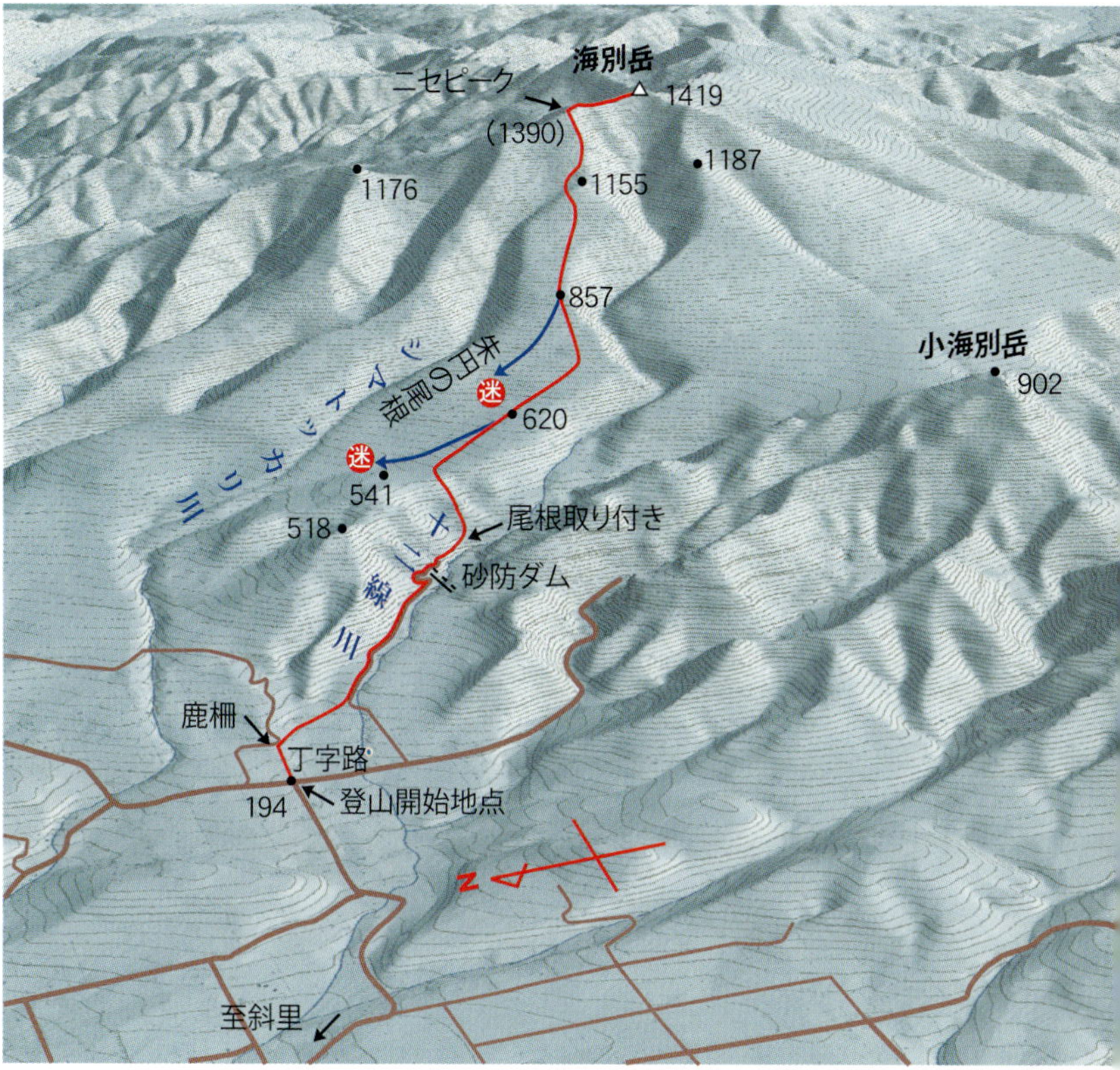

ど進むと鹿柵の開いたゲートがあり、ここを通って右に折れ、十二線川へ向かう。地図に表示されない小沢を数本越えるがスノーブリッジがあるので問題はない。カラマツの植林帯の先で出合う十二線川沿いの林道を一キロほど進むと砂防ダムに出る。かなり大きなダムで高さは一〇メートル以上ある。

体力（標高差）	A 40
登山時間加算	B 6
高山度（標高）	A 10
険しさ・危険度	C 6
ルート判断	B 12
総合点　75点（上級）	

一一五五メートル標高点まで

ダムを通り過ぎて左斜面の沢形を二、三見送ると開けた斜面に出るので、ここから尾根に取り付く。この前後でも尾根に取り付けるが、この辺りが木が込んでいなく傾斜も緩やかで登り

ニセピークを目指して登る

丁字路近くの駐車地点

1155mを左から巻く。正面はニセピーク

尾根に出ると流氷が見える

やすい。

登りきると平坦な尾根に出るが、この尾根が海別岳から西北西に延びる朱円の尾根である。針葉樹林帯で見通しは利かないが、標高七〇〇メートルを超えると森林限界となり見通しがよくなる。ダケカンバ帯を過ぎるとあとはハイマツ帯の広い台地状の尾根となり、正面に見える一一五五メートルを目指して進む。九〇〇メートルぐらいまで上がると右側に斜里岳が見えてくる。振り返ればオホーツク海の流氷が印象的である。なお、この辺りから見えるピークは頂上ではなく、ニセピークである。一一五五メートルは左から回り込んで登ると楽である。

海別岳まで

ここから先はクラストしハイマツが露出していることが多

はるか北に遠音別岳、羅臼岳、硫黄山がひと塊になって見える

頂上に到着

頂上からニセピークを振り返る

い。ニセピークまでスキーで上がることは可能だが、適当な所でスキーをデポした方がよいだろう。ニセピークから尾根をたどって四〇〇メートルで頂上だ。いつもニセピークと本峰の間の稜線は風が強く、目出帽などは必携だ。山頂から羅臼岳、斜里岳など道東のほとんどの山を見渡せる。

下山

いよいよオホーツク海に向かって大滑降だ。広い尾根を自由自在に滑るのは快感だが、方向を誤りやすいので注意が要る。樹林帯からはほぼ往路をたどり、尾根が平坦となる標高五四一メートル辺りから、西側に降りると砂防ダムに出合う。このコースはほとんど登り返すことなく出発地点に戻ることができる。

児玉博貴@TAMA北見

眼前に広がる屈斜路湖、道東の山々の展望台

藻琴山《もことやま》
1000m

藻琴山は、屈斜路カルデラの外輪山の最高峰である。夏道もあって簡単に登れ、ハイランド小清水725という展望施設があるので夏季は登山者、観光客で賑わう。冬季は、そのなだらかな山容から山スキーの絶好のフィールドとなり、多くの山スキーヤーが訪れている。一、二月はパウダースノーが楽しめる。

サマッカリヌプリから見た藻琴山

1/25000 地形図	藻琴山

登山適期					
12	1	2	3	4	5

藻琴峠コース

■ **コースタイム（スキー）**

藻琴峠（1・10→）九四〇メートルピーク（0・30→）藻琴山（0・30→）藻琴峠

標高差　三五二メートル
登り　一時間四〇分
下り　三〇分

■ **交通**

JR釧網線川湯温泉駅からタクシー利用となる。JR石北本線の網走駅からは網走観光交通バスで東藻琴まで行き、そこからタクシー利用となるが、あまり現実的でない。

■ **マイカー情報**

藻琴峠近辺に駐車するが、除雪

体力（標高差）	C 30
登山時間加算	D 0
高山度（標高）	B 6
険しさ・危険度	C 6
ルート判断	C 6
総合点　50点（初級）	

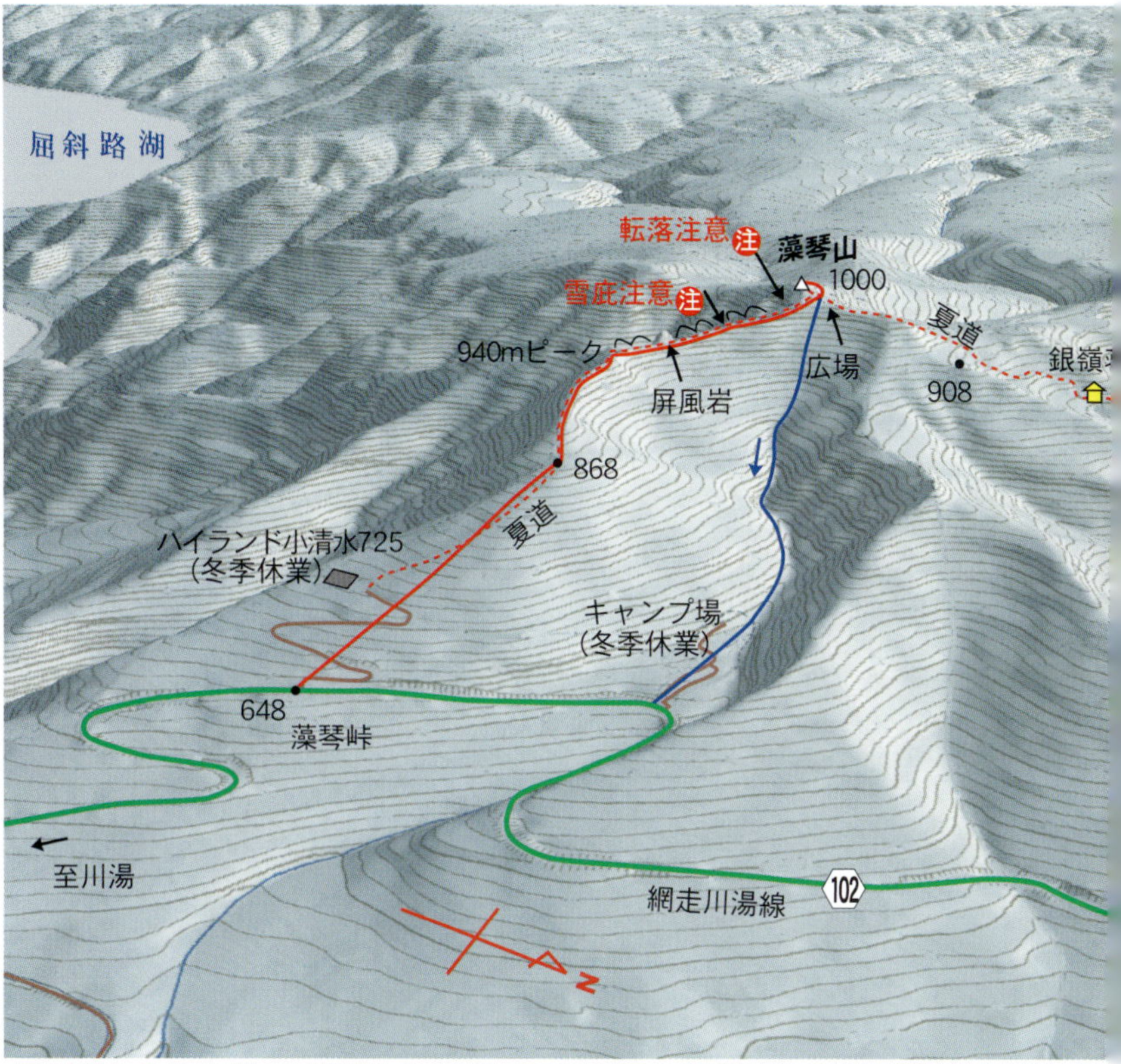

車の邪魔にならないように道路脇に寄せて駐車しよう。

■ガイド

九四〇《メートル》ピークまで

冬期間の藻琴山へのルートは幾つかあるが、ここでは最も展望がよい夏道に沿って登り、帰りはキャンプ場へ下るルートを紹介しよう。

峠からスキーを付け、道路は無視して直進する。しばらくするとハイランド小清水725が左側に見えてくる。この辺りは風当たりが強く、真冬でもハイマツが出ており、斜面は硬くスキーで下れないこともないという状態であることが多い。

広い尾根を登り、尾根が狭まってくると八六八《メートル》標高点である。ここからの屈斜路湖の眺めは素晴らしく、振り返ると斜里

屏風岩を越える

展望台への道の分岐近くに駐車

940mピークから屏風岩と頂上が見える

時間があれば銀嶺荘に足を延ばしたい

岳、海別岳など知床の山がよく見える。尾根は細くなり、早い時期はかん木がうるさい場合もある。雪庇は屈斜路湖側に出ていることが多いので注意しよう。

頂上まで

　九四〇《メートル》ピークまで来ると眼前に屏風岩が見えてくる。屏風岩は右から巻けるが、スキーを外して岩場を登った方が早い。

　さらに尾根をたどると頂上直下の人工的な広場に出るが、ここでスキーをデポしてツボ足で頂上へ向かう。頂上は狭く屈斜路湖側は急斜面なので滑落に注意が必要だ。頂上からの眺めは素晴らしく、道東の山がすべて見えるという感じだ。

下山

　頂上手前のピークから東側の

940mピークを前に休憩。左手に屈斜路湖が広がる

頂上からの展望。左から羅臼岳①、海別岳②、斜里岳③

沢をキャンプ場へ下る。斜面の上部はハイマツが出ていることが多いが、少し下ると快適な雪質となり、キャンプ場まで楽しめる。北側の尾根によい斜面があるので、時間があれば登り返して滑るのも楽しいだろう。

なお、頂上から北へ一㌔下ると二〇一三年に建て替えられた山小屋、銀嶺荘があり、そこへ向かう斜面は、なだらかな北斜面で雪質が素晴らしい。小屋にはストーブもある。銀嶺荘まで行くのなら、遊ぶ時間、登り返しの時間を含めて二時間程度の追加時間が必要だろう。

キャンプ場からはスキーを担いで一〇分少々で峠の駐車地点まで戻れる。

児玉博貴@TAMA北見

阿寒の黒々とした原生林を歩き極寒の山頂へ

フレベツ岳《だけ》 1097m

白《はく》湯《とう》山《ざん》 916m

阿寒カルデラにある火山で、白湯山はボッケ（泥火山）がある山としても知られている。両山とも標高はそれほど高くないので頂上まで針葉樹で覆われており、展望はよくないが、ところどころに残る原生林の中を歩くのは趣がある。阿寒地方は寒冷地でもあり、雪質は素晴らしい。場所を選べば楽しく滑れる斜面は見つかるだろう。

雄阿寒岳からフレベツ岳▼白湯山▼

1/25000 地形図	雌阿寒岳、阿寒湖

登山適期					
12	1	2	3	4	5

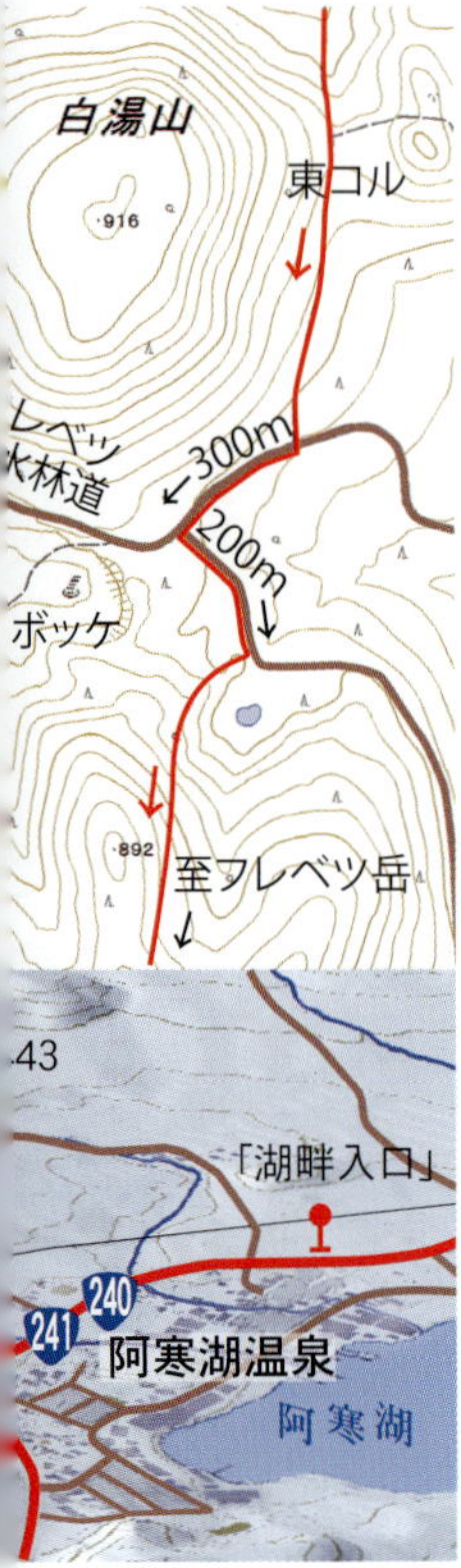

スキー場コース

■**コースタイム**（スキー）

スキー場入り口（1・10↓）東コル（2・30↓）フレベツ岳（0・50↓）東コル（0・30↓）白湯山（0・10↓）東コル（0・20↓）スキー場入り口

獲得標高差　七二三メートル

登り　三時間四〇分

下り　一時間五〇分

■**交通**

JR釧路駅から阿寒湖温泉行きバス（阿寒バス）の利用となる。宿泊施設によっては北見、帯広などから無料バスを運行している。

■**マイカー情報**

阿寒湖畔スキー場の

体力（標高差）	B 35
登山時間加算	B 6
高山度（標高）	B 6
険しさ・危険度	D 0
ルート判断	C 6
総合点　55点（中級）	

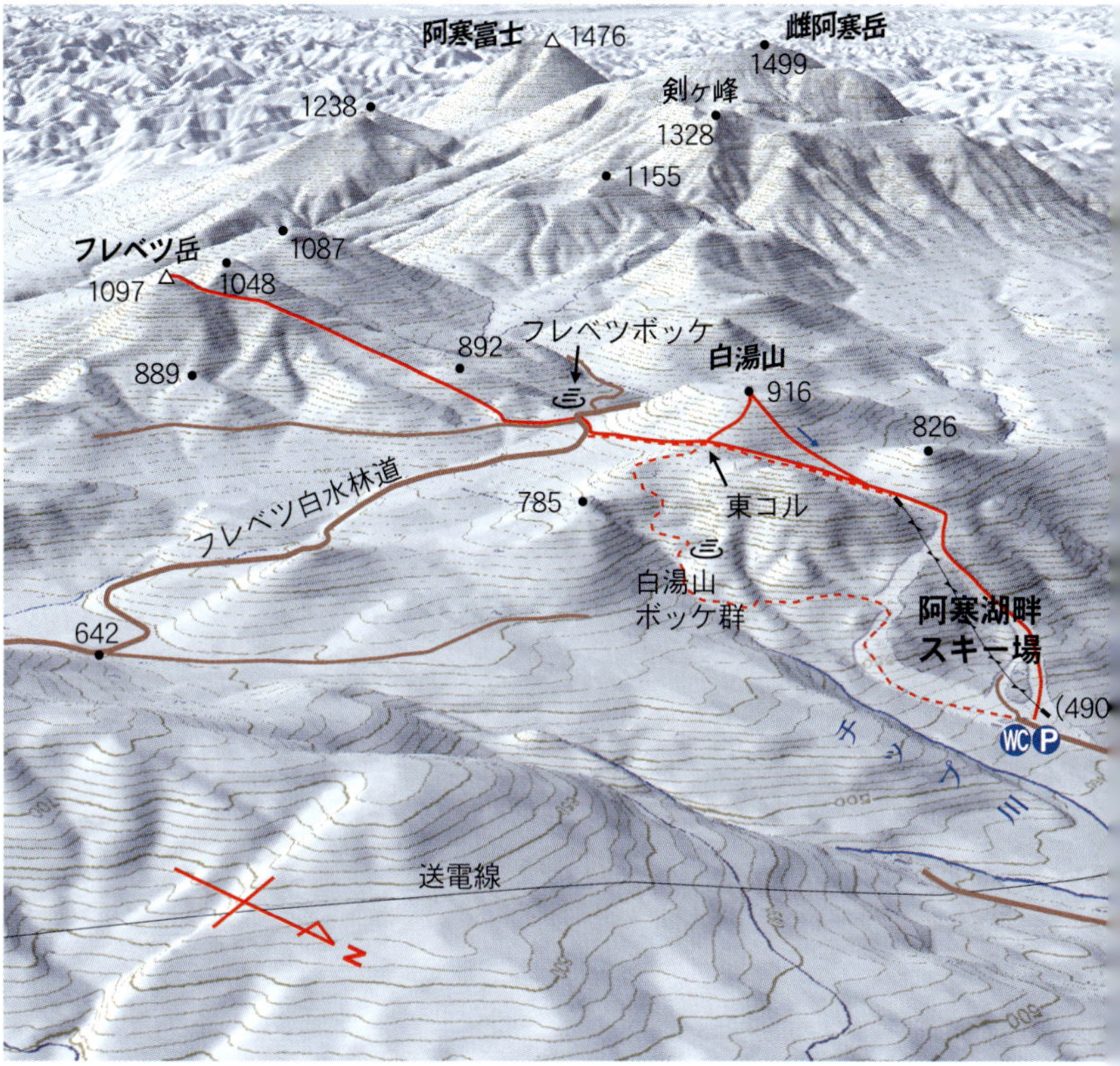

広い駐車場を利用する。

■ガイド

東コルまで

スキーコースを登るが、九時から始まるリフトを使うこともできる。なお、マイナス二〇度以下になるのはよくあることなので防寒対策に留意したい。リフト終点から広く伐採された斜面を南に針路をとり、七〇〇メートルほど先の白湯山東コルを目指す。コルは平坦な地形なのですぐ分かるだろう。白湯山はコルから三〇分ほどで登れるので帰りに寄るといい。

フレベツ岳まで

コルからは、目指すフレベツ岳が見えてくる。さらに南に向かって緩やかに下るとフレベツ白水林道に出る。かなり広い林道なので行程の目印となる。フ

白湯山への登り。後ろに雄阿寒岳

リフト終点からスタートすると楽だ

東コルから見る白湯山。山頂も樹林帯だ

東コルからフレベツ岳が見える

レベツボッケの看板なども雪面から顔を出しているだろう。ここからはフレベツ岳から北に延びる尾根に取り付く。直線的に取り付くと地図では分からない沢形などのアップダウンがあるので、フレベツ白水林道を西に三〇〇メートル先のフレベツ岳に向かう林道に入る。この林道を二〇〇メートルほど進んで尾根に取り付くと楽だ。等高線に平行に延びる伐採道を利用して高度を上げる。

標高一〇〇〇メートルほどで雄阿寒岳と阿寒湖が見える場所があるが、全体的に見通しが利かない。一〇三〇メートルあたりで尾根がいったん平坦になり、さらに少し登り、周りが明るくなると待望のフレベツ岳頂上である。頂上まで針葉樹林帯で、樹間から剣ヶ峰・雌阿寒岳が遠望できる。

樹間から望む雌阿寒岳の斜面と剣ヶ峰。樹林の山なので、のぞき見る景色が楽しみだ

フレベツ岳山頂。眺めはないが針葉樹林が美しい

フレベツ白水林道

白湯山経由で下山

なお頂上直下は木が込んでいるので標高にして五〇メートルほどはシールを付けたまま下った方が楽だ。フレベツ白水林道までは斜面を選べば楽しく滑ることができる。フレベツ白水林道で再びシールを付け、白湯山のコルを目指す。コルから西に背後に雄阿寒岳を背負いながら登ると、どこが頂上か分からない平坦な白湯山の頂上である。ここも頂上まで針葉樹林帯で展望は利かない。頂上からはコルまで往路をたどってもいいし、直接、北に向かってリフト終点を目指してもいい。どちらにしてもスキーには快適な斜面である。リフト終点からはスキーコースを下って出発地点に戻る。

児玉博貴＠ＴＡＭＡ北見

サンピラーの山、極寒の山を体験

ピヤシリ山《やま》

987m

山名はアイヌ語の「岩のある山」を意味する。名寄市街からは、なだらかな姿が見られ、冬はサンピラーが見られることで知られている。登山道は下川町側にあるが、林道が四月末まで通れず、アプローチが長いため冬の登山には適さない。一般には名寄側のピヤシリ観光道路などを利用して登ることが多いが、ここではピヤシリ川から登るコースを紹介する。

692mピーク方向からピヤシリ山

1/25000 地形図	ピヤシリ山・見晴山

登山適期

12	1	2	3	4	5

ピヤシリ川コース

■ コースタイム（スキー）

スキー場（1・20→）滝（1・00→）観光道路38標識（1・00→）ピヤシリ山（0・40→）六九二《メートル》ピーク（0・50→）スキー場

標高差　七八三《メートル》

登り　三時間二〇分

下り　一時間三〇分

■ 交通

JR名寄駅発名士バス、ピヤシリスキー場行き終点下車。

■ マイカー情報

スキー場駐車場を利用する。

■ ガイド

観光道路38標識まで

スキー場を過ぎて山間部に入る。一《キロ》ほどで右折する観光道路と別れ、ピヤシリ川右岸の林道を直進する。やがて林道が消え、ピヤシリ川の沢幅も次第に

狭くなる。

標高四〇〇《メートル》付近で沢が狭くなり、滝が沢をふさぐ。左岸からう回した滝の上部は二股になっており、左股から左側の尾根に取り付く。

針葉樹林を抜けると明るい疎林斜面が広がり、振り返るとスキー場越しに名寄盆地が見える。浅い沢筋をもつ特徴のない斜面が続くが、高みを目指せば観光道路に出る。

ピヤシリ山まで

38番標識がある林道分岐は、右に入り、避難小屋へ向かう。左は奥幌内本流林道経由で雄武まで延びる道だ。雪に覆われた

体力（標高差）	B 35
登山時間加算	C 3
高山度（標高）	B 6
険しさ・危険度	C 6
ルート判断	B 12
総合点　60点（中級）	

400m地点の滝地形を右に巻いて進む

山頂緊急避難小屋

地元の関係団体が定期的にスノーモービルで通い、入り口の除雪などの管理をして冬も開放している。薪ストーブもあり、宿泊も可能だ。

またピヤシリ観光道路の朝日地区方面林道分岐点には避難小屋「樹氷」が、サンピラー観測を兼ねて通年開放され、緊急時は利用できる。

観光道路へ向かう緩斜面

スキー場から林道へ向かう

大岩を過ぎ、カーブした林道をショートカットして進むと、スノーモンスターが点在する景色に変わり、避難小屋に着く。

小屋から山頂へは五分ほどの距離だ。平らな頂上には一等三角点が頭を出し、山頂標識もガリガリのエビノシッポをまとっている。一〇〇〇㍍足らずの山とは思えない風景が広がり、道北の自然の厳しさを思い知らされる。

観光道路とピヤシリ川右岸林道の分岐点

エビノシッポに覆われた山頂標識と南東尾根

山頂直下の緩斜面に広がるスノーモンスター群

38番標識の先、山頂部が見える

山頂からは利尻山、大雪山、オホーツク海などが見える。八〇〇《メートル》東の最高点（九九一《メートル》）までスノーモンスターを見ながら足を延ばすのもよいだろう。

観光道路から西尾根経由で下山

下山はほぼ尾根上の観光道路に沿って下り、六九二《メートル》ピークからは西尾根をたどる。六九二《メートル》ピークへは四〇《メートル》の緩やかな登りだが、登らずに山腹を巻いて西尾根に出てもよい。西尾根は緩斜面が続き、高度を下げるに従い明確な尾根に変わる。

樹林密度が濃くなる頃は尾根末端部に下りており、ピヤシリ川沿いの林道に出ると雪質日本一をキャッチフレーズとしたピヤシリスキー場に到着する。

坂口一弘@函館・一人歩きの北海道山紀行

冬山登山用語

■あ行

アイゼン（クランポン） 滑り止めのために靴に装着する爪付き金具

アイゼン

アウター（アウターウェア） 上着のこと

雨蓋（あまぶた） ザック上部の小物入れ

エスケープルート 非常時に短距離で安全に下山できるルート

エビノシッポ 湿った風が岩などに当たって凍結し、風上方向に成長してできるもの

■か行

空身（からみ） 荷を背負わずに行動すること

エビノシッポ

カンジキ（輪カンジキ＝ワカン） 雪に沈み込まずに歩くための器具

かん木（—ぼく） 成長しても樹高が約三メートル以下の木。低木

冬のかん木帯

クライミング・サポート スキーやスノーシューの登行時に歩きやすくするかかとの支え

クライミングサポート

クラスト 雪面が硬くしまった状態。風によるものをウィンドクラスト、日射によるものをサンクラストという

クラストした斜面

クレバス（シュルント） 氷や積雪の深い割れ目

積雪の裂け目

ゴアテックス 防水・防風・透湿性に優れた化学繊維素材の商標名。近年は同様の素材が数多く開発されている

コース旗（—き） 登山の行程の途中に置いていく目印の旗。デポ旗は荷をデポした場所の目印として残す旗

■さ行

砂防ダム（さぼう—） 土砂をせき止めるダム

地形に関する用語

山座同定（さんざどうてい）　遠くに見える山の名を言い当てること

三種の神器　雪崩対策装備のうち、特に必携とされている「ビーコン・ショベル・ゾンデ」のこと

シートラーゲン　ドイツ語でシー（スキー）トラーゲン（運ぶ）の意。スキーを担いで移動すること。略してシートラともいう

砂防ダム

コース旗

シール　スキー板の裏に貼りつける登行用滑り止め。かつてアザラシ（シール）の皮で作ったことからこの名で呼ばれる

アザラシ皮のシール

シールワックス　湿雪時などシールに雪がこびりつくのを防ぐワックス。固形と液体がある

シュカブラ　強風で雪面にできる波状の文様

樹氷　湿った風が樹木に当たって氷化し、木を覆ったもの

樹氷

シュカブラ

シュプール　スキーで滑った跡

ショートカット　コースの短縮

スキーアイゼン（クトー）　スキーに取り付ける滑り止め器具

スノーブリッジ　川面を雪が覆い隠している状態を橋に見立てたもの

スキーアイゼン

スノーモンスター　樹木が樹氷に完全に覆われ、異様な姿に見えるもの

スノーブリッジ

スプリットボード　縦に分割できるスノーボード。シール登行が可能

雪洞（せつどう）　山中泊のため雪に掘る洞穴

雪庇（せっぴ）　稜線の積雪に風が当たり風下側に庇状に張り出したもの

雪庇

■た行

高巻き（たかまー）　直進困難な地形を回り込んで登ること。単に「巻く」とも呼ばれる

ツェルト　コンパクトになる簡易テント

ツェルト

ツボ足（ーあし）　スキーやワカンをはかずに登山靴だけで雪の中を歩くこと

ツリーホール　木の根元にできた雪の凹み

デブリ　冬山では雪崩末端の雪の堆積のこと

雪崩のデブリ

デポ　スキーや荷物を一時的に置いておくこと。目印の旗をデポ旗と呼ぶ。スキーのデポはシーデポと呼ぶ

テルモス　魔法瓶のことを指すが、本来はメーカー名

渡渉（としょう）　沢を渡

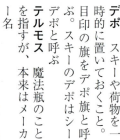

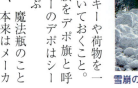

ること。雪山ではスノーブリッジを利用することが多い。条件によってはスキーで倒木上を渡ることもある

土場（どば）　山中で土木作業をしたり、材木などを置くための広場

トラバース　斜面を横切ること

取り付き　尾根などを登り始める地点

トレース　雪上に残る歩行跡

トレース

■な行

ニセピーク　見かけ上、頂上のように見えるピーク

■は行

バックカントリー　一般に裏山・里山のことだが、人手の入っていない雪山斜面を滑ることを指す（これに対しスキー場のコース外などをサイドカントリーと呼ぶこともある）

伐採道（ばっさいどう）　樹木を伐採し、搬出するための仮設道

ビーコン（雪崩トランシーバー）　雪崩に巻き込まれた人を発見するための電波送受信装置

ピッケル（アックス）　氷雪地帯を登るため、氷雪を打ち欠いたり、転落を防ぐために使う

ピッケル

ビバーク　十分な野営道具なしに山中で夜を明かすこと

ピンクテープ　コースの目印として、木の枝などに取り付ける蛍光色の目立つビニールテープのこと。コース旗のひとつ

ピンクテープ

フォールライン　斜面の最大傾斜線

ホワイトアウト　濃霧や吹雪で周囲が真っ白になり視界がまったく利かなくなる状態

ホワイトアウトに近い状態

■や行

雪が腐る（ゆきがくさる）　気温が上がり、雪がグサグサな状態になること

■ら行

ライン取り　登行、滑走などのコースを決めること

ラッセル

ラッセル　雪をかき分け、踏みつけながら進むことをラッセル車に見立てたもの

リングワンデルング　ホワイトアウト時などに方向感覚を失い、無意識に円を描くように同じ場所をさまようこと

大島聡子@こざるん

行動するML（メーリングリスト）

北海道の山メーリングリストの紹介

例会の様子

本書は一九九九年一二月に設立した「北海道の山メーリングリスト」（略してHYML）の会員が分担して取材、執筆したものである。HYMLはインターネットの電子メールで北海道の山の情報交換をするシステムで、登録者は一般の登山愛好家、山岳会員、登山ガイドなど八〇〇人を超える。

山岳会のような会長はいないし、年会費もない自由な集まりだが、情報交換だけにとどまらず、顔を合わせるための会合を開いたり、登山講習会を開いたり、メンバー同士で登山も行われる。お互いに見知っているためにMLが荒れることはなく、紳士淑女の付き合いが長年続いている。

MLメンバー同士で登山する場合は、体力・技量の判断、リーダーを決めるなどの基本ルールを定め、安易な登山をしないようにしている。失敗談などはMLに公開し、お互いに教訓を共有するようにもしている。

例会（酒を飲みながらの懇親会）は設立以来、毎月一回開いている。参加者は三〇人ほどで、会場の関係から札幌周辺の人が多いが、道内各地、本州からかけつける人もいる。

例会では参加者全員が山行などの近況報告をするのが慣例

「山の道を考える会」による登山道のササ刈り

冬山遭難防止講習会（ニセコモイワ山）

「山のトイレを考える会」の山のトイレデー

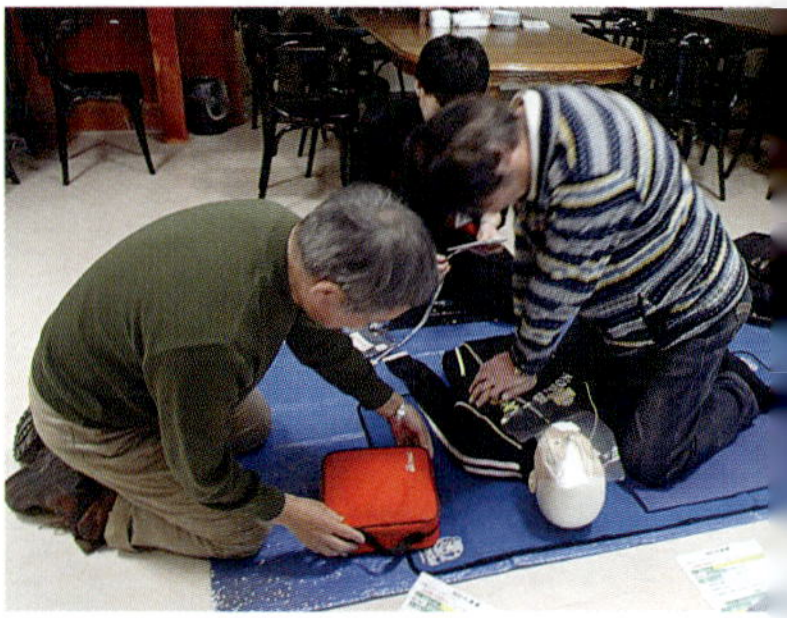

救急救命講習会での心肺蘇生訓練

であり、登山の誘い合いや救急救命講習会なども行われる。ML会員が幹事となり、冬山遭難防止講習会、山スキー講習会なども毎年定期的に行っている。

ＨＹＭＬには登山のスペシャリストが多く、彼らの刺激と指導を受けて冬山、沢登り、岩登りにはまる人も多い。沢登りの本を執筆出版している人、新聞に山紀行の連載記事を書いている人など人材も豊富で多彩である。

さらにＭＬの枠を超えて自然を守る活動にかかわっている会員も多い。携帯トイレの普及活動などを行う山のトイレを考える会や、廃道化した登山道を復元する山の道を考える会の会員のほとんどがＨＹＭＬのメンバーである。

ＨＹＭＬに参加を希望される方は、インターネットの検索サイトで「北海道の山メーリングリスト」と入力、新会員募集のページを見ていただきたい。

仲保善雄＠ＹＯＳＨＩＯの北海道山情報

写真協力：平井裕子

イチャンコッペ山から支笏湖、樽前山、風不死岳を望む　　撮影・阿部博子

あとがき

初版発行から十三年がたち、多くの登山者にご支持をいただいてきた。私たち北海道の山メーリングリストのメンバーが長年登山を続けてこられたのはインターネットからの情報のおかげが大きい。インターネットは情報が多いが、有用なものを選ぶのが大変なので、自分たちの経験をもとに雪山登山のノウハウをまとめて提供しようというのが本書の刊行目的だった。それが十分にかなったと実感している。なお、印税は自然保護団体などに寄付してきた。

インターネットでつながっている集まりらしく、編集の打ち合わせ、原稿提出、校正など、全てインターネット上で行ってきた。

高齢のため取材登山が困難になった執筆者も多く、かなりの数の原稿が若い世代に引き継がれてきた。若手の書き手の数が伸び悩み気味なので、今後はどうなるか。

２０１５年の改訂で大規模な内容の見直しをしたので、今回の増刷での変更はあま

り多くないが、
①ニセコ新見温泉の廃業による除雪区間の後退で、歩行距離が延びた。
②羊蹄山麓の大規模な伐採でコース状況が変わった。
③チセヌプリスキー場ではキャット（雪上車）運行に伴う登山者の制限があり、コースが変更となった。
④余市岳ではキロロスキー場のゴンドラ利用が登山者に不利な設定となり、国際スキー場から登るコースに変更せざるを得なくなった。
⑤徳舜瞥山のコースは、除雪区間が変わったために前半を大きく変更した。
ほかにも小さな変更点が多数ある。
今回の編集にあたっては仲俣善雄さんが一人でとりまとめを引き受けてくれたが、変更が意外に多かったので、作業が大変だったと思う。ここで深く感謝したい。

二〇一九年春

編集担当　菅原靖彦

編集：総括編集：菅原靖彦
編集委員：今野聖二・田中　健・仲俣善雄・前島康徳・横須賀邦子
執筆：（五十音順）
安立尚雅・阿部雅樹・泉　加澄・泉　恵子・泉田健一・岩村和彦・上村哲也・大島聡子・小笠原実孝・小澤修司・小野寺則之・角田洋一・角田里津子・川辺マリ子・菊地宏治・工藤治樹・児玉博貴・今野聖二・坂口一弘・佐藤しんり・佐藤敏彦・島田　亙・菅原規仁・杉下圭史・瀬川恒広・関口ただゆき・反橋一夫・高柳昌央・田中　健・仲俣善雄・波松章勝・藤本悦子・古田雄一・松田幸三・宮野二嘉・三野裕輝・森下英生・山内　忠・渡辺　陽
図版作成・表紙デザイン・DTP作業：菅原靖彦

本書の鳥瞰図作成にあたってはカシミール３Ｄ（杉本智彦氏・作、http://www.kashmir3d.com/）および山旅倶楽部の地図データを使用しました。
本書に掲載した情報は2019年３月現在のものです。
コース状況などは変わることがありますのでご了承ください。

最新版《さいしんばん》　北海道雪山《ほっかいどうゆきやま》ガイド

2006年12月26日　初版第１刷発行
2007年２月５日　初版第２刷発行
2011年11月25日　増補新版第１刷発行
2015年11月28日　最新版第１刷発行
2019年９月20日　最新版第２刷発行

編　者：**北海道《ほっかいどう》の山《やま》メーリングリスト（HYML）**

発行者：五十嵐正剛

発行所：北海道新聞社　〒060-8711　札幌市中央区大通西３丁目６
出版センター（編集）☎011-210-5742　（営業）☎011-210-5744
https://shopping.hokkaido-np.co.jp/book/

印刷：山藤三陽印刷株式会社
製本：石田製本株式会社

落丁・乱丁本は出版センター（営業）にご連絡くだされば、お取り換えいたします。

ISBN978-4-89453-804-7

札幌・小樽の山

石狩湾
函館本線
ぜにばこ
桂岡
銭函
銭函天狗山
537
907
春香山
5
札樽自動車道
手稲
ていね
手稲
337
231
しのろ
当別町
札幌市
江別市
しんことに
新川
札幌北
伏古
雁来
江別西
函館本線
道央自動車道
奥手稲山
949
手稲山
1023
手稲ネオパラ
838
札幌西
ことに
琴似
札幌
さっぽろ
札幌
つげ山
935
迷沢山
1005
西野
北郷
しろいし
四ッ峰
790
藻岩山
531
大谷地
百松沢山
1043
烏帽子岳
1110
山渓天狗岳
1145
札幌南
12
千歳線
神威岳
983
砥石山
827
36
道央自動車道
定山渓ダム
真駒内
真栄
北広島
北広島
八剣山
498
230
定山渓
石山
藤野
白旗山
322
豊滝
薄別
焼山
663
北広島市
豊平峡ダム
札幌市
滝野
湯の沢
北広山
485
札幌岳
1293
453
島松山
506
狭薄山
1296
恵庭市
空沼岳
1251
山峠
大二股山
856
蓬来山
080
イチャンコッペ山
829
漁岳
1318
小漁山
1235
紋別岳
866
恵庭岳
1320
千歳市
支笏湖
フレ岳
1046